Norman Vincent Peale

Die Kraft des positiven Denkens

So hast du mehr vom Leben

Aus dem Amerikanischen von
Ernst Steiger und Dr. Eva Zeumer

BASTEI
LÜBBE

BASTEI-LÜBBE-TASCHENBUCH
Band 25 202

INHALT

Die Kraft des positiven Denkens

So hast du mehr vom Leben

Die Kraft des positiven Denkens

Vom Sinn dieses Buches

Diese Seiten wurden geschrieben, um Gedanken und Beispiele festzuhalten, die deutlich dartun, daß es nicht nötig ist, sich durch irgend etwas in der Welt niederdrücken zu lassen, daß es möglich ist, *den Frieden des Herzens, Gesundheit* und einen nie versiegenden Strom von *Zuversicht, Vertrauen und Energie* zu gewinnen. Ja, unser Leben kann reich und erfüllt von Freude sein.

Allzuviele sind deprimiert und niedergeschlagen, weil sie mit ihren Alltagsproblemen nicht fertig werden. Sie gehen kämpfend, verkrampft und verbissen oder jammernd und klagend durch ihre Tage, und viele sind beladen mit Ressentiments gegen das »Pech«, welches ihnen das »Schicksal« immer und immer wieder beschert. Dabei vergessen sie, daß wir auch über Kräfte verfügen, durch welche wir diese negativen Einflüsse kontrollieren und überwinden können. Probleme, Sorgen und Schwierigkeiten sind da, um überwunden zu werden. Wir dürfen es nie zulassen, daß sie unser Leben beherrschen. Wir müssen uns kategorisch weigern, ihre Herrschaft anzuerkennen, und sollen geistige positive Kräfte an ihrer Stelle auf uns wirken lassen.

Die Ziele diese Buches sind direkt und einfach. Ich erhebe keinen Anspruch auf literarische Vollkommenheit. Diese Seiten stellen lediglich ein praktisches und möglichst einfach geschriebenes Handbuch dar, das der Entfaltung und Bewährung der Persönlichkeit dienen soll. Es ist geschrieben mit dem einzigen Wunsch und Ziel: dem Leser zu einem *gehaltvollen und glücklichen Dasein* zu verhelfen. Ich weiß um die Bedeutung und die Macht angewandter Erkenntnisse, die uns das Tor zu einem erfolgreichen und erfüllten Leben öffnen.

Wenn Sie dieses Buch nachdenklich lesen und seine Lehren sorgfältig überlegen und in sich aufnehmen, und wenn Sie dieselben getreulich und unablässig *praktisch* anwenden, werden Sie erstaunliche persönliche Fortschritte erzielen. Dieses Buch zeigt Ihnen, wie Sie die gegenwärtigen Lebensumstände ändern und verbessern und wie Sie die Kontrolle über die Verhältnisse gewinnen können, anstatt sich von ihnen beherrschen zu lassen. *Ihre Beziehungen zu anderen Menschen* werden sich verbessern und vertiefen; Sie werden als *Persönlichkeit gewinnen,* mehr geschätzt, geachtet und geliebt werden. Indem Sie die Grundsätze dieses Buches anwenden, werden Sie von einem neuen, begeisternden Lebensgefühl ergriffen werden. Ihre Einflußsphäre wird sich erweitern, und Ihre Fähigkeiten werden sich steigern.

Ich brauche wohl kaum zu betonen, daß die machtvollen und segensreichen Lehren dieses Buches nicht meine eigene Erfindung sind; sie wurden uns gegeben durch den größten Lehrer aller Zeiten. Dieses Buch vertritt ein praktisch angewandtes Christentum, einfache, aber erprobte Grundsätze, die zu einem erfüllten und reichen Dasein führen.

Norman Vincent Peale

I

Glaube an dich selber!

Glaube an dich selber. Habe Vertrauen in deine Fähigkeiten! Ohne ein bescheidenes, aber vernünftiges Maß an Vertrauen in unsere eigene Kraft können wir weder erfolgreich noch glücklich werden. Selbstvertrauen bringt Erfolg. Jedes Gefühl der Minderwertigkeit vermindert die Kraft unserer Hoffnung und lähmt unsere Tatkraft; *Selbstvertrauen aber führt zur Selbstverwirklichung und zur erfolgreichen Vollendung unserer Aufgaben.* Angesichts der ungeheuren Bedeutung dieser Geisteshaltung wird sich dieses Buch eingehend damit befassen, dem Leser den Weg zum Selbstvertrauen zu zeigen, damit er lerne, seine inneren Kräfte voll zu entfalten.

Es ist erschreckend, feststellen zu müssen, wie viele Menschen an Minderwertigkeitsgefühlen leiden. Wenn die richtigen Schritte unternommen werden, können wir uns aber mit Sicherheit davon befreien und jenes schöpferische Vertrauen in uns entwickeln, das durchaus berechtigt und natürlich ist.

Als ich an einem Kongreß von Geschäftsleuten einen Vortrag hielt, wandte sich am Schluß des Abends ein Zuhörer mit der Bitte an mich: »Könnte ich Sie in einer Angelegenheit sprechen, die für mich von größter Bedeutung ist?«

Wir begaben uns in ein Zimmer hinter der Vortragsbühne und setzten uns.

»Ich wurde in diese Stadt gesandt, um das wichtigste Geschäft meines Lebens zum Abschluß zu bringen«, erklärte er. »Wenn ich Erfolg habe, bedeutet es für mich alles in der Welt, wenn nicht, bin ich erledigt.«

Ich warf ein, er möge sich doch ein wenig entspannen. Nichts sei dermaßen endgültig, wie er es darstelle. Würde er Erfolg haben, wäre dies sicher zu begrüßen. Wenn nicht, wäre morgen wieder ein Tag.

»Ich habe kein Selbstvertrauen mehr«, sagte er entmutigt, »ich glaube einfach nicht, daß es mir gelingen wird. Ich bin mutlos und fühle mich niedergedrückt — in Tat und Wahrheit bin ich bereits erledigt. Ich bin 40 Jahre alt, und während meines ganzen Lebens wurde ich von Minderwertigkeitsgefühlen gejagt und geplagt. Heute habe ich nun Ihren Vortrag über die Macht des positiven Denkens gehört, und ich frage: Was kann ich tun, um etwas mehr Vertrauen in mich selber zu gewinnen?«

»Zwei Dinge müssen getan werden«, sagte ich, »zuerst muß abgeklärt werden, woher diese Minderwertigkeitsgefühle kommen. Das ruft nach einer Charakteranalyse und erfordert Zeit. Wir müssen die Krankheiten unseres Gemütes genauso sorgfältig behandeln wie diejenigen des Körpers. Das aber kann nicht blitzartig getan werden und jedenfalls nicht heute abend in einer kurzen Aussprache. Vielleicht ist sogar eine längere Behandlung nötig. Um Ihnen aber Ihr gegenwärtiges Problem meistern zu helfen, will ich Ihnen ein Mittel geben, das nicht versagen wird, wenn Sie gewillt sind, es wirklich anzuwenden. Wenn Sie jetzt heimgehen, wiederholen Sie still für sich ein Wort, das ich Ihnen mitgeben werde. Wiederholen Sie es *mehrmals*, wenn Sie sich zu Bett gelegt haben und nach dem Erwachen, bevor Sie aufstehen. Tun Sie dies mit einem Gefühl der ruhigen Sicherheit und des Vertrauens, und Sie werden genügend Kraft erhalten, um Ihr Selbstvertrauen zurückzugewinnen. Später können wir uns eingehend mit einer Analyse Ihrer Probleme befassen. Was immer wir auch unternehmen werden, dieses Wort bildet einen wesentlichen

12

Bestandteil unserer Behandlung: ›*Ich vermag alles durch den, der mich stark macht, Christus.*‹« (Philipper 4, 13)

Das Wort war ihm fremd; ich schrieb es auf eine Karte und ließ es ihn dreimal laut vorlesen.

»Und jetzt folgen Sie meinem Rat, und ich weiß, daß sich die Dinge gut entwickeln werden.«

Er stand auf, verharrte einen Augenblick ruhig und sagte dann mit einer bemerkenswert sicheren Stimme: »Gut, Doktor, sehr gut.«

Ich blickte ihm nach, wie er seine Schultern straffte und in die Nacht hinausging. Seine äußere Haltung hatte sich verändert und zeigte mir, daß die Kräfte des Vertrauens bereits begonnen hatten, in ihm zu arbeiten.

Später erzählte er mir, dieses einzige Wort hätte in ihm wahre Wunder gewirkt. »Es schien mir unglaublich, daß ein einziges Bibelwort so viel für einen Menschen tun kann.«

Der gleiche Mann ließ nachher eine Analyse seiner Minderwertigkeitsgefühle machen. Sie wurden psychologisch behandelt und durch die Entfaltung des religiösen Vertrauens zum Verschwinden gebracht. Er wurde gelehrt, Vertrauen in sich selbst zu haben und ganz bestimmte Anweisungen, die im Verlaufe des Kapitels noch geschildert werden, zu befolgen. Schritt für Schritt errang er ein starkes und dauerhaftes Vertrauen in sich selbst, und er ist begeistert von der wunderbaren Tatsache, daß seither die Dinge sich nicht mehr *gegen ihn* entwickeln, sondern ihm vielfach direkt *entgegenkommen.* Seine Persönlichkeit hat ihren negativen Charakter verloren und wurde positiv; seine Unternehmungen gelingen ihm. Er verfügt heute über ein berechtigtes und überzeugtes Vertrauen in seine eigene Kraft.

Minderwertigkeitsgefühle haben die verschiedensten Ursachen. Oft sind Erlebnisse aus unserer Kindheit mitschuldig.

Einst fragte mich der Leiter eines großen Betriebes um

Rat; er habe einen jungen Angestellten, den er gerne mit einer größeren Aufgabe betraut hätte. »Aber«, erklärte er mir, »man kann ihm keine wichtigen Informationen anvertrauen, sonst hätte ich ihn schon längst zum Direktionssekretär ernannt. Er verfügt über alle notwendigen Fähigkeiten, aber er spricht zuviel, und so plaudert er ohne böse Absicht — wichtige private und geschäftliche Dinge aus.«

Durch eine Analyse fand ich heraus, daß der junge Mann »zuviel sprach«, weil er an einem Minderwertigkeitskomplex litt. Um ihn auszugleichen, versuchte er, sich wichtig zu machen, indem er mit seinem Wissen glänzen wollte. Er mußte mit Männern zusammenarbeiten, die alle über eine sehr gute Schulbildung verfügten, zum Teil Akademiker waren und irgendeiner Studentenverbindung angehörten, während er selber als armer Junge aufgewachsen war, keine höhere Schule besuchen und daher keiner Verbindung angehören konnte. Dieser Umstand erzeugte in ihm ein Gefühl der Minderwertigkeit gegenüber seinen Mitarbeitern, sowohl in bezug auf seine Bildung als auch auf seine soziale Stellung. Um diesen Unterschied auszugleichen, trieb ihn sein Unterbewußtsein, das immer versucht, den Ausgleichsmechanismus in Bewegung zu setzen, dazu, irgend etwas zu unternehmen, um seinem Ich auf jene Höhe zu verhelfen, die es sich ersehnte.

Seine berufliche Aufgabe bestand hauptsächlich in der Begleitung seines Vorgesetzten zu wichtigen Industriekonferenzen, wo er mit erfahrenen und bekannten Persönlichkeiten zusammentraf und oft Gelegenheit hatte, auch ihre privaten Gespräche mit anzuhören. Dies verführte ihn dazu, oft sein »Privatwissen« bekanntzumachen, um damit die Beachtung und das Interesse seiner Zuhörer zu wecken. Dadurch gelang es ihm, sein Geltungsbedürfnis einigermaßen zu befriedigen. Als ich seinen Arbeitgeber über die *Hintergründe* dieser Schwatzhaftigkeit informierte, zeigte er viel Verständnis für den jungen Mann und bemühte sich, ihn auf die schönen Entwicklungsmöglichkeiten hinzuweisen, die ihm seine Arbeit bot. Er erklärte ihm auch, wie ihn seine unberechtigten Minderwertigkeitsgefühle dazu trieben, Geschäftsgeheimnisse auszuplaudern. Die daraus resultierende *Selbsterkenntnis*, zusammen mit der konsequenten Anwendung von Übungen zur Gewinnung des Selbstvertrauens, verwandelte den jungen Mann in einen wertvollen Mitarbeiter, der volles Vertrauen verdiente. Seine wahren Fähigkeiten waren befreit und konnten sich entfalten.

Ich will nun versuchen, zu erklären, wie viele Kinder durch Beziehungspersonen einen Minderwertigkeitskomplex erhalten. Als kleiner Knabe war ich schrecklich mager. Ich verfügte zwar über sehr viel Energie, spielte in einem Sportklub und war trotz meiner Magerkeit zäh wie Leder. Trotzdem beschäftigte mich meine Magerkeit, denn es ging mir auf die Nerven, daß mich meine Kameraden mit entsprechenden Übernamen bedachten. Ich wollte unbedingt fester werden, und wenn man mich »Dicker« gerufen hätte, wäre dies das schönste Kompliment für mich gewesen. Ich tat alles, um fetter zu werden, nahm Lebertran, trank unzählige Flaschen Milch, aß Süßigkeiten und Schlagrahm, doch alles nützte nichts; ich war mager und blieb mager. Meine Magerkeit verursachte mir schlaflose Nächte, und ich versuchte weiterhin alles, um dicker zu werden, bis ich plötzlich — ich war 30 Jahre alt — so dick wurde, daß mir die Kleider zu platzen drohten. Bald war es so weit, daß ich mich meiner Beleibtheit schämte, und ich hatte alle Mühe, 20 Pfund abzunehmen, um wieder ein normales Gewicht zu erreichen.

Ich erzähle diese persönliche Erfahrung nur, weil sie vielleicht anderen helfen kann, zu erkennen, *wie* solche Fehlentwicklungen zustande kommen. Ich bin der Sohn eines Pfarrers und wurde damals durch meine Kameraden ständig an diese Tatsache erinnert. Alle meine Mitschüler konnten tun und lassen, was sie wollten, wenn *mir* aber auch nur das Geringste passierte, hieß es sofort: »Aha, des Pfarrers Früchtchen!« Ich aber wollte gar nicht des Pfarrers Söhnchen sein, denn diese sollten sich ja bekanntlich immer wie Musterkinder aufführen. Viel eher wollte ich als ein hartgesottener Kerl gelten, und das ist auch der Grund, warum Pfarrerssöhne oft als »ein bißchen schwierig« gelten. Sie wehren sich gegen die Rolle, die man ihnen aufzwingt.

Obwohl ich aus einer Familie stamme, in der praktisch jedes Mitglied im öffentlichen Leben stand, war dies gerade das letzte, was ich mir wünschte. Man zwang mich, in der Öffentlichkeit das Wort zu ergreifen, etwas, das mich mit Angst und Schrecken erfüllte. Das war vor vielen Jahren, aber ein Schatten davon fällt heute noch jedesmal auf mich, wenn ich eine Rednertribüne betrete. Ich mußte alle bekannten guten Ratschläge anwenden, um mein natürliches, gottgegebenes Selbstvertrauen zu erhalten.

Die Lösung des Problems fand ich in den einfachen Wahrheiten und Grundsätzen der Bibel. Diese Lehren sind frei von Irrtümern; durch sie kann *jedermann* von der Qual der Minderwertigkeitsgefühle befreit und geheilt werden. Ihre Anwendung erlaubt uns, verborgene Kräfte zu finden und zur Entfaltung zu bringen.

Unsere Minderwertigkeitsgefühle können aus verschiedenen Quellen stammen: Es kann sich um irgendeine Vergewaltigung unseres Gemütes handeln, die uns in der Kindheit angetan wurde; vielfach sind es auch die logischen Konsequenzen gewisser Lebensumstände oder eines Schuldbewußtseins. Die Krankheit der Minderwertigkeitsgefühle liegt meist verborgen im Nebel der Vergangenheit und in den geheimsten Falten unserer Persönlichkeit.

Vielleicht hatten wir einen älteren Bruder, der ein glänzender Schüler war. Er hatte überall Note 1, während wir uns mit einer 2 oder 3 begnügen mußten. Langsam begannen wir zu glauben, wir könnten nie Ebenbürtiges leisten.

Er brachte seine Einser nach Hause und wir unsere Zweier und Dreier, und mit der Zeit glaubten wir, so werde es das ganze Leben lang bleiben. Wir vergaßen, daß sehr oft gerade schlechte Schüler im späteren praktischen Leben großen Erfolg haben. Die Tatsache eines guten Zeugnisses ist noch lange keine Gewähr für spätere große Leistungen. Vielleicht hören die Einser mit der Erreichung der Matura plötzlich auf, und ein Kamerad, der stets an zweiter, dritter oder vierter Stelle lag, rückt auf und erringt *die Einser des Lebens!*

Viele ähnliche Erlebnisse haben mir die Einsicht und die Erkenntnis gebracht, daß wir alle Minderwertigkeitsgefühle überwinden, wenn wir uns gläubig Gott anvertrauen. Er wird unser Selbst mit Vertrauen erfüllen, mit einem echten, demütigen und realistischen Selbstvertrauen.

Dieses Vertrauen erreichen wir durch gläubiges Gebet und durch die praktische Anwendung der biblischen Grundwahrheiten. In einem der nächsten Kapitel werde ich mich mit der Art des Gebets auseinandersetzen, möchte aber bereits an dieser Stelle ausdrücklich darauf hinweisen, daß es *eine ganz besondere Form von Gebet* ist, die unsere Minderwertigkeitsgefühle vertreibt und unser Selbstvertrauen stärkt. Oberflächliches und gedankenloses Beten genügt nicht.

Eine prachtvolle Negerin, die bei einer mir bekannten Familie als Köchin amtet, wurde gefragt, woher sie ihre stets gute Laune nehme und wie es ihr gelungen sei, alle ihre Sorgen zu meistern. Sie sagte, gewöhnliche Probleme könnten mit den üblichen Gebeten überwunden werden, doch »wenn ganz große Sorgen kommen, muß man auch ganz groß und tief beten«.

Einer meiner Freunde, der zu den besten Seelsorgern zählt, die ich kenne, sagt: »Den meisten Gebeten fehlt die wirkliche Tiefe und Überzeugung. Wir müssen lernen, tief und gläubig zu beten. Gott wiegt unsere Gebete nach ihrer Tiefe.« Ohne Zweifel hat mein Freund recht, sagt doch auch die Schrift: »*Euch geschehe nach eurem Glauben.*« (Matthäus 9, 29) Je größer unsere Sorgen und Schwierigkeiten, um so tiefer müssen unsere Gebete, um so stärker muß unser Glaube sein. Der bekannte Sänger Roland Hayes machte mich mit seinem Großvater bekannt, dessen Ausbildung bei weitem nicht diejenige seines Enkels erreichte, dessen natürliches Wissen aber unverdorben und gesund ist. Er sagte: »Was den meisten Gebeten fehlt, ist ihre Durchschlagskraft.«

Unsere Gebete müssen unsere Zweifel, Ängste und Schwächen tief durchdringen und sie auflösen wie die strahlende Sonne den feuchten Nebel.

Die Fähigkeit, Selbstvertrauen zu gewinnen und es im Leben machtvoll einzusetzen, ist ein besonderes inneres Wissen und muß, wie jedes Wissen, mit Kopf und Herz erfaßt und praktisch angewandt werden, wenn unser Bemühen von Erfolg gekrönt sein soll.

Am Ende dieses Kapitels werde ich zehn Grundsätze aufstellen, die unsere Minderwertigkeitsgefühle und Schwächen überwinden helfen und uns Selbstvertrauen schenken. Wenn Sie diese Grundregeln beharrlich und mit gläubiger Entschlossenheit anwenden, werden Sie damit jedes Gefühl der Minderwertigkeit überwinden können, wie tief es auch immer verankert ist.

An dieser Stelle möchte ich betonen, daß es von größter Wichtigkeit ist, unserem Geist immer und immer wieder Gedanken des Vertrauens und der Zuversicht zukommen zu lassen. Wenn wir von Minderwertigkeitsgefühlen und Unsicherheit geplagt werden, so darum, weil diese Ideen unseren Geist seit langer Zeit beherrschen. Andere und positive Ideen müssen unser Denken durchdringen, das aber erreichen wir nur durch die beharrliche Wiederholung positiver Gedanken. In unserer schnellebigen Zeit und im täglichen Existenzkampf kann unser Geist nur durch eine aktive Gedankenkontrolle gesund erhalten und zu jener unerschöpflichen Kraftquelle werden, die er sein muß und sein kann. Es ist durchaus möglich, mitten in unserer Tagesarbeit positive Gedanken in unser Bewußtsein zu senden. Das bewies mir einer meiner Bekannten, der mich an einem eisigkalten Wintermorgen mit seinem Wagen abholte, um mich in eine andere Stadt zu fahren, wo ich einen Vortrag halten sollte. Auf der Landstraße, die ziemlich glitschig war, schlug er ein Tempo an, das mir nicht sehr vernünftig erschien, und ich bemerkte, wir hätten genügend Zeit, und er möge ruhig etwas langsamer fahren. »Machen Sie sich über meine Fahrweise keine Sorgen«, sagte er, »ich hatte eine Zeit, da ich mit allerlei Unsicherheitsgefühlen erfüllt war, doch das habe ich überwunden. Ich hatte Angst vor allem und jedem: vor jeder Autofahrt und vor jeder Flugreise, und wenn jemand von meiner Familie auf eine Reise ging, hatte ich Angst, er würde nicht mehr zurückkehren. Stets wurde ich vom Gefühl geplagt, irgend etwas könnte passieren, und mein Dasein war eine wahre Qual. Dieser Geisteszustand widerspiegelte sich auch in meinem Beruf, und es ging mir nicht gerade gut. Glücklicherweise kam ich auf eine Idee, die sich wunderbar bewährte, die mir half, alle diese Gefühle der Schwäche und Unsicherheit aus meinem Denken zu verbannen, und die mich mit Vertrauen erfüllte, nicht bloß mich persönlich, sondern *mein ganzes Dasein.*«

Und hier seine »Idee«: Er zeigte mir an seinem Instrumentenbrett zwei Clips, nahm aus einem Fach eine Anzahl Karten, wählte eine davon aus und steckte sie in die Clips. Ich las: »*So ihr Glauben habt . . . wird euch nichts unmöglich sein.*« (Matthäus 17, 20) Mein Bekannter entfernte diese Karte wieder, und indem er mit einer Hand weitersteuerte, befestigte er mit der andern eine neue Karte. Sie lautete: »*Ist Gott für uns, wer mag wider uns sein?*« (Römer 8, 31)

»Ich bin ein reisender Kaufmann«, erklärte er, »und ich bin den ganzen Tag bei meinen Kunden unterwegs. Ich fand heraus, daß man beim Autofahren allerlei Gedanken nachgeht. Wenn die Gedanken negativ sind, wird man im Laufe eines Tages viel Schaden nehmen. Und so erging es mir: Während ich von Kunde zu Kunde fuhr, hing ich meist negativen und mutlosen Gedanken nach, und das war der Hauptgrund, warum meine Tätigkeit immer weniger Erfolg hatte. Seit ich aber mit Hilfe dieser Karten Gedanken des Vertrauens in mich aufnehme, habe ich gelernt, anders und positiv zu denken. Anstelle der alten, negativen Gedankenwelt ist eine neue, bejahende und vertrauende getreten. Mein Geist ist erfüllt von Ideen des Mutes und des Selbstvertrauens.

Dieses kleine Hilfsmittel hat tatsächlich mein Leben verändert, und es hat mir auch in meiner beruflichen Tätigkeit Erfolg gebracht. Wie soll ein Vertreter Erfolg haben, wenn er das Haus eines Kunden schon mit Gedanken des Mißerfolgs und der Mutlosigkeit betritt?«

Diese Methode meines Bekannten ist außerordentlich wirkungsvoll. Indem er seine Gedankenwelt mit der Gegenwart und Hilfe Gottes erfüllte, gelang es ihm, sein ganzes Denken *positiv* zu beeinflussen. Er überwand die lange Periode der Unfruchtbarkeit und der Schwäche, und seine wahren Lebenskräfte wurden frei.

Gefühle der Sicherheit oder Unsicherheit hängen von unserer Denkweise ab. Wenn wir unsere Gedanken ständig auf die Erwartung düsterer und gefährlicher Dinge konzentrieren, werden wir uns auch fortwährend unsicher fühlen. Und was noch viel gefährlicher ist: Durch die Macht unserer Gedanken erzeugen wir einen dauernden Zustand der Angst und direkt die Voraussetzung für ungünstige Entwicklungen. Mein Bekannter aber erzeugte schöpferische, bejahende Gedanken, indem er die Karten an seinem Instrumentenbrett befestigte und jene Gedanken machtvoll auf sich wirken ließ.

Mangelndes Selbstvertrauen ist eines der großen Probleme unserer Zeit. An einer Universität wurden an 600 Studenten psychologische Studien angestellt. Sie wurden aufgefordert, ihr schwierigstes persönliches Problem zu bezeichnen. *75 Prozent nannten mangelndes Selbstvertrauen als ihr Hauptproblem.* Man darf ruhig annehmen, daß der gleiche hohe Prozentsatz ganz allgemein Gültigkeit hat. Überall trifft man ängstliche Menschen, die an einer wahren Lebensscheu leiden und die voller Zweifel in ihre eigenen Fähigkeiten sind. Sie haben Angst, der Wirklichkeit mutig ins Auge zu schauen und Verantwortung zu übernehmen. Ständig werden sie geplagt von einer unbestimmten Angst, irgend etwas könnte schiefgehen. Sie wollen nicht glauben, daß sie alles in sich haben, was nötig ist, um *das* zu werden, was sie sich wünschen, und so versuchen sie, sich mit Dingen zu begnügen, die ihrer nicht würdig sind. Tausende und Abertausende kriechen so auf Händen und Knien durch ihr Leben, entmutigt und verängstigt, und in den allermeisten Fällen ist eine solche Kraftverschwendung vollkommen unnötig.

Schicksalsschläge, die Anhäufung von Schwierigkeiten und Sorgen haben die Tendenz, unsere Lebenskraft anzugreifen und uns zu entmutigen. In einer solchen Situation erscheint unsere wahre Widerstandskraft in einem ganz falschen Lichte; sie scheint uns viel geringer, als sie in Wirklichkeit ist. Es ist dann lebenswichtig, das Vertrauen in unsere wahre, tatsächliche Stärke wiederzugewinnen. Gelingt es uns, einige vernünftige Überlegungen anzustellen, so werden wir bald erkennen, daß wir viel weniger Grund haben, uns geschlagen zu geben, als wir glauben.

Ein 52jähriger Mann, der in großer Sorge war, besuchte mich, um mir seinen Zustand vollkommener Hoffnungslosigkeit zu schildern. Er sagte, er sei »vollkommen erledigt« und erklärte mir, alles, was er in seinem Leben aufgebaut habe, sei verloren.

»Alles?« fragte ich.

»Alles« wiederholte er. »Nichts ist mir geblieben. Es ist hoffnungslos, und ich bin zu alt, um noch einmal von vorne anzufangen. Ich habe nicht mehr das geringste Selbstvertrauen.«

Er erweckte meine aufrichtige Teilnahme, aber es war ganz offenkundig, daß tiefe Schatten der Hoffnungslosigkeit seinen Geist und seinen klaren Blick verdüsterten. Seine wahren Kräfte hatten sich vor dem Ansturm pessimistischer Gedanken zurückgezogen und ihn ohne Abwehrkräfte gelassen. *Das* war sein wichtigstes Problem.

»Gut«, sagte ich, »wir wollen ein Stück Papier nehmen und alle Werte, die Ihnen noch verblieben sind, aufschreiben.«

»Das ist sinnlos«, sagte er, »ich glaube, Ihnen bereits deutlich gesagt zu haben, daß ich überhaupt nichts mehr habe.«

Ich sagte: »Wir wollen es trotzdem versuchen. Hält Ihre Frau immer noch zu Ihnen?«

»Wieso? Ja, natürlich — und sie hält sich prachtvoll. Wir sind nun dreißig Jahre verheiratet, und sie würde mich nie im Stich lassen, was immer auch geschieht.«

»Gut«, sagte ich, »dann wollen wir dies festhalten: Ihre Frau hält zu Ihnen, was immer auch geschehen könnte. Und wie steht es mit Ihren Kindern? Haben Sie welche?«

»Ja«, antwortete er, »drei, und ich habe keinen Grund, mich über sie zu beklagen. Es war rührend, wie sie zu mir kamen und erklärten: Wir haben dich gern, und wir werden zu dir halten.« »Das wäre Nummer zwei«, sagte ich, »drei Kinder, die Sie lieben und zu Ihnen stehen. Haben Sie Freunde?«

»Ja«, sagte er, »ich habe einige wirklich gute Freunde. Sie suchten mich sogar auf und boten mir ihre Hilfe an. Aber was können sie schon tun? Nichts!«

»Das wäre Nummer drei: Sie haben gute Freunde, die Sie achten und die Ihnen gerne helfen würden. Und wie steht es mit Ihrem Ruf? Haben Sie irgend etwas Schlechtes getan?«

»Mein Ruf ist in Ordnung. Ich habe immer versucht, anständig ständig zu leben, und mein Gewissen ist sauber.«

»Sehr gut — wir wollen das als Nummer vier festhalten: Ihr Ruf ist in Ordnung. Und Ihre Gesundheit?«

»Ebenfalls. Ich war glücklicherweise sehr wenig krank und glaube, noch über gute physische Reserven zu verfügen.«

»So wollen wir ›gute Gesundheit‹ als Nummer fünf notieren. Und was halten Sie von unserem Land? Sind Sie nicht auch der Ansicht, daß unser Geschäftsleben floriert und noch immer eine Fülle von Möglichkeiten bietet?«

»Gewiß«, sagte er.

»Das wäre Nummer sechs: Sie leben in einem Land, das viele Möglichkeiten bietet.« Dann fragte ich: »Wie steht es mit Ihrer religiösen Überzeugung? Glauben Sie, daß Gott Ihnen helfen kann?«

»Ja«, sagte er, »das alles hätte ich ohne Gottes Hilfe nie überstanden.«

»Nun«, sagte ich, »unsere Liste lautet wie folgt:

1. Eine prachtvolle Frau, mit der Sie seit 30 Jahren verheiratet sind.
2. Drei liebende Kinder, die zu Ihnen stehen.
3. Freunde, die Sie achten und die Ihnen helfen wollen.
4. Guter Ruf. Gutes Gewissen.
5. Gute Gesundheit.
6. Sie leben in einem Land, das Sie schätzen.
7. Sie haben religiöses Vertrauen.«

Ich schob das Blatt über den Tisch hin. »Sehen Sie sich das an. Ich glaube, Sie haben immer noch einige Trümpfe — und Sie behaupten, Sie hätten *alles* verloren!?«

Er lächelte beschämt und sagte: »Daran habe ich allerdings nicht gedacht«, und nachdenklich fügte er bei: »Vielleicht steht alles gar nicht so schlimm, wie ich dachte. Wenn ich nur etwas Selbstvertrauen gewinnen könnte, dann könnte ich es vielleicht noch einmal versuchen.«

Er gewann es, und er fing noch einmal von vorne an — doch erst, nachdem er seine Denkweise geändert hatte. Vertrauen ersetzte seine Zweifel, und er gewann genügend Kraft, um mit allen seinen Schwierigkeiten fertig zu werden.

Dieses Erlebnis bestätigt eine fundamentale Wahrheit, die auch in einer Feststellung des berühmten Psychiaters Dr. Karl Menninger zum Ausdruck kommt. Er sagte: »*Einstellungen sind wichtiger als Tatsachen.*« Dieser Grundsatz ist so wichtig, daß es sich lohnt, ihn solange zu wiederholen, bis er uns in Fleisch und Blut übergegangen ist. Keine Tatsache, die sich uns entgegenstellt, ist je so wichtig wie die Einstellung, die wir zu ihr haben. Eine Tatsache kann uns einschüchtern, ja sogar niederwerfen, bevor wir überhaupt etwas gegen sie unternommen haben — allein aufgrund unserer geistigen Einstellung. Andererseits können vertrauende, optimistische Gedanken jede Schwierigkeit vermindern und überwinden.

Ich kenne einen Mann, der für sein Unternehmen von allergrößter Bedeutung ist, keineswegs aber seiner besonderen Fähigkeiten halber, sondern allein seiner unerschütterlichen Geisteshaltung wegen. Wenn seine Teilhaber irgendeinem Problem pessimistisch gegenüberstehen, wendet er seine (wie er sagt) »Staubsaugermethode« an. Durch eine Reihe von präzisen Fragen »saugt er den Staub« aus der Gedankenwelt seiner Mitarbeiter, das heißt, er »liquidiert« Schritt für Schritt ihre negativen Ideen. Sodann bringt er systematisch alle positiven Gesichtspunkte des Problems zur Sprache, bis seine Teilhaber die ganze Frage in einem andern Lichte sehen und eine neue, bejahende Einstellung zu den Tatsachen gewonnen haben. Ein solches

Vorgehen tut auch der Objektivität der Betrachtungsweise keinen Abbruch, denn aufgrund unseres Mangels an Vertrauen und unserer Schwächen sind wir stets geneigt, die Tatsachen in einem schiefen Licht zu sehen. *Das Geheimnis liegt einfach darin, eine normale, gesunde Einstellung zu gewinnen — und diese ist stets auf der positiven Seite einer Angelegenheit zu finden.*

Wenn Sie also wieder einmal glauben, Grund zur Niedergeschlagenheit zu haben, und wenn Sie Ihr Selbstvertrauen verloren haben, dann nehmen Sie ein Stück Papier und notieren Sie nicht die Dinge, die gegen Sie sprechen, sondern jene, die auf Ihrer Seite stehen. Wenn wir ständig an die Tatsachen denken, die *gegen* uns sind, gestatten wir ihnen, in unserem Leben einen Platz einzunehmen, der ihnen gar nicht zukommt. Die negativen Gesichtspunkte werden dann eine Macht über uns gewinnen, die sie in Tat und Wahrheit gar nicht besitzen. Wenn wir aber im Gegenteil unsere Fähigkeiten, unser Selbstvertrauen, unseren Mut und alles, was *für* uns spricht, in uns wachhalten, es immer und immer wiederholen und unsere Geisteswelt damit anfüllen, dann werden wir aus allen Schwierigkeiten siegreich hervorgehen, unsere inneren Kräfte werden sich sammeln und verstärken, und mit der Hilfe Gottes wird es uns sogar gelingen, eine Niederlage in einen Sieg umzuwandeln.

Eine der machtvollsten geistigen Konzeptionen, die uns helfen können, verlorenes Selbstvertrauen zurückzugewinnen, ist der Gedanke, daß Gott stets mit uns ist und uns beisteht. Dies ist eine der einfachsten und fundamentalsten religiösen Wahrheiten: Der allmächtige Gott ist stets an unserer Seite und verläßt uns nicht. Kein anderer Gedanke kann so große positive Wirkungen hervorbringen, wenn er im täglichen Leben getreulich angewandt wird. Wir sollten jeden Tag mehrmals daran denken, daß Gott mit uns ist und uns führt. Die Gegenwart Gottes in unserem Dasein muß zur gläubigen Tatsache, zur wissenden Überzeugung werden. Wir müssen uns immer wieder dieser Tatsache *bewußt sein*, sie uns *vorstellen* und sie *erleben*, dann wird sie zu einer *lebendigen Wahrheit* bei allem unserem Tun und wird Kräfte entwickeln, die ans Wunderbare grenzen. Emerson hat eine Wahrheit von größter Bedeutung ausgesprochen, als er sagte: »Derjenige gewinnt, der an den Sieg glaubt.« Und er fügte bei: »Tue das, wovor du dich fürchtest, und das Ende deiner Angst ist gewiß.« Wenn wir unsere Gedanken unablässig in den Bahnen des Vertrauens und des Glaubens halten, werden unsere Sorgen, Ängste und Schwächen bald keine Macht mehr über uns haben.

Als Stonewall Jackson einst vor einer großen Schlacht stand, machte einer seiner Generäle ängstliche Einwendungen, wie: »Ich befürchte, daß . . .« oder: »Ich habe Angst, daß . . .« Indem Jackson seine Hand auf die Schulter seines Untergebenen legte, sagte er: »General, lassen Sie sich nie durch Ihre Befürchtungen Ratschläge erteilen.«

Das Geheimnis liegt darin, daß wir unseren Geist mit Gedanken des Vertrauens und des Glaubens und der Sicherheit erfüllen. Dadurch werden alle Zweifel aus unserem Denken vertrieben.

Einem Mann, der lange Zeit von seinen Minderwertigkeitsgefühlen und Schwächen geplagt worden war, riet ich, jeden Tag in der Bibel zu lesen und alle Stellen rot zu unterstreichen, die Mut und Zuversicht aussprechen. Er bemühte sich auch, diese Stellen seinem Gedächtnis einzuprägen, wodurch er seinen Geist mit den gesündesten, beglückendsten und wirkungsvollsten Gedanken der Welt erfüllte. Diese Gedanken von dynamischer Kraft veränderten ihn von einem hoffnungslos deprimierten Menschen zu einer Persönlichkeit von bezwingender Kraft. Schon nach einigen Wochen zeigte sich in seinem Wesen eine bemerkenswerte Veränderung. Heute strahlt er Mut und Vertrauen aus. Er hat sein Selbstvertrauen durch eine

grundlegende Änderung seiner Denkgewohnheiten wieder-
gewonnen.

Zusammenfassend: *Was können wir tun, um sofort mit dem
Wiederaufbau unseres Selbstvertrauens zu beginnen?*

Die folgenden zehn Grundsätze sind einfache, aber
höchst wirkungsvolle Regeln, um unsere Minderwertigkeitsgefühle zu überwinden und Vertrauen zu gewinnen.
Wenn Sie diese Regeln befolgen, werden Sie bald wieder
Vertrauen in die eigenen Fähigkeiten erringen und von neuer Kraft und frischem Lebensmut erfüllt werden.

1. Präge ein geistiges Bild deiner voll entwickelten Persönlichkeit! Halte dieses Bild in deiner Vorstellung beharrlich
wach. Verliere es nie wieder! Dein Geist wird danach trachten, dieses Bild zu verwirklichen. Gestatte deinen Gedanken
nicht, sich Mißerfolg auszumalen, sondern glaube an die
Realität deiner Gedankenkräfte. Denke daran, daß unser
Geist stets zu verwirklichen sucht, was wir uns vorstellen.
Es ist gefährlich, Gedanken der Hoffnungslosigkeit und des
Mißerfolges nachzuhängen.

2. Wenn ein negativer, hoffnungsloser Gedanke in bezug
auf dich selbst und deine Möglichkeiten auftaucht, ersetze
ihn durch einen positiven, vertrauenden Gedanken.

3. Baue keine Hindernisse auf in deiner Vorstellungswelt.
Schwierigkeiten müssen geprüft werden, und wir müssen
uns mit ihnen auseinandersetzen, aber sie sollen nicht mehr
Gewicht erhalten, als sie tatsächlich haben. Sie dürfen
durch unsere Vorstellung nicht aufgeblasen werden.

4. Erstarre nicht in Ehrfurcht vor anderen Menschen, und
versuche nie, andere zu kopieren. Niemand kann dir deine
Persönlichkeit so vollkommen schenken wie du selbst. Denke immer daran, daß die meisten Menschen, auch wenn sie

noch so sicher auftreten, oft genauso unter Zweifel und Niedergeschlagenheit leiden wie du selbst.

5. Wiederhole zehnmal am Tag die kraftvollen Worte: »Ist Gott für uns, wer mag wider uns sein?« (Römer 8, 31) — Unterbrich gleich hier die Lektüre und wiederhole diese Worte langsam und vertrauensvoll.

6. Trachte danach, einen kompetenten Ratgeber zu finden, der dir helfen kann, deine Probleme zu verstehen und dir zu sagen, warum du so oder anders handelst. Versuche die Herkunft deiner negativen Gedanken und Selbstzweifel zu ergründen; sie ist meist in der Kindheit zu finden. Selbsterkenntnis führt zur Heilung.

7. Wiederhole jeden Tag zehnmal und wenn möglich laut die folgende Versicherung: »Ich vermag alles durch den, der mich stark macht, Christus.« (Philipper 4, 13) Wiederhole dieses Wort gleich *jetzt*. Es enthält die machtvollste Kraft, die wir auf Erden allen Gefühlen der Schwäche entgegensetzen können.

8. Mache dir eine objektive und wahre Vorstellung deiner wirklichen Fähigkeiten. Dann versuche sie zu steigern. Sei kein eitler Egoist, aber entwickle ein gesundes Maß von Selbstachtung. Glaube an deine eigenen, gottgegebenen Kräfte.

9. Vertraue auf Gott! Sage dir einfach: »Ich bin in Gottes Hand und *glaube,* daß ich *jetzt* alle Kräfte erhalten werde, die mir not tun.« Stelle dir vor, wie diese göttlichen Kräfte in dich hineinströmen. Versichere dir, daß »das Reich Gottes inwendig ist in dir« (Lukas 17, 21) in Form von Kräften, die den Anforderungen des Lebens gerecht werden.

10. Erinnere dich stets daran, daß Gott an deiner Seite ist und daß nichts in der Welt dich niederdrücken kann. Glaube, daß du *jetzt* und zu jeder Stunde Kraft von ihm empfangen wirst.

II

Vom Segen eines ruhigen Gemütes

Als ich einst mit zwei Freunden in einem Hotel das Frühstück einnahm, sprachen wir über unseren Schlaf während der vergangenen Nacht. Einer beklagte sich über eine schlaflose Nacht. Er hatte sich gewälzt und gedreht, und nachdem er aufgestanden war, fühlte er sich müder als am Abend zuvor. »Wahrscheinlich hätte ich besser vor dem Schlafengehen keine Radionachrichten mehr gehört. Ich drehte den Apparat noch an und erhielt nichts anderes als ein Ohr voll Sorge.«

Der Ausspruch »ein Ohr voll Sorge« traf den Nagel auf den Kopf. Kein Wunder, daß er keinen Schlaf finden konnte. Unser Freund aber meinte: »Vielleicht habe ich es auch dem Kaffee zu verdanken.«

»Was mich betrifft«, erklärte mein anderer Begleiter, »hatte ich eine sehr gute Nacht. Ich las die Nachrichten in den Nachmittagszeitungen und konnte sie vor dem Zubettgehen noch ›verdauen‹. Allerdings habe ich auch meinen ›Schlafplan‹ angewandt, der mich noch nie im Stich gelassen hat.«

Ich bat ihn, uns seinen »Schlafplan« näher zu erklären, und er erzählte: »In meiner Jugend hatte mein Vater — ein Farmer — die Gewohnheit, seine Familie stets vor dem Zubettgehen in der Stube zu versammeln, um uns einige Stellen aus der Bibel vorzulesen. Noch heute, wenn ich gewisse Sätze daraus wieder vernehme, vermeine ich, die Stimme meines Vaters zu hören. Nach dem Gebet suchte ich jeweils meine Kammer auf und fiel in einen tiefen, ruhigen Schlaf. Nachdem ich aber das Elternhaus verlassen hatte, las ich nicht mehr in der Bibel und gab auch das Beten auf.

Ich muß gestehen, daß ich während vieler Jahre höchstens noch betete, wenn ich in großen Schwierigkeiten war. Doch vor einigen Monaten, als ich einer erdrückenden Zahl ungelöster Probleme gegenüberstand, beschlossen meine Frau und ich, es wieder zu versuchen, und bald konnten wir es nicht mehr missen. Jeden Abend, bevor wir ins Bett gehen, sitzen wir zusammen, lesen einige Stellen aus der Bibel und sprechen ein Gebet. Seither schlafe ich besser, und meine Probleme finden ihre natürliche Lösung. Ja, diese Gewohnheit wurde mir so zur zweiten Natur, daß ich selbst unterwegs auf Reisen eine Bibel mitführe. Gestern abend las ich zum Beispiel den 23. Psalm laut vor mich hin, und ich glaube, er hat mir sehr gut getan.«

Indem er sich zu unserem Begleiter wandte, sagte er: »Sehen Sie, ich ging nicht zu Bett mit einem Ohr voll Sorgen, sondern mit einem ruhigen und friedlichen Gemüt.«

Das sind zwei entscheidende Dinge für jeden von uns: »Ein Ohr voll Sorge« oder »ein friedliches Gemüt«. Es hängt allein von uns ab, was wir wählen wollen.

Jeder Mensch hat die Möglichkeit, seine Vorstellungswelt zu ändern. Die Mühe, die uns das verursacht, ist unendlich viel kleiner, als wenn wir fortfahren, uns mit negativen Gedanken abzugeben. Ein Leben des inneren Friedens, voller Harmonie und frei von Hast und Angst führt zur angenehmsten und gehaltvollsten Form des Daseins.

Innerer Friede ist aber nur zu gewinnen, wenn wir uns ganz entspannen können. Das erinnert mich an ein Erlebnis anläßlich eines Vortrags. Ich saß hinter der Rednertribüne und überflog noch einmal mein Manuskript, als sich mir ein Mann näherte, der mit mir ein persönliches Problem besprechen wollte.

Ich sagte ihm, dies sei mir jetzt vollkommen unmöglich,

da ich mich noch vorbereiten müsse und jeden Augenblick aufgerufen werden könne. Ich bat ihn, bis nach dem Vortrag zu warten.

Während ich sprach, bemerkte ich, daß er hinter der Bühne nervös auf und ab ging, und als ich meinen Vortrag beendet hatte, war er verschwunden, hatte mir aber seine Visitenkarte zurückgelassen, aus welcher ich sah, daß es sich um eine bekannte Persönlichkeit der Stadt handelte.

Wieder im Hotel, ließ mir die Sache keine Ruhe, und ich telefonierte mit ihm. Er war überrascht und sagte, er hätte nicht warten wollen, weil ich offenkundig sehr überlastet sei, und er fügte bei: »Ich wollte Sie bitten, mit mir zu beten — vielleicht hätte ich dann etwas Ruhe finden können.« »Nichts kann uns davon abhalten, gleich jetzt am Telefon miteinander zu beten«, sagte ich.

Etwas erstaunt sagte er: »Ich habe noch nie etwas von einem telefonischen Gebet gehört.«

»Warum nicht?« fragte ich. »Ein Telefon ist nichts anderes als eine Möglichkeit der Verbindung zwischen zwei Menschen. Wir sind einige Häuserreihen voneinander entfernt, aber der Draht bringt uns zusammen. Und außerdem ist Gott überall, sowohl bei Ihnen als auch bei mir.« »Richtig«, sagte er, »ich wäre dankbar, wenn Sie für mich beten könnten.«

Ich schloß die Augen und betete für den Mann am anderen Ende des Drahtes, als ob er bei mir wäre. Er konnte mich hören, und Gott hörte uns auch. Als ich geendet hatte, fragte ich ihn: »Wollen Sie nicht auch beten?« — Zuerst kam keine Antwort, dann vernahm ich, daß der Mann schluchzte, und schließlich sagte er: »Es ist mir unmöglich, zu sprechen.«

»Dann weinen Sie sich aus, und versuchen Sie es dann erneut«, schlug ich vor. »Sagen Sie Gott alles, was Sie bedrückt.«

Ich wartete und ermutigte ihn weiter, und schließlich betete er, zuerst zögernd, dann freier, und schließlich schüttete er sein ganzes, bedrücktes, haßerfülltes und von Mißerfolgen zermartertes Herz aus. »Nie habe ich etwas für Gott getan«, sagte er, »und nun muß ich Gott bitten, etwas für mich zu tun. Ach, was bin ich für ein elender Mensch, trotz meiner öffentlichen Ämter und Ehren. Ich habe genug von alledem und kann mich nur noch in Gottes Hand begeben.«

Ich betete erneut und bat Gott, sein Gebet zu erhören und ihm Frieden zu schenken. Nach einer längeren Pause sagte er — und nie werde ich den Ton seiner Stimme vergessen: »Ich werde mich immer an diesen Abend erinnern. Zum erstenmal seit langer Zeit fühle ich mich frei und innerlich sauber.« Er hatte den Schlüssel zum inneren Frieden gefunden, sein Herz geöffnet und die Gnade Gottes empfangen.

Ein bekannter Arzt sagte: »Vielen meiner Patienten fehlt nichts außer gesunden Gedanken. Darum habe ich für manche ein spezielles Rezept, das man allerdings nicht in der Apotheke beziehen kann, sondern aus der Bibel, nämlich Römer 12, 2: ›*Und richtet euch nicht nach dieser Welt, sondern wandelt euch um durch die Erneuerung des Sinnes, damit ihr zu prüfen vermögt, was der Wille Gottes ist: das Gute und Wohlgefällige und Vollkommene.*‹ — Ich gebe meinen Patienten dieses Wort nicht schriftlich mit, sondern lasse sie aus der Bibel laut vorlesen. Wenn sie die Bedeutung dieser Gedanken erfassen, können sie dadurch Ruhe und inneren Frieden gewinnen, die ihrer Gesundheit zuträglicher sind als manche Arznei.« Die erste Vorbedingung für ein ruhiges Gemüt besteht darin, daß wir lernen, unseren Geist und unser Herz frei zu machen. Wie wir dies erreichen können, werde ich in einem andern Kapitel behandeln, doch möchte ich schon hier auf die große Bedeutung einer ständigen Geisteshygiene hinweisen. Wir alle haben schon erlebt, wie wohl uns wurde, wenn wir einem vertrauenswürdigen Menschen unser Herz ausschütten konnten. Darum empfehle ich eine mehrmalige tägliche »Reinigung« unseres Geistes. Ängste, Unsicherheiten, Schwächen, Schuldgefühle, Haß und Trauer — sie alle müssen immer und immer wieder aus uns herausgejagt werden.

Als ich auf einem Schiff einen Gottesdienst leitete, schlug ich meinen Zuhörern vor, alle ihre Sorgen und Ängste über Bord zu werfen und zu sehen, wie jeder einzelne negative Gedanke in den Wellen des Meeres untergehe. Meine Anregung wurde wahrscheinlich eher naiv aufgenommen, doch später kam einer der Reisenden zu mir und sagte, mein Ratschlag hätte sich glänzend bewährt. »Während der ganzen Reise ging ich jeden Abend an Deck, um alle meine Sorgen über Bord zu werfen, und schließlich gelang es mir, sie alle wirklich loszuwerden. Täglich sah ich sie im großen Ozean der Zeit davonschwimmen — auf Nimmerwiedersehen.«

Der Mann, der diese Erfahrung machte, ist kein sentimentaler Idealist, sondern eine real denkende, intelligente Persönlichkeit in bedeutender Stellung.

Rät uns nicht auch die Bibel, Dinge zu vergessen, die hinter uns liegen? Indem wir unseren Geist frei machen, ist noch nicht alles erreicht. Unsere Gedankenwelt kann *nicht leer* bleiben, sie muß *mit neuen Ideen erfüllt* werden, sonst besteht die Gefahr, daß die alten, negativen Gedanken in ihr früheres »Heim« zurückkehren. Um dem vorzubeugen, muß unsere Gedankenwelt unmittelbar nach der »Säuberung« mit schöpferischen und gesunden Ideen erfüllt werden. Wenn dann die alten, negativen Gedanken von Angst und Sorge erneut Einlaß begehren, finden sie an der Türe die Aufschrift »Besetzt«. Sie werden sich jedoch nicht so leicht abweisen lassen und auf ihr angestammtes Recht, hier zu wohnen, pochen. Doch die neuen, starken und gesunden Gedanken, denen wir Einlaß gewährt haben, sind jetzt stärker und fähig, mit den alten fertig zu werden. Schließlich werden diese gänzlich Rückzug blasen und uns aufgeben.

Jeden Tag sollten wir mehrmals friedliche Bilder an unserem geistigen Auge vorüberziehen lassen. Denken wir dabei an die ruhigsten und schönsten Landschaften, die wir je erschaut haben: vielleicht an ein stilles Bergtal, über dem die milde Röte eines friedlichen Abends liegt, oder an einen weiten, ruhigen Meeresstrand, wo die plätschernden Wellen mit dem Sand des Ufers spielen. Solche Vorstellungen wirken wie Balsam auf unser Gemüt.

Sodann gilt es, sich eine gewisse Technik in der suggestiven Anwendung beruhigender Worte anzueignen. Worte können von großer, suggestiver Kraft sein, und allein schon in ihrer ruhigen Aussprache liegt viel heilsame Wirkung. Man braucht nur einige beunruhigende Worte vor sich hinzusagen, und schon gerät man in einen Zustand leichter Nervosität. Vielleicht spüren wir einen Druck auf dem Magen, der unser Wohlbefinden stark herabsetzt. Sagen wir aber beruhigende Worte, wird unser Gemüt sofort entsprechend reagieren. Benützen wir zum Beispiel das Wort »*Ruhe*« und wiederholen wir es mehrmals! Schon allein dadurch fördern wir einen friedlichen Gemütszustand.

Ein anderes Wort von heilender Kraft ist »Sicherheit«. Wiederholen wir auch dieses Wort mehrmals! Auch ein guter Sinnspruch oder einige Sätze aus der Bibel, richtig und suggestiv wiederholt, können unser Gemüt sehr günstig beeinflussen.

Einer meiner Bekannten notiert sich alle solchen Sätze auf spezielle Karten, von denen er stets eine in der Rocktasche mitführt. Er sagt, daß diese Gedanken in seinem Unterbewußtsein weiterwirken und seinen Geist mit Frieden erfüllen. Eine der Karten, die er mir zeigte, war mit einem uralten Spruch aus dem 16. Jahrhundert beschrieben. Er lautet: »Lasse dich durch nichts beunruhigen. Lasse dich durch nichts ängstigen. Alles vergeht, außer Gott. Gott allein zählt.«

In den Worten der Bibel wohnt eine besonders heilsame Kraft. Wenn wir ihnen Einlaß in unseren Geist gewähren, entfalten sie dort einen äußerst wohltuenden Einfluß auf unser ganzes Gemütsleben. Sie sind eines der einfachsten und wirkungsvollsten Mittel, ein ruhiges Gemüt zu gewinnen.

Ein Kaufmann erzählte mir ein Erlebnis anläßlich einer Geschäftskonferenz. Einer der Anwesenden wies alle Anzeichen großer Unruhe und Nervosität auf.

Jedermann kannte ihn gut und verzieh ihm seine Reizbarkeit, doch im Laufe der Verhandlungen sprang seine Aufmerksamkeit auch auf die andern Anwesenden über. Unvermittelt öffnete der Betreffende seine Reisemappe, zog eine Flasche mit irgendeiner dunkelgefärbten Medizin heraus und nahm eine größere Dosis zu sich. Gefragt, was er da trinke, sagte er: »Ach, irgend etwas für die Nerven. Wenn es so weitergeht, platze ich noch vor Nervosität. Ich bemühe mich zwar, es nicht zu zeigen, doch ich nehme an, Sie alle haben längst bemerkt, wie meine Nerven versagen. Dieses Tonikum wurde mir empfohlen, und ich habe bereits mehrere Flaschen davon eingenommen, doch offensichtlich ohne großen Erfolg.«

Die andern lachten, doch einer sagte ernst: »Bill, ich weiß nichts über deine Medizin. Vielleicht ist sie ganz gut, aber ich kann dir eine andere Medizin geben, die dir bestimmt besser bekommen wird. Sie hat mir geholfen, und ich weiß, was ich sage, denn ich war noch schlimmer dran als du.«

»Was für eine Medizin ist das?« fragte Bill.

Der andere griff in seine Mappe und zog ein Buch heraus. »Dieses Buch wird dir helfen. Wahrscheinlich findest du es komisch, daß ich eine Bibel in meiner Reisemappe herumtrage; aber ich kümmere mich nicht um das, was die Leute sagen. Seit zwei Jahren führe ich stets diese Bibel mit und habe darin alle Stellen unterstrichen, die mir Zuversicht und Ruhe geschenkt haben. Bei mir hat es Wunder gewirkt, und ich glaube, auch bei dir wird es nicht versagen. — Willst du es nicht versuchen?« Die andern waren verstummt und hörten interessiert dem Gespräch zu. Unser nervöser Kollege war tief in seinen Stuhl zurückgesunken und schien offensichtlich beeindruckt.

»In einem Hotel hatte ich einst ein bestimmtes Erlebnis«, fuhr der andere fort, »wodurch ich auf die Bibel aufmerksam wurde. Nach einem arbeitsreichen Reisetag kam ich am späten Nachmittag ins Hotel zurück und befand mich in einem Zustand äußerster Nervosität. Ich versuchte, einige Briefe zu schreiben, doch es gelang mir nicht, meine Gedanken zu sammeln. So ging ich im Zimmer auf und ab, versuchte Zeitungen zu lesen, doch sie langweilten mich bloß. Da fiel mein Blick auf eine Bibel, wie ich sie schon in vielen Hotelzimmern angetroffen, aber noch nie beachtet hatte. Irgend etwas hieß mich, das Buch aufzuschlagen. Zufällig fand ich die Psalmen, und ich erinnere mich, wie ich einen davon stehend las, mich dann setzte und weiterlas. Die Worte fesselten mich, und doch mußte ich leise über mich lächeln, wie ich da in einem Hotelzimmer saß und die Bibel las!

Dabei stieß ich auf den 23. Psalm, den ich in der Sonntagsschule gelernt hatte, und ich war erstaunt, wie gut ich ihn noch auswendig konnte. Ich versuchte, ihn zu wiederholen, besonders die Stelle, wo es heißt: ›*Auf grünen Auen läßt er mich lagern, zur Ruhestatt am Wasser führt er mich. Er stillt mein Verlangen; er leitet mich auf rechtem Pfade . . .*‹ Ich wiederholte diese Stelle mehrmals und schlummerte ein . . .

Obschon ich nur eine Viertelstunde geschlafen hatte, fühlte ich mich ausgeruht und erfrischt wie nach einer guten Nacht. Noch jetzt erinnere ich mich deutlich an das wundervolle Gefühl vollkommener Entspannung. Ich spürte, wie meine Nervosität verflogen war, und fragte mich, warum ich so lange auf so etwas Wertvolles verzichtet hatte.

Nach diesem Erlebnis kaufte ich eine kleine Bibel, die ich gut in meiner Mappe unterbringen konnte, und seither habe ich mich nicht mehr davon getrennt. Meine Nervosität hat inzwischen stark abgenommen, und ich finde immer wieder neue Ruhe und Kraft in der Bibel.«

Nach einer kleinen Pause fügte er bei: »Versuche es auch, Bill, du wirst sehen — es hilft.«

Und Bill versuchte es. Er erzählte uns später, wie er anfänglich nur in der Bibel gelesen habe, wenn ihn niemand beobachten konnte. Es war ihm peinlich, als »fromm« angesehen zu werden, doch heute hat er dies längst überwunden: er liest die Bibel im Zug wie im Flugzeug, und sie hat ihm viel geholfen. »Seither brauche ich keine Nervenmedizin mehr«, erklärte er.

Heute ist es einfach, mit Bill zu verkehren. Er hat seine Nerven in der Hand, und seine Gereiztheit ist verschwunden. Die beiden Männer fanden heraus, daß es nicht schwer ist, ein ruhiges Gemüt zu gewinnen. Um inneren Frieden zu haben, brauchen wir nur unsere Gedankenwelt mit friedvollen Gedanken zu versehen, und nichts ist einfacher als das.

Es gibt noch andere Mittel, die uns helfen können, innere Sicherheit und Ruhe zu gewinnen. Eines davon liegt in der Art unseres Sprechens, und zwar kommt es sowohl auf die *Worte* an, die wir gebrauchen, als auch auf den *Ton*, in dem wir sie aussprechen. Wir haben durchaus die Möglichkeit, uns in eine Nervosität hineinzureden, und wir können uns ebensogut mit unseren eigenen Worten beruhigen. Um ruhig zu *sein*, ist es wichtig, ruhig zu *sprechen*.

Die Probe aufs Exempel läßt sich leicht machen: Wenn wir mit einigen Leuten sprechen, und wenn die Konversation einen aufgeregten und nervösen Ton annimmt, brauchen wir nur einige ruhige, sachliche Worte ins Gespräch zu flechten, und wir werden feststellen können, daß ihre Wirkung nicht ausbleibt und die nervöse Spannung nachläßt. Unterhaltungen, die angefüllt sind mit ängstlichen Befürchtungen — zum Beispiel beim Frühstück —, geben oft den ganzen Tag den Ton an. Kein Wunder, wenn sich die Dinge dann ungünstig entwickeln! Negative Gespräche rufen widrige Umstände hervor. Sobald unsere Unterhaltung mit Spannung erfüllt ist, steigert sich unsere innere Unruhe. Wenn wir dagegen jeden Tag mit beruhigenden, friedlichen und positiven Gedanken beginnen, so wird seine Tendenz positiv und glückbringend sein. Solche Gewohnheiten sind von größter Bedeutung. Es lohnt sich daher, die Art und Weise unseres Sprechens unter die Lupe zu nehmen.

Worte, die wir aussprechen, haben einen direkten Einfluß auf unsere Gedanken. Gedanken bringen Worte hervor, denn sie sind die Träger unserer Ideen. Aber Worte beeinflussen umgekehrt auch unsere Gedanken und können Stimmungen schaffen. In Tat und Wahrheit beginnen unsere Gedanken oft mit Worten; je ruhiger und disziplinierter daher unser Gespräch ist, je mehr bejahende Gedanken es enthält, um so ruhiger und friedlicher werden unsere Idee und schließlich unser Gemüt sein.

Andere wirkungsvolle Hilfen, ein ruhiges Gemüt zu erringen, sind Ruhe und Entspannung. Wir sollten täglich mindestens eine Viertelstunde der vollkommenen Ruhe pflegen. Dazu gehen wir am besten an den stillsten Ort, den wir finden können, um dort, liegend oder sitzend, in absoluter Ruhe zu verharren. Nicht sprechen, nicht schreiben, nicht lesen! Denke so wenig wie möglich, versuche deinen Geist ganz unbeteiligt und neutral zu verhalten, verbleibe passiv und ohne jegliche Aktivität. Das wird zu Beginn gar nicht so einfach sein, doch mit der Zeit werden wir Übung darin gewinnen. Stellen wir uns unseren Körper als eine Wasserfläche vor, und trachten wir danach, daß diese auch nicht von der leisesten Welle gekräuselt werde. Haben wir dann einen Zustand vollkommener Ruhe und Entspannung erreicht, so können wir auf unsere innere Stimme lauschen, auf die Klänge der Harmonie und des Friedens und auf die göttlichen Eingebungen, die uns im Lärm des Alltags nicht mehr erreichen können.

Die meisten modernen Menschen haben bedauerlicherweise vom Segen der Stille keine Ahnung. Thomas Carlyle sagte: »*In der Stille reifen die großen Dinge.*« Unsere Generation besonders hat etwas vergessen, das unseren Vorfahren wohlbekannt war und mithalf, ihren Charakter zu formen und zu stärken: die Stille großer Wälder und weiter, einsamer Landschaften.

Wahrscheinlich steht der Mangel an innerem Frieden, der den modernen Menschen auszeichnet, in direktem Zusammenhang mit dem lärmigen Leben unserer Zeit. Wissenschaftliche Experimente beweisen, daß jeder Lärm an unserem Arbeitsort oder Wohnort unsere Leistungsfähigkeit stark herabsetzt. Im Gegensatz zur allgemeinen Meinung ist es sehr fraglich, ob wir uns je körperlich und seelisch an diesen Lärm »gewöhnen« können, ohne Schaden zu nehmen. Auch wenn sich unsere Nerven scheinbar an bestimmte Geräusche gewöhnt haben, wenn wir vermeinen, sie nicht mehr zu hören, so »*hört*« *sie doch unzweifelhaft unser Unterbewußtsein.* Autosignale, Flugzeuge, Baumaschinen und andere starke Geräusche verwandeln sich in eine gewisse körperliche Aktivität, die selbst — und gerade während unseres Schlafes wirkt. Die Impulse, die der Lärm in unserem Nervensystem auslöst, werden in unsere Muskeln weitergeleitet und hindern uns an vollkommener Ruhe und Entspannung. Wenn die Reaktion stark genug ist, kann sie bereits den Charakter eines leichten Schockes annehmen.

Ruhe und Stille dagegen bringen Entspannung, Frieden und Heilung. Starr Daily sagt: »Keiner meiner Bekannten, der sich wirklich darauf versteht, der Ruhe zu pflegen, ist je ernstlich krank geworden. Ich habe festgestellt, daß sich meine Beschwerden erst dann einstellen, wenn ich vergesse, zwischen Spannung und Entspannung den richtigen Ausgleich zu finden.« Geistige Gesundung ist eng mit Ruhe und Stille verknüpft. *Regelmäßige Übungen der Entspannung in der Stille bedeuten größte Heilkraft für unser Gemüt.*

Unter den heutigen Umständen ist es nicht mehr so leicht, Ruhe und Stille zu finden, wie zur Zeit unserer Vorfahren. Es gibt unzählige Lärmquellen, die ihnen überhaupt nicht bekannt waren; außerdem ist unser Arbeitstempo von großer Hast erfüllt. Wir sind stets ängstlich bestrebt, unsere Zeit möglichst gut auszunützen, und nur wenige von uns haben die Möglichkeit, durch einsame Wälder zu streifen, an stillen Wassern zu träumen oder an Deck eines Schiffes die Weite des Ozeans zu überblicken. Wenn wir aber auch nur hin und wieder solche Erlebnisse in uns aufnehmen, können wir sie immer wieder in unseren Geist zurückrufen und sie so eindrucksvoll wiederempfinden, als ob wir sie tatsächlich von neuem erlebten. Wenn wir lernen, uns solche Bilder intensiv ins Gedächtnis zurückzurufen, werden die Gefühle der Unruhe und Nervosität leichter überwunden, denn unsere Erinnerung hat immer die Tendenz, vor allem die schönen Erlebnisse der Vergangenheit zu behalten.

Während ich diese Zeilen schreibe, sitze ich auf dem Balkon eines der schönsten Hotels, die ich kenne, in der Waikikibucht in Honolulu auf Hawaii. Zu meinen Füßen liegt ein Garten von seltener Schönheit: schattige Palmen und unzählige exotische Blumen in herrlichen Farben und mit betörenden Düften; vor meinem Fenster zeigt mir der Papayabaum seine herrlichen, reifen Früchte, und das tiefblaue Meer dehnt sich in unendliche Weiten; auf den weißen Wellen tummeln sich Feriengäste in kleinen Kanus, und alles zusammen ergibt einen Wohlklang von bezaubernder Schönheit und Lebensfreude. Mein Alltagsleben ist außer Sicht, und der Friede dieser herrlichen Gegend erfüllt mich ganz und hilft mit, meine Gedanken über die Macht eines ruhigen Gemüts zum Ausdruck zu bringen. Wenn ich demnächst wieder nach New York zurückkehre, wird mir die Pracht dieser Umgebung und die beruhigende Wirkung, die ihr innewohnt, erst recht zum Bewußtsein kommen. Doch ich werde dieses Erlebnis weiter in mir tragen als ein kostbares Gut, zu dem meine Gedanken in Zeiten der angestrengten Arbeit und des Großstadtlebens mit all seinen Problemen und Bedrängnissen jederzeit zurückkehren und sich daran erlaben können.

Wenn wir unseren Geist mit Schönheit und Frieden erfüllen, können wir jederzeit in die Welt der Unruhe und der Spannungen zurückkehren.

Wenn wir unseren Geist mit friedvollen Erlebnissen, Worten und Gedanken versorgen, schaffen wir uns eine unerschöpfliche Kraftreserve an geistiger Erfrischung und Erneuerung. *Wir dürfen aber nie vergessen, daß wir nur erhalten können, was wir selber zu geben bereit sind.*

Einer meiner Freunde besitzt ein prachtvolles Heim. Das Eßzimmer ist mit ausgezeichneten Wandmalereien versehen, die eine ausgedehnte Landschaft darstellen: sanfte Hügel, friedliche Täler und silberne Flüsse, blühende Wiesen, in die kleine Landhäuser und eine weiße Kirche eingestreut sind. Es ist ein Abbild der Landschaft, in der mein Freund seine Jugend verbrachte.

Beim Frühstück machte er mich auf einige besonders interessante Stellen aufmerksam und sagte: »Wenn ich mich in diesem Raum aufhalte, erinnere ich mich gern an meine glückliche Jugendzeit. Ich sehe mich zum Beispiel auf jenem Wiesenweg barfuß gehen und glaube, den feinen, sauberen Sand zwischen meinen Zehen zu spüren. Ich erinnere mich an die Stellen, wo ich manchen Nachmittag im Sommer gefischt habe, und meine Augen verfolgen die Hügel, wo ich im Winter mit dem Schlitten hinunterfuhr. Dort ist die Kirche, die ich als Junge besuchte. Darin mußte ich manche lange Predigt anhören. Doch erinnere ich mich deutlich der einfachen, anständigen Menschen jener Gegend und ihres freundlichen, aufrichtigen Wesens. Wenn ich diese Kirche anschaue, vermeine ich die Orgel zu hören und die Lieder, die ich mit meinen Eltern gesungen habe. Sie sind längst ge-

storben und ruhen in jenem Friedhof neben dem Gottes-
haus, doch wenn ich dieses Wandbild betrachte, werden sie
in meinem Gedächtnis wieder lebendig, und ich vermeine
ihre Stimmen zu hören. Immer wenn ich von meiner Arbeit
übermüdet und überreizt bin, tut es mir wohl, hier zu sitzen
und im Gedächtnis zurückzuwandern in die Zeit der unbeschwerten Jugendjahre. In diesem Zimmer finde ich Ruhe
und Frieden.«

Nicht alle von uns können ihre Wände mit prachtvollen
Malereien versehen, doch jeder hat die Möglichkeit, solche
Bilder in seinem Gedächtnis lebendig werden zu lassen. Wir
alle haben schöne, eindrucksvolle Erlebnisse gehabt und
können jederzeit zu ihnen zurückkehren, unbekümmert,
wie viele Sorgen und Verantwortlichkeiten wir auch immer
haben mögen. Diese einfache Methode der Entspannung
hat schon vielen geholfen und kann auch uns helfen. Sie
kann jederzeit angewandt werden und hilft mit, ein ruhiges
Gemüt zu schaffen.

Es gibt einen weiteren Umstand, der von großer Wichtigkeit ist: Ich habe immer wieder bemerkt, daß Menschen, die
keine innere Ruhe finden können, sehr oft an irgendeinem
Schuldgefühl leiden. Irgendwann in ihrem Leben haben sie
einen Fehler begangen, und nun verfolgt sie das Gefühl der
Schuld unaufhörlich. Während Gott immer Verzeihung
schenkt, wenn wir aufrichtig darum bitten, hält es oft viel
schwerer, sich selber zu verzeihen. Man fühlt irgendwie, eine Strafe verdient zu haben, und befindet sich in ihrer ständigen Erwartung. Das Resultat ist eine unaufhörliche Spannung und die Befürchtung, irgend etwas könnte geschehen.
Um seine Angst zu übertönen, sucht der Mensch den Ausgleich in einer übertriebenen Aktivität. Er merkt, daß harte
Arbeit sein Schuldgefühl überdeckt. So erzählte mir ein
Arzt, daß Zusammenbrüche oft erfolgen, weil ein Patient
sich überarbeitet hat, nur um seine Schuldgefühle und seine
innere Unruhe zu vergessen. Natürlich wird dann die

Schuld für den Zusammenbruch nicht einem verborgenen Schuldgefühl, sondern der allzuvielen Arbeit zugeschrieben. »Diese Patienten«, so sagte der Arzt, »hätten niemals einen Zusammenbruch durch Überarbeitung erleiden müssen, wenn es ihnen gelungen wäre, ihr Schuldgefühl loszuwerden. Solche Menschen finden den Frieden ihrer Seele nur, wenn sie sowohl ihr Schuldgefühl als auch die daraus resultierende Spannung vertrauensvoll in die Hände Gottes legen.«

Als ich einmal einen abgelegenen Ort aufsuchte, um einige Tage ruhig schreiben zu können, traf ich dort einen mir bekannten Geschäftsmann aus New York, einen vielbeschäftigten, nervösen und außerordentlich angespannt arbeitenden Mann.

Ich gab meiner Freude Ausdruck, ihn an diesem ruhigen Flecken zu treffen, doch bald stellte ich fest, daß er noch nichts von seiner Nervosität verloren hatte. »Ich habe hier überhaupt nichts zu tun«, sagte er, »und zu Hause wäre so viel Arbeit. Ich bin nervös und kann nicht schlafen, nirgends finde ich Ruhe. Meine Frau hat aber darauf bestanden, daß ich hier eine Woche ausruhe. Die Ärzte sagen zwar, es fehle mir nichts, wenn ich mich nur beruhigen und entspannen könnte. Aber wie in aller Welt soll ich das fertigbringen?«

Mit einem verzweifelten Blick sagte er: »Doktor, ich würde alles in der Welt darum geben, endlich etwas Ruhe und Frieden zu finden!«

Wir unterhielten uns über dies und das, und schließlich fand ich heraus, daß er ständig in Angst vor einem unbestimmten, düsteren Geschehen lebte. Seit Jahren wartete er auf irgendein unglückliches Ereignis, das ihn oder seine Familie treffen könnte.

Es war nicht schwer, seinen Fall zu analysieren. Seine Unruhe entsprang zwei Quellen: erstens aus gewissen Unsicherheiten aus der Zeit seiner Kindheit und zweitens aus später dazugekommenen Schuldgefühlen. Seine Mutter hatte in ständiger Angst gelebt, »irgend etwas könnte passieren«, und die Spannung der Frau hatte sich auch auf den Jungen übertragen. Später beging er einige Verfehlungen, die sein Unterbewußtsein mit der Erwartung einer Strafe belasteten. Er wurde ein Opfer seiner Schuldgefühle, und das Resultat war sein jetziger Zustand überspannter Nervosität.

Als wir unser Gespräch beendet hatten, stand ich neben seinem Stuhl, und da niemand in der Nähe war, sagte ich: »Darf ich mit Ihnen beten?« Er nickte, und ich legte meine Hand auf seine Schulter und betete: »Jesus, sowie Du Menschen geheilt und ihnen Frieden gegeben hast, heile Du auch diesen Mann und schenke ihm den Frieden der Seele. Gib ihm die Gnade Deiner ganzen Verzeihung und hilf ihm, sich selber zu vergessen.«

Er blickte mich mit einem seltsamen Ausdruck an, wandte sich aber schnell ab, um die Tränen, die ihm in die Augen traten, zu verbergen. Wir waren beide ein wenig verlegen, und ich verließ ihn. Viele Monate später traf ich ihn wieder, und er sagte: »Etwas Entscheidendes geschah an jenem Tage, da Sie für mich beteten. Ich fühlte eine ganz bestimmte Kraft in mich strömen, die mir Ruhe und Frieden schenkte.«

Mein Bekannter hat eine neue Einstellung zu sich selber und zu seinem Leben gefunden. Er wurde gesund, glücklich und frei.

III

Ein Quell nie
versiegender Lebenskraft

Was wir uns vorstellen, hat eine augenblickliche, *reale* Wirkung auf unseren Körper. Wenn jemand denkt »Ich bin müde«, akzeptieren die Nerven und Muskeln sofort diese Tatsache. Ist aber unser Geist wach und intensiv bei der Sache, können wir unsere Aktivität erhalten. Religiöse Gedanken des Vertrauens und des Mutes können unsere Energie steigern, wenn wir an die Gewißheit glauben, daß wir über *höhere Quellen* der Energie und der Kraft verfügen.

Einer meiner Freunde, ein Mann voller Vitalität und Lebenskraft, sagt, er gehe regelmäßig zur Kirche, um »seine Batterien wieder aufzuladen«. Seine Idee ist gesund, auch wenn er sie in die technische Sprache unseres Zeitalters kleidet, denn Gott ist die Quelle *jeder* Kraft, der Kraft des Atoms, der Kraft der Elektrizität und der Kraft des Geistes. Jede Form von Kraft stammt vom Schöpfer. »Er gibt dem Müden Kraft und dem Ohnmächtigen mehrt er die Stärke.« (Jesaja 40, 29)

Der Kontakt mit Gott läßt uns einen Strom ständiger Kraft gewinnen — jener Kraft, die jeden Frühling die Welt neu erstehen läßt. Wenn wir mit dem Göttlichen in geistiger Verbindung leben, bleibt uns diese schöpferische Kraft erhalten; unterbrechen wir aber den Kontakt, verliert unsere Persönlichkeit geistig und körperlich. Eine elektrische Uhr läuft genau, solange sie an den Strom angeschlossen ist. Wird dieser unterbrochen, steht sie still. Etwas Ähnliches — geistig gesehen — spielt sich im Menschen ab.

Vor einigen Jahren hörte ich einen Redner, der vor einem großen Auditorium behauptete, er sei seit 30 Jahren noch nie müde gewesen. Er erklärte, wie er damals durch ein religiöses Erlebnis dazu gekommen sei, seine Persönlichkeit ganz in die Hände Gottes zu geben, und seither verfüge er für alle seine vielseitigen Verpflichtungen über genügend Energie und Tatkraft. Er verstand es, seine Erklärung so glaubhaft und überzeugend darzulegen, daß jedermann stark beeindruckt war.

Für mich bedeuteten seine Worte eine Bestätigung meines Glaubens, daß es möglich ist, in unserem Geist ein *unerschöpfliches Reservoir von Lebenskraft* anzulegen. Niemand ist gezwungen, unter einem Nachlassen seiner Kräfte zu leiden. Meine Überzeugung wurde gefestigt durch ein Gespräch mit einem prominenten Arzt, mit dem ich mich über einen uns bekannten Mann unterhielt. Der Betreffende ist mit einer großen Verantwortung belastet; er arbeitet ohne Unterbrechung von morgens früh bis spät in die Nacht, und seine Arbeitskraft scheint nie zu erlahmen. Immer wieder geht er noch weitere Verpflichtungen ein, und es gelingt ihm trotzdem, seine Arbeit anscheinend leicht und ohne große Anstrengung zu bewältigen.

Ich äußerte trotzdem gewisse Bedenken und gab der Befürchtung Ausdruck, unser Bekannter könnte es doch übertreiben und schließlich einen Zusammenbruch erleiden. Der Arzt aber schüttelte den Kopf. »Nein«, sagte er, »das halte ich in diesem Fall für gänzlich ausgeschlossen. Unser Freund gleicht einer glänzend organisierten Maschine. Die Dinge gehen ihm leicht von der Hand, und er versteht es, seine Lasten mit Leichtigkeit zu tragen. Nie vergeudet er Kraft, obschon er jede Aufgabe mit einem Maximum von Energie anpackt.«

»Und wie erklären Sie sich diese scheinbar unerschöpfliche Tatkraft?«

Der Arzt besann sich einen Augenblick, dann sagte er:

»Das Geheimnis liegt in seinem ausgeglichenen Gemüt und in seiner religiösen Lebensauffassung. Daraus schöpft er immer wieder neue Kraft. Sein Glaube hilft ihm über jedes Nachlassen der Kräfte hinweg. Es ist viel weniger unsere Arbeit selbst, die uns ermüdet, als eine gewisse innere Unruhe und Hast. Davon aber ist unser Freund völlig frei.«

Unser Körper wurde geschaffen, um während einer bewundernswert langen Periode immer neue Kräfte zu entfalten. Wenn wir ihm in bezug auf gesunde Ernährung, Bewegung, Schlaf und ein gesundes Gemüts- und Geistesleben die nötige Aufmerksamkeit angedeihen lassen, wird er sich erstaunlich gut erhalten und immer neue Kräfte hervorbringen.

Der natürliche Zustand eines Individuums ist erst dann erreicht, wenn Körper, Seele und Geist harmonisch zusammenarbeiten. Daraus ergibt sich die fortlaufende Erneuerung der uns notwendigen Energie.

Frau Thomas A. Edison, die Gattin des vielseitigsten Erfinders aller Zeiten, mit der ich oft über ihren berühmten Mann sprach, erzählte mir, daß Edison nach angestrengtester Arbeit im Laboratorium jeweils heimkam, sich auf sein Sofa legte und sofort — in völliger Entspannung wie ein Kind — in den tiefsten Schlaf fiel. Nach drei oder vier Stunden fühlte sich Edison vollkommen ausgeruht und erfrischt und wieder bereit, seine Arbeit von neuem aufzunehmen. Frau Edison schrieb diese wunderbare Fähigkeit der vollkommenen Entspannung und des unbeschwerten, tiefen Schlafes ganz der *harmonischen Seelenhaltung* ihres Mannes zu. Sie wußte, daß Edison in ungeteilter Harmonie mit der Natur und mit Gott lebte. Er kannte keine Komplexe und fixen Ideen, keine innere Unruhe und Zerfahrenheit, keine unbeherrschten Gefühlsaufwallungen. Er arbeitete einfach, bis er Schlaf nötig hatte, legte sich dann nieder und stand neugestärkt wieder auf. Dieser geniale schöpferische Geist gewann seine Energie aus der Selbstdisziplin seines Gemütslebens und aus seiner Fähigkeit, sich vollkommen zu entspannen. Seiner tiefen Verbundenheit mit der Natur verdankte er weitgehend die Entdeckung ihrer Geheimnisse.

Alle wirklich großen Persönlichkeiten, die ich kenne — und ich kenne viele —, leben in Harmonie mit dem Unendlichen. Sie sind nicht unbedingt Menschen, die einem bestimmten religiösen Bekenntnis huldigen, aber sie halten in jedem Fall ihr Geistes- und Gemütsleben in sicheren Händen. Ängste, Ressentiments, die Fehler der Eltern, innere Konflikte und Schuldgefühle sind es, die das natürliche Gleichgewicht unseres Wesens stören und uns von den Quellen neuer Kraft trennen. Je länger ich lebe, um so stärker wird meine Überzeugung, daß weder unser Alter noch die Umstände unsere Energie und unsere Vitalität wesentlich schwächen können. Endlich wird der Menschheit der Zusammenhang zwischen Religion und Gesundheit in seiner ganzen Bedeutung bewußt, und eine längst vergessene Grundwahrheit wird uns langsam wieder klar: *daß unsere physische Gesundheit stark von unserem Gemütsleben und unser Gemütsleben direkt von unserer Gedankenwelt abhängig ist.*

Die Bibel spricht immer wieder von den Begriffen »Leben«, »Kraft« und »Vitalität«. Das wichtigste Wort der Schrift heißt *»Leben«*, und »Leben« bedeutet Lebenskraft und Energie. Jesus selbst hat das Schlüsselwort gegeben: *»Ich bin gekommen, damit sie Leben und reiche Fülle haben.«* (Joh. 10, 10) Das will nicht heißen, unser Leben müsse absolut frei von Leid und Schmerz sein, aber es bedeutet *die reale Möglichkeit einer fortwährenden Erneuerung unserer Kräfte durch die Gedanken des christlichen Glaubens.* Ihre Anwendung wird jedem Menschen seinen wahren Lebensrhythmus näherbringen.

Unsere Energie wird durch das übersetzte Lebenstempo und die unnatürliche Hast unserer Tätigkeit zerstört. Wenn wir unsere Kräfte erhalten wollen, dann müssen wir sie in Einklang mit dem göttlichen Rhythmus bringen. Bewegen wir uns aber in einer andern Richtung als Gott, dann verlieren wir den Kontakt mit der Harmonie des Unendlichen. Wenn wir uns aber auf den göttlichen Rhythmus einstellen, normalisiert sich unser Lebenstempo auf natürliche Weise, und der Strom unserer Lebenskraft fließt frei und ungehemmt.

Die hektische Hast unserer Zeit hat viele üble Folgen. Einer meiner Freunde erzählte, er erinnere sich gerne an das große Wohnzimmer im Hause seiner Eltern, wo eine alte Standuhr aus Großvaters Zeiten mit einem sehr langen Pendel die Stunden schlug. Der Ton des Pendels schien zu sagen: »Noch — genug — Zeit. — Noch — genug — Zeit . . .« Die modernen Uhren hingegen mit ihren kurzen Pendeln rufen uns unaufhörlich zu: »Höchste Zeit! Höchste Zeit! Höchste Zeit!«

Alles muß heute *schnell* gehen, und das ist der Grund für die Müdigkeit vieler Menschen. Um uns darauf zurückzubesinnen, daß die Gesundung in der Übereinstimmung unseres Lebenstempos mit dem Rhythmus des Allmächtigen liegt, sollten wir an einem schönen, warmen Tag in die freie Natur gehen und uns an einer einsamen Stelle ins Gras legen. Wenn wir dort das Ohr der Erde nähern und lauschen, werden wir viele unbekannte Geräusche vernehmen: das Lispeln des Windes in den Bäumen und das Summen von vielerlei Insekten. Und wenn wir aufmerksam hinhören, werden wir erkennen, daß in all diesen Geräuschen ein *wohlabgestimmtes Zeitmaß* liegt, ein Rhythmus, den wir im Lärm des Verkehrs niemals finden werden.

Viele Leute sind müde, weil sie ganz einfach keine wirklichen Interessen mehr haben. Nichts berührt sie tiefer, und sie kümmern sich wenig um den Gang der Welt. Ihre persönlichen Belange stehen weit über allen Sorgen der Menschheit. Nichts kann sie beeindrucken außer ihren kleinen Sorgen, Wünschen und Lüsten. Sie beschäftigen sich ihrer Lebtag mit nichtigen Dingen — und darum wurden sie müde und des Daseins überdrüssig.

Der sicherste Weg, nicht müde zu werden, besteht in der intensiven Hingabe an eine wahre Aufgabe. Ein berühmter Staatsmann, der am selben Tag bereits sieben Reden gehalten hatte, war immer noch voller Energie und Tatkraft.

»Wieso fühlen Sie sich nicht müde nach sieben Reden?« fragte ich ihn.

»Weil ich felsenfest an jedes Wort glaube, das ich ausgesprochen habe«, sagte er, »meine tiefe Überzeugung begeistert mich immer von neuem.«

Darin liegt das Geheimnis! Er stand im Feuer für seine Ideen, und er gab sich ihnen ganz hin. Wir verlieren unsere Energie erst dann, wenn uns das Leben langweilt. Wenn wir uns aber für eine Aufgabe begeistern, wenn wir uns für etwas einsetzen, aus uns herausgehen, etwas *werden* und etwas *tun*, dann wächst auch unsere Energie und Lebenskraft. Wer aber gähnend herumsitzt, Zeitungen liest und gelangweilt fragt: »Warum tut man denn nichts dagegen?«, meistert das Leben nie. Je mehr wir uns an eine Aufgabe verlieren, *die größer ist als wir selber,* um so mehr werden wir daran wachsen. Wir haben keine Zeit mehr, an uns selber zu denken und uns über unsere Stimmungen und Gemütsbewegungen große Sorgen zu machen.

Wer des göttlichen Stromes unerschöpflicher Energie teilhaftig werden will, muß sein Gemütsleben in Ordnung bringen. Knut Rockne, einer der besten Football-Spieler Amerikas, versicherte mir, daß es unmöglich sei, im Sport gute Leistungen zu vollbringen ohne eine Kontrolle des Geisteslebens. Er ging sogar so weit, daß er keinen einzigen Spieler in seinem Team duldete, der nicht ein gutes und freundschaftliches Verhältnis zu allen andern Mitspielern hatte. »Ich muß aus jedem Spieler ein Maximum an Energie herausholen«, sagte er, »und ich habe herausgefunden, daß dies unmöglich ist, solange zwischen irgendwelchen Leuten Spannungen bestehen; Haß blockiert jede Energie und Tatkraft.«

Menschen, denen es an Tatkraft mangelt, sind irgendwie desorganisiert in ihrem Gemütsleben, sei es durch Hemmungen, Ressentiments oder seelische Konflikte. Manchmal kann dies sehr schwere Folgen haben, doch eine Heilung ist immer möglich.

Eines Tages wurde ich gebeten, mich eines früher äußerst aktiven Mannes anzunehmen, der einen Zusammenbruch erlitten hatte. Seine Teilhaber glaubten, es handle sich um einen Schlaganfall, und dieser Eindruck wurde verstärkt durch seinen schleppenden, unsicheren Gang, durch seine Lethargie und durch die vollkommene Aufgabe aller Beschäftigungen, denen er zuvor all seine Hingabe und Tatkraft gewidmet hatte. Er saß apathisch in seinem Lehnstuhl, und manchmal weinte er still vor sich hin. Alles in allem zeigte er viele Symptome eines Nervenzusammenbruchs. Ich verabredete mich mit ihm in meinem Hotel. Die Türe meines Zimmers stand offen, so daß ich den Lift sehen konnte. Als der Kranke schleppenden Schrittes durch den Gang kam, schien es, als würde er jeden Augenblick zusammenbrechen. Ich bot ihm einen Stuhl an und versuchte ein Gespräch aufzubauen, das sich aber bald als fruchtlos erwies, da er sich praktisch darauf beschränkte, seinen Zustand in bitteren Worten zu beklagen. Er schien unfähig, auf meine Fragen vernünftige Antworten zu geben — ein Ausdruck seiner übersteigerten Selbstbemitleidung.

Als ich ihn schließlich fragte, ob er wirklich eine Heilung wünsche, blickte er mich mit einem Ausdruck voller Verzweiflung und Hoffnungslosigkeit an, beteuerte aber, er würde alles in der Welt dafür geben, wenn er je wieder seine frühere Gesundheit, seine Spannkraft und Energie zurückgewinnen könnte.

Ich versuchte, von ihm gewisse Tatsachen und Vorkommnisse seines Lebens zu erfahren. Nur mühsam kam ich vorwärts, denn es handelte sich meist um persönliche und intime Dinge, die tief in seinem Unterbewußtsein vergraben waren und die er nur widerwillig Stück für Stück preisgab. Weit zurückliegende *Gewohnheiten aus der Kindheit, Ängste,* die ihren Anfang im Säuglingsalter haben mochten und aus der Beziehung *Mutter-Kind* hervorgegangen waren. Dazu kamen nicht wenige *Schuldgefühle.* Sie hatten sich im Laufe der Jahre angehäuft und versperrten, ähnlich einem Damm, die natürliche Erneuerung der Lebenskraft. Der Gemütszustand des Mannes hatte sich dadurch so verschlechtert, daß es fast unmöglich schien, ihn allein durch Erkenntnis und Vernunft zu einer neuen Geisteshaltung zu bringen.

Ich bat Gott im stillen, mir den Weg zu weisen, dem Mann zu helfen, und zu meinem eigenen Erstaunen trat ich, wie von einer höheren Macht geführt, neben ihn und hielt meine Hand über seinen Kopf. Ich betete zu Gott, Er möge ihn erleuchten und ihm Heilung schenken. Und im selben Augenblick war mir, als spüre ich einen Strom heilender Kraft durch meine Hand fließen. Ich betone ausdrücklich, daß ich mir nicht einbilde, durch meine Hand heilen zu können, doch manchmal benützt Gott einen Menschen als Bindeglied, und in diesem Falle war dies offenkundig: Mein Patient blickte mich mit einem Ausdruck größten Erstaunens und innerer Erleuchtung an und sagte: »Ich habe Seine Kraft gespürt. Wirklich, ich fühlte, wie Er mich berührte.«

Von diesem Tag an machte er erstaunliche Fortschritte, und heute ist er wieder im Besitze seiner alten Kraft und Vitalität. Er besitzt aber noch etwas ganz anderes: eine ruhige und vertrauende Sicherheit, die er früher nicht kannte. Der verschüttete Kanal, der seine Persönlichkeit vom Zustrom neuer Kräfte abschloß, wurde durch einen Akt des *Vertrauens* durchbrochen und die natürliche Erneuerung seiner Lebenskraft in die Wege geleitet.

Es ist eine unumstößliche Tatsache, daß solche Heilungen vorkommen, und es ist ebenso Tatsache, daß eine Anhäufung psychologisch negativer Faktoren die natürliche Erneuerung unserer Kräf-

te verunmöglichen kann. Ebenso klar ist es aber, daß diese Fakto-
ren der Kraft wahren Gottvertrauens nicht widerstehen können.

Alle Autoritäten auf dem Gebiet der Psychoanalyse sind der
Überzeugung, die *Folgen der Angst* und gewisser *Schuldge-*
fühle seien in engem Zusammenhang mit dem Triebleben.
Dadurch werden so viele Energien unnütz verbraucht, daß
zuwenig Kraft für die täglichen Aufgaben übrigbleibt. Die
Folgen zeitigen eine rasche Übermüdung. Der Mensch ist
nicht mehr fähig, Verantwortung zu tragen, sondern zieht
sich in seine dumpf brütende und apathische Welt zurück,
von der aus es nur noch ein Schritt ist bis zur völligen
Selbstaufgabe.

Ein Psychiater sandte mir eines Tages einen Geschäftsmann, der bei ihm in Behandlung stand. Der Patient, dessen
Ruf bisher untadelig war und der im öffentlichen Leben eine
bedeutende Rolle spielte, hatte ein Verhältnis mit einer ver-
heirateten Frau. Wohl versuchte er, diese Bindung wieder zu
lösen, stieß dabei aber auf den erbitterten Widerstand seiner
Partnerin. Obschon er sie bat, ihn freizugeben, weil das Gewissen ihn plage, zeigte seine Freundin kein Verständnis.
Sie drohte sogar, ihrem Gatten von diesem Verhältnis zu erzählen, sofern es abgebrochen würde. Der Patient lebte in
großer Angst, der betrogene Ehemann könnte etwas davon
erfahren, die Sache publik machen und seinen guten öffentlichen Ruf zerstören.

Die Folgen dieser Befürchtungen und seines Schuldge-
fühls waren *zermürbende Schlaflosigkeit*, und da dieser Zustand seit Monaten andauerte, war der Patient derart übermüdet, daß er unfähig war, seine beruflichen Aufgaben zu
erfüllen.

Der Psychiater meinte, ich hätte als Seelsorger wohl keine direkte Möglichkeit, die Schlaflosigkeit zu beheben, er
glaube aber, ein gewisser geistlicher Beistand könne seine
Behandlung erfolgreich unterstützen.

So fragte ich denn den Patienten, wie er glaube, auf einen gesunden Schlaf hoffen zu können, solange er sich mit zwei so unangenehmen Bettgenossen zur Ruhe begebe.

»Bettgenossen?« fragte er erstaunt. »Ich habe keine.«

»Doch, Sie haben.« sagte ich. »Und kein Mensch in dieser Welt kann schlafen, wenn er an jeder Seite einen davon liegen hat.«

»Was meinen Sie damit?« fragte er.

»Sie versuchen Nacht für Nacht, Schlaf zu finden. An Ihrer einen Seite aber liegt die *Angst* — und an der andern die *Schuld*. Sie können Schlafmittel nehmen, soviel Sie wollen — und ich nehme an, Sie haben davon schon eine ganze Menge geschluckt —, doch damit werden jene seelischen Bezirke nicht erreicht, die Ihre Schlaflosigkeit hervorrufen und deren Erkrankung Ihnen jede Tatkraft und Energie lähmt. Wenn Sie wieder gesund werden wollen, müssen Sie Angst und Schuldgefühle loswerden.«

Mit der *Angst* wurden wir fertig, indem wir der Möglichkeit offen ins Auge blickten, die Beziehung, die ihn belastete, könnte der Öffentlichkeit bekannt werden. Daraus folgte der Schluß, daß seine Verbindung mit jener Frau abgebrochen werden mußte, *was auch immer die Folgen sein würden*. Ich versicherte ihm, ein richtiger Entschluß könne niemals falsch sein. *Nie geht man fehl, wenn man das Rechte tut*. Er möge die Sache in Gottes Hände geben, so handeln, wie ihn sein Gewissen heiße, und vertrauend abwarten.

Er handelte danach — nicht ganz ohne Angst, aber doch mit Überzeugung. Aus irgendwelchen Gründen, mag es Klugheit oder Anstand gewesen sein, unterließ es die Frau, ihre Drohung wahrzumachen, und die Verbindung wurde so ohne Aufhebens gelöst.

Das *Schuldgefühl* konnte durch Suchen nach göttlicher Verzeihung überwunden werden. Wer wirklich Verzeihung sucht, findet sie immer. Es war erstaunlich, zu sehen, wie der Patient wieder auflebte, nachdem diese doppelte Bela-

stung von ihm gewichen war, und wie rasch er den Vollbe-
sitz seiner Kräfte zurückerlangte. Gesunder Schlaf stellte
sich ein, und ein dankbarer Mensch konnte wieder an seine
Aufgabe gehen.

Ein anderer Grund für den Verlust unserer Energie liegt
oft in einem gewissen Überdruß, verursacht durch Hast,
Monotonie oder die unaufhörliche Kette von Verantwortlichkeiten, die uns belasten. Die Dinge scheinen mit der Zeit
schal, weil die Frische des Geistes, die wir haben sollten,
um unsere Aufgaben *gut* zu lösen, nachläßt.

Eine gute Lösung für solche Fälle fand der Vorsteher einer Universität, als ein Professor, ein früher ausgezeichneter, lebendiger und beliebter Lehrer, immer mehr in der Fähigkeit nachließ, seine Schüler zu fesseln. Studenten und
die Schulaufsicht waren sich darin einig, daß es so nicht
weitergehen könne. Entweder der Professor reiße sich zusammen, um seinen Unterricht so begeistert wie früher zu
gestalten, oder er müsse ersetzt werden. Diese Maßnahme
wurde sogar ernsthaft in Betracht gezogen, doch da der Professor noch mehrere Jahre bis zu seiner Altersgrenze hätte
im Amt wirken können, wollte man ihm noch eine Chance
geben.

Der Vorsteher ließ den Mann in sein Büro kommen, erklärte ihm, die Schulleitung habe beschlossen, ihn sechs
Monate vom Schuldienst zu dispensieren. Alle Spesen und
der volle Lohn würden ihm während dieser Zeit bezahlt.
Ferner wurde ihm vorgeschlagen, sich in einer andern Umgebung auszuruhen, um seine alte Spannkraft wieder zurückzugewinnen. Man einigte sich auf eine einsame Land-
gegend, wo der Vorsteher selbst ein einfaches Ferienhaus
besaß. Der Professor sollte dort seine Erholungszeit mit
Spazieren, Fischen und etwas Gartenarbeit verbringen, und
es wurde die Bedingung gestellt, daß er keinerlei Bücher,
mit Ausnahme der Bibel, mitnehmen dürfe.

Diesem wohl außergewöhnlichen Vorschlag stimmte der

Professor zu, und bald fand er Gefallen an der vollständig veränderten Lebensweise. Sobald er sich an das Leben im Freien gewöhnt hatte, begann es ihn immer mehr zu begeistern. Am Anfang vermißte er zwar seine Kollegen und seine Bücher, doch das Studium der Bibel nahm ihn immer mehr gefangen, und er fand — wie er selber sagte — eine »ganze Bibliothek« darin. Er fand aber noch etwas anderes: nämlich *Frieden, Vertrauen und Kraft*. Nach sechs Monaten kehrte ein neuer Mensch an seine Arbeit zurück. Der Überdruß war verschwunden, seine alte Spannkraft und Vitalität waren zurückgekehrt und damit auch die natürliche Lebensfreude.

IV

Die Macht des Gebets

In einem Büro hoch über der City saßen zwei Männer, die in ein ernstes Gespräch vertieft waren. Der eine, schwer bedrückt durch persönliche und geschäftliche Sorgen, stand immer wieder auf, durchmaß den Raum mit nervösen Schritten, ließ sich wieder in seinen Stuhl fallen, vergrub das Gesicht in den Händen und bot ein Bild vollkommener Hoffnungslosigkeit. Er hatte seinen Gesprächspartner aufgesucht, um bei ihm Rat zu holen, da dieser den Ruf eines verständigen und klugen Mannes genoß. Gemeinsam hatten sie das Problem angepackt und von den verschiedensten Seiten besprochen, doch ohne praktischen Erfolg. »Ich glaube, mir kann keine Macht der Welt mehr helfen«, sagte der Besucher völlig entmutigt.

Der andere überlegte einen Augenblick und erwiderte dann sehr bestimmt: »So würde ich die Sache nicht betrachten. Ich habe herausgefunden, daß *jedes Problem* gelöst werden kann, denn *es gibt eine Macht*, die dir helfen kann — Warum versuchst du nicht zu *beten?*«

Der andere blickte etwas erstaunt auf, meinte dann aber: »Natürlich glaube ich an Gott und an Gebete, aber vielleicht weiß ich nicht, *wie* ich beten soll. Schließlich handelt es sich doch um rein praktische, geschäftliche Fragen, und ich habe noch nie daran gedacht, sie in meine Gebete einzubeziehen. Ich will es aber gerne tun, wenn du mir den Weg zeigen kannst.«

Der Mann lernte darauf richtig zu beten, und die Dinge

änderten sich augenblicklich. Er erhielt brauchbare Antworten für seine Probleme — was jedoch nicht heißen will, daß alle Schwierigkeiten mit einem Schlag aufgehört hätten! In Tat und Wahrheit hatte er eine sehr schwierige Zeit durchzumachen, aber er hatte die Zuversicht, sich aus seinen Sorgen herausarbeiten zu können. Heute ist er ein so begeisterter Anhänger der Macht des Gebets, daß er kürzlich sagte: *»Jedes Problem kann gelöst und gut gelöst werden, wenn man richtig betet.«*

Bekannte Seelenärzte kennen die Macht des Gebets. Spannungen und Schwierigkeiten im Umgang mit den Nächsten deuten meistens auf einen *Mangel an innerer Harmonie,* und es ist immer wieder erstaunlich, festzustellen, wie Gebete die harmonischen Funktionen von Körper und Seele fordern.

Einer meiner Freunde, ein Masseur, sagte einem hypernervösen Patienten, den er behandelte: »Ich versuche, Ihrem Körper Ruhe und Entspannung zu geben, da ich aber *nur äußerlich* wirken kann, sollten Sie Gott darum bitten, Ihnen auch die Gnade innerer Entspannung zu schenken.«

Der Gedanke schien dem Patienten neu, doch er versuchte es und war höchst erstaunt über den wohltuenden Einfluß auf seinen Gemütszustand.

Jack Smith, der einen bekannten »Gesundheitsklub« leitet und mit vielen prominenten Leuten zusammenkommt, glaubt ebenfalls an die Heilkraft des Gebets und weiß sie auch anzuwenden. Er sagte mir, er versuche bei körperlichen Entspannungsübungen stets auch *eine geistige Entspannung* herbeizuführen, *denn es gäbe keine körperliche Gesundheit ohne geistige Gesundung.*

Eines Tages meldete sich ein bekannter Schauspieler bei Jack Smith und bemerkte über seinem Pult eine Reihe ihm unverständlicher Buchstaben. Die Aufschrift lautete:

»Was soll das heißen?« fragte der Schauspieler.

Smith lachte und sagte: »Die Buchstaben stehen da für: *Gläubiges Beten erzeugt Kräfte, durch die positive Ergebnisse erzielt werden!*«

Der andere machte ein verdutztes Gesicht und sagte: »So etwas habe ich noch nie in einem Gymnastikklub gesehen.«

»Ich habe diese Buchstaben hingeschrieben, um meine Klienten neugierig zu machen. Wenn sie mich fragen, was die Aufschrift bedeutet, finde ich Gelegenheit, ihnen zu sagen, daß ich an die Kraft des Gebets glaube.«

Jack Smith, der es versteht, Menschen *körperlich* auf der Höhe zu halten, ist davon überzeugt, daß Gebete ebenso wichtig sind wie irgendein körperliches Training, Dampfbäder, Massage usw. Er betrachtete das Gebet als äußerst bedeutungsvoll bei der Erneuerung unserer Kräfte.

Ein berühmter Psychologe sagt: »Gebete sind die größte Macht, die bei der Lösung persönlicher Probleme eingesetzt werden kann. Ihre Wirkung hat mich immer wieder in Erstaunen versetzt.«

Die Kraft des Gebets legt Energien frei. *Genauso wie es eine wissenschaftliche Methode gibt, Atomkräfte freizulegen, gibt es wissenschaftliche Methoden zur Entfaltung geistiger Kräfte.* Dafür gibt es erstaunliche Erfahrungstatsachen.

Die Kraft des Gebets kann sogar den Prozeß des Alterns normalisieren und seinen Folgen vorbeugen oder sie zum mindesten stark einschränken. Die zunehmenden Jahre brauchen uns keineswegs Energie und Tatkraft zu rauben, und es besteht kein Grund für ein Nachlassen unserer geistigen Fähigkeiten. Richtige Gebete können uns jeden Abend neue Stärkung bringen und uns für den kommenden Tag neue Vitalität geben. Wir können durch rechtes Beten auch *wahre höhere Führung* in allen entscheidenden Lebensfragen erlangen, und wenn wir lernen, unsere Gebete *tief in unser Unterbewußtsein eindringen* zu lassen, können sie unser Leben von Grund auf neu gestalten.

Wer die Macht des Gebets nie an sich selber erfahren hat, muß *lernen, richtig zu beten*. Es ist durchaus in Ordnung, wenn wir ein Gebet nach seiner Wirkung beurteilen. Jedes Gebet hat zweifellos gute Wirkungen, doch wie jede geistige Tätigkeit kann auch das Gebet erneuert und von stereotypen Formen befreit werden. Neue Gebete bringen neue Gesichtspunkte, zeigen uns neue Wege und zeitigen größere Wirkungen.

Einer meiner Bekannten eröffnete vor mehreren Jahren in New York City ein kleines Geschäft. Mit einem einzigen Angestellten arbeitete er sich empor, und nach einigen Jahren bezog er ein größeres Lokal in einem besseren Geschäftsviertel. Sein Geschäft entwickelte sich außerordentlich zufriedenstellend.

Dieser Geschäftsmann hat einen einfachen Grundsatz aufgestellt, um Schwierigkeiten durch die Kraft des Gebets zu überwinden. Es mag eigenartig klingen, doch ich habe ihn selbst mehrfach angewandt und weiß, daß er richtig ist. Ich habe ihn auch vielen Menschen angeraten, die damit ebenfalls die besten Ergebnisse erzielten. Der Grundsatz lautet:

Bitten — erschauen — verwirklichen

Mit »bitten« meint mein Freund tägliche, gläubige und schöpferische Gebete. Wenn ein Problem auftauchte, besprach er es einfach und direkt mit Gott in seinen Gebeten. Er sprach aber nicht mit Gott als irgendeiner fernen, unerkennbaren Macht, sondern er war fest davon überzeugt, Gott sei allgegenwärtig, sowohl in seinem Büro wie in seinem Heim, auf der Straße und im Auto. Er nahm den biblischen Hinweis auf das »unaufhörliche Gebet« ernst und interpretierte ihn dahin, täglich auf natürliche Art und Weise alle Probleme des Lebens mit Gott zu besprechen. Die ständige Gegenwart Gottes durchdrang sein *Bewußtsein und auch sein Unterbewußtsein.* Er »lebte im Gebet«. Nicht etwa durch irgendwelche äußerlich sichtbare Betonung des Gebets, sondern indem er immer wieder Gott fragte: »Wie soll ich hier entscheiden? Was soll ich tun?« Und die fortwährende Bitte um höhere Führung, um neue Einsichten und Erkenntnisse gab ihm Klarheit.

Die zweite Stufe oder Phase des schöpferischen Gebets ist das *Erschauen.* Wer Erfolg ständig erwartet, wird auch Erfolg haben. Wer ständig in der Erwartung von Mißerfolgen verharrt, wird sie auch erleiden müssen. Sowohl Erfolg als auch Mißerfolg haben die Tendenz, sich je nach der Stärke des geistigen Bildes, das wir uns von ihnen machen, zu verwirklichen.

Um etwas zu verwirklichen, ist es notwendig, *Wunsch und Ziel Gott zu unterbreiten,* dafür zu beten und zu prüfen, ob wir Gottes Segen dafür erbitten dürfen. Unser Vorhaben muß also *gut* sein! Wenn wir davon überzeugt sind, gilt es, *ein geistiges Bild von unserem Ziel zu gewinnen;* wir müssen es *erschauen* und eine lebhafte Vorstellung in uns aufnehmen. Dieses geistige Bild müssen wir in unserem Gedächtnis festhalten und es immer wieder von neuem erschauen. Wir müssen unser Ziel in Gottes Hände geben und den Weg Gottes Führung überlassen. Wir selbst aber müssen hart und mit dem ganzen Einsatz unserer Fähigkeiten für unser Ziel arbeiten und mit unseren Gaben redlich das Unsere zu seiner Verwirklichung beitragen.

Glaube und Vorstellung müssen unentwegt lebendig erhalten werden. Wer sich daran hält, wird erstaunt sein, auf welch seltsamen Wegen sich manchmal unsere Ziele verwirklichen und wie sich langsam das erschaute Bild in die Realität umwandelt. *Mit Gottes Hilfe und mit unserem eigenen Beitrag gelingt es, die gläubig erschauten Ziele unseres Strebens zu verwirklichen.*

Ich habe diese Tatsachen selbst erfahren, ebenso viele andere Menschen, und die schöpferische Wirkung des Gebets wurde hundertfach erprobt. Zum Beispiel bemerkte eine Ehefrau, wie sich ihr Mann langsam von ihr entfremdete. Nach einer glücklichen Heirat hatte sie sich stark von sozialen Institutionen einspannen lassen, während ihr Mann von seiner beruflichen Arbeit immer mehr beansprucht wurde. Bevor sie es selber merkten, war die ehemals so glückliche Gemeinschaft verlorengegangen. Eines Tages entdeckte die Gattin das Interesse ihres Mannes für eine andere Frau. Sie verlor den Kopf und geriet in einen Zustand der Aufregung und Hysterie. Im Gespräch mit ihrem Seelsorger, der ihr riet, zuerst den Fehler bei sich selbst zu suchen, entdeckte sie, welch unsorgfältige Hausfrau sie geworden war und wie sie in vielen Dingen ihrem Egoismus freien Lauf gelassen hatte. Sie mußte sich auch vorwerfen, oft unfreundlich und nörglerisch gewesen zu sein. Im Gespräch zeigte sich, daß die Frau gegenüber ihrem Gatten stets ein Gefühl der Unterlegenheit empfunden hatte. Sie fühlte sich unfähig, geistig und gesellschaftlich seinen Stand einzunehmen und so hatte sie sich immer mehr in eine eigene Welt zurückgezogen, und ihre Minderwertigkeitsgefühle hatten ihren Ausdruck in einem unzufriedenen, kleinlichen Wesen gefunden.

Der Seelsorger fand bald heraus, daß die Frau über mehr Fähigkeiten, Talente und Charme verfügte, als ihr selber bewußt war. Er machte ihr begreiflich, daß sich Schönheit von innen her und natürliche Anmut von selber einstellen, wenn die richtige innere Haltung und Harmonie errungen sind. Er lehrte sie richtig beten, um ein geistiges Bild von sich selbst zu gewinnen, mit andern Worten, *das zu erschauen,* was sie verloren hatte: die glückliche und harmonische Übereinstimmung mit ihrem Ehegatten. Er lehrte sie, dieses Bild sich vertrauensvoll vorzustellen, und half dadurch der Frau auf eine höchst lehrreiche Weise, eigene Unzulänglichkeiten zu überwinden.

In diesen Tagen sprach ihr Mann den Wunsch nach einer Scheidung aus. Sie hatte sich aber bereits so fest in der Hand, daß es ihr gelang, die niederschmetternde Nachricht mit Ruhe aufzunehmen. Sie antwortete, sie sei mit einer Scheidung einverstanden, doch da es sich um eine schwere und endgültige Entscheidung handle, schlage sie eine Frist von drei Monaten bis zur endgültigen Trennung vor. »Wenn du nach diesen 90 Tagen immer noch entschlossen bist, zu scheiden, werde ich mich nicht widersetzen.«

Die Frau sagte diese Worte ruhig und ohne Bitterkeit. Der Mann blickte sie erstaunt an, denn er hatte mit einem Gefühlsausbruch gerechnet.

Abend für Abend ging er aus, und Abend für Abend saß die Frau zu Hause, aber sie ließ nicht nach in den geistigen Bemühungen, sich ihren Mann an seinem Platz im Fauteuil im Wohnzimmer vorzustellen. Wohl war der Stuhl leer, doch mit ihrer ganzen Vorstellungskraft malte sie ein Bild aus früheren Tagen in den Raum: wie sie harmonisch am Abend zusammensaßen, ein Buch lasen oder sich unterhielten. Sie stellte sich ihren Mann vor, wie er früher während seiner Freizeit irgend etwas im Haus repariert oder bemalt hatte, ja sie sah ihn sogar in der Küche beim Geschirrabtrocknen! Sie dachte bildhaft an jene Zeit, da sie beide miteinander Tennis gespielt oder ausgedehnte Spaziergänge gemacht hatten.

Alle diese Bilder hielt sie mit gläubigem Vertrauen in ihrem Geiste fest, und eines Abends saß ihr Mann tatsächlich wieder in seinem Fauteuil und las die Zeitung. Sie schaute zweimal hin, um sicher zu sein, daß es sich um Wirklichkeit und nicht um Vorstellung handle, doch es *war* Wirklichkeit. Die Vorstellung hatte sich in Realität umgesetzt. Manchmal ging er wieder aus, doch die Abende, da er zu Hause blieb, mehrten sich, und eines Tages las er ihr etwas aus der Zeitung vor, wie in den alten, guten Tagen ihrer Ehe. An einem sonnigen Samstagnachmittag fragte er sie unvermittelt: »Wie wäre es mit einer Partie Tennis?« Die Wochen verstrichen, und ihr kam zum Bewußtsein, daß der 90. Tag angebrochen war. Am Abend sagte sie ruhig: »Bill, wir sind beim neunzigsten Tag angelangt.«

»Was meinst du mit dem neunzigsten Tag?« fragte er erstaunt.

»Erinnerst du dich nicht? Wir hatten abgemacht, die Scheidung um neunzig Tage hinauszuschieben — und nun ist es soweit.«

Er blickte sie einen Augenblick lang groß an, wandte ein Blatt seiner Zeitung um, versteckte sich dahinter und sagte: »Dummes Zeug! Ich wäre doch verloren ohne dich! Wie kommst du überhaupt auf die absurde Idee, ich könnte dich jemals verlassen?«

Die Geisteshaltung der Frau hatte einen erstaunlichen Erfolg davongetragen. Sie *bat, erschaute* — und das Bild ihrer gläubigen und vertrauenden Vorstellung wurde Wirklichkeit. Die Macht des Gebets hatte sowohl ihr Problem wie auch das ihres Gatten gelöst.

Ich kenne viele Menschen, die mit dieser Haltung und mit dieser Erkenntnis nicht nur persönliche Fragen, sondern auch berufliche Probleme erfolgreich gemeistert haben. Wer diese innere Bereitschaft gläubig, vertrauend und unter dem Einsatz aller seiner Fähigkeiten und seiner Intelligenz in die Lebensprobleme hineinträgt, wird erstaunliche Ergebnisse erzielen.

Am Bankett einer Industriellen-Vereinigung kam ich neben einen mir unbekannten, etwas grobschlächtigen, aber nicht unsympathischen Mann zu sitzen. Die Nachbarschaft eines Pfarrers schien ihm offensichtlich wenig zu behagen, und im Laufe des Gesprächs gab er sich alle erdenkliche Mühe, theologische Probleme anzuschneiden, doch mit wenig Erfolg. Ich gab ihm zu verstehen, mir seien verschiedene

Einwände gegen die Kirche seit langem bekannt. Dann erfuhr ich, er habe in seiner Jugend oft die Kirche besucht, und schließlich erzählte er mir die gleiche Geschichte, die ich schon hundertfach hatte anhören müssen. »Als Knabe zwang mich mein Vater, die Sonntagsschule und den Gottesdienst zu besuchen, und man stopfte mir mit ›Religion‹ den Kopf voll. Als ich dann erwachsen war, hatte ich so genug davon, daß ich seither nur höchst selten eine Kirche aufgesucht habe.« Schließlich bemerkte er: »Vielleicht werde ich wieder in die Kirche gehen, wenn ich einmal alt geworden bin.«

Ich machte ihn darauf aufmerksam, er werde vielleicht dann Mühe haben, einen Platz zu finden. Dies erstaunte ihn sehr, denn er war der Meinung, »fast niemand besuche mehr die Kirche«. Ich klärte ihn auf, daß in Amerika jede Woche mehr Menschen die Kirche besuchen als irgendeine andere Institution. Diese Tatsache erstaunte ihn wiederum sehr. Er mußte auch hören, daß alljährlich unzählige religiöse Bücher verkauft würden, weit mehr als jede andere Art von Büchern. Und in seiner etwas primitiven Ausdrucksweise meinte er: »Mag sein, daß die Kirche wieder langsam Trumpf wird.«

In diesem Moment kam ein anderer Teilnehmer am Bankett an unseren Tisch und erzählte mir in begeisterten Worten, er habe »etwas ganz Wunderbares« erlebt. Seit langem habe er unter schweren Depressionen gelitten und mit großen Schwierigkeiten zu kämpfen gehabt. Da habe er sich entschlossen, seine Arbeit eine Woche ruhen zu lassen, um sich zu entspannen und auf sich selber zu besinnen. Bei dieser Gelegenheit hätte er mein Buch »Das Ja zum Leben« (Oesch Verlag AG, Thalwil-Zürich) gelesen und sich in seine praktischen Grundsätze eingearbeitet. Dadurch habe er seine innere Ruhe wiedergefunden und sich auf seine wahren Fähigkeiten besonnen. Er gewann die feste Überzeugung, alle Schwierigkeiten mit der gläubigen und praktischen Anwendung religiöser Grundsätze meistern zu können. Er erzählte uns, wie er sich langsam innerlich beruhigt und wieder einen gesunden Schlaf gefunden habe. »Mir war, als hätte ich eine heilende Arznei eingenommen«, sagte er, »so sehr hat mich die Umstellung meiner Geisteshaltung verändert.«

Als er uns wieder verlassen hatte, sagte mein Tischgenosse: »Ich habe noch nie so etwas gehört. Der Mann spricht von Religion wie von einer glückbringenden und praktischen Angelegenheit. Das alles ist mir vollkommen neu und ungewohnt. Ich erhielt den Eindruck, er spreche von einer geradezu praktisch anwendbaren Methode, die in allen Lebensfragen angewandt werden könne. Ich habe noch nie daran gedacht, Religion in eine solche Beziehung zum praktischen Leben zu bringen.« Und nach einer kleinen Pause sagte er: »Wissen Sie, was mich am meisten erstaunte? — der gläubige und begeisterte Ausdruck seines Gesichtes!«

In diesem Augenblick bemerkte ich, wie ein ähnlicher Ausdruck auch das Gesicht meines Tischnachbarn veränderte. Es war ganz offenkundig, ihm war ein Licht aufgegangen. Er sah plötzlich den Glauben nicht mehr als etwas Weltfremdes und »gut genug für Kinder und alte Leute« an, sondern als etwas Lebendiges, Kraftvolles und dem täglichen Leben Verbundenes. Zum erstenmal im Leben wurde ihm klar, daß die innere Bereitschaft und Geisteshaltung eines Menschen keine Illusionen, sondern Realität sind.

Persönlich glaube ich, daß jedes Gebet gewisse Strahlen und Kräfte aussendet, von einem Menschen zum andern und zu Gott. Das ganze Universum ist durchwoben von Strahlungen und Schwingungen. Jedes Stück Holz hat seine Ausstrahlung, und die Luft ist erfüllt davon. Wenn wir für einen andern Menschen beten, rufen wir geistige Kräfte herbei. Wir übermitteln ihm eine Botschaft der Liebe, der Hilfsbereitschaft, der Unterstützung — und dadurch werden universelle Kräfte und Strömungen frei, durch die Gott die Entfaltung des *Guten* erwirkt.

Wer diese Grundsätze ins praktische Leben überträgt, wird sich ihrer lebendigen Wahrheit nicht verschließen können. Ich habe zum Beispiel die Gewohnheit, für irgendwelche Menschen zu beten, denen ich begegne.

Ich erinnere mich an eine Reise durch West-Virginia. Im selben Augenblick, da ich auf dem Bahnsteig einen Fremden erblickte, fuhr der Zug an, und so entschwand er meinen Blicken. Es war mir bewußt, diesen Menschen zum erstenmal im Leben gesehen zu haben und ihn wahrscheinlich nie mehr zu sehen. Sein und mein Leben berührten sich für die Spanne eines kurzen Augenblicks. Er ging seiner Wege und ich ging meiner. Und ich fragte mich, was wohl aus ihm werde.

Dann sprach ich für ihn ein kurzes Gebet. Ich bat Gott, er möge ihm seinen Segen erteilen und ihn auf seinen Wegen führen und begleiten. Und später begann ich für andere Menschen, die mir vom Zug aus zu Gesicht kamen, zu beten. Ich betete für einen Bauern auf dem Feld und bat Gott, ihm eine gute Ernte zu schenken. Ich sah eine Mutter beim Wäscheaufhängen, und die lange Leine mit Kinderwäsche zeigte mir, daß sie eine große Familie zu betreuen habe. Ihr Gesichtsausdruck und die Art und Weise, wie sie ihre Arbeit anpackte, sprachen für eine gesunde und glückliche Frau. Ich bat Gott, ihr ein glückliches Leben, einen guten Ehemann, eine harmonische Ehe und gesunde Kinder zu schenken. An einer Station sah ich einen Mann, der halb schlafend an einer Mauer lehnte. Ich bat Gott, ihn aufwachen zu lassen und ihm den Segen einer sinnvollen Arbeit zu vermitteln.

Bei einer andern Station begegnete mir ein äußerst liebenswerter Junge. Ein Hosenbein war länger als das andere, sein Pullover viel zu groß, die Haare waren zerzaust und das Gesicht schmutzig. Er beschäftigte sich auffällig mit einem Kaugummi . . .

Ich betete auch für ihn — und als der Zug wieder anfuhr, blickte er auf und schenkte mir ein freundliches Lächeln. Ich wußte, daß mein Gebet ihn erreicht hatte, winkte ihm zu, und er winkte zurück. Ich werde diesen Jungen vermutlich nie wieder sehen, doch unsere Existenzen haben sich berührt. Irgendwie wurde im Herzen des Jungen ein Licht angezündet, ein Licht, das sich nur allzudeutlich auf seinem Gesicht widergespiegelt hatte. Auch ich fühlte mich zufrieden und glücklich. Der Strom guter Gedanken, den mein Gebet ausgelöst hatte, war von Gott zu dem Jungen und zu mir geflossen, und wir beide standen unter dem wohltätigen Einfluß der Macht des Gebets.

Eine große Bedeutung des Gebets liegt in seiner Fähigkeit, *schöpferische Ideen* hervorzubringen. In unserem Geist schlummern alle Quellen und Kräfte, die nötig sind, unser Leben erfolgreich zu gestalten. Es gilt nur, sie freizumachen und zur positiven Entfaltung zu bringen. Wenn das Neue Testament sagt: »Denn sehet, das Reich Gottes ist inwendig in euch«, so will dies heißen, daß der Schöpfer uns mit allem versehen hat, was zu einem konstruktiven und schöpferischen Leben nötig ist. Es erinnert uns daran, diese Gaben zu entdecken und ihnen zum Durchbruch zu verhelfen.

Einer meiner Bekannten hat in einem großen Betrieb eine wichtige Stellung. Er ist mit der Führung von vier Betriebschefs betraut. Diese Männer treffen sich bei regelmäßigen Zusammenkünften, die sie als »Ideen-Konferenz« bezeichnen. Ihr Zweck ist, möglichst viele schlummernde Ideen aufzuwecken und zur Diskussion zu stellen. Für diese Konferenz wird ein Raum benützt, der weder Telefon noch Sprechanlage oder irgendwelche Büroeinrichtungen hat und durch wirksame Isolierungen vom Außenlärm gut abgeschlossen ist.

Bevor die Konferenz beginnt, verharren die Männer zehn Minuten in stiller Meditation. Der Geist arbeitet schöpferisch in ihnen, und jeder bittet darum, Gott möge ihm diejenigen Gedanken geben, die für die erfolgreiche Weiterführung seiner Arbeit notwendig sind.

Später beginnt die Aussprache. Jeder berichtet über seine Gedanken und Anregungen. Diese werden in kurzen Stichworten auf Notizblätter geschrieben und in die Mitte des Tisches gelegt. Keiner darf die Ideen des andern in irgendeiner Form kritisieren, denn jedes Argumentieren würde nur den freigewordenen Strom schöpferischer Ideen unterbrechen. Die Notizblätter werden eingesammelt, und erst bei einer späteren Zusammenkunft werden die brauchbaren Ideen besprochen. Diese Konferenz dient ausschließlich der Freiwerdung schöpferischer Ideen, angeregt durch die Kraft der Meditation.

Als die Männer mit diesen »Ideen-Konferenzen« begannen, erzielten sie zuerst einen hohen Prozentsatz unbrauchbarer Ideen, doch je mehr sie sich darin übten und ihre Meditation vertieften, um so größer wurde die Anzahl guter und brauchbarer Gedanken. Heute stammen die meisten der Anregungen, die sich später praktisch bewährten, aus diesen »Ideen-Konferenzen«.

Einer der Männer sagte darüber: »Wir haben dadurch Einsichten und Erkenntnisse gewonnen, die sich nicht bloß auf unserer Leistungskurve abzeichnen, sondern ihren Ausdruck auch in einer neu gewonnenen inneren Sicherheit finden. Noch mehr: wir wurden erfüllt von einem tiefen Gefühl der Zusammengehörigkeit und der Kameradschaft, und dies erzeugte einen Teamgeist, der sich auch auf die Belegschaft des Betriebes übertragen hat. «

Nur altmodische Kaufleute sind der Ansicht, Religion sei reine Theorie und es sei dafür kein Platz im Geschäftsleben. Heute wird jeder erfolgreiche und tüchtige Geschäftsmann die besten, neuesten und erfolgreichsten Methoden in der Produktion, im Vertrieb und in der Verwaltung anwenden, und viele haben entdeckt, daß das beste Mittel für eine erfolgreiche berufliche Arbeit in der Macht des Gebets liegt.

Aufgeschlossene Menschen aus allen Kreisen haben herausgefunden, daß die praktische Anwendung des Gebets im täglichen Leben unerhörte Kraftquellen freimacht: *sie arbeiten* besser, sie *fühlen* sich besser, sie *entscheiden* besser, sie *schlafen* besser und sie *handeln* besser.

Mein Freund Grove Patterson, der Herausgeber einer bedeutenden Zeitung, ist ein Mann von bemerkenswerter Vitalität. Er behauptet, seine unerschöpfliche Energie stamme zum größten Teil aus der Art und Weise, wie er zu beten gelernt habe. »Meistens«, so erzählte er mir, »schlafe ich beim Beten ein. Ich glaube, daß mein Unterbewußtsein in diesem Zustand der größtmöglichen Entspannung besonders aufnahmebereit ist, und ich glaube auch, daß unser ganzes Dasein äußerst stark vom Unterbewußtsein beeinflußt wird. Wenn wir in diesem Augenblick der Entspannung ein Gebet in unser Unterbewußtsein ›fallen lassen‹, wird es von größter Wirkung sein.« Mein Freund lächelte, als er sagte: »Zuerst schämte ich mich ein wenig, beim Beten eingeschlafen zu sein, doch heute wünsche ich mir nichts Besseres!«

Ich bin in meinem Leben mit vielen Möglichkeiten des Gebets bekannt geworden. Eine der wirkungsvollsten fand ich in einem Buch Frank Laubachs. Dr. Laubach ist überzeugt, jedes Gebet habe eine unmittelbare Kraft und Wirkung. Er erzählt zum Beispiel, wie er oft durch die Straßen gehe und Gebete auf Menschen »werfe«, die ihm begegnen. Irgendeinem Menschen sendet er seine guten Gedanken, Gedanken guten Willens und der Sympathie. Und sehr oft komme es vor, daß sich solche Menschen nach ihm umdrehen und ihn anlächeln. Sie haben die unwiderstehliche Macht des Gebets gespürt wie einen elektrischen Strom.

Fährt Dr. Laubach in der Straßenbahn, so betet er für seine Mitreisenden. Einmal saß er hinter einem Mann, der einen sehr bedrückten Eindruck machte. Laubach hatte sein Gesicht gesehen, als er den Wagen betrat, und er sandte ihm Gedanken der Zuversicht und des Vertrauens zu. Er umgab ihn mit der ganzen Kraft eines gläubigen Vertrauens und bat Gott, ihn von seiner Schwermut zu befreien. Plötzlich griff der Mann mit der Hand an seinen Hinterkopf, und als er etwas später ausstieg, war der düstere Ausdruck seines Gesichts verschwunden, und ein Lächeln stand auf seinem Antlitz.

Dr. Laubach weiß, wie oft es ihm gelungen ist, die Atmosphäre eines Eisenbahnwagens zu verändern, indem er sie mit Gedanken des Wohlwollens und der Zuversicht erfüllte.

In einem Autocar befand sich ein angetrunkener Mann, der sich unanständig und grobschlächtig benahm und sich über die andern Passagiere lustig machte. Ich spürte, wie ihm jedermann mit Abneigung begegnete, und ich beschloß, Frank Laubachs Methode anzuwenden. In meinem Gebet appellierte ich an sein besseres Ich und versuchte, ihm mit freundlichen Gedanken nahezukommen. Plötzlich, ohne sichtbaren Grund, drehte sich der Betrunkene nach mir um, lächelte mich entwaffnend an und winkte mir mit der Hand zu. Seine Aufdringlichkeit hörte auf, und er beruhigte sich. Ich habe allen Grund, zu glauben, daß mein Gebet ihn erreichte und günstig beeinflußte.

Wenn ich irgendwo eine Rede halten muß, pflege ich kurz vorher für meine Zuhörer zu beten und ihnen gute und freundliche Gedanken zu senden. Manchmal greife ich einen Zuhörer, der ein besonders deprimiertes oder mißmutiges Gesicht macht, heraus und denke mit besonderem Nachdruck an ihn. Als ich einmal am Kongreß einer Handelskammer sprechen mußte, bemerkte ich unter den Zuhörern einen Mann, der mich mit unverhohlener Abneigung anblickte. Vielleicht war es ein Zufall und ohne direkte Beziehung zu mir, doch bevor ich meine Ansprache begann, sandte ich ihm einige gute Gedanken und ein kurzes Gebet. Selbst als ich sprach, dachte ich mehrmals an ihn.

Nach meinem Vortrag traf ich mehrere Bekannte, die mich begrüßten und mit denen ich einige Worte wechselte.

Plötzlich reichte mir jemand die Hand und schüttelte sie mit aller Kraft. Vor mir stand mein mißmutiger Zuhörer. »Offen gesagt, ich hatte nicht die geringsten Sympathien für Sie, als ich an den Kongreß kam«, sagte er. »Ich sah nicht ein, was ein Pfarrer bei einer Handelskammer zu suchen hat, und ich hoffte, Ihre Rede würde mit einem Mißerfolg enden. Doch während Sie sprachen, wurde ich irgendwie von einem Gefühl der Ruhe und des Friedens erfaßt. Sie haben mich überzeugt – und Ihre Rede hat mir gefallen! «

Nicht meine Ansprache, sondern mein Gebet und die Kraft und Sicherheit, die ich dadurch erhielt, haben diese Wirkung hervorgerufen. Stellen wir uns vor, das menschliche Gehirn besitze Millionen von winzigen Batterien und sei fähig, mittels unserer Gedanken Kraftströme auszusenden. Die magnetische Kraft des menschlichen Körpers ist keine Einbildung, sondern eine heute meßbare, wissenschaftliche Tatsache. Wenn wir diese »Sendestationen« in Funktion setzen, kann sehr wohl ein Gedankenstrom zwischen zwei oder mehreren Menschen entstehen.

Unter meinen Mitarbeitern war ein Alkoholiker, der während sechs Monaten keinen Tropfen mehr angerührt hatte. Er befand sich auf einer beruflichen Reise, als ich plötzlich an einem Dienstagnachmittag um 4 Uhr den bestimmten Eindruck hatte, er befände sich in Schwierigkeiten. Seine Persönlichkeit erfüllte meine Gedanken dominierend, so daß ich meine Arbeit niederlegte, um für ihn zu beten. Ungefähr eine halbe Stunde verweilte ich in Gedanken bei ihm, dann spürte ich, wie der starke Eindruck nachließ.

Einige Tage später telefonierte er mir. »Ich war die ganze Woche in Boston – und ich habe weiter durchgehalten, doch anfangs der Woche hatte ich eine böse Zeit.«

»War das Dienstag um 4 Uhr?« fragte ich ihn. Erstaunt sagte er: »Wieso? Ja, gewiß, wer hat Ihnen das erzählt?«

»Niemand – wenigstens kein Mensch . . .«, gab ich zur Antwort, und ich beschrieb ihm mein eigenartiges Gefühl um jene Zeit und erzählte, daß ich eine halbe Stunde für ihn gebetet habe. Er berichtete mir, er sei im Hotel in die Bar geraten und habe dort einen erbitterten Kampf mit sich selber und dem Wunsche, Alkohol zu trinken, auszufechten gehabt. »Ich habe an Sie gedacht, denn ich brauchte dringend einen Beistand — und habe Gott um Hilfe angerufen.«

Dieser Ruf hat mich erreicht. Unsere gemeinsamen Gebete aber erreichten Gott, und mein Freund erhielt Kraft und Stärke, um die Krisis zu überwinden.

Eine jungverheiratete Frau gestand mir, ihre Gedanken seien oft mit Abneigung, Eifersucht, Neid und Haß gegen ihre Nachbarn und Bekannten erfüllt. Sie befand sich auch in einem andauernden Zustand der Angst, ihren Kindern könnte irgend etwas zustoßen, sei es ein Unfall, eine Krankheit oder irgendein Mißerfolg. Ihr Leben war eine unerfreuliche Mischung von Unzufriedenheit, Angst, Neid und Unglück.

Ich fragte sie, ob sie auch bete. »Nur wenn ich vor lauter Verzweiflung nicht mehr aus noch ein weiß, doch ich muß zugeben, daß mir Gebete nichts sagen.«

Ich erklärte ihr, wie aufrichtige Gebete ihr ganzes Leben verändern könnten, und gab ihr einige Anleitung in der Konzentration positiver Gedanken und lehrte sie, anstatt negative, häßliche Gedanken solche des Vertrauens und der Zuversicht zu pflegen. Ich schlug ihr vor, jeden Tag zu beten und mit Vertrauen Gottes Hilfe zu erwarten. Das gläubige, schöpferische Gebet hat ihrem Leben einen neuen Inhalt gegeben, was im folgenden Brief zum Ausdruck kommt, den ich kürzlich von ihr erhielt:

»Mein Mann und ich haben in den letzten Wochen gewaltige Fortschritte gemacht. Der entscheidende Wendepunkt kam an jenem Tag, als Sie mir sagten: ›Jeder Tag ist ein guter Tag, wenn wir beten!‹ — Jeden Morgen begann ich mit positiven Gedanken an den kommenden Tag. Ich vertraute darauf, daß es ein *guter* Tag sein würde, und ich kann mit

Nachdruck sagen, daß ich seither keinen einzigen schlechten oder ärgerlichen Tag hatte. Das Erstaunliche liegt darin, daß mein Leben seither nicht etwa leichter oder frei von den üblichen Unannehmlichkeiten geworden ist, doch die kleinen Widerwärtigkeiten des Alltags haben ihre Macht verloren; sie vermögen nicht mehr, mich aus der Fassung zu bringen. Jeden Abend denke ich an die vielen kleinen Dinge, für die ich dankbar sein darf, und diese Haltung brachte mich dazu, *mich über die positiven Dinge zu freuen und die negativen zu vergessen.*

Die Tatsache allein, daß ich seit sechs Wochen keinen schlechten Tag hatte und mich mit niemandem gezankt habe, ist für mich schon ein Wunder.«

Diese Frau hat durch ihre positiven Gebete etwas erreicht, was jedem von uns gelingen kann. Die folgenden zehn Grundsätze können viel dazu beitragen:

1. Entspanne dich jeden Tag einige Minuten. Pflege der Ruhe und richte einfach deine Gedanken auf Gott. Dadurch wird dein Gemüt fähig, neue Kräfte zu empfangen.

2. Bete wenn möglich hörbar. Benütze einfache Worte. Erzähle Gott alles, was dich beschäftigt. Du brauchst keine stereotypen Phrasen zu benützen. Sprich zu Gott in deiner eigenen Sprache. Er versteht dich.

3. Bete überall — bei deiner Arbeit, in der Eisenbahn —, schließe für einen Moment die Augen, um die Welt auszuschalten und dich an Gottes Gegenwart zu erinnern. Je öfter du es tust, um so näher wird dir Gott kommen.

4. Verlange nicht immer etwas in deinen Gebeten; bitte einfach um den Segen des Allmächtigen. Sei dankbar!

5. Bete mit dem festen Glauben, daß aufrichtige Gebete *eine*

reale Kraft sind und unsere Lieben mit dem Schutz Gottes umgeben können.

6. Lasse nie einen negativen Gedanken in deine Gebete kommen, nur bejahende Gedanken erzeugen positive Wirkungen.

7. Sei immer bereit, Gottes Willen anzunehmen. Sage ihm, was du erstrebst und was deine Wünsche sind, doch nimm seinen Willen ohne zu murren an.

8. Gewöhne dich daran, alles in Gottes Hände zu legen. Bitte um die Fähigkeit, dein Bestes zu geben; den Rest aber überlasse vertrauend einer höheren Macht.

9. Bete für Menschen, die du nicht liebst und die dir Unangenehmes zugefügt haben. *Ressentiments sind die schwersten Hindernisse bei der Entfaltung geistiger Kräfte.*

10. Je mehr du für andere Menschen betest, speziell auch für solche, die keine Verbindung mit dir haben, um so größer wird der Segen sein, der auf dich zurückstrahlt.

V

Begründe dein Glück!

Wer entscheidet über dein eigenes Glück oder Unglück? Die Antwort heißt: du selbst!

Ein berühmter Radiokommentator hatte anläßlich eines bunten Programms einen alten Mann zu einem Interview eingeladen. Das Gespräch war vollkommen improvisiert, doch die Antworten des Greises waren so witzig, naiv und unkompliziert, daß jedermann seine helle Freude daran hatte. Schließlich fragte der Kommentator den Alten, warum er so glücklich und zufrieden sei. »Sie müssen ein wunderbares Geheimnis dafür besitzen«, fügte er bei.

»Nein«, sagte der alte Mann, »ich habe kein Geheimnis. Die Sache ist so natürlich wie die Nase in Ihrem Gesicht. Wenn ich am Morgen aufstehe«, erklärte er, »habe ich die Wahl zwischen Glücklichsein und Unzufriedenheit. Und was glauben Sie, wähle ich? *Ich wähle das Glück — das ist alles!*«

Das scheint vielleicht eine oberflächliche und übertriebene Vereinfachung zu sein, doch ich möchte an Abraham Lincoln erinnern, dem sicher niemand Oberflächlichkeit vorwerfen kann. Er sagte, die Menschen seien gerade so glücklich, wie sie es sich wünschten. Wir können unglücklich sein, wenn wir es *wollen*, nichts leichter als das! Wir brauchen das Unglück nur zu wählen und uns einzureden, alles stehe schlecht — und wir werden bestimmt Unglück und Unzufriedenheit ernten. Sagen wir uns aber: »Die Dinge stehen gut; das Leben entwickelt sich glücklich — *ich wähle das Glück«* — dann können wir sicher sein, daß unser Dasein sich besser und glücklicher gestaltet.

Kinder wissen vom Lebensglück mehr als Erwachsene. Wer es versteht, auch in späteren Jahren kindliche Glückseligkeit in sich zu tragen, ist mit einer großen Gnade beschenkt, denn er wird den wahren, glückhaften Geist in sich tragen, den Gott der Jugend verliehen hat. Jesus gibt uns den Rat, im Leben ein kindliches Herz und Gemüt zu bewahren. Mit andern Worten: Wir dürfen im Geist nie schal, abgehetzt, alt und müde oder superklug und eingebildet werden.

Meine kleine Tochter Elisabeth zählt neun Jahre und weiß, was Glück bedeutet. Als ich sie eines Tages fragte: »Bist du glücklich, Liebling?« sagte sie: »Natürlich bin ich glücklich!«

»Fühlst du dich immer glücklich?« fragte ich weiter.

»Ja, immer.«

»Was macht dich denn so glücklich?«

»Wieso? — Das weiß ich nicht. Ich bin einfach glücklich.«

»Aber irgend etwas muß dich doch glücklich machen«, forschte ich weiter.

»Hm«, sagte sie, »— meine Freundinnen machen mich glücklich. Ich habe sie gern. Auch meine Schule macht mich glücklich. Ich gehe gern zur Schule. Ich habe auch meine Lehrer gern, und ich gehe gern zur Kirche und in die Sonntagsschule. Ich liebe meine Schwester Margareth und meinen Bruder John. Ich liebe dich und Mama, weil ihr gut zu mir schaut, wenn ich krank bin, und weil ihr lieb zu mir seid.«

Das ist Elisabeths Geheimnis des Glücklichseins, und ich glaube, es enthält alles, was wir Erwachsenen auch besitzen: ihre Kameraden (unsere Mitarbeiter und Freunde), ihre Schule (der Platz, wo wir arbeiten), ihre Schwester, ihr Bruder, Vater und Mutter (der Kreis unserer Lieben). Hier haben wir das Glück in einer Nußschale eingefangen.

Eine Gruppe Kinder wurde befragt, was sie am glücklichsten mache. Ihre Antworten waren ergreifend. Von den Buben wurden genannt: ein fliegender Vogel; wenn ich in tiefes, klares Wasser blicke; wenn sich das Wasser am Bug eines Schiffes teilt; ein rasender Schnellzug; ein Kran, der etwas Schweres hebt; die Augen meines Hundes. Von den Mädchen wurden die folgenden Dinge aufgezählt: das Licht der Straßenlampen, das sich im Fluß spiegelt; rote Dächer im Grün der Bäume; Rauch, der aus einem Kamin aufsteigt; roter Samt; der Mond in den Wolken.

In diesen Antworten liegt etwas von den unvergänglichen Schönheiten des Universums, auch wenn es »nur« gefühlsmäßig empfunden ist. Um wahres Glück zu empfinden, bedürfen wir eines reinen Herzens und eines Augenpaares, das Romantik und Schönheit auch im Alltag zu erkennen vermag; kurz: des unverdorbenen Empfindens des Kindes.

Viele von uns schmieden ihr eigenes Unglück. Natürlich ist nicht jedes Unglück unsere eigene Schuld. Es gibt nicht wenige soziale Mißstände, die für viele Sorgen der Menschheit verantwortlich sind. Doch es ist eine unumstößliche Tatsache, daß wir durch unsere Gedanken und Gewohnheiten die Bausteine schaffen, die entweder an unserem Glück oder an unserem Unglück bauen.

Ein bekannter Psychologe erklärt: »Vier von fünf Menschen sind nicht so glücklich, wie sie sein könnten«, und er fügt bei: »Unzufriedenheit ist der meistverbreitete Geisteszustand.«

Ich weiß nicht, ob die menschliche Unzufriedenheit einen so breiten Platz einnimmt, doch ich weiß, daß unzählige Menschen unglücklich sind. Da aber der Mensch von einem fundamentalen und natürlichen Bestreben erfüllt ist, jenen Gemütszustand zu erreichen, den wir als *glücklich* bezeichnen, sollte etwas Ernsthaftes getan werden, diesen Zustand zu erreichen. Glück *ist* erreichbar, und der Weg dazu ist jedem offen.

Im Speisewagen saß ich einmal einem unbekannten Ehepaar gegenüber. Die Frau war sehr gut gekleidet: wertvolle Pelze, kostbarer Schmuck und teure Kleider. Doch sie schien keineswegs zufrieden zu sein. Über alles und jedes beklagte sie sich: über das Rütteln des Wagens, die Zugluft, das Essen, die Bedienung — es gab nichts, was sie nicht zu einer unduldsamen Bemerkung veranlaßt hätte.

Ihr Gatte hingegen machte den Eindruck eines ausgeglichenen, weisen Lebenskünstlers, der das Leben so nahm, wie es kam, und damit fertig wurde. Trotzdem hatte ich den Eindruck, er sei ein wenig enttäuscht über das Gehaben seiner Frau, mit der er sich, wie ich aus dem Gespräch schloß, auf einer Erholungsreise befand.

Wahrscheinlich um das Gespräch in andere Bahnen zu lenken, fragte er mich nach meiner Tätigkeit. Er selbst stellte sich als Rechtsanwalt vor und dann beging er einen großen Fehler, denn er fügte mit einem ironischen Lächeln bei: »Meine Frau ist in der Produktion beschäftigt.«

Dies erstaunte mich, denn sie war nicht der Typ der berufstätigen Frau, und ich frage: »Was produziert sie?«

»Unglück«, sagte er, *»sie produziert ihr eigenes Unglück.«*

Trotz der eisigen Stille, die sich an unserem Tisch ausbreitete, verstand ich seine taktlose Bemerkung, denn sie beschreibt treffend das, was viele Menschen tun: sie produzieren ihr eigenes Unglück!

Es ist traurig genug, denn das Leben stellt uns vor so viele Probleme, die unser Glück gefährden, daß wir nicht noch durch unsere Denk- und Handlungsweise neues Unglück produzieren sollten. Wie unsinnig ist es doch, eigenes Unglück zu produzieren, wo wir doch bereits genug mit *den* Dingen zu schaffen haben, die sich unserer Kontrolle entziehen.

Im Gegensatz zu den vielen Menschen, die sich darauf

spezialisiert haben, ihr eigenes Unglück zu fabrizieren, wollen wir diesem unseligen Produktionsgeschäft ein Ende setzen! Prägen wir uns immer wieder ein, daß wir durch unglückliche Gedanken das Unglück herbeirufen, so zum Beispiel durch die üble Gewohnheit, unerfreuliche Entwicklungen zu erwarten und zu befürchten, oder auch, indem wir uns einreden, andere Menschen würden stets erhalten, was sie nicht verdienten, während uns vorenthalten bliebe, was wir so sehr verdient hätten.

Unglück wird außerdem produziert durch alle Gefühle des Ressentiments, auch wenn wir sie tief in unser Unterbewußtsein vergraben haben. Auch alle Angst und jede Sorge vor unbestimmten, kommenden Dingen produzieren Unglück. Mit diesen Faktoren werden wir uns noch eingehender befassen. Hier sei lediglich mit allem Nachdruck betont, daß ein großer Teil der Unzufriedenheit und des Unglücks Erwachsener *selbst verschuldet ist, weil es dem eigenen Denken entspringt.* Wie aber gelingt es uns, an die Stelle von Fehlleistung das Gelingen zu setzen?

Ein Zwischenfall auf einer Reise möge dies illustrieren. Nach einer durchfahrenen Nacht befanden sich im Waschraum des Schlafwagens ungefähr ein halbes Dutzend Männer, die sich rasierten. Die Stimmung nach einer nicht besonders bequem verbrachten Nacht, im Gedränge des winzigen Waschraums, war nicht sehr fröhlich. Die Männer waren mürrisch, und es wurde kaum etwas gesprochen. Dann kam ein Mann in den Waschraum, der auf seinem Gesicht ein offenes, fröhliches Lächeln zeigte. Er begrüßte uns alle mit einem freundlichen »Guten Morgen«, erhielt aber als Antwort nur mürrisches Grunzen. Als er sich rasierte, summte er — wahrscheinlich ganz unbewußt — eine fröhliche Melodie vor sich hin. Dies schien einigen der Anwesenden auf die Nerven zu gehen, und schließlich brummte einer ärgerlich: »Sie scheinen ja heute morgen besonders gut gelaunt zu sein!«

»Gewiß«, sagte der andere prompt, »es ist wahr: ich bin gut gelaunt, und ich fühle mich sehr wohl dabei.« Und nach einer kleinen Pause fügte er bei: »Ich mache mir eine Gewohnheit daraus, gut gelaunt zu sein.«

Das war alles, was er sagte, aber ich bin überzeugt, daß sich jeder von uns andern über die Worte »Ich mache es mir zur Gewohnheit, gut gelaunt zu sein« seine Gedanken machte.

Diese Feststellung hat Hand und Fuß, denn unser Glück hängt sehr davon ab, welche Gewohnheiten wir uns zu eigen machen. »Der Gebeugte hat lauter böse Tage, der Wohlgemute hat allezeit Fest.« (Sprüche 15, 15) Darum bedeutet die Pflege eines »glücklichen Herzens« ein »allezeit Fest«, was nichts anderes heißt, als daß wir uns jeden Tag unseres Lebens erfreuen sollen und können. Aus der Pflege glücklicher Gedanken und Gewohnheiten entsteht auch ein glückhaftes Leben. Glückliche Gewohnheiten entspringen einem befreiten und glücklichen Denken. Machen wir uns eine Erinnerungsliste glückbringender Gedanken, und werfen wir täglich mehrmals einen Blick darauf. Wenn unzufriedene und düstere Gedanken Einlaß begehren, müssen wir sie augenblicklich und mit Entschiedenheit abweisen und — das ist wichtig — durch einen guten, glücklichen und zufriedenen Gedanken *ersetzen*. Jeden Morgen, bevor wir uns erheben, sollten wir uns einen Augenblick vollkommen entspannen und unser Bewußtsein mit guten, glückbringenden Gedanken erfüllen. Denken wir an gute, glückhafte Erfahrungen, beruhigende und zukunftsgläubige Bilder, stellen wir uns *das* vor, was wir an diesem kommenden Tag erreichen wollen — solche Gedanken helfen mit, die Ereignisse in gute Bahnen zu lenken. Dadurch werden große und kleine Faktoren, die bei der Verwirklichung unserer Ziele — sofern sie gut sind — mithelfen können, angezogen, während andere, widrige und negative Faktoren abgestoßen werden. Denken wir darum nie an die Möglichkeit, die Dinge könnten sich schlecht entwickeln; dadurch werden negative Möglichkeiten herbeigerufen, und als Ergebnis werden wir uns fragen: »Warum habe ich wieder Pech gehabt heute? Was ist eigentlich mit mir los?«

Der Hauptgrund für einen »schlechten Tag« kann in direktem Zusammenhang mit den Gedanken stehen, mit denen wir den Tag begonnen haben. Versuche, schon morgen den folgenden Plan auszuführen: Wenn du erwacht bist, sage dreimal laut: »Dies ist der Tag, den der Herr gemacht hat; laßt uns frohlocken und seiner uns freuen!« (Psalm 118, 24) Wende diesen Satz persönlich an und sage: »Ich will mich freuen und fröhlich sein!« Wiederhole den Satz mit klarer Stimme und mit innerer Überzeugung. Wenn du diesen Satz vor dem Frühstück dreimal wiederholst und über seinen tiefen Sinn meditierst, wirst du den Tag dadurch maßgebend beeinflussen.

Beim Ankleiden, Rasieren und beim Waschen sage dir einige Sätze wie die folgenden: »Ich glaube, daß dies ein glückbringender Tag ist. Ich glaube, daß es mir gelingen wird, alle Probleme, die heute auftauchen werden, erfolgreich zu meistern. Ich fühle mich körperlich und geistig wohl. Ich bin gut gelaunt. Es ist schön zu leben. Ich bin dankbar für alles, was ich habe, und für alles, was ich haben werde. Gott wird mich nicht verlassen. Er ist immer mit mir. Er wird mir helfen. Ich danke Gott für alles, was er mir gab und geben wird.« Ich kannte einst einen Unglücksraben, der jeden Morgen beim Frühstück zu seiner Frau sagte: »Schon wieder einer dieser miserablen Tage.« Er meinte es eigentlich nicht so, doch irgendwie war er abergläubisch. Wahrscheinlich dachte er, wenn er den kommenden Tag als »miserabel« ankündige, werde er gar nicht so übel ausfallen. Doch mit der Zeit entwickelten sich die Dinge wirklich »miserabel«. Und das war nicht verwunderlich! Wenn wir uns *schlechte* Entwicklungen vorstellen, schaffen wir auch die Bedingungen, die sie verwirklichen. Wenn wir zu Beginn des Tages gute Entwicklungen ins Auge fassen, werden wir erstaunt sein, wie oft sie sich realisieren.

Die Konzentration auf gute und glückliche Gedanken ist von größter Wichtigkeit, doch sie kann nur Früchte tragen, wenn wir auch während des ganzen Tages unsere *Handlungen* den fundamentalen Grundsätzen eines glücklichen Lebens unterstellen. Liebe und freudige Einsatzbereitschaft gehören zu den größten und wichtigsten Gaben Gottes. Es ist erstaunlich, was Liebe und tiefe Teilnahme erwirken können.

Mein Freund Dr. Samuel Shoemaker schrieb einst eine ergreifende Geschichte über Ralston Young, der bekannt war als »Dienstmann Nummer 42« in der Grand Central Station in New York. Ralston verdient sein Leben mit Koffertragen, doch seine wahre, höhere Aufgabe besteht in der praktischen Anwendung christlichen Geistes. Wenn er jemandem den Koffer trägt, versucht er gleichzeitig, etwas christliche Nächstenliebe mit ihm zu teilen. Er beobachtet die Menschen, um festzustellen, ob er ihnen auf irgendeine Art Mut und Hoffnung machen könne, und er hat sich darin eine große Geschicklichkeit erworben.

Eines Tages erhielt er den Auftrag, eine ältere Dame zum Zug zu bringen. Sie saß in einem Rollstuhl, und er brachte sie zum Bahnsteig. Plötzlich bemerkte er Tränen in ihren Augen. Den Stuhl schiebend, bat er Gott, er möge ihm helfen, die alte Frau etwas aufzuheitern und ihr Mut zu machen. Sie weiterschiebend, sagte er dann mit einem freundlichen Lächeln: »Seien Sie mir nicht böse — aber ich muß sagen: Sie tragen einen außerordentlich hübschen Hut!«

Die alte Frau blickte ihn erstaunt an und sagte wehmütig lächelnd: »Danke schön.«

Ralston fügte bei: »Und auch Ihr Kleid gefällt mir sehr gut.«

Diese Komplimente, so einfach sie auch waren, erregten doch die Aufmerksamkeit der alten Frau, und sie sagte:

»Warum sagen Sie mir so nette Dinge? Das ist sehr liebenswürdig von Ihnen!«

»Nun«, sagte Ralston, »mir schien, Sie seien unglücklich, und ich sah Ihre Tränen. So bat ich Gott, er möge mir eine Idee geben, Ihnen eine kleine Freude zu machen. — Fühlen Sie sich nicht wohl?« fragte er dann.

»Nein«, sagte sie, »ich leide unaufhörlich unter Schmerzen. Sie verlassen mich nie, und manchmal fürchte ich, es nicht mehr aushalten zu können. Können Sie sich überhaupt vorstellen, was es heißt, *ständig Schmerzen zu leiden?*«

Ralston hatte eine Antwort. »Ja«, sagte er, »das kann ich. Ich verlor einst ein Auge — und das brennt wie glühendes Eisen, Tag und Nacht.«

»Aber«, sagte sie überrascht, »Sie scheinen trotzdem glücklich zu sein. Wie bringen Sie das fertig?« Ralston hatte die Dame nun an ihren Platz im Zug geführt, als er sagte: »Durch Gebete, nur durch Gebete.«

Etwas ungläubig fragte sie: »Können Gebete, *nur Gebete,* Schmerzen zum Verschwinden bringen?« »Nun«, sagte Ralston, »nicht immer, nein, eigentlich nicht, aber ich kann sagen, daß sie mir immer helfen, darüber hinwegzukommen — jedenfalls tut es dann nicht mehr so weh. Beten Sie auch, Madam, und ich werde auch für Sie beten.«

Ihre Tränen waren versiegt, und sie blickte ihn liebevoll an, nahm seine Hand und sagte: »Sie haben so viel für mich getan.«

Ein Jahr verging, und eines Abends wurde Ralston ins Informationsbüro der Station gerufen. Dort begrüßte ihn eine junge Frau mit den Worten: »Ich bringe Ihnen eine Nachricht von einer Toten. Bevor meine Mutter starb, bat sie mich, Sie aufzusuchen, um Ihnen zu sagen, wie sehr Sie ihr damals geholfen hätten, als sie von Ihnen im Rollstuhl zur Bahn gebracht wurde. Sie wird immer an Sie denken, auch in der Ewigkeit.« Dann brach die junge Frau in Tränen aus und schluchzte in ihr Taschentuch.

Ralston stand ruhig dabei und sagte: »Weinen Sie nicht, Miss, Sie sollten nicht weinen. Danken Sie lieber Gott in einem Gebet.«

Die junge Frau fragte erstaunt: »Warum sollte ich Gott *danken?*«

»Viele Menschen«, sagte Ralston, »werden in viel jüngeren Jahren Waisen als Sie. Sie hatten Ihre Mutter während einer sehr langen Zeit — und Sie haben sie jetzt noch. Sie wird Ihnen immer nahe bleiben — vielleicht ist sie jetzt gerade mit uns, da wir von ihr sprechen.«

Die junge Frau hörte auf zu weinen. Ralstons Verständnis und Teilnahme hatten auf die Tochter dieselbe Wirkung wie auf die Mutter. Inmitten des lärmigen Bahnhofs standen zwei Menschen, denen die Kraft eines Höheren bewußt wurde, die Kraft Gottes, der den prachtvollen »Dienstmann Nummer 42« dazu ausersehen hatte, seine Umgebung mit menschlichem Verstehen und Liebe zu erfüllen.

»Wo Liebe ist, ist Gott«, sagte Tolstoi, und man könnte beifügen: Wo Gott und Liebe sind, da ist auch Glück.

H. C. Mattern, einer meiner Freunde, ist ein außerordentlich glücklicher Mensch. Zusammen mit seiner Frau Mary, die ebenfalls sehr glücklich ist, bereist er beruflich die Staaten. H. C. Mattern verfügt über eine einzigartige Geschäftskarte, auf deren Rückseite seine Lebensphilosophie (und diejenige vieler anderer glücklicher Menschen) in kurzen Worten wiedergegeben ist:

»Der Weg zum Glück: Halte dein Herz frei von Haß und deinen Geist frei von Angst und Sorge. Lebe einfach, erwarte wenig, gib viel. Erfülle dein Leben mit Liebe, verbreite Fröhlichkeit. Vergiß dich selber, denke an andere. Sei so, wie du es von andern wünschest. Versuche das eine Woche, und du wirst überrascht sein.«

Wenn wir diese Worte lesen, könnten wir sagen: »Nichts Neues!« Doch sie enthalten etwas wirklich Neues, wenn wir sie bisher nie praktisch angewandt haben. Wer damit beginnt, wird den neuesten, frischesten und erstaunlichsten Weg zu leben entdecken. Was nützt es, diese Grundsätze ein Leben lang zu kennen, sie aber nicht praktisch zu *nutzen*? In diesen einfachen Gedanken liegt der Weg zu einem Leben voller Glück und Zufriedenheit. Wer diese Grundsätze auch nur eine Woche anwendet, ohne zu spüren, daß er einen bedeutsamen Schritt zu einem glücklicheren Dasein getan hat, leidet an einer ernsten Erkrankung des Gemüts.

Wenn wir diesen Leitgedanken Kraft und Wirkung verleihen wollen, ist es nötig, sie mit einer *dynamischen Denkweise* zu erfüllen. Es gibt keine wirkungsvollen geistigen Prinzipien ohne geistige *Kraft*. Wenn wir unsere Denkweise aber von innen heraus entschieden umwandeln, stellt sich der Erfolg positiver Gedanken überraschend leicht ein. Selbst wenn wir neue geistige Grundsätze im Anfang noch unbeholfen und unvollständig anwenden, so wird dadurch in unserem Gemüt doch eine geistige Kraft frei, die sich je nach der Stärke unserer neuen Denkweise zu entfalten beginnt. Wer einmal die beglückende Kraft dieser Erkenntnis entdeckt hat, wird das erhabenste Glücksgefühl seines Daseins erleben, und er wird es bewahren, solange er ein Leben führt, das Gott in den Mittelpunkt aller Dinge stellt.

Auf meinen Reisen habe ich viele wirklich glückliche Menschen angetroffen. Es sind Menschen, die die Leitgedanken, wie sie in diesem Buch dargelegt werden, *praktisch anwenden*. Es ist immer wieder erstaunlich, welche Wandlung sich in Menschen vollzieht, die eine geistige Umstellung zum positiven Denken vorgenommen haben. Ich glaube, daß dies eine der bedeutendsten Erkenntnisse unserer Zeit ist: *die Wiederentdeckung und die praktische Anwendung geistiger Prinzipien*. Menschen, die dieser Entwicklung ablehnend gegenüberstehen und nie die Kraft einer inneren, geistigen Wandlung verspürt haben, werden bald mit Recht als altmodisch und rückständig gelten.

Als ich kürzlich in einer Stadt einen Vortrag beendet hatte, kam ein großer, gut aussehender Mann auf mich zu und schlug mir so kräftig auf die Schulter, daß ich beinahe das Gleichgewicht verlor.

»Doktor«, sagte er, »wie wäre es, wenn Sie sich heute abend unserer fröhlichen Gesellschaft anschließen würden? Wir haben eine Party bei Smith, und wir würden uns sehr freuen, wenn Sie dabei wären. Es gibt einen Riesenbetrieb, und Sie sollten mitkommen!«

Seine überzeugend und begeistert vorgetragene Einladung schien nicht gerade für einen Pfarrer geeignet, und ich war recht unsicher. Ich befürchtete, durch meine Anwesenheit die Stimmung der andern zu stören, und suchte nach Entschuldigungen.

»Nichts da!« sagte mein neuer Freund, »machen Sie sich keine Sorgen. Das ist eine Party, die Ihnen ganz besonders zusagen wird. Kommen Sie nur! Sie werden erstaunt sein.«

So ließ ich mich überreden und ging mit. Er führte mich in seinem Wagen zu einem großen, zwischen hohen Bäumen versteckten Haus, und der aus den Fenstern dringende Lärm ließ keinen Zweifel übrig, hier sei eine wirklich »großartige Party« im Gang.

Meine Zweifel stiegen von neuem auf, und ich fragte mich, was ich da zu suchen habe. Mein Gastgeber aber führte mich mit großem Hallo in die Halle und stellte mich einer Gruppe Menschen vor. Es bestand kein Zweifel: Diese Leute schienen froh, glücklich und gut gelaunt zu sein.

Ich blickte mich nach einer Bar um — doch es gab keine. Alles, was serviert wurde, war: Kaffee, Fruchtsäfte, Mineralwasser, Brötchen und Eis — das aber in großen Mengen.

»Sind die Leute irgendwo eingekehrt, bevor sie hierherkamen?« fragte ich meinen Gastgeber.

Er war überrascht: »Eingekehrt, wieso?« Und als er mich verstanden hatte: »Aber nein, diese Menschen haben schon den richtigen Geist in sich. Können Sie sich denn nicht vorstellen, *was* diese Leute so glücklich macht? — Hier sind

Menschen, die sich geistig umgestellt haben; sie haben Gott gefunden als eine beglückende Realität des Daseins. Diese Menschen sind erfüllt vom richtigen Geist, doch nicht von demjenigen, den man in einer Flasche findet!«

Nun begriff ich, was er meinte. Hier hatten sich nicht irgendwelche angeheiterten Menschen zusammengefunden, die sich einfach um jeden Preis amüsieren wollten, sondern hier war die wirkliche Elite der Stadt versammelt: Geschäftsleute, Richter, Anwälte, Lehrer und auch eine große Zahl von Leuten in einfacheren Positionen — und sie erlebten einen fröhlichen, beglückenden Abend, indem sie in der natürlichsten Art und Weise, ohne Duckmäusertum, über religiöse Erlebnisse und ihre geistige Kraft sprachen. Sie erzählten sich ihre Erfahrungen in der praktischen Anwendung geistiger Grundsätze.

Alle, die der naiven Ansicht sind, es sei nicht möglich, religiös zu empfinden und zugleich froh und gut gelaunt zu sein, sollten diese Party erlebt haben.

Nach einem Vortrag kam ich sehr spät in mein Hotelzimmer zurück. Ich war müde und wollte mich sogleich zu Bett legen, da ich um 5.30 Uhr wieder verreisen sollte. Als ich mich auskleidete, läutete das Telefon, und eine Frauenstimme sagte: »In meinem Haus warten ungefähr 50 Personen auf Sie!«

Ich versuchte ihr zu erklären, daß ich angesichts meiner frühen Abreise nicht kommen könne.

»Oh«, sagte sie, »zwei unserer Freunde sind aber bereits mit dem Wagen unterwegs, um Sie abzuholen. Wir haben eben für Sie gebetet, und wir möchten, daß Sie noch mit uns beten, bevor Sie die Stadt wieder verlassen.«

Ich habe es nie bereut, der Einladung Folge geleistet zu haben, trotzdem ich in jener Nacht nur wenig Schlaf fand.

Die beiden Männer, die mich abholten, waren einst

schwere Alkoholiker, die durch die Kraft des Glaubens und des Vertrauens geheilt worden waren. Beide gehören zu den glücklichsten und fröhlichsten Menschen, die ich kenne.

Das Haus, in das ich geführt wurde, war vollgestopft mit Menschen. Die Leute saßen auf den Treppen, auf den Tischen, auf dem Boden, und einer hatte es sich sogar auf dem Flügel bequem gemacht. Und was ging hier vor? Die Leute hatten eine Gebetszusammenkunft, und ich erfuhr, daß es in der Stadt bereits 60 solcher Gruppen gäbe, die sich zur Pflege bejahender und religiöser Gedanken regelmäßig versammelten.

Ich hatte noch nie eine solche Zusammenkunft erlebt. Nichts von einer muffigen, frömmlerischen Atmosphäre! Einfach eine Versammlung entspannter, glücklicher Menschen. Der Geist, der dieses Haus beseelte, war von mitreißendem Schwung, und ich fühlte mich sehr beeindruckt. Als die Leute ein Lied anstimmten, war mir, als hätte ich noch nie einen so frohen und lebensbejahenden Gesang gehört. Das Haus war erfüllt von Optimismus, guter Laune und Fröhlichkeit. Eine Frau mit geschienten Beinen sagte zu mir: »Es hieß, ich würde nie mehr gehen können! Wollen Sie sehen, wie ich *gehe*?« Und sie ging im Zimmer auf und ab.

»Was hat Ihnen geholfen?« fragte ich.

»Gott hat mir geholfen«, sagte sie schlicht.

Dann begrüßte mich eine hübsche junge Dame mit den Worten: »Haben Sie je einen Menschen gesehen, der dem Morphium verfallen war? Nun, ich war es — und heute bin ich frei davon und geheilt.«

Und auch sie sagte: »Gott tat es.«

Dann machte ich die Bekanntschaft eines Ehepaares, das sich überworfen und getrennt, sich aber wieder gefunden hatte und nun glücklicher war als je zuvor.

»Wie haben Sie das erreicht?« fragte ich erneut.

Und wieder lautete die Antwort: »Gott hat uns geholfen.«

Ich fühlte, daß dieses Haus von einer geistigen Kraft erfüllt war, wie sie nur durch die Gegenwart Gottes möglich wird. Diese Menschen hatten ihr Leben unter die göttlichen Lebensgesetze gestellt und deren lebendige Kraft erfahren. Gott hat sie mit neuer Lebenskraft und Zuversicht erfüllt.

Hier liegt das Geheimnis wahren Lebensglücks. Alles andere kommt erst in zweiter Linie. Wer diese innere Haltung gewinnt, hat das Beste gewonnen, das wir auf dieser Welt gewinnen können.

VI

Höre auf zu kochen
und zu fiebern!

Viele von uns machen sich das Leben schwer, indem sie unnütz Energie und Lebenskraft vergeuden. Dies geschieht durch jenen Zustand von »kochen und fiebern«, den ich deutlicher beschreiben möchte. »*Kochen*« heißt: heißlaufen, zischen, dampfen; kurz und gut: überhitzt sein. »*Fiebern*« heißt: in jenen unerträglichen Zustand geraten, in dem wir manchmal Kinder und Erwachsene antreffen: zapplig, unruhig, rastlos, unausgeglichen, unzufrieden, verärgert mit sich und der Umwelt.

Die Bibel lehrt uns: »Erhitze dich nicht . . .« (Psalm 37, 1) Ein weiser Rat für die Menschen unserer Zeit! Es wird uns nicht schwerfallen, ihn zu befolgen, wenn wir uns die wahren Quellen neuer Energie erschlossen haben.

Der Weg dazu ist einfach: der erste Schritt liegt in einer *bewußten Reduktion unseres Lebenstempos*. Wir sind uns leider nur selten bewußt, wie sehr unser modernes Leben von einer kaum mehr überbietbaren Hast gejagt ist. Viele von uns zerstören damit ihren Körper, doch — und das ist noch viel schwerwiegender —: sie reißen buchstäblich ihr Gemüt und ihre Seele in Stücke!

Das Tempo unseres Lebens *muß* reduziert werden, wenn wir nicht durch innere Hochspannung und Überreizung ernstlich Schaden nehmen wollen. *Überreizung produziert Giftstoffe in unserem Körper, die schließlich zu Krankheiten führen.* In dem daraus resultierenden Zustand von Übermüdung beginnen wir bei jeder Gelegenheit zu »kochen« und zu »fiebern«, und zwar hinsichtlich unserer persönlichen Sorgen wie auch, in einem weiteren Sinne gesehen, national und international. Wenn sich schon innere Unruhe rein körperlich so deutlich äußern kann, wieviel schwerer muß dann erst der Schaden sein, den unsere *Seele* davonträgt?

Es ist nicht möglich, den Frieden des Herzens zu finden, solange unser Lebenstempo von einem Zustand fiebriger Erregung diktiert wird. Gott wird sich diesem Tempo nicht anpassen. Er sagt: »Geh voran, wenn du glaubst, diesen unsinnigen Schritt beibehalten zu müssen. Wenn du müde und matt bist, werde ich dich erlaben. Doch ich kann dein Leben jetzt schon reich machen, wenn du dich mäßigst und deinen Lebensrhythmus dem meinen angleichst.«

»Gottes Mühlen mahlen langsam« — er schreitet bedächtig und besonnen voran, in vollkommener Ruhe und im ewigen Gleichmaß.

Gottes Maß ist das einzig richtige Maß für unser Lebenstempo. Was Gott tut, ist wohlgetan, und er tut es ohne Hast und Unruhe.

Besonders unsere Städte mit ihrer nervösen Hetze, ihrer Spannung, ihrem Lärm sind Zentren der inneren Überreizung; aber auch das Land wird immer mehr erfaßt vom gleichen unseligen Geist, denn alle Dinge haben ihre Ausstrahlung.

Manchmal hat man den Eindruck, viele Menschen unserer Zeit seien mit dieser inneren Hochspannung der modernen Zivilisation so verbunden, daß sie sich direkt unglücklich fühlen ohne sie. Die tiefe Ruhe einsamer Täler und Wälder ist ihnen völlig fremd. Ihr Lebenstempo ist so unsinnig schnell geworden, daß es ihnen vielfach ganz unmöglich ist, die wahren Quellen einer geistigen Welt überhaupt noch wahrzunehmen.

An einem schönen Sonntagnachmittag im Sommer machte ich mit meiner Frau einen langen Spaziergang durch weite Wälder. Am Mohonksee, der in einem der schönsten

Naturschutzgebiete Amerikas liegt, machten wir Rast. Das Wort Mohonk bedeutet »See im Himmel«, und diese poetische Bezeichnung ist angesichts der von menschlicher Zivilisation fast unberührten Gegend nicht übertrieben. Der tiefblaue See liegt wie ein köstliches Juwel inmitten von Wäldern und Tälern, die an die Urzeit erinnern. Das ganze Landschaftsbild läßt uns jene wohltuende Distanz gewinnen, die uns immer wieder not tut, wenn wir uns von der Verwirrung dieser Welt zurückziehen und erholen wollen.

An jenem Nachmittag wechselte der Himmel von einer Stunde zur andern sein Gesicht. Auf kurze, warme Gewitterregen folgten prachtvolle Aufhellungen. Der Regen wollte uns zuerst nicht in den Kram passen, doch wir sagten uns, klares Wasser habe der menschlichen Haut noch nie Schaden zugefügt, und mit dieser Einstellung empfanden wir den Regen als eine köstliche Erfrischung. Wenn die Sonne wieder schien, setzten wir uns und ließen uns von ihren wärmenden Strahlen trocknen. Die Stille der weiten Wälder beeindruckte uns immer mehr. Wir rasteten und horchten auf die Sprache der Natur. Trotz der gewaltigen Ruhe sind Wälder nie ganz still. In ihnen verbirgt sich eine unerhörte Lebensaktivität von Tieren und Pflanzen; doch die Natur lärmt nicht, ihr Gang ist ruhig und harmonisch.

An diesem unvergeßlich schönen Nachmittag legte die Natur ihre wohltätige Hand auf uns; jede Spannung wich, und wir fühlten uns befreit, ruhig und glücklich.

Unsere Ruhe aber wurde jäh gestört durch supermoderne Tanzmusik. Durch den Wald kamen drei junge Leute, zwei Mädchen und ein Bursche; dieser trug ein kleines Kofferradio. Die drei jungen Stadtmenschen befanden sich auf einem Sonntagsbummel durch die Wälder und brachten — tragischerweise — ihren Lärm mit sich. Es waren nette junge Menschen, und wir unterhielten uns eine Weile mit ihnen. Es reizte mich, ihnen zu empfehlen, sie möchten doch ihre Musikkiste abstellen, um dem Rauschen der Wälder zu lauschen, doch ich fühlte, daß es nicht meine Aufgabe war, ihnen Lehren zu erteilen.

Nachdem sie uns verlassen hatten und die Musik ihres Radios verstummt war, wurde uns bewußt, was diese jungen Menschen verpaßt hatten: Musik von einer Harmonie und Schönheit, die nie ein Mensch ersinnen könnte; der Gesang des Windes in den Baumkronen, die süßen Melodien der Vögel und die unbeschreibliche Musik der Sphären . . .

All das können wir überall in der Welt finden, wenn wir es finden wollen: in den Bergen, an Seen, am Meer, in den Wäldern — und wir sollten uns die heilende Kraft der Natur zunutze machen. Sagte nicht Jesus: »Lasset uns besonders an eine wüste Stätte gehen und ein wenig ruhen«? Ich erinnere mich an viele Gelegenheiten in meinem Leben, da ich diesen Rat befolgen mußte, um mich selbst wiederzufinden. Wenn wir den Segen der Stille empfangen wollen, müssen wir uns daran gewöhnen, sie immer und immer wieder aufzusuchen.

Die innere Spannung und der Druck, unter dem heutzutage so viele Menschen leben, können gemildert werden, indem wir selbst unser Lebenstempo mäßigen. Wir dürfen weder »kochen« noch »fiebern«! Wir müssen ruhig werden und friedvoll. Denken wir an die Worte: »Und der Friede Gottes, welcher höher ist als alle Vernunft, bewahrt eure Herzen . . .« (Philipper 4,7), und lassen wir ihren heilsamen Einfluß auf uns einwirken.

Einer meiner vielbeschäftigten Freunde, der auf ärztlichen Rat dringend eine Erholungspause einschalten mußte, schrieb mir: »Während meiner erzwungenen Ruhezeit mußte ich vielerlei lernen. Heute ist mir klar, daß wir in die Stille gehen müssen, um die Ruhe und Allmacht Gottes zu spüren. Unser Leben kann trübe und verworren werden, aber ›trübes Wasser‹, so sagt Laotse, ›muß man nur stehenlassen, und es wird klar werden . . .‹«

Ein kluger Arzt verschrieb dem Direktor eines großen

Unternehmens, der ihn wegen seiner gesteigerten Nervosität aufsuchte, folgende Medizin: »Lassen Sie die Arbeit täglich zwei Stunden liegen und verbringen Sie jede Woche einen Nachmittag auf dem Friedhof« Erstaunt fragte der Patient, was das zu bedeuten habe. Ruhig antwortete der Arzt: »Damit Sie dort die Grabsteine von Menschen studieren können, die — wie Sie — glaubten, die ganze Welt laste allein auf ihren Schultern. Denken Sie darüber nach, daß die Welt, wenn Sie einmal zur ewigen Ruhe gegangen sind, genau gleich weiterbesteht wie zuvor. Und dann überlegen Sie sich, welche Arbeiten Sie zuverlässigen Mitarbeitern abtreten können, damit Sie entlastet werden und nicht jeden Abend eine dicke Aktenmappe mit sich nach Hause schleppen müssen!«

Der Patient erfaßte den Sinn. Er beruhigte sich und lernte, seinen Mitarbeitern etwas von seiner Verantwortung zu übertragen. Er gewann zu seiner eigenen Bedeutung ein richtiges Verhältnis, und er hörte auf zu »kochen« und zu »fiebern«. Er wurde ruhig, und — das ist wichtig — *seine Arbeitsleistung verbesserte sich.* Heute hat sein Geschäft an Einfluß gewonnen, und es entwickelt sich besser als zuvor.

Ein vielbeschäftigter Fabrikant erzählte mir, wie er sich immer mehr in eine unerträgliche Spannung hineinsteigere. Am Morgen würde er aus dem Bett springen und liefe sogleich auf Hochtouren. Er befand sich in einem solchen Zustand der Gehetztheit, daß er zum Frühstück nur noch weiche Eier genoß, weil diese »so leicht hinunterschlüpfen«. Dieses übersteigerte Lebenstempo führte dazu, daß er bereits zur Mittagszeit erschöpft war, und am Abend sank er ins Bett wie ein Toter.

Das Haus dieses Mannes liegt in einem hübschen Garten mit alten Bäumen. Eines frühen Morgens, als er keinen Schlaf mehr finden konnte, setzte er sich ans Fenster, und zufällig konnte er einen Vogel beobachten, der eben erwachte. Er sah, daß Vögel mit eingezogenem Kopf schlafen und sich unter ihre Federn verkriechen. Als der Vogel erwachte, blickte er schläfrig umher, streckte gemächlich ein Bein, dann das andere, und hierauf entfaltete er die Flügel. Schließlich steckte er, als er einen Flügel wie einen kleinen Fächer spreizte, das Köpfchen erneut unter die Federn, als ob er nochmals die Wohltat des Schlummers kosten wollte. Dann aber kam der Kopf wieder zum Vorschein: Der Vogel schaute munter um sich, streckte sich nochmals und begann dann zu singen, eine wundervolle, siegreiche und fröhliche Melodie zur Begrüßung des neuen Tages. Darauf flog er vom Baum, nahm etwas frisches Wasser zu sich und begann seine Nahrung zu suchen . . .

Mein vielgeplagter Freund beobachtete den Vogel und sagte sich: »Wenn dieses Tierchen so gemächlich und ohne Eile erwachen und seinen Tag beginnen kann, warum sollte ich es nicht auch können?« Und er befolgte das Aufstehprogramm des kleinen Vogels bis zum Morgengesang. »Ich kann natürlich nicht zwitschern«, sagte er, sich selbst belächelnd, aber er spürte sofort die befreiende Wirkung des Gesangs.

»Meine Frau war nicht wenig erstaunt«, erzählte er weiter, »als sie mich in meinem Lehnstuhl singend vorfand, und zuerst dachte sie, ich wäre übergeschnappt, doch bald begriff sie, daß mir meine neue Art, den Tag zu beginnen, wohl tat. Eines hatte ich dem Vogel voraus: Ich sprach noch ein kleines Gebet, und dann befaßte ich mich mit meiner ›Nahrungssuche‹. Ich hatte Lust nach einem ausgiebigen Frühstück. Hernach ging ich zur Arbeit, doch nicht mehr außer Atem und gehetzt, sondern entspannt und in ruhiger Sicherheit. Dadurch gelang es mir, die unerträgliche Spannung, die mich jahrelang gefangengehalten hatte, zu unterbrechen und meine Arbeit überlegen und ruhig zu meistern.«

Der Trainer einer erfolgreichen Rudermannschaft erklärte seinen Leuten vor jedem Wettkampf: »Denkt daran! *Rudert langsam, wenn ihr gewinnen wollt!*« Er wußte, daß zu hastiges Rudern den notwendigen Rhythmus zerstört und daß es meist sehr schwer ist, das richtige Tempo wieder zu finden, wenn es einmal durch allzu große Hast verlorengegangen ist. In der Zwischenzeit aber wird das Team von andern Mannschaften überholt. Es ist darum sehr klug, wenn man sich an den Rat hält: »Um schnell vorwärtszukommen — rudere langsam!«

Menschen, die einem übersteigerten Tempo verfallen sind, können nichts Besseres tun, als um die Gnade zu bitten, der friedliche und beruhigende Geist Gottes möge in ihrer Seele, in ihrem Geist und dadurch in ihren Nerven und Muskeln Einzug halten.

Lege dich auch tagsüber wenn möglich einige Minuten nieder, entspanne dich und stelle dir jeden Muskel deines Körpers von Kopf bis Fuß vor. Sprich zu ihnen, beruhige sie, erfülle sie mit dem Geist der Ruhe und des Friedens, bis dein ganzes Wesen von Ruhe und Frieden erfüllt ist. *Beruhige dich!* Alles, was du wirklich brauchst, wird dir gegeben, wenn du mit Ruhe und ohne Hetze daran arbeitest. Wenn das, was du erstrebst, trotz deinen Bemühungen und trotz Gottes Führung nicht erreicht wird, dann hat Gott es anders bestimmt, dann *muß* es so sein. Und wenn du es vermissest, dann mußt du es eben missen. Entschließe dich endgültig, dein Lebenstempo gesund und gottgewollt zu gestalten. Übe dich in der Ruhe des Geistes und lerne die Kunst, alle nervösen Spannungen fallenzulassen. Um dies zu erreichen, unterbrich von Zeit zu Zeit immer wieder deine Tätigkeit für wenige Sekunden oder Minuten. Sage dir ruhig und voller Vertrauen: »Meine Nervosität läßt nach — sie trennt sich von mir — ich bin ruhig, ruhig, ruhig . . . « »Koche« nicht, »fiebere« nicht! Übe dich beharrlich im Frieden des Gemütes.

Um diese glückbringende Gemütshaltung zu erreichen, empfehle ich die immer wiederkehrende Übung friedvoller

Gedanken. Täglich vollziehen wir eine ganze Reihe von Handlungen, die unserem Körper zugute kommen. Wir putzen die Zähne, wir waschen uns, wir treiben Gymnastik und genauso sollten wir auch überlegt und systematisch danach trachten, unsern Geist gesund zu erhalten. Eine *Methode*, dies zu erreichen, besteht darin, daß wir uns entspannt hinsetzen und friedliche Gedankenbilder durch unsern Geist ziehen lassen: Berge, Wälder, ein ruhig fließender Strom oder ein vom Mondlicht überfluteter See . . .

Außerdem sollten wir wenigstens einmal im Verlauf von vierundzwanzig Stunden, am besten während der meistbeschäftigten Zeit des Tages, *jede Tätigkeit aus freiem Willen unterbrechen* und für zehn oder fünfzehn Minuten vollkommen Ruhe pflegen.

Es gibt Zeiten, da nichts anderes übrigbleibt, als unsere Arbeit einfach abzubrechen, wenn wir nicht übermüdet und nervös werden wollen. Der einzige Weg, nicht Schaden zu nehmen, ist die *entschlossene Unterbrechung.*

Als ich einmal in einer Stadt zu einem Meeting eingeladen war, wurde ich bereits am Bahnhof von einem Komitee abgeholt. Man brachte mich im Auto zu einer Buchhandlung, wo ich Autogramme in meine Bücher schreiben mußte. Die Veranstaltung war verbunden mit einer Party, und nachdem niemand mehr da war, der meine Unterschrift wollte, fuhr man mich in eine andere Buchhandlung, wo sich dasselbe Spiel wiederholte. Unmittelbar nachher führte man mich zum Mittagessen, und dann ging es — ohne Ruhepause zum Meeting. Hierauf fuhr man mich in mein Hotel und legte mir nahe, mich möglichst rasch umzuziehen, da man noch einen Empfang von mehreren hundert Persönlichkeiten vorbereitet habe, der noch vor dem Nachtessen stattfinden solle. Nachdem ich dort unzähligen Menschen die Hand gedrückt und drei Gläser eines Fruchtpunsches hinuntergegossen hatte, brachte man mich zurück zum Hotel, und es blieben mir 20 Minuten, um mich für das Nachtessen bereitzumachen. Als ich noch damit beschäftigt war, läutete das Telefon, und irgend jemand sagte: »Bitte beeilen Sie sich, damit wir rechtzeitig mit dem Nachtessen beginnen können!«

Beunruhigt antwortete ich: »Ich werde in wenigen Augenblicken unten sein!«

Ich verließ das Zimmer wenige Minuten später und war so in Eile, daß ich kaum das Schlüsselloch finden konnte. Als ich zum Lift eilte, fragte ich mich unwillkürlich, ob ich überhaupt fertig angezogen sei — und plötzlich hielt ich inne. Ich war außer Atem geraten und fragte mich: »Was geht eigentlich hier vor? Was ist eigentlich der Sinn dieser lächerlichen Hetze?«

Ich entschloß mich, dem Theater ein Ende zu machen, und sagte zu mir selber: »Es ist mir vollkommen gleichgültig, ob ich dieses Nachtessen verpasse oder nicht. Ich kann meine Rede auch *nicht* halten. Niemand kann mich zwingen, dieses Essen mitzumachen und eine Ansprache zu halten.«

Langsam und befreit ging ich auf mein Zimmer zurück, öffnete die Türe in Ruhe und telefonierte meinen Freunden: »Wenn ihr essen wollt, dann fangt bitte an. Vielleicht werde ich in einer Weile auch kommen — doch ich will mich nicht länger herumhetzen lassen.«

Ich zog meinen Rock und meine Schuhe aus, setzte mich in einen bequemen Stuhl und streckte die Beine. Dann griff ich zur Bibel und las langsam und halblaut den 121. Psalm: »Ich hebe meine Augen auf zu den Bergen: woher wird mir Hilfe kommen?« Dann schloß ich das Buch und hatte eine kleine Aussprache mit mir selbst. Ich ermahnte mich, ruhiger und bewußter zu leben und mich nicht herumjagen zu lassen. Und ich versicherte mir: »Gott ist *da*, und sein Friede erfüllt mich.«

»Ich brauche nichts zu essen«, sagte ich zu mir, »ich habe heute schon viel zuviel gegessen. Außerdem wird das Essen nicht einmal gut sein. Ich bin jetzt ruhig, und ich werde um acht Uhr eine *bessere* Ansprache halten.«

So blieb ich sitzen, ruhte und betete eine Viertelstunde, und ich werde das unsägliche Glücksgefühl nie vergessen, das mich erfüllte, als ich das Zimmer verließ. Ich hatte mich selbst besiegt und etwas überwunden, das mir die Selbstkontrolle rauben wollte. Als ich den Speisesaal betrat, stellte ich fest, daß ich lediglich die Suppe verpaßt hatte — ein kleiner Preis für das, was ich gewonnen hatte: *Ich hatte mich selbst wiedergefunden, einzig und allein, weil ich plötzlich einen Punkt gemacht und mich zur Ordnung gerufen hatte.*

Ein bekannter Bürger von New York erzählte mir, sein Nervenarzt habe ihm geraten, unsere Kirche aufzusuchen, weil es unumgänglich für ihn geworden sei, eine *neue*, ruhigere Lebenshaltung zu gewinnen.

»Mein Arzt sagt, ich hätte meine Nerven bis zur äußersten Grenze angespannt«, erzählte er, »ich laufe ständig auf Hochtouren — und meine einzige mögliche Heilung liege in der Entwicklung einer ruhigen Gemütshaltung.«

Als mein Besucher dies erzählte, stand er auf, ging einige Schritte auf und ab und sagte dann: »Aber wie um Himmels willen soll mir dies gelingen? Das ist alles viel leichter gesagt als getan! Mein Arzt hat mir angeraten, mich mit den Leuten, die Ihre Kirche besuchen, anzufreunden. Er glaubt, daß die praktische Anwendung religiösen Vertrauens mein Gemüt beruhigen und auch meinen Blutdruck herabsetzen werde. — Ich glaube, er hat recht, aber wie soll ein fünfzigjähriger Mann plötzlich seine ganze Lebensweise umstellen und eine sogenannte ›ruhige Lebensphilosophie‹ entwikkeln?«

Das Problem war tatsächlich nicht so einfach, denn der Mann war ein unglaubliches Nervenbündel. Er schritt ständig im Zimmer auf und ab, und seine Stimme schnappte immer wieder über. Er machte den Eindruck eines überreizten und kranken Mannes. Zweifellos stand er kurz vor einem Nervenzusammenbruch, doch anderseits war er immer noch fähig, seinen Zustand klar zu erkennen. Er sah und wußte, daß er auf dem falschen Weg war, und diese Selbsterkenntnis bot die Chance, ihm helfen zu können.

Als ich seinen erregten Worten lauschte und seine nervösen Bewegungen beobachtete, wurde mir wieder einmal klar, warum Jesus Christus einen so gewaltigen Einfluß auf die Menschheit ausübte. *Er kann* solche Probleme lösen, und wieder einmal mehr erlebte ich diese Wahrheit.

Plötzlich brach ich unser Gespräch ab und lenkte es in eine andere Richtung. Ohne Überleitung begann ich einige Bibeltexte zu zitieren, wie Matthäus 11, 28: »Kommet her zu mir alle, die ihr mühselig und beladen seid; ich will euch Ruhe geben.« Und: »Frieden lasse ich euch zurück, meinen Frieden gebe ich euch. Nicht wie die Welt gibt, gebe ich euch. Euer Herz lasse sich nicht beunruhigen und verzage nicht!« (Joh. 14, 27)

Ich sprach diese Worte ruhig vor mich hin, und ich sah, wie mein Besucher sein nervöses Gehabe unterbrach und zuhörte. Nachdem ich weitere Stellen aus der Bibel vorgelesen hatte, saßen wir eine Weile ruhig und wortlos in unseren Stühlen. Schließlich tat er einen tiefen Atemzug und sagte: »Eigenartig — aber ich fühle mich viel besser. Diese Worte haben mir gutgetan.«

»Nicht die Worte allein«, sagte ich, »der große Heiler Jesus hat Sie berührt — es ist *seine Gegenwart*, die Sie gespürt haben.«

Mein Besucher zeigte über meine Worte keine Überraschung. Ein Ausdruck aufrichtigen Vertrauens lag auf seinem Gesicht, als er sagte: »Das ist es! Ich verstehe Sie — ich habe es selbst empfunden. Jetzt weiß ich, daß Jesus Christus mir helfen wird, ein ruhiges Gemüt zu erlangen.«

Natürlich war es notwendig, meinem Freund eine ganz neue Art des Denkens und Handelns beizubringen. Wir verschafften ihm geeignete Literatur über die Kunst, seine

Gedanken zu meistern und eine positive Geisteshaltung zu gewinnen. Wir lehrten ihn, sich richtig zu entspannen und zu beten. Und das Ergebnis war ein geistig und körperlich gesunder Mensch.

Wer ein ruhiges Gemüt gewinnen will, muß sich täglich darum bemühen. Die Kontrolle unserer inneren Verfassung kann nicht durch irgendein Zaubermittel gewonnen werden. Auch nicht, indem wir einfach ein Buch lesen, obschon dadurch wertvolle Vorbedingungen erreicht werden.

Der einzig sichere Weg besteht in der regelmäßigen, beharrlichen Anwendung geistiger Leitgedanken, in der Realisierung der Erkenntnisse und in der gläubigen Entwicklung eines schöpferischen Vertrauens.

Ich schlage vor, daß wir mit der einfachsten Methode beginnen: *Werden wir körperlich ruhig!* Gehen wir nicht auf und ab, klopfen wir nicht auf den Tisch, ringen wir nicht die Hände, ballen wir keine Fäuste und beißen wir nicht auf die Zähne! Lassen wir uns nie in irgendeine krampfartige Handlung hineinsteigern. Beginnen wir mit der einfachsten Sache der Welt: Unterbrechen wir jede körperliche Bewegung. Stehen wir still, sitzen wir ruhig, legen wir uns nieder! Beruhigen wir unsere Stimme, reden wir leise und mit Ausdruck. Erhalten wir uns einen tiefen Atem und einen tiefen Schlaf.

Wenn wir ruhig sein wollen, müssen wir uns beruhigende Gedanken zuführen. Der Körper reagiert sofort auf die Art der Gedanken, die unseren Geist beherrschen. Es ist auch eine Tatsache, daß wir unseren Geist beruhigen können, wenn wir zuerst den Körper beruhigen; mit anderen Worten: *Eine bestimmte Körperhaltung kann auch zu einer bestimmten Geisteshaltung führen.*

Ich erinnere mich an eine Konferenz, in deren Verlauf die Diskussion überbordete, und es fielen bittere und scharfe Worte. Plötzlich stand einer der Teilnehmer auf, zog seinen Rock aus, öffnete den Kragen und legte sich auf eine

Couch. Alle waren überrascht, und jemand fragte, ob er sich nicht wohl fühle.

»Nein«, sagte er, »ich fühle mich ausgezeichnet, aber wenn wir so weitermachen, werde ich den Verstand verlieren. Und ich habe herausgefunden, daß es sehr schwierig ist, überzuschnappen, wenn man sich hingelegt hat.«

Wir alle lachten, und der Bann war gebrochen. Unser kluger Freund erklärte uns, er habe herausgefunden, die ersten Anzeichen einer inneren Erregung äußerten sich bei ihm immer darin, daß er die Fäuste balle, seine Stimme höher und sein Sprechen schneller werde. Sobald er dies spüre, zwinge er seine Finger dazu, entspannt zu bleiben, und anstatt seine Stimme anschwellen zu lassen, spreche er übertrieben leise, langsam und tief. »Man kann nicht streiten, wenn man nur flüstert!« sagte er lachend.

Tatsächlich kann die Anwendung dieses Prinzips bei der Bekämpfung von Gemütserregungen sehr wirkungsvoll sein. Wer es praktisch anwendet, wird überrascht sein, wie schnell sich die »Temperatur« senkt und wieviel Kraft und Energie dadurch gespart werden können.

Es kann daher nichts schaden, wenn wir uns auch ein wenig in der sinnvollen Anwendung einer gewissen Tätigkeit üben. Menschen, die auch einmal nichts tun können und etwas phlegmatisch sind, geraten viel weniger in Gefahr, ihre Selbstkontrolle zu verlieren. Die bewußte Anwendung und Übung einer gleichmütigen Haltung kann viel dazu beitragen, das innere Gleichgewicht zu bewahren.

Ich habe sechs Grundsätze aufgestellt, die sich als sehr hilfreich erwiesen haben, um unser Gemütsleben zu beherrschen:

1. Setze dich entspannt in einen Stuhl. Mache es dir bequem. Lenke deine Gedanken ausschließlich auf die Entspannung deines Körpers. Beginne mit den Zehen, denke an jedes Glied, an jeden Muskel bis hinauf zum Kopf — ent-

spanne sie alle. Unterstütze den Vorgang, indem du sagst: »Meine Zehen sind entspannt — meine Arme sind entspannt — mein Hals ist entspannt . . .«

2. Stelle dir dein Gemüt als die Oberfläche eines Sees vor, der von einem wilden Sturm gepeitscht wird. Stelle dir vor, wie sich der Wind legt und die Wellen sich beruhigen, immer mehr beruhigen, bis der See still und spiegelglatt daliegt.

3. Verweile in Gedanken einige Minuten beim schönsten und erhabensten Anblick, den du je erlebt hast: ein Sonnenaufgang in den Bergen, eine Mondnacht auf dem Meer. Lasse dieses Erlebnis in der Erinnerung neu aufleben.

4. Wiederhole langsam und ruhig mit melodischem Tonfall Worte, deren Inhalt Ruhe und Frieden bedeutet, wie: *Ruhe, Friede, Sicherheit, Freiheit, Stille.* Denke dir Worte aus, die dir besonders entsprechen — wiederhole sie langsam und lasse dich von ihrem Sinn durchdringen.

5. Erinnere dich an Gelegenheiten in deinem Leben, da Gott dein Leben beschützt und dein Schicksal gnädig geleitet hat. Denke daran, daß er dir bisher geholfen hat, mit deinen Sorgen fertig zu werden. Sprich laut die Worte eines alten Liedes: »Solange ich unter Deinem Schutz stehe, wirst Du, mein Gott, mich führen . . .«

6. Wiederhole die folgenden Worte, die einen wundervollen und beruhigenden Einfluß auf Körper und Geist ausüben: »Du gibst Frieden dem, der seine Sache auf Dich baut.« Wiederhole diese Worte wenn möglich laut mehrmals im Laufe des Tages, damit sie dich bis zum Abend begleiten. Glaube und vertraue auf ihre aktive Kraft, vertraue ihrer positiven Wirkung auf Körper und Seele.

VII

Erwarte das Beste — und erreiche es!

»Warum mißglückt meinem Sohn alles, was er in die Hand nimmt?« fragte ein besorgter Vater in einem Gespräch über seinen dreißigjährigen Sohn.

Es war tatsächlich schwierig, das Scheitern dieses jungen Mannes zu erklären, der praktisch alles hatte, was zum Lebenserfolg nötig war: eine gute Familie, eine sorgfältige Erziehung und Ausbildung und große geschäftliche Möglichkeiten. Trotzdem schien er nur in einem Erfolg zu haben: im Mißerfolg. Alles, was er begann, nahm einen schlechten Verlauf. Trotz seinen ernsthaften Bemühungen erntete er immer und immer wieder Mißerfolg.

Schließlich fand er die Antwort und damit eine einfache, aber höchst wirkungsvolle Lösung des Problems. Seitdem er seine Erkenntnisse realisiert, hat ihn seine »Pechsträhne« verlassen; anstatt den Mißerfolg zieht er den Erfolg an. Seine Persönlichkeit entfaltet sich, und sein Einfluß beginnt zu wachsen.

Kürzlich, als ich ihn bei einer Zusammenkunft traf, konnte ich ihm ein aufrichtiges Kompliment nicht versagen: »Ich muß Sie bewundern«, sagte ich, »noch vor einigen Jahren ist Ihnen alles mißlungen, und heute scheint Ihnen alles zu glücken, was Sie in die Hände nehmen. Ihr Geschäft blüht, und Sie nehmen im politischen wie im gesellschaftlichen Leben eine hervorragende Stellung ein. Wie erklären Sie sich diesen Umschwung?« »Höchst einfach«, sagte er bescheiden, »ich habe die Kraft des Glaubens und des positiven Denkens erfahren. Ich fand heraus, daß man immer das erntet, was man erwartet. Erwarte Mißerfolg, und du wirst Mißerfolg haben.« Und nach einer kleinen Pause fügte er bei: »Eigentlich verdanke ich alles einem einzigen Satz aus der Bibel.«

»Wie heißt er?« fragte ich.

»*Wenn du glauben könntest! Alles ist möglich dem, der glaubt.* (Markus 9, 23)

Ich wurde in einer religiösen Familie erzogen«, berichtete er weiter, »und ich habe diesen Satz oft gehört, doch er hat mir nie besonderen Eindruck gemacht. Eines Tages jedoch hörte ich ihn wieder in einer Kirche, und plötzlich ging mir ein Licht auf. Es wurde mir klar, daß hier der Schlüssel zum Geheimnis meiner Mißerfolge lag: Ich hatte nie gelernt, wahrhaft zu glauben, nie gelernt, positiv zu denken, Vertrauen zu haben sowohl in Gott als auch in mich selbst. Ich befolgte den Rat und gab mich in Gottes Hand. Ich befolgte die Grundsätze einer bejahenden Denkweise und übte mich beharrlich darin, stets das Gute zu sehen und zu erwarten. Außerdem bemühte ich mich, ein gutes Leben zu führen.« Er lächelte und sagte: »Ich habe mit Gott einen Vertrag abgeschlossen. Als ich ihn unterschrieb, änderte sich mein Leben. Ich gewöhnte mich daran, innerlich ruhig und sicher *das Gute zu erwarten*, und die Folgen blieben nicht aus. Für mich war alles wie ein Wunder!«

Der junge Mann hatte gelernt, eines der mächtigsten Lebensgesetze anzuwenden, ein Gesetz, das von der Psychologie und von der Religion anerkannt wird: Wer Gutes erwartet und an das Gute glaubt, wird Gutes ernten. Wir müssen lernen, zu glauben, anstatt zu zweifeln.

Das will natürlich nicht heißen, daß wir lediglich durch unseren Glauben alles erreichen können, was wir wünschen oder erstreben. Wenn wir uns Gott anvertrauen, wird er uns so führen, daß wir uns nichts wünschen, was nicht in Übereinstimmung mit unserem Besten und mit der göttlichen

Harmonie wäre. Wenn wir aber wirklich glauben, rücken Dinge, die uns vorher unmöglich erschienen, in den Bereich des Möglichen.

Der berühmte Psychologe William James sagt: »Wenn wir etwas unternehmen, dessen Ausgang zweifelhaft ist, ist unser *Glaube* das einzige, was einen erfolgreichen Ausgang des Wagnisses verspricht.« Das einzige! Glaubenlernen ist ein Grundelement des positiven Lebens. Wenn wir Gutes erwarten, werden in uns magnetische Kräfte erweckt, die das Gute anziehen. Erwarten wir aber Schlechtes und Mißerfolg, so werden Kräfte geweckt, die das Gute von uns abstoßen.

Die Geisteshaltung, welche die Bibel lehrt, ist die mächtigste Kraft im menschlichen Leben. Deutlich sagt sie, auf welche Art und Weise der Mensch innerlich wachsen und etwas aus sich machen kann: Glaube, Vertrauen, positives Denken, Vertrauen in Gott, Vertrauen in andere Menschen und in uns selber! Glaube und Vertrauen können Berge versetzen. Die biblische Lehre gipfelt in der Erkenntnis: *»Alles ist möglich dem, der glaubt.«* (Markus 9, 23)

»Euch geschehe nach eurem Glauben.« (Matthäus 9, 29)

»Wenn ihr Glauben habt ... wird euch nichts unmöglich sein.« (Matthäus 17, 21)

Skeptische Menschen mögen an meiner Versicherung, eine positive Denkweise bedeute eine machtvolle Kraft, zweifeln. Es bleibt aber eine unumstößliche Tatsache, daß sich die Dinge besser entwickeln, wenn wir uns positiv zu ihnen einstellen, wenn wir Gutes statt Schlechtes erwarten und unsere Zweifel über Bord werfen. Nur so können wir die ganze Kraft unserer Persönlichkeit in die Waagschale werfen. *Nichts aber kann dem Menschen widerstehen, der die Ganzheit seines Seins einsetzt, um ein Problem zu lösen. Jede Schwierigkeit ist Ausdruck der Uneinigkeit und der Zerfahrenheit; sie weicht aber der geschlossenen Einheit aller positiven Kräfte. Die vereinte Konzentration unserer körperlichen, geisti-*

gen und seelischen Kräfte ist eine Macht, der das Negative niemals standhalten kann.

Das Beste erwarten heißt: mit ganzem Herzen (also mit der ganzen Kraft unserer Persönlichkeit) etwas verwirklichen wollen. Wir geben uns oft geschlagen, nicht weil es uns an den wirklichen Möglichkeiten oder Fähigkeiten gebricht, sondern weil wir uns nicht mit Herz und Seele einsetzen. Wir glauben nicht aus vertrauendem Herzen an unsere Sache, wir sind nicht mit ganzem Herzen dabei! Wie aber wollen wir positive Ergebnisse ernten, wenn wir nicht gewillt sind, uns auch mit *ganzer* Kraft und mit allen bejahenden Gedanken dafür einzusetzen?

Wenn wir in diesem Leben Erfolg haben wollen, wenn wir *das* erreichen wollen, was wir zutiefst ersehnen, dann müssen wir uns diesem Wunsche *ganz* hingeben. Mit andern Worten: *Was du auch immer tust, tue es ganz!* Gib alles, was du geben kannst; gib das Letzte, halte nichts zurück. Die meisten Menschen aber geizen und sparen mit ihren Gaben, erwarten aber, daß ihnen die Gaben anderer reichlich zufließen müssen.

Ein berühmter kanadischer Athlet, Ace Percival, sagt, die meisten Menschen — ob Sportler oder nicht — hielten irgend etwas zurück. Sie gäben sich nicht hundertprozentig einer Sache hin und darum erreichten sie auch nie das Höchste, das sie dank ihren Fähigkeiten erreichen könnten.

Wer aber im Leben etwas zurückhält, dem wird auch das Leben stets etwas zurückbehalten.

Ein bekannter Trapezkünstler war dabei, seine Schüler zu unterrichten. Nachdem er eine Übung genau erklärt und demonstriert hatte, befahl er ihnen, sie selbst auszuführen. Einer der Artisten bekam es im letzten Augenblick mit der Angst zu tun. Er sah sich plötzlich das Trapez verfehlen und abstürzen. Er war nicht mehr fähig, einen Muskel zu rühren, und entmutigt sagte er: »Ich kann nicht — ich kann einfach nicht!«

Der Instruktor legte seinen Arm um die Schultern des jungen Artisten und sagte: »Doch, du kannst es, und ich will dir auch sagen wie.« Und dann sagte er einen Satz, der zu den klügsten und schönsten Ratschlägen gehört, die ich je vernommen habe. Er sagte: »*Wirf dein Herz über die Stange, und dein Körper wird ihm folgen!*«

Diesen Satz sollten wir auf einen Zettel schreiben und in die Tasche stecken. Wir sollten ihn an die Wand heften und unter die Glasplatte unseres Schreibtischs legen. Besser noch: Wir sollten ihn in unseren Geist aufnehmen, denn er ist voll Vertrauen und Lebensmut.

Das Herz ist das Symbol schöpferischer Aktivität. Wenn wir unser Herz in unsere Wünsche und in unser Tun legen, wenn wir tief und fest daran glauben, daß sich uns kein *Nein* entgegenstellen kann, dann wird unsere ganze Persönlichkeit dem Wege folgen, den unser Herz weist. »Wirf dein Herz über die Stange« — das heißt: Wirf dein Vertrauen jedem Hindernis entgegen, wirf deine Vorstellungskraft und deinen Glauben gegen deine Schwierigkeiten. Mit anderen Worten: *Wirf deine ganze geistige Kraft über deine Hindernisse, und dein Selbst wird sie überwinden.* Erwarte das Beste, nicht das Schlimmste, und die Wünsche deines Herzens werden sich erfüllen. Was wir im Herzen tragen — ob gut oder schlecht —, eines Tages wird es uns erreichen. Emerson sagte: »*Sei vorsichtig in deinen Wünschen, denn eines Tages werden sie sich verwirklichen.*«

Hier noch ein Erlebnis, das ich vor einigen Jahren mit einer jungen Dame hatte, die sich auf zwei Uhr nachmittags in meine Sprechstunde angemeldet hatte. Ich war an jenem Tag etwas bedrängt mit Arbeit, und mein Stundenplan war ein wenig aus der Ordnung gekommen. So kam es, daß ich erst fünf Minuten nach zwei in das Sprechzimmer trat, wo meine Besucherin bereits wartete. Ich bemerkte sofort, daß sie schlechter Laune war. Sie preßte die Lippen zusammen, und als ich sie begrüßte, sagte sie: »Es ist jetzt fünf Minuten nach zwei, und wir hatten eine Verabredung auf zwei Uhr. Ich schätze Pünktlichkeit sehr.«

»Genauso geht es mir auch«, sagte ich lächelnd, »und ich hoffe, Sie werden mir meine Verspätung verzeihen.«

Meine Besucherin war aber keineswegs freundlich gesinnt, und ohne weitere Überleitung sagte sie: »Ich muß Ihnen ein äußerst wichtiges Problem unterbreiten, auf das ich unbedingt eine klare Antwort erhalten muß. — Ich will es in kurze Worte fassen: Ich will heiraten.«

»Nun«, sagte ich, »das ist ein völlig normaler Wunsch, und ich will Ihnen gerne behilflich sein.« »Ich muß wissen, warum ich nicht geheiratet werde«, fuhr sie fort. »Jedesmal, wenn ich eine Freundschaft mit einem Mann anbahne, ist sie auch schon wieder dahin. Ich treffe meine Verehrer meist nur einmal. Ich werde nicht jünger, und da Sie eine Sprechstunde für persönliche Probleme eingerichtet haben, überlasse ich Ihnen die Lösung meines Problems. Können Sie mir sagen, warum ich nicht heiraten kann?«

Während sie sprach, hatte ich sie beobachtet, um herauszufinden, ob sie der Typ sei, der eine offene Antwort ertragen könne. Wenn es ihr wirklich ernst war, konnten ihr einige Wahrheiten nicht erspart bleiben. Ich kam zur Einsicht, sie habe das nötige Kaliber, um die Medizin, die ich ihr verabreichen wollte, zu verdauen. »Gut«, sagte ich, »wir wollen Ihren Fall analysieren: Offensichtlich verfügen Sie über einen klaren Verstand und eine starke Persönlichkeit — und, wenn ich so sagen darf, Sie sind eine sehr hübsche Frau.«

Das war alles wahr; ich machte ihr dort, wo es am Platz war, Komplimente, dann aber sagte ich: »Ich glaube zu wissen, wo Ihre Schwierigkeiten liegen. Sie machten mir schwere Vorwürfe, weil ich Sie fünf Minuten zu spät empfangen habe. Haben Sie sich auch schon überlegt, daß darin eine Ungerechtigkeit liegen könnte? Ich kann mir vorstellen, daß es für einen Ehemann nicht leicht wäre, wenn er bei jeder Gelegenheit von Ihnen gemaßregelt würde. Dadurch würden Sie einen solchen Druck auf Ihren Mann ausüben, daß eine Verbindung kaum glücklich werden könnte. Liebe kann nicht in der Unterwerfung leben.«

Dann sagte ich: »Sie haben eine sehr entschlossene Art, Ihre Lippen zusammenzupressen. Das beweist mir Ihren Wunsch zu herrschen und zu dominieren. Erwachsene Männer aber — das müssen Sie sich merken — schätzen es nicht, beherrscht zu werden, besonders nicht, wenn sie es merken. — Ich kann mir vorstellen, daß Sie eine sehr anziehende Frau wären, wenn Sie diese zwei harten Falten um Ihren Mund zum Verschwinden bringen könnten. Was Ihnen fehlt, ist etwas Weichheit, Zärtlichkeit — und Ihre Mundlinie ist zu hart, um diese Gefühle aufkommen zu lassen.«

Dann warf ich einen Blick auf ihr Kleid, das offensichtlich sehr teuer, aber keineswegs kleidsam war. Ich fügte bei: »Nehmen Sie es mir nicht übel, denn es geht mich nichts an, aber ich glaube nicht, daß Ihnen dieses Kleid sehr gut steht.« Trotz dieser nicht gerade taktvollen Bemerkung, die ich ihr aber nicht ersparen konnte, behielt sie ihre Haltung und lachte: »Danke!« sagte sie, »Sie nehmen wirklich kein Blatt vor den Mund, aber ich habe Sie verstanden.«

Dann schlug ich ihr vor, ihre Haare ein bißchen anders und attraktiver aufzumachen. Ich empfahl ihr auch, einen kleinen Hauch Parfum nicht zu verschmähen. »Das Wichtigste aber ist eine Änderung Ihrer inneren Haltung. Lassen Sie die harten Falten im Gesicht verschwinden, denken Sie großzügiger und freundlicher, und dadurch werden Sie auch jenen Charme entwickeln, über den Sie zweifellos verfügen.«

»Ich muß sagen«, bemerkte sie, »daß ich niemals von einem Pfarrer solche Ratschläge erwartet hätte.«

»Das kann ich verstehen«, sagte ich, »doch heute müssen wir die menschlichen Probleme in ihrer Gesamtheit erfassen.«

Ich erzählte ihr dann von meinem alten Professor an der Wesleyan-Universität. R. Walker sagte: »Gott führt einen Schönheitssalon!« Er erzählte mir von vielen jungen Mädchen, die — wenn sie in das College eintraten — sehr hübsch waren. Kamen sie aber zwanzig oder dreißig Jahre später zu einer Klassenzusammenkunft, war ihre ganze Schönheit dahin. Andere Mädchen hingegen, die in ihrer Jugendzeit nichts weniger als hübsch waren, kehrten nach Jahren als blühende, hübsche Frauen wieder. »Der Unterschied liegt darin«, erklärte mein Lehrer, »daß diese die Schönheit des Geistes- und Gemütslebens auf ihrem Gesicht widerspiegelten.« Und er fügte bei: »Gott führt tatsächlich ein Schönheitsinstitut.«

Die junge Dame dachte einige Minuten über meine Worte nach, und dann sagte sie: »Ich glaube, Sie haben recht. Ich will es versuchen.«

Und in diesem Punkt kam ihr ihre starke Persönlichkeit sehr zustatten: *sie versuchte es wirklich!*

Nach Jahren traf ich sie wieder bei einem meiner Vorträge. Eine sehr hübsche Frau mit einem gutaussehenden Mann und einem kleinen Knaben begrüßte mich und fragte lächelnd: »Nun, wie steht es mir?«

»Was meinen Sie?« fragte ich erstaunt.

»Mein Kleid«, antwortete sie, »steht es mir nicht besser?«

Verlegen sagte ich: »Doch, ich finde es ausgezeichnet, aber warum fragen Sie mich?«

»Kennen Sie mich nicht mehr?« fragte sie.

»Ich sehe so viele Menschen, daß ich mich nicht an alle erinnern kann«, sagte ich. »Offen gestanden — ich glaube nicht, Sie je gesehen zu haben.«

Dann erinnerte sie mich an unser Gespräch vor vielen Jahren und stellte mir ihren Mann und ihren Sohn vor.

»Was Sie damals sagten, war wahr. Ich war das unglücklichste Mädchen der Welt, doch ich habe mich in die Hand genommen, und Ihre Vorschläge haben sich bewährt.«

Ihr Mann sagte, er könne sich keine bessere und liebenswertere Frau wünschen.

Sie hatte offensichtlich das »Schönheitsinstitut Gottes« besucht . . .

Sie bemühte sich nicht nur um eine freundlichere und großzügigere Geisteshaltung, sondern sie nutzte eine Gabe, die sie in hohem Maße besaß, auch richtig aus, nämlich ihren *Willen*, das zu erreichen, was sie sich wünschte. *Sie war bereit, etwas zu tun, um ihre Träume zu verwirklichen.*

Der Grundsatz lautet: *Wisse zuerst, was du willst; dann prüfe, ob es eine gute Sache ist. Ändere deine Geisteshaltung in einer Richtung die dich dem Gewünschten nahebringt, und habe Vertrauen. Die schöpferische Kraft des Glaubens und des Vertrauens ist es, die unsere Ziele verwirklicht.*

Wer sich mit der dynamischen Kraft des menschlichen Denkens befaßt, stößt immer wieder auf den praktischen Wert der Lehren Jesu, besonders der Worte: *»Euch geschehe nach eurem Glauben«* (Matthäus 9, 29). Nach deinem Glauben an dich selbst, an deinen Beruf, nach deinem Vertrauen in Gott, so weit wirst du gehen und nicht weiter. Wenn wir an uns selber, an unsere Möglichkeiten, an unsere Arbeit und an Gott glauben, wenn wir hart arbeiten und mit ganzem Herzen dabei sind, dann können wir praktisch alles erreichen, was wir dank unserer Fähigkeiten und unserer Verantwortlichkeit erstreben.

Wenn sich je ein Hindernis vor dich stellt, dann halte an, schließe einen Moment die Augen, stelle dir alles bildhaft vor, was sich hinter der »Barriere« befindet, und dann wirf dein Herz über das Hindernis und folge ihm.

In der Tiefe unserer Vorstellungskraft entwickeln sich Kräfte, die uns das Beste bringen — wenn wir das Beste erwarten.

Ein junger Mann im Alter von 26 Jahren konsultierte mich, weil er in seinem Beruf keine Befriedigung fand. Er strebte danach, im Leben einen besseren und verantwortungsvolleren Platz einzunehmen, und seine Motive schienen anständig und gut zu sein.

»Nun, *was* stellen Sie sich vor?« fragte ich ihn.

»Das kann ich nicht genau beschreiben«, sagte er unsicher. »Ich habe darüber nie richtig nachgedacht. Ich weiß nur, daß ich etwas *anderes* suche, als ich jetzt ausübe.«

»Wo liegen Ihre stärksten Fähigkeiten?« fragte ich.

»Ich weiß es nicht«, sagte er, »ich habe auch darüber nie nachgedacht.«

»Aber *was* würden Sie tun, wenn Sie wählen könnten?« drängte ich.

»Es ist mir unmöglich, Ihnen eine genaue Antwort zu geben«, sagte er. »Ich habe mir das alles nie genau überlegt. Vielleicht sollte ich einmal darüber nachdenken.«

»Sehen Sie«, sagte ich, »Sie wollen Ihren jetzigen Arbeitsplatz verlassen und einen andern suchen, doch Sie wissen nicht, wohin Sie sich wenden wollen. Sie wissen nicht einmal, *was* Sie tun *könnten* und was Sie tun *möchten. Bevor Sie Ihren Weg unter die Füße nehmen, müssen Sie Ordnung in Ihre Gedanken bringen!*«

Hier ist der springende Punkt bei vielen Menschen. Sie haben irgendeine vage Idee, was sie möchten — doch sie verfügen über keine konkreten Vorstellungen. *Unbestimmte Ideen aber führen nie zu konkreten Tatsachen.*

Wir machten dann eine genaue Analyse des jungen Mannes und prüften seine Fähigkeiten sorgfältig. Es stellte sich heraus, daß er auf Gebieten besondere Begabungen hatte, von denen er überhaupt nichts wußte. Um ihn aber aus seiner passiven Haltung herauszureißen, war ein wirksamer Ansporn nötig. Wir machten ihn mit den Grundsätzen und Methoden einer positiven und vertrauenden Denkweise bekannt, und heute ist er auf seinem richtigen Weg.

Jetzt weiß er erstens, *wohin* er will, und zweitens, wie er sein Ziel erreichen kann. Er weiß, was für ihn das Beste ist, und er glaubt an seine Verwirklichung. Nichts wird ihn auf seinem Weg noch aufhalten können.

Ich fragte einst einen bekannten Zeitungsmann: »Wie wurden Sie an dieser hervorragenden Zeitung Redakteur?«

»Das ist einfach«, sagte er, »ich wollte es werden.«

»Hat das genügt?« fragte ich.

»Nun, vielleicht nicht ganz, aber es war der wichtigste Teil des Vorgangs«, sagte er. »Ich glaube daran, daß wir unsere Ziele erreichen, wenn wir mit Entschiedenheit wissen, was wir wollen. Ein Ziel, das gut überlegt ist und zu unserem Besten dient, wird sich verwirklichen, wenn wir in unseren Gedanken ein konkretes Bild davon festhalten. Dazu kommt natürlich verantwortungsbewußte, disziplinierte Arbeit und der beharrliche, vertrauende Glaube an seine Verwirklichung. Dadurch werden geistige Kräfte ausgelöst, die den Erfolg herbeiziehen. Es gibt eine geheimnisvolle Kraft«, erklärte er, »die jene Ideen verwirklicht, die wir konkret, gläubig und vertrauend in uns tragen.«

Der Redakteur zog eine abgegriffene Karte aus seiner Tasche und überreichte sie mir mit den Worten: »Diesen Text lese ich jeden Tag. Er wurde mein Lebensgrundsatz, und er hat sich bewährt.« Ich habe den Text abgeschrieben. Er lautet: »*Ein Mensch, der an sich selber glaubt, positiv ist, und der seine Arbeit in der festen Erwartung des Erfolgs anpackt, erhält den starken Beistand aller schöpferischen Kräfte des Universums.*«

Es ist eine Tatsache, daß Menschen, die in sich selber Vertrauen haben, mit magnetischer Kraft das Schöpferische entwickeln, das ihnen hilft, ihre Ziele zu verwirklichen. Darum sollen wir immer das Beste erwarten und unsere Gedanken nie in negative Richtungen abgleiten lassen. Schalten wir alle verneinenden und pessimistischen Gedanken aus, denn *was immer wir in unserem Geiste hegen — es wird dort wachsen und gedeihen, im Guten wie im Schlechten.* Nehmen wir darum die besten und gläubigsten Gedanken in uns auf, glauben wir daran, erschauen wir sie, beten wir darum, schützen wir sie gegen negative Einflüsse durch unser Vertrauen in Gott und in uns selber.

Vielleicht gibt es Leser, die der Meinung sind, es gehe ihnen so schlecht, daß eine Änderung der Lage niemals durch eine noch so starke neue Denkweise *allein* herbeigeführt werden könne. Die Antwort auf diesen Einwand lautet: *So ist es eben nicht!* Selbst wenn wir auf dem Boden liegen, steckt das Gute und Positive immer noch in uns. Wir brauchen es nur zu *entdecken*, zu *erwecken* und *aufzurichten*. Das aber braucht Mut und Charakterstärke. Was uns immer am meisten not tut, ist Vertrauen. Wer Vertrauen entwickelt, wird auch Mut und Charakter erhalten.

Eine Frau wurde als Verkäuferin von Staubsaugern angestellt. Sie hatte weder Erfahrung noch Übung in diesem Beruf, sie glaubte nicht an einen Erfolg, ja sie war fast sicher, daß sie versagen würde. Selbst wenn sie gebeten wurde, einen Staubsauger vorzuführen, hatte sie kaum den Mut, das Haus zu betreten. Sie war überzeugt, daß es ihr kaum gelingen werde, einen Apparat zu verkaufen.

Eines Tages hatte sie das Glück, mit einer Kundin, der sie ihr Leid klagte, in ein freundschaftliches Gespräch zu kommen. Die Frau hörte geduldig zu und sagte dann: »Wenn Sie Mißerfolg erwarten und befürchten, werden Sie ihn auch haben. Wenn Sie aber an Ihren Erfolg glauben, wird er sich auch einstellen. Ich will Ihnen einen Grundsatz sagen, der Ihnen helfen kann. Sie werden dadurch mehr Vertrauen in sich selbst gewinnen. Ihre Gedanken werden sich ändern, und der Erfolg wird nicht ausbleiben. Glauben Sie daran, und Sie werden überrascht sein, wie er wirkt. Hier ist er: ›Ist Gott für uns, wer mag wider uns sein?‹ (Römer 8, 31) — Beziehen Sie aber diesen Satz ruhig auf sich selber und sagen Sie: ›Wenn Gott *für mich* ist, wer will *gegen mich* sein?‹«

Die Frau lernte diesen Grundsatz anzuwenden. Sie betrat jedes neue Haus in der positiven, vertrauenden Erwartung eines Erfolges.

Was unser Geist gläubig, mit ganzem Herzen, mit dem ganzen Einsatz unserer Persönlichkeit erwartet, verwirklicht sich.

Dieses große Gesetz können wir in drei Worte fassen: *Vertrauen wirkt Wunder!* In diesen Worten liegt dynamische und schöpferische Kraft. Wenn wir sie tief in unser Unterbewußtsein aufnehmen, können sie jede Schwierigkeit überwinden. Behalten wir sie darum in unseren Gedanken, wiederholen wir sie täglich, so lange, bis sie ganz in unser Denken eingegangen sind, bis wir fest an sie glauben: Vertrauen wirkt Wunder.

Ich hege nicht den geringsten Zweifel in die Wirksamkeit dieser Erkenntnis. Allzuoft habe ich ihre praktische Bewährung miterlebt und selber erfahren. Mein Glaube an die Kraft des Vertrauens ist grenzenlos.

Jedes Hindernis kann durch Vertrauen genommen werden, ja, die erstaunlichsten Ziele können sich dadurch verwirklichen. Und es gibt kein besseres Mittel, Vertrauen zu gewinnen, als täglich die erhabenen Worte der Bibel in uns aufzunehmen. Wenn wir jeden Tag ihre Lehren in uns aufnehmen, damit sie unser Denken umwandeln und erhöhen können, werden sich in unserem Geistes- und Gemütsleben erstaunliche Wandlungen vollziehen.

Nur ein kleiner Teil der Bibel soll dies bezeugen, das 11. Kapitel Markus, das einige der größten und überzeugendsten Wahrheiten enthält: »*Jesus antwortete und sprach zu ihnen: Habt Glauben an Gott. Wahrlich, ich sage euch: Wer zu diesem Berg sagt: Hebe dich empor und wirf dich ins Meer! und in seinem Herzen nicht zweifelt, sondern glaubt, daß geschieht, was er sagt, dem wird es zuteil werden. Darum sage ich euch: Alles, was ihr bittet in eurem Gebet, glaubet nur, daß ihr's empfangen werdet, so wird's euch werden.*« (Markus 11, 22-24)

Der Berg — das sind unsere Kümmernisse, unsere Sorgen und Schwierigkeiten, unsere eigenen Schwächen und unser Unvermögen. Werfen wir unsere Schwierigkeiten ins Meer! Zweifeln wir nicht mehr — und es wird uns »zuteil werden«: wir werden uns selber finden, uns entfalten, Kraft gewinnen und uns innerlich erheben.

Ich habe hier keine eigenen Theorien aufgestellt, sondern diese Gedanken entstammen dem tiefsten und inhaltsreichsten Buch, das der Menschheit bekannt ist. Alle Generationen seit Christus haben — trotz ihrer wissenschaftlichen Fortschritte — der Bibel größte Beachtung geschenkt. Die Menschheit hat in den Geist und die Kraft dieses Buches größeres Vertrauen als in irgendein anderes Buch, und die Bibel sagt uns, daß die Kraft des Vertrauens Wunder wirkt.

Es steht geschrieben: »Wer zu *diesem* Berg sagt . . .«, das heißt: Wir müssen unsere Anstrengungen nicht gleich auf die ganze Kette der Alpen richten, sondern *auf einen ganz bestimmten Berg*, auf ein ganz bestimmtes Hindernis, das sich uns entgegenstellt, auf eine ganz bestimmte Schwäche, die wir überwinden müssen. Eines nach dem andern.

Wenn wir etwas erstreben, müssen wir uns zuerst fragen: »Darf ich mir dies wünschen?« Diese Frage muß in stiller Meditation und im Gebet aufrichtig geprüft werden. Wollen wir es wirklich — und darum wollen wir es? Wenn wir die Frage ehrlich bejahen können, wenn wir unserer Sache sicher sind und wenn unser Wunsch so ist, daß wir Gott darum bitten dürfen, dann sollen wir nicht damit zurückhalten. Bitten wir Gott von Herzen darum! Und sollte Gott, der mehr weiß und größere Einsichten hat als wir Menschen, entscheiden, unser Wunsch solle *nicht* erfüllt werden, dann brauchen wir uns keine weiteren Sorgen darüber zu machen. Ist es aber ein *guter* Wunsch, dessen Erfüllung zu unserem Besten dient, dann dürfen wir mit gutem Gewissen und ohne Zweifel im Herzen darum bitten.

Einer meiner Freunde, ein initiativer, tatkräftiger und

sehr geschätzter Industrieller, der zugleich ein aufrichtiger und gläubiger Christ ist, hat mir die Wahrheit dieser Erkenntnis bestätigt. Er leitet die größte Bibelvereinigung der USA, und er steht in seinem Beruf einem Werk vor, das 40.000 Menschen beschäftigt.

Auf seinem Pult liegen einige religiöse Bücher, und mein Freund, der von ganzer Seele an die göttliche Kraft des Vertrauens glaubt, ist auch fest davon überzeugt, daß Gott jederzeit in seinem Büro zugegen ist. Er sagt: »Wir müssen ein großes, schöpferisches Vertrauen entwickeln, nicht irgendein lahmes, laues, kleingläubiges Vertrauen. Wir brauchen uns nicht darum zu sorgen, ob die Kraft des Vertrauens wissenschaftlich beweisbar sei oder nicht. Ich *bin* Wissenschaftler in meiner täglichen Arbeit, und ich habe gelernt, wissenschaftliche Erkenntnisse in meiner beruflichen Aufgabe anzuwenden. Genauso habe ich gelernt, die Erkenntnisse der Bibel *praktisch zu leben. Die Wahrheiten der Bibel sind eine Realität, an die ich ebenso glaube wie an eine wissenschaftliche Erkenntnis.*«

Als mein Freund die oberste Leitung seiner riesigen Werke übernahm, flüsterte man unter seinem Personal: »Jetzt werden wir die Bibel in den Betrieb mitnehmen müssen!« Einige der Spötter ließ mein Freund wenige Tage nach seinem Antritt in sein Büro kommen und sagte: »Ich habe vernommen, daß Sie der Meinung sind, Sie müßten nun, da ich Direktor geworden bin, eine Bibel zur Arbeit mitbringen.«

Verlegen sagten sie: »Wir meinten es nicht böse . . .«

Mein Freund antwortete: »Ich glaube, das wäre eine ausgezeichnete Idee, aber ich lege keinen Wert darauf, daß Sie die Bibel in der Tasche oder unter dem Arm herumtragen. Wenn Sie sie aber in *Ihrem Herzen und in Ihrem Kopf* mitbringen, dann würde ich dies sehr begrüßen. Wenn Sie guten Willen, positive Gedanken und Vertrauen zur Arbeit mitbringen, dann glaube ich, daß wir ausgezeichnet zusammenarbeiten werden.«

Wir wollen die Worte vom Berg, den unser Glaube versetzen kann, nie mehr vergessen. Lesen wir sie immer wieder, besser, lernen wir sie auswendig, bis sie ein fester Bestandteil unseres Denkens geworden sind.

Ich schlage Ihnen vor, immer dann, wenn Sie das Leben vor irgendein Problem stellt, zu sagen: *»Ich glaube, daß Gott mir die Kraft gibt, das Beste daraus zu machen.«*

Erwähnen wir nie das Schlechte und den Mißerfolg. Denken wir nicht einmal daran! Mindestens zehnmal im Tag sollen wir denken: *»Ich erwarte das Beste, und mit Gottes Hilfe werde ich es erreichen.«*

Mit einer solchen Geisteshaltung werden unsere Gedanken eine Richtung einschlagen, die tatsächlich zur Verwirklichung des Besten führt.

VIII

Ich glaube an
das Gelingen

Wenn Sie noch in negativen Gedankengängen stecken, rufe ich Sie auf, diese über Bord zu werfen. Schlagen Sie sich endgültig zu den Menschen, die den Grundsatz »Ich glaube an das Gelingen« praktisch anwenden.

Wenn Sie die folgenden Erlebnisse lesen, ihre Zusammenhänge und Erkenntnisse studieren und sie sinngemäß bei Ihren eigenen Problemen anwenden, wird es auch Ihnen gelingen, Hindernisse zu überwinden, die Ihnen vielleicht augenblicklich unbesiegbar erscheinen.

Ich hoffe, Sie gehören nicht zu den »Hindernisleuten«, die überall nur Schwierigkeiten und schlechte Entwicklungen voraussehen. Ein mir bekannter Geschäftsmann, der ein großes Unternehmen besitzt, hatte — dieser Gewohnheit wegen — den Übernamen »Hindernismann« erhalten. Eines Tages wurde ihm aber eine Lektion zuteil, die ihn auf seine unglückliche Art aufmerksam machte und ihn gründlich davon heilte.

Die Direktoren seiner Firma planten ein geschäftliches Projekt, das einerseits bedeutende Investitionen verlangte und anderseits, nebst einigen Risiken, auch schöne Erfolge versprach. Als die Angelegenheit besprochen wurde, machte unser »Hindernismann« mit gerunzelter Stirne die übliche Einwendung: »Nur einen Augenblick! Zuerst wollen wir einmal die Hindernisse, die sich uns entgegenstellen können, betrachten.« (Solche Einwendungen werden meist in einer »weise-sein-wollenden«, schulmeisterlichen Art vorgetragen, die aber doch nur der Ausdruck innerer Unsicherheit ist.)

Einer der älteren Direktoren, der seines bescheidenen Wesens und seiner Tüchtigkeit wegen sehr geschätzt war, sagte hierauf:

»Warum wollen Sie stets die Hindernisse eines Projektes in den Vordergrund stellen, anstatt die positiven Möglichkeiten?«

»Wenn wir klug handeln wollen«, antwortete der »Hindernismann«, »muß man immer Realist sein, und es ist eine Tatsache, daß dieses Projekt einige Hindernisse in sich birgt. Darf ich Sie fragen, welche Einstellung Sie dazu einnehmen?«

Ohne sich zu besinnen, sagte der Direktor: »Welche Einstellung? Ganz einfach: Ich würde sie aus dem Weg räumen und sie vergessen.«

»Das ist leichter gesagt als getan«, gab der Schwarzseher zur Antwort. »Darf ich Sie ferner fragen, welches Wundermittel Sie kennen, mit dem man Hindernisse einfach aus dem Weg räumen und vergessen kann? Ich möchte es gerne kennenlernen.«

Mit einem feinen Lächeln auf dem Gesicht sagte der andere: »Mein Lieber, ich habe in meinem Leben eine Menge Hindernisse aus dem Weg geräumt, und es ist mir nie eines begegnet, mit dem ich nicht fertig geworden bin, vorausgesetzt, daß ich genug Vertrauen, Mut und Arbeitsfreude aufgebracht habe. Hier, lesen Sie diesen Grundsatz, und sagen Sie mir nicht, er sei nichts wert, denn ich habe ihn hundertfach erprobt.«

Mit diesen Worten zog er aus seiner Brieftasche eine Karte und reichte sie seinem Gesprächspartner über den Tisch: »Bitte, lesen Sie sie laut vor!« Langsam und mit unsicherer Stimme las dieser: »Ich vermag alles durch den, der mich stark macht, Christus.« (Philipper 4, 13)

Indem er seine Karte wieder in die Brieftasche steckte,

sagte ihr Besitzer: »Ich bin ein alter Mann geworden und habe in meinem Leben viele Schwierigkeiten gehabt, aber in diesen Worten steckt eine dynamische Kraft, und mit ihr kann jedes Hindernis überwunden werden.«

Er sagte diese Worte mit innerer Überzeugung. Die Tatsache, daß dieser alte, erfolgreiche und aufrechte Mann, der in keiner Weise ein Frömmler war, mit solcher Überzeugung an diese Worte glaubte, machte auf die Konferenz einen großen Eindruck. Jedenfalls verstummte die negative Diskussion, das Projekt wurde zur Ausführung beschlossen und erwies sich trotz aller Hindernisse und Risiken als Erfolg.

Der Grundsatz dieses Mannes basiert auf der primären Tatsache, daß wir Hindernisse, wie immer sie auch beschaffen sein mögen, *nicht fürchten* dürfen. Wer glaubt, daß Gott mit ihm ist und Er ihm die Kraft gibt, vorwärtszuschreiten, braucht keine Angst zu haben.

Das erste, was wir angesichts einer Schwierigkeit zu tun haben, ist: sich ihr entgegenzustellen und sie anzugreifen, anstatt über sie zu jammern. Wir wollen nicht auf Händen und Knien durchs Leben kriechen, sondern *als aufrechte Menschen einhergehen.* Wenn wir unseren Hindernissen in dieser *Haltung* entgegentreten, werden wir feststellen, daß sie nicht halb so gefährlich sind.

In seinem Buch »Maximen und Reflexionen« erzählt Winston Churchill vom britischen General Tudor, der eine Division der 5. Britischen Armee kommandierte, die im März 1918 die große deutsche Offensive erwartete. Die Aussichten standen denkbar schlecht, doch Tudor wußte, wie er mit ihnen fertig werden mußte. Er stellte sich dem Sturm entgegen, und der Sturm brach sich an ihm. Churchill schreibt über ihn: »Den Eindruck, den ich von General Tudor erhielt, war der eines eisernen Pflocks, der tief und unverrückbar in der gefrorenen Erde stak.«

Tudor wußte, wie man sich Hindernissen entgegenstellt:

Man muß dem Hindernis Eindruck machen. Fest stehen, nicht nachgeben — und das Hindernis wird nicht uns, sondern sich selber zerbrechen.

Wenn wir Vertrauen haben, wird es gelingen. Vertrauen ist das erste, was wir brauchen. Es genügt, ja es ist mehr als genug. Wenn wir den Grundsatz »Ich vermag alles durch den, der mich stark macht, Christus« praktisch anwenden, und wenn wir in uns ein starkes Vertrauen in Gott und unsere eigenen Kräfte entwickeln, werden wir uns selber und unsere wahren Fähigkeiten erst recht kennenlernen. Je besser wir unsere Denkweise vom Negativen ins Positive umwandeln, umso stärker werden wir werden, und eines Tages können wir mit Ruhe und innerer Sicherheit sagen: »Ich glaube an das Gelingen.«

In einem klugen Sportbericht über den früheren Tennismeister Gonzales las ich den Satz: »Er ließ sich durch die verschiedenen Wechselfälle und Mißgeschicke eines Spiels nie entmutigen.« Das heißt: Wenn auch ein Turnier schlecht aussah, wenn ihm dieses oder jenes Mißgeschick einen Streich spielte, vermochte dies nie die geistige Grundhaltung des Mannes zu beeinträchtigen. Mißgeschicke, schlechtes Wetter — das alles konnte keine negativen Gedanken aufkommen lassen, die ihm die Kraft zu siegen geraubt hätten. Und diese positive Geisteshaltung, die sich durch nichts aus der Ruhe und aus dem Glauben bringen ließ, machte Gonzales zum unschlagbaren Meister. Er war fähig, Hindernissen ins Auge zu schauen, gegen sie anzutreten und sie zu überwinden.

Vertrauen schafft Standkraft. Es gibt uns auch *Durchschlagskraft und Ausdauer,* wenn das »Spiel« hart wird und größte Anstrengungen erfordert. Wenn alles wie am Schnürchen läuft, ist es keine Kunst, durchzuhalten. Wenn das Leben aber besondere Anforderungen stellt, wenn sich scheinbar alles gegen uns wendet, dann braucht es *mehr,* und es ist etwas Großes um das Geheimnis, sich durch die verschiedenen Wechselfälle und Mißgeschicke nicht beirren zu lassen im Glauben an das Gelingen.

Sie mögen mir entgegenhalten, daß ich Ihre ganz persönlichen Probleme und besonderen Schwierigkeiten nicht kenne. Sie mögen sagen: »Meine Situation ist ganz anders als die anderer Leute, und ich bin so tief unten, wie nur ein Mensch unten sein kann.«

In diesem Fall haben Sie Glück! Denn wer so tief unten ist, daß es nicht mehr tiefer geht, der hat nur noch *eine* Möglichkeit: *aufwärtszukommen*. Ihre Situation ist also ermutigend und hoffnungsvoll, und ich rate Ihnen dringend, sich vom Gedanken abzuwenden, noch nie sei ein Mensch mit *den* Schwierigkeiten fertig geworden, die Sie nun bedrücken. Solche Sorgen gibt es überhaupt nicht!

Praktisch gesehen, gibt es nur einige wenige menschliche Schicksale. Die Situationen ändern sich mit einigen Variationen, doch man stellt immer wieder fest, daß alles schon da war. Diese Tatsache dürfen wir nie vergessen: Es gab Menschen, die mit jeder schwierigen Lage fertig geworden sind, auch mit derjenigen, die Sie gegenwärtig beschäftigt und die Ihnen vielleicht hoffnungslos erscheint. Auch andere haben damit gerungen, und sie fanden einen Weg aus der Misere.

Denken wir zum Beispiel an Amos Parrish, der zweimal im Jahr im großen Ballsaal des Waldorf-Astoria-Hotels in New York eine Konferenz mit den führenden Männern der amerikanischen Warenhäuser abhält, um mit ihnen geschäftliche Fragen, neue Verkaufs- und Werbemethoden und alle möglichen schwierigen geschäftlichen Probleme zu diskutieren. Nachdem ich selbst Gelegenheit hatte, einigen dieser Zusammenkünfte beizuwohnen, gelangte ich zur Überzeugung, daß der höchste Wert dieser Konferenzen im Mut und Selbstvertrauen und in der positiven Denkweise liegt, die Amos Parrish seinen Zuhörern vermittelt. Die Teilnehmer gehen nach Hause in der Gewißheit, daß es keine Schwierigkeiten gibt, die nicht überwunden werden können.

Amos Parrish ist ein lebendes Beispiel für die Philosophie, die er vertritt. Einst ein kränkliches, von Minderwertigkeitsgefühlen geplagtes, schwaches Kind, dem die Ärzte kein langes Leben voraussagten, und zudem mit dem Übel des Stotterns behaftet, hatte Amos ein geistiges Erlebnis, das ihn zur positiven, vertrauenden Denkweise führte. Er lernte seine eigenen Kräfte mit der Hilfe Gottes zu entfalten und einzusetzen und entwickelte seine Idee einer heute sehr begehrten Beratung von Geschäftsleuten. Heute gibt es unzählige führende Männer des Handels, die gerne bereit sind, eine hohe Summe zu bezahlen, wenn sie in seinen zweitägigen Konferenzen noch einen Platz finden können.

Noch jetzt hat A. P., wie er von seinen Freunden genannt wird, große Schwierigkeiten beim Sprechen. Er hat aber gelernt, mit Humor zu seinem Sprachfehler zu stehen, und es kommt oft vor, daß er — wenn ihm die Aussprache eines schwierigen Wortes einfach nicht gelingen will — darüber selbst einen Witz macht und damit den ganzen Saal zum Lachen bringt. Seine Zuhörer bewundern den Mann, der es verstanden hat, seine persönlichen Schwierigkeiten und seine Schwächen in einen Erfolg zu verwandeln.

Ich wiederhole: Es gibt keine Schwierigkeiten, die nicht überwunden werden können. Ein alter, weiser Neger, den ich einmal fragte, wie er mit seinen Sorgen fertig werde, sagte: »Wenn Sorgen auftauchen, versuche ich, sie zuerst zu umgehen. Wenn sie sich nicht umgehen lassen, versuche ich, unten durchzukriechen, und wenn mir auch das nicht gelingt, probiere ich, sie zu überspringen. Versagt auch das, dann gehe ich *mitten durch!*«

Denken Sie immer wieder an den Grundsatz jenes erfahrenen Geschäftsmannes, den ich in diesem Kapitel erwähnt habe. Lesen Sie den Satz »*Ich vermag alles durch den, der mich stark macht, Christus*« immer wieder. Prägen Sie sich diese

Worte ein und sagen Sie mehrmals: »Ich glaube es!« Wiederholen Sie diese Worte immer und immer wieder. Unser Unterbewußtsein, das Umstellungen immer zuerst von sich weist, mag sagen: »Du glaubst ja selber nicht an solche Worte!«

Doch wir sollten uns immer daran erinnern, daß uns das Unterbewußtsein das zurückgibt, was wir ihm eingeben. Wenn wir ihm jahrelang negative Gedanken verabreicht haben, gibt es negative Gedanken zurück, die zu unseren Fehlleistungen führen. Wir müssen uns dazu aufraffen, mit unserem Unterbewußtsein ein ernstes Wort zu reden: »Ich glaube diese Worte, und ich beharre darauf!« Und wer auf diese positive Weise Einfluß auf sein Unterbewußtsein hat, wird dadurch eine neue geistige Grundhaltung erzeugen. Mit der Zeit wird es unsere positiven Gedanken an uns zurückgeben, die Wahrheit nämlich, daß mit der Hilfe Gottes jedes Hindernis überwunden werden kann.

Eine wirksame Methode, unser Unterbewußtsein in die positive Richtung zu lenken, besteht in der Bekämpfung der kleinen negativen Ausdrücke, die sich in unsere Sprechweise eingeschlichen und sich darin festgesetzt haben. Als ich mir die Mühe nahm, meine eigene Sprache daraufhin unter die Lupe zu nehmen, war ich erstaunt, wie oft ich Sätze sagte wie: »Ich befürchte, ich werde zu spät kommen . . .« oder: »Ich glaube nicht, daß ich mit dieser Arbeit je fertig werde . . .« oder: »Ich glaube kaum, daß es mir möglich sein wird . . .«, und wenn einmal etwas schief ging, sagte ich gedankenlos: »Genau das habe ich erwartet . . .!«

Es geht hier um scheinbar unbedeutende negative Gedanken, doch wir dürfen nie vergessen, daß sie sich im Laufe des Tages summieren und immer tiefer in unsere Denkweise eindringen. »Viele Hunde aber sind des Hasen Tod.« Und unversehens sind aus den kleinen, unwichtigen Floskeln größere und wichtigere negative Gedanken entstanden. So entschloß ich mich, diese kleinen negativen Bemerkungen gänzlich aus meiner Sprache auszuschalten. Der beste Weg besteht darin, sie durch andere, positive Bemerkungen zu ersetzen. Wenn wir davon überzeugt sind, daß sich alles zum Guten wendet, daß wir unsere Arbeit bewältigen können, daß wir durchhalten werden, wecken wir positive Kräfte und erzeugen erfolgreiche Resultate.

Ein Geist, der von negativen Gedanken gesäubert ist, arbeitet besser und verfügt über mehr Kraft als einer, der mit kleinlichen, pessimistischen Gedanken belastet ist.

Da die meisten Hindernisse, mit denen wir zu kämpfen haben, geistiger und charakterlicher Natur sind, müssen wir vor allem von negativen Gedankengängen geistig frei werden.

Sie mögen einwenden: »Meine Sorgen sind nicht geistiger Natur, sondern höchst real!«

Das mag stimmen, aber Ihre Einstellung dazu ist geistig bedingt. Jede Einstellung aber ist allein durch einen Denkprozeß möglich, und sie bestimmt weitgehend unser Handeln. Wenn wir glauben, daß es uns nicht möglich sein wird, eine Schwierigkeit zu meistern, dann werden wir auch nicht damit fertig werden. Sagen wir uns aber, daß sie nicht so groß ist, wie wir zuerst glaubten, und daß sie durchaus überwunden werden *kann*, wird sie unserer Kraft weichen müssen, auch wenn wir nur zögernd und unsicher den Gedanken an eine erfolgreiche Überwindung begonnen und genährt haben.

Wer sich längere Zeit mit einer Schwierigkeit herumgeschlagen hat, soll sich immer fragen, ob er sich nicht seit Wochen, Monaten oder gar seit Jahren eingeredet hat, er könne nie damit fertig werden. Durch diese negative Denkweise wurde unser Geist langsam von unserer Unfähigkeit überzeugt, bis wir selber daran glaubten.

Wenn wir aber *eine neue Konzeption unserer Fähigkeiten* in uns aufnehmen, wenn wir daran glauben, daß wir alles vermögen »durch den, der uns stark macht, Christus«, entwikkeln wir nicht nur eine neue Denkweise, sondern auch neue geistige Kräfte. Wir gewinnen die Überzeugung, gegen unsere Sorgen und Schwierigkeiten etwas unternehmen zu können, und eines Tages werden wir über Kräfte verfügen, die wir uns nie zugetraut hätten.

Vor Jahren spielte ich Golf mit einem Freund, der nicht nur ein glänzender Spieler, sondern auch ein Lebenskünstler ist. Ich plazierte meinen Ball sehr schlecht ins hohe Gras. Unwillig sagte ich: »Jetzt bin ich in der Tinte. Nimmt mich wunder, wie ich da wieder herauskomme.«

Mein Freund sagte lächelnd: »Habe ich nicht in Ihren Büchern etwas über die positive Denkweise gelesen?«

Etwas betreten mußte ich dies bestätigen.

»Ich würde Ihre Lage nicht so negativ beurteilen«, sagte er.

»Glauben Sie, daß Sie diesem Ball einen guten Schlag versetzen könnten, wenn er in kurzem Gras läge?«

»Sicherlich!« sagte ich.

»Gut«, sagte er, »und warum befürchten Sie, es hier weniger gut zu können als im kurzen Gras?«

»Weil der Ball im kurzen Gras besser wegfliegt.«

»Wir wollen das etwas näher ansehen«, erwiderte mein Freund und kniete ins Gras. Ich tat es ihm gleich.

»Nun wollen wir schauen, wie der Ball liegt«, sagte er. »Sie sehen, daß er relativ gleich hoch liegt wie auf gutem Boden. Der einzige Unterschied besteht darin, daß wir hier etwa neun Zentimeter Gras über dem Ball haben. Schauen wir uns dieses Gras nun einmal etwas näher an!«

Mit diesen Worten riß er einige Halme ab und überreichte sie mir: »Ist das nicht ein sehr feines Gras?« fragte er. »Prüfen Sie nur, es läßt sich leicht zerreißen.«

»Gewiß«, sagte ich, »das Gras ist sehr zart, doch . . .«

»Ein leichter Schlag mit Ihrem Stock wird das Gras fast wie ein Messer zerschneiden.«

Und dann hörte ich eine weise Lehre, die ich meiner Lebtag nicht vergessen werde. Mein Freund sagte: »Sie sind also nicht in der Tinte. Die ›Tinte‹ stellen Sie sich nur vor. Geistig haben Sie bereits entschieden, daß hier ein Hindernis sei, das Ihnen Schwierigkeiten machen werde. Die Kraft aber, damit fertig zu werden, steckt ebenfalls in Ihnen. Sobald Sie sich vorstellen, wie Sie den Ball aus dem hohen Gras hinausbefördern, werden Sie es auch tun können. Ihr Körper wird Elastizität, Rhythmus und Kraft bekommen, und der schlechte Schuß kann sich im Nu in einen guten verwandeln.«

Noch heute erinnere ich mich mit Vergnügen an den kräftigen Schlag, der den Ball aus der »Tinte« in eine ausgezeichnete Position beförderte.

Unsere Schwierigkeiten sind Tatsachen, doch sie sind nie so schwerwiegend, wie sie erscheinen. Wenn wir uns ständig unserer Kräfte bewußt sind, können wir sie mit Gottes Hilfe überwinden. Versichern wir uns darum immer wieder, alles erfüllen zu können, was uns not tut. Glauben wir daran, daß die göttliche Kraft jede Angst und jede Spannung von uns nehmen kann und uns jene innere Ruhe und Sicherheit verleiht, die Glück und Erfolg bringt.

Drei Männer haben entscheidenden Einfluß auf die Denkweise des amerikanischen Volkes genommen: Emerson, Thoreau und William James. Wenn man den amerikanischen Geist bis in die heutigen Tage verfolgt, stellt man immer wieder fest, daß der wahre Geist der Pioniere, der sich nie durch irgendwelche Hindernisse und Schwierigkeiten einschüchtern ließ, stark von der positiven Philosophie dieser drei Männer beeinflußt worden ist.

Einer der fundamentalen Grundsätze Emersons besagt, daß der menschliche Geist mit göttlicher Kraft erfüllt werden kann; William James betonte, daß der stärkste Faktor bei jedem Unternehmen *der Glaube daran* ist, und Thoreau wußte, daß das Geheimnis eines Erfolges darin liegt, daß wir mit unserer Vorstellungskraft ein lebendiges Bild des erstrebten Zustandes in unserem Geist wachhalten.

Ein anderer weiser Amerikaner war Thomas Jefferson, der, wie Franklin, eine Reihe von Lebensregeln aufgestellt hat. Eine davon lautet: »Beginne alle Unternehmungen ruhig und ohne Hast.« Das heißt, wende eine Methode an, die nicht unnötige Widerstände herausfordert. Widerstand erzeugt Reibung, auch in der Mechanik, und die negative Denkweise erzeugt Hindernisse und Widerstände. Der positive Weg hingegen schaltet sie aus; er verläuft in Harmonie mit dem Unendlichen und vermindert nicht nur die Widerstände, sondern gibt zusätzliche Kraft. Es ist bemerkenswert, wie in allen Lebensaltern die Anwendung einer positiven Denkweise erstaunliche Resultate hervorrufen kann. Sie läßt sogar dort Erfolge erzielen, wo wir überzeugt waren, eine Niederlage erleiden zu müssen.

Eine Mutter sandte ihren 15jährigen Jungen in meine Beratung. Sie bat mich, ihn »aufzurütteln«, denn sie ärgerte sich sehr über die schlechten Noten in seinen Zeugnissen.

»Der Junge hat einen klugen Kopf«, sagte sie, »und er muß einfach mehr leisten.«

»Wieso wissen Sie, daß er einen ›klugen Kopf‹ hat?« fragte ich.

»Weil er mein Sohn ist!« sagte sie mit einigem Stolz und fügte bei: »Ich habe mein College mit der Auszeichnung magna cum laude abgeschlossen.«

Der Junge machte einen niedergeschlagenen Eindruck, und ich fragte ihn: »Nun, wo fehlt's?«

»Ich weiß nicht«, sagte er, »meine Mutter hat mich zu Ihnen geschickt.«

»Nun«, sagte ich, »du scheinst darob nicht gerade begeistert zu sein. Deine Mutter erzählte mir, daß deine Leistungen im College zu wünschen übrig lassen.«

»Ja«, sagte er, »und ich befürchte, sie sind nicht einmal so gut, wie meine Mutter meint.«

»Glaubst du nicht, daß du intelligent genug bist, bessere Noten zu erzielen?«

»Meine Mutter behauptet, ich hätte einen ›klugen Kopf‹, doch ich merke nichts davon«, sagte der Junge, und in ernstem Ton fügte er bei: »Ich gebe mir Mühe, ich studiere die Materie, ich lese sie einmal, zweimal, dreimal, und dann prüfe ich mich, ob ich sie wirklich aufgenommen habe, doch meistens weiß ich nach dem dritten Studium sowenig wie zuvor. Dann gehe ich auf gut Glück in die Klasse, und wenn ich aufgerufen werde, weiß ich überhaupt nichts mehr. Kommen dann die Prüfungsaufgaben, sitze ich an meinem Pult, und es überläuft mich heiß und kalt, aber mein Kopf erinnert sich an nichts.« Entmutigt fügte er bei: »Ich weiß, daß meine Mutter eine gute Schülerin war, aber ich scheine es eben *nicht* zu sein.«

Diese negative Denkweise, kombiniert mit dem Minderwertigkeitsgefühl, das ihm die betonte Überlegenheit seiner Mutter einflößte, war ganz offensichtlich schuld an seinen Mißerfolgen.

Seine Gedankenkraft wurde dadurch gelähmt. Nie hatte ihm seine Mutter gesagt, er möge zur Schule gehen, um sich die Wunder und die Kraft des Wissens anzueignen. Sie war nicht gescheit genug, um ihn *zum Wettbewerb mit sich selber anzuspornen,* anstatt ihn immer wieder mit andern und ihren eigenen Leistungen zu vergleichen. Kein Wunder, daß der Junge unter diesem ständigen Druck versagen mußte.

Ich gab ihm einige Ratschläge, die sich als nützlich und hilfreich erwiesen. »Bevor du mit deinem Studium beginnst, halte einen Moment inne und sprich ein kleines Gebet: ›Lieber Gott, ich weiß, daß ich über einen normalen Verstand verfüge und daß ich fähig bin, meine Arbeit gut zu tun.‹ Dann entspanne dich und gehe hinter die Lektüre ohne Angst und Hast. Stelle dir vor, du würdest einen Roman lesen. Lies nicht zweimal, bevor du nicht den Wunsch dazu hast. Glaube daran, daß dein Geist fähig ist, den Stoff schon bei der ersten Lektüre aufzunehmen. Stelle dir das Gelesene bildhaft vor. Wenn du zur Schule gehst, sage dir: ›Ich habe eine liebe Mutter und ich schätze sie sehr, doch in ihrer Jugend muß sie ein schrecklicher Bücherwurm gewesen sein, um so glänzende Noten zu erzielen. Will ich ein alter Bücherwurm werden? Nein! Ich verzichte auf das Prädikat magna cum laude. Mir genügt es, wenn ich mein Studium ordentlich und anständig abschließen kann.‹ In der Klasse, wenn der Lehrer dich aufruft, sprich vor der Antwort in Gedanken ein kleines Gebet und vertraue darauf, daß Gott dir beisteht, die richtige Antwort zu finden. Bei den Klausuren bitte Gott, jede Spannung und Angst von dir zu nehmen und dir zu helfen, die richtigen Lösungen zu finden.«

Der Junge befolgte diese Grundsätze, und im folgenden Semester verbesserte er seine Leistungen ganz merklich. Er hat die Philosophie des »Ich glaube an das Gelingen« erfaßt und wird sie in seinem Leben mit Erfolg weiterentwickeln.

Ich könnte so viele Beispiele dafür anführen, wie Menschen durch eine Änderung ihrer Denkweise ihr Leben veränderten, daß dieses Buch viel zu umfangreich würde. Alle diese Erlebnisse sind dem täglichen Leben entnommen; sie haben nichts mit grauer Theorie zu tun, sondern bewährten sich in der Praxis. Meine Post enthält fortwährend neue Zeugnisse von Menschen, die durch das Beispiel anderer Männer und Frauen aufgemuntert wurden, ihre negativen Gedanken fallenzulassen und sich auf eine positive Lebenshaltung umzustellen.

Einer dieser Briefe stammt von einem Mann, der von seinem Vater erzählt: »Mein Vater war ein reisender Geschäftsmann. Einmal verkaufte er Möbel, dann wieder Textilien und ein andermal Lederwaren. Er wechselte die Branche fast jedes Jahr. Ich hörte einmal, wie er zu Mutter sagte, dies sei der letzte Tag, an dem er Lampen verkaufe. Er habe eine Firma gefunden, die Produkte vertreibe, die sich fast von alleine verkauften. Nächstes Jahr würde alles ganz anders sein. Mein Vater aber bekam nie ein Produkt, das sich verkaufte. Er befand sich ständig in einer nervösen Spannung; er war stets in Ängsten über seine Fähigkeiten.

Eines Tages erhielt er von einem Kollegen die Kopie eines kleinen Gebets mit der Anweisung, es jeweils vor dem Besuch eines Kunden zu wiederholen. Mein Vater wagte den Versuch, und die Ergebnisse grenzten ans Wunderbare. Seine Verkäufe steigerten sich von Woche zu Woche bis zu einem Prozentsatz von 95 Prozent erfolgreicher Besuche, und schließlich gelang es ihm, während 16 Wochen bei jedem Kundenbesuch eine Bestellung zu erhalten. Das Gebet lautete:

›Ich glaube, daß ich immer unter Gottes Führung stehe. Ich glaube, daß Er mir hilft, immer auf dem rechten Weg zu bleiben. Ich glaube, daß Gott immer wieder eine Türe öffnen wird.‹«

Der Leiter eines kleinen Geschäftes, das mit großen Schwierigkeiten zu kämpfen hatte, erzählte mir von einer Methode, die ihm sehr viel half, seine Probleme zu bewältigen. Er litt unter der schlechten Gewohnheit, kleine Schwierigkeiten aufzublasen und sie zu vergrößern; doch andererseits war er kritisch genug, um zu erkennen, daß seine Probleme nicht so überwältigend waren, wie er sie sich oft fälschlicherweise vorstellte.

Seine »Methode« bestand darin, daß er auf seinem Pult ein Kästchen einrichtete, welches er mit der großen Aufschrift versah: »Mit Gott lassen sich alle Probleme lösen.« Jedesmal, wenn ihm ein Schriftstück in die Hand kam, das ihn vor ein scheinbar schwieriges oder unlösbares Problem stellte, hörte er auf, sich den Kopf zu zerbrechen, und legte es in dieses Kästchen. Und dort verblieb es für einen oder zwei Tage. »Es war eigenartig, wie alle diese Probleme, wenn ich sie nach einigen Tagen wieder zur Hand nahm, viel einfacher und leichter zu lösen waren«, sagte er.

Durch dieses Vorgehen unterstrich er praktisch den

Grundsatz, die Dinge in Gottes Hände zu geben. Sein Lohn bestand darin, daß er Distanz und Kraft gewann, seine Probleme zu überlegen und ohne Aufregung zu lösen.

Wenn Sie dieses Kapitel abschließen, bitte ich Sie, die folgende Zeile laut und langsam zu lesen:

»Ich glaube an das Gelingen!«

Machen Sie diese Überzeugung zu einem festen Bestandteil Ihres Denkens, damit sie auch von Ihrem Unterbewußtsein Besitz ergreift.

IX

Wie man sich von seinen Sorgen befreit

Niemand braucht in seinen Sorgen unterzugehen. Wenn wir die »Sorge« auf ihre einfachste Form zurückführen, so bleibt nichts anderes übrig als eine ungesunde und destruktive Geisteshaltung. Wir wurden aber nicht damit geboren, sondern haben sie uns im Laufe der Jahre angeeignet. Wir *können* Angst und Sorge aus unserem Geistesleben verbannen. Da aber nur die mutige, direkte Aktion zu einer wirksamen Säuberung unseres Geistes führt, gibt es nur einen einzigen Zeitpunkt, den Kampf gegen unsere Sorgen aufzunehmen: *jetzt!* Wir wollen darum mit unseren Sorgen sofort brechen.

Doch warum sollten wir unsere Sorgen so ernst nehmen? Sind sie wirklich so wichtig? Dr. Smiley Blanton, eine Kapazität auf den Gebiete der Psychologie, sagt: »Sorgen sind die große moderne Plage.« Und ein anderer berühmter Psychiater bestätigt es mit den Worten: *»Angst ist der größte Feind der menschlichen Persönlichkeit.«* Ein bekannter Arzt sagt: *»Sorgen gehören zu den gefährlichsten Krankheiten der Menschheit.* Tausende von Menschen leiden an Krankheiten, die ihren Ursprung in irgendeiner Angst oder Sorge haben.«

Wenn jemand seine Finger um unseren Hals legen und mit aller Kraft zudrücken würde, um uns die Luft abzuschneiden, so wäre dies eine drastische Illustration dessen, was wir uns zufügen, wenn wir unser Lebtag unter Angst und Sorge leiden und uns nicht davon befreien.

Wir wissen heute, daß Sorgen sehr oft eine entscheidende Rolle bei Arthritis spielen. Ärzte und Wissenschaftler, die sich eingehend mit dieser Krankheit befassen, bestätigen, daß bei schweren Fällen fast immer einer der folgenden Faktoren im Spiele ist: Geldsorgen[1], Enttäuschungen, Spannungen, Einsamkeit, Kummer, der Wunsch nach Kranksein, die üble Gewohnheit ständiger Sorgen.

An einer Klinik wurden mit 176 Personen in führenden Stellungen und im Alter von über 40 Jahren interessante Versuche gemacht. Man stellte fest, daß die Hälfte unter zu hohem Blutdruck, Herzschwäche oder Geschwüren litt. In jedem Fall war es offenkundig, daß die Sorgen dieser Kranken eine wichtige Rolle spielten.

Wer sich sorgt, lebt weniger lang als Menschen, die mit ihren Sorgen fertig wurden.

Ein Wissenschaftler, der sich besonders mit der Dauer des menschlichen Lebens befaßt, untersuchte 450 Menschen, die ein Alter von 100 Jahren erreichten. Er fand heraus, daß die folgenden Gründe bei der langen Lebensdauer dieser Menschen eine große Rolle spielten:

Sie blieben bis ins hohe Alter tätig.
Sie nahmen die Dinge ruhig und ohne Hast.
Sie aßen leicht und einfach.
Sie waren fröhliche Naturen und genossen das Leben im guten Sinne.
Sie gingen früh zu Bett und standen früh auf.
Sie befreiten sich von Angst und Sorge; sie fürchteten den Tod nicht.
Sie hatten Gottvertrauen.

---

[1]Das Buch »Menschen und Geld« von James Walker stellt das Geldproblem, mit dem so viele Menschen nicht fertig werden, in die Gesamtheit aller Lebensprobleme und weist den Weg zu seiner erfolgreichen Meisterung (Oesch Verlag AG, Thalwil).

Es gibt Menschen, die sagen: »Meine Sorgen machen mich fast krank!« Doch lachend fügen sie bei: »Ich glaube aber kaum, daß jemand wegen seiner Sorgen schon gestorben ist.« Doch hier irren sie! Sorgen können uns wirklich ernstlich krank machen. Dr. George W. Crile, ein berühmter Chirurg, sagt: »Wir fürchten nicht nur mit unserem Geist, sondern auch mit unserem Herzen und Hirn. Was immer der Grund einer Sorge sein mag, ihre Folgen können in den Zellen, Venen und Organen des Körpers wissenschaftlich festgestellt werden.«

Der Neurologe Dr. Stanley Cobb sagt, Sorgen seien eng verbunden mit den Symptomen der rheumatisch bedingten Arthritis.

Ein Arzt sagte mir kürzlich, Amerika leide an einer Art Epidemie von Sorge und Unruhe. »Alle Ärzte behandeln Krankheiten, die ihren Ursprung in der Angst, in angesammelten Sorgen und in einem Gefühl ständiger Unsicherheit haben.«

Trotzdem brauchen wir uns deswegen keine grauen Haare wachsen zu lassen. Es gibt einen sicheren Weg, unsere Sorgen zu meistern. Und der erste Schritt besteht einfach im Glauben, daß es uns mit Gottes Hilfe gelingen wird, der Sorgen ledig zu werden.

Das folgende Mittel ist der zweite Schritt dazu: Wir müssen unseren Geist täglich von unseren Sorgen säubern. Am besten vor dem Schlafengehen, damit unsere Sorgen nicht zurückgehalten werden und in unser Unterbewußtsein eingehen können, denn während des Schlafs dringen unsere Sorgen viel tiefer in unser Unterbewußtsein als im wachen Zustand. Darum sind die fünf Minuten vor dem Einschlafen von besonderer Bedeutung für unser Geistesleben. Gerade während dieser Zeit ist unser Geist besonders aufnahmefähig für Vorstellungen und Einbildungen.

Der praktische Vorgang der Geistessäuberung ist von größter Bedeutung bei der Überwindung unserer Ängste und Sorgen. Erst dann können wir den göttlichen Strom der Kraft und des Vertrauens wirklich in uns aufnehmen und ihn während der Zeit körperlicher Ruhe wirken lassen.

Wir können uns auch mit allem guten Willen nicht immer von sorgenden und ängstigenden Gedanken freihalten. Sie werden aber keine Macht über uns gewinnen können, wenn wir sie täglich wieder aus unserem Geist entfernen. Um dies zu erreichen, müssen wir uns in einem spezifischen Vorgang schöpferischer Vorstellungskraft üben. Konzentrieren wir unsere Gedanken auf die Vorstellung, unsere sämtlichen Sorgen, Befürchtungen, Ängste und Nöte würden unser Bewußtsein verlassen. Stellen wir uns irgendein deutliches Bild vor, zum Beispiel eine Badewanne, bei der wir den Stöpsel herausziehen und deren trübes Wasser sich nun gurgelnd entleert. Je bildhafter und deutlicher wir uns den Vorgang vorstellen, um so wirksamer wird er sein. Sprechen wir dabei ruhig und langsam die Worte: »Gott hilft mir nun, mein Denken von allen Sorgen und Ängsten zu befreien.« Wiederholen wir diese oder ähnliche Worte mehrmals und geben wir uns dann die vertrauende Versicherung: »Ich glaube, daß mein Denken nun völlig frei ist von allen Sorgen, Ängsten, Befürchtungen und Minderwertigkeitsgefühlen.« Danken wir Gott für die Befreiung, und schlafen wir dann ruhig ein.

Dieser geistige Vorgang sollte je einmal am Vormittag und am Nachmittag wiederholt werden. Dafür sollten wir einen stillen Platz aufsuchen, an dem wir uns für fünf Minuten auf die Reinigung unseres Denkens konzentrieren können. Wer mit Vertrauen diese Übung vollzieht, wird ihre wunderbaren Folgen bald verspüren.

Der Vorgang kann auch dadurch unterstützt werden, daß wir uns unsere Sorgen einzeln vergegenwärtigen und jede für sich aus unserem Denken entfernen, als ob wir sie eigens herausholen würden. Kinder können sich solche Vorgänge viel intensiver und bildhafter vorstellen. Schlagen sie den Kopf an, können ihre Tränen sofort versiegen, wenn die Mutter den Schmerz »wegküßt«. Dieser einfache Vorgang funktioniert, weil das Kind wirklich daran glaubt, daß der Schmerz dadurch verschwindet. Die Dramatisierung des Wegnehmens des Schmerzes wird zur Tatsache. Darum müssen wir auch wieder lernen, unsere Vorstellungskraft auf die effektive Entfernung unserer Sorgen zu konzentrieren.

Die Vorstellung ist eine Quelle der Angst, aber auch eine Quelle der Sicherheit und des Vertrauens. Sich etwas vorstellen heißt: *geistige Bilder benützen, um Realitäten zu erreichen*. Wir haben die Wahl, mit unserer Vorstellungskraft ein Bild der Angst oder der Befreiung von ihr zu gewinnen. Was wir uns beharrlich vorstellen, kann sich unversehens zur Tatsache entwickeln.

Die wiederholte Übung in der »Entleerung« unseres Denkens von negativen Gedanken und Kümmernissen wird dazu beitragen, daß sie niemals überhandnehmen und uns ernsthaften Schaden zufügen können.

Es genügt aber nicht, unser Denken zu entleeren, denn es kann niemals leer bleiben. Es muß neu gefüllt werden, aber nicht mit Angst und Sorgen, sondern mit Mut, Vertrauen und Hoffnung. Sprechen wir darum wenn möglich laut Worte wie: »Gott erfüllt mein Denken mit Mut, Frieden und innerer Sicherheit. Gott beschützt mich vor Angst und Sorge. Gott führt mich. Gott hilft mir, richtige Entscheidungen zu treffen. Gott hilft mir weiter.«

Wenn wir jeden Tag ein halbes Dutzend Mal unser Bewußtsein mit solchen positiven Gedanken versorgen, wird bald kein Platz mehr für negative Ideen vorhanden sein. Angst gehört zu den mächtigsten Gedanken, die es gibt — aber ein mächtigerer Gedanke ist das *Vertrauen*. Vertrauen besiegt die Angst immer, es ist *die* Kraft, der keine Angst der Welt widersteht. Wenn wir täglich Gedanken des Vertrauens in uns aufnehmen, werden Angst und Sorge verschwinden. Nie sollten wir die Tatsache vergessen, daß wir dank vertrauenden Gedanken stets in der Lage sind, die Herrschaft der Angst zu brechen.

Der praktische Vorgang besteht darin, unser Bewußtsein zu säubern, um es dann mit positiven, vertrauenden und hoffnungsvollen Gedanken zu füllen.

Der Zeitpunkt, diese Ratschläge praktisch anzuwenden, ist *jetzt da*, denn Sie haben diese Zeilen gelesen und die Überzeugung gewonnen, daß positive Gedanken eine Macht sind.

Die Bedeutung der geschilderten geistigen Säuberung kann gar nicht genug betont werden. Jede Angst, die wir während einer kürzeren oder längeren Zeit in uns nähren, birgt die Gefahr der Verwirklichung in sich. Eine der schwerwiegendsten und in ihrer Wahrheit schrecklichsten Feststellungen der Bibel lautet: »*Denn was ich fürchte, das kommt über mich, wovor ich schaudere, das trifft mich.*« (Hiob 3, 25)

Was wir ständig befürchten, schafft in und um uns Bedingungen, die seine Verwirklichung fördern und anziehen. In einer Atmosphäre der Entmutigung und der schlimmen Erwartungen können schlechte Entwicklungen wachsen und gedeihen.

Doch wir brauchen uns über diese düstere Prophezeiung keine Sorge zu machen. Die Bibel betont immer wieder eine *andere*, große Wahrheit: daß das, was wir wahrhaft glauben, Wahrheit und Wirklichkeit wird. Sie sagt uns, daß alles möglich wird, wenn wir glauben und vertrauen, und daß uns nach unserem Glauben gegeben wird. Sobald wir unsere negativen und von Angst durchtränkten Gedanken aus unserem Kopf verbannen, hören wir auch auf, an der Verwirklichung unserer Befürchtungen zu arbeiten. Gesunde, bejahende Gedanken werden anstatt »Früchte des Zorns« solche des Vertrauens hervorbringen.

Wer seine Sorgen wirksam bekämpfen will, muß sich an eine *überlegte und überlegene Strategie des Denkens halten.* Ein frontaler Angriff gegen unsere Hauptsorge, in der Hoffnung, sie gleich auf den ersten Anhieb zu überrennen, kann sich als recht schwierig erweisen. Vielleicht braucht es ein planmäßiges Vorgehen, damit jede einzelne Außenfestung Schritt für Schritt und einzeln erobert werden kann.

In meinem Garten stand ein großer, alter Baum, der zu meinem Leidwesen gefällt werden mußte. Die Holzfäller rückten mit einer motorisierten Säge an, und ich erwartete, sie würden nun gleich den Stamm durchsägen und den Riesen zu Fall bringen. Doch sie stellten Leitern an, entfernten zuerst die kleinen, dann die großen Äste und schließlich die Baumkrone. Am Ende stand nur noch der nackte Stamm, und innerhalb weniger Minuten lag der alte, starke Baum auf dem Erdboden.

Einer der Männer sagte: »Wenn wir den Baum einfach gefällt hätten, wären umstehende Bäume beschädigt worden. Je kleiner man einen Baum vor dem Fällen macht, um so leichter wird man damit fertig.«

Der große Sorgenbaum, der während vieler Jahre in uns gewachsen ist, kann am besten gefällt werden, wenn wir ihn systematisch verkleinern. Darum müssen wir *zuerst an die einen Sorgen und Nöte gehen.* Wir können, wie bereits gesagt, alle negativen Ausdrücke aus unserer Sprechweise entfernen, denn auch gedankenlose, negative Ausdrücke erzeugen nichts Positives. Wenn sich verneinende Gedanken unser bemächtigen wollen, ersetzen wir sie sofort durch solche der Bejahung, des Vertrauens und der Hoffnung. Wenn wir denken: »Ich befürchte, den Zug zu verpassen!«, dann tun wir gut, sogleich umzudenken auf: »Ich werde rechtzeitig am Bahnhof sein.« Je weniger wir uns sorgen und aufregen, um so schneller sind wir reisebereit, denn nur ein klarer Kopf handelt ruhig, systematisch und ohne Zeitverlust.

Mein Freund Dr. Daniel A. Poling spricht jeden Morgen, bevor er aufsteht, dreimal die Worte: »*Ich glaube!*« Dadurch erinnert er sich bereits am frühen Morgen an die Kraft des Glaubens und prägt sich ein, daß mit Glaube und Vertrauen alle Probleme zu lösen sind. Er beginnt den Tag mit vertrauenden und schöpferischen Gedanken. Er *glaubt*, und Menschen, die von Glauben erfüllt sind, verfügen über größere Kraft und stärkeres Durchsetzungsvermögen.

Ich erwähnte einst Dr. Polings »Ich glaube« in einem Radiovortrag. Hierauf erhielt ich den Brief einer Frau, die mir ihr Leid klagte. Ihre Religion bot ihr – so schrieb sie – wenig Trost, und ihr Heim war eine Stätte des Ärgers, der Sorge und des Unglücks. Ihr Mann trank, saß den ganzen Tag herum und jammerte, weil er keine rechte Stellung finden konnte. Ihre Schwiegermutter lebte im gleichen Haushalt und klagte den lieben langen Tag über ihre Krankheiten und Gebrechen.

Die Frau schrieb mir weiter, daß ihr die Methode Dr. Polings Eindruck gemacht hätte, und am nächsten Morgen sprach sie sich ebenfalls mit den Worten »Ich glaube – ich glaube – ich glaube« Mut zu. Wörtlich schrieb sie: »Nach zehn Tagen kam mein Mann heim und berichtete, er hätte eine Arbeit gefunden, und er versprach mir auch aufrichtig, weniger zu trinken. Was mich aber noch mehr erstaunte, ist die Tatsache, daß meine Schwiegermutter mit ihrem Gejammer aufhörte. Mir kommt es vor, als ob in unserem Hause ein Wunder geschehen wäre. Meine Sorgen sind beinahe verschwunden.«

Dieser Brief scheint vielleicht etwas übertrieben, und doch passieren täglich solche »Wunder«, wenn Menschen es fertigbringen, ihre negative Geisteshaltung aufzugeben, positive Gedanken und Gewohnheiten zu pflegen und um sich zu verbreiten.

Selten kannte ich einen Menschen, der so erfüllt war von Lebensfreude wie mein guter alter Freund, der Kunstmaler H. Ch. Christy. Seine gute Laune und sein Optimismus wirkten ansteckend, wo er auch auftauchte.

In meiner Kirche besteht die Tradition, daß sich der amtierende Pfarrer während seiner Amtszeit porträtieren läßt. Das Bild hängt dann bis zu seinem Rücktritt oder Tod in seinem Haus und kommt später in eine Galerie zu seinen Vorgängern.

Als ich H. Ch. Christy Modell saß, fragte ich ihn: »Howard, hast du eigentlich auch manchmal Sorgen?«

»Niemals!« sagte er bestimmt. »Ich halte nichts von Sorgen.«

»Nun«, sagte ich, »das scheint mir aber doch eine etwas allzu einfache Theorie zu sein. Ich kann nicht glauben, daß du dir wirklich nie Sorgen machst.«

Er antwortete: »Doch, ich versuchte es einmal. Ich stellte fest, daß sich jedermann über irgend etwas Sorgen machte, und dachte, ich würde vielleicht etwas verpassen. So beschloß ich, einen bestimmten Tag zu meinem Sorgentag zu erklären und mir über irgend etwas Sorgen zu machen — nur um herauszufinden, was es damit für eine Bewandtnis habe. Am Abend vor meinem Sorgentag ging ich früh zu Bett, um vorher gut zu schlafen. Am Morgen stand ich auf und nahm zuerst ein gutes Frühstück zu mir. Mit leerem Magen kann man sich nicht richtig sorgen! Und dann gab ich mir alle Mühe, mir bis zum Mittagessen Sorgen zu machen. Doch trotz meiner Anstrengungen brachte ich es nicht fertig. Ich sah keinen Sinn darin und gab es vorzeitig auf.«

Howard schloß seine Erzählung mit einem ansteckenden, fröhlichen Lachen.

»Du mußt aber doch irgendeine Methode haben, um deine Sorgen zu überwinden«, insistierte ich. Und Howard hat eine Methode — vielleicht die beste von allen.

»Jeden Morgen verbringe ich eine Viertelstunde damit,

meinen Geist ganz mit Gott zu erfüllen«, sagte er. »Wer von Gott erfüllt ist, hat keinen Platz für Sorgen.«

Howard Christy war nicht nur ein großer Künstler mit dem Pinsel, sondern er beherrschte auch die Kunst zu leben. Er setzte eine einfache, aber große Wahrheit in die Praxis um: Das Leben gibt uns *das* zurück, was wir hineinstekken. Unser Geist gibt uns das, was wir ihm geben. Erfüllen wir ihn mit Gott anstatt mit Angst und Sorge, so werden wir dadurch Mut und Vertrauen gewinnen. *Sich sorgen ist ein destruktiver Prozeß.* Wir quälen damit unser Bewußtsein mit Gedanken, die Gottes Liebe und Fürsorge entgegengesetzt sind. Wenn wir uns aber täglich mit Seiner Liebe, Güte und Kraft erfüllen, dann wird für unsere Sorgen, die nur ein Mangel an Vertrauen und Lebensmut sind, kein Raum bleiben. Es ist erstaunlich, festzustellen, wie unsere schwierigsten persönlichen Probleme sehr oft einer einfachen und unkomplizierten Methode weichen. Es genügt aber nicht, zu wissen, was dagegen getan werden sollte, sondern wir müssen auch wissen, *wie* es getan werden muß.

Das Geheimnis liegt darin, eine individuelle Methode auszuarbeiten und dabei zu bleiben.

Eine der besten praktischen Methoden, die ich kenne, wurde durch einen mir bekannten Geschäftsmann entwikkelt, der sich sein Leben durch unaufhörliche Sorgen verbittert hatte. Dadurch waren seine Nerven in einen Zustand geraten, den man ruhig als gefährlich bezeichnen darf. Seine »Spezialsorge« bestand darin, sich am laufenden Band über seine eigenen Worte und Taten Gedanken zu machen. Nach jeder Handlung oder Unterredung quälte er sich mit der Frage, ob er nun auch richtig gehandelt und richtig gesprochen habe. Er lebte ständig in der Vergangenheit und sorgte sich um Entscheidungen, die bereits gefallen waren. Der Mann besaß eine außerordentliche Intelligenz und hatte das Doktorat zweier Fakultäten mit Erfolg abgeschlossen. Ich riet ihm, eine einfache Methode auszuarbeiten und den abgeschlossenen Tag jeweils restlos fallenzulassen und die Vergangenheit über der Zukunft zu vergessen. Ich bemühte mich, ihm die hohe Wirksamkeit einfacher, in die Praxis umgesetzter Wahrheiten begreiflich zu machen.

Immer wieder habe ich feststellen können, daß wirklich große Geister die Fähigkeit besitzen, einfach und klar zu denken, d. h. es ist ihnen möglich, einfache Wahrheiten praktisch anzuwenden. Und dieser Mann nutzte diese Fähigkeit, um seine Sorgen loszuwerden.

»Ich fand schließlich das Geheimnis«, erzählte er mir später, »und es hat gewirkt.« Und er fügte bei, falls ich seine Methode kennenlernen wolle, lade er mich ein, eines Abends, kurz vor Geschäftsschluß, in sein Büro zu kommen. Wir kamen überein, miteinander das Nachtessen einzunehmen, und ich suchte ihn wenige Minuten vor Feierabend in seinem Büro auf. Er erzählte mir, er habe ein »kleines Ritual« erfunden, das er jeden Abend, bevor er das Geschäft verlasse, ausübe.

Wir nahmen unsere Hüte und Mäntel, und vor der Türe hielt mein Bekannter an. Dort stand ein Papierkorb, und darüber hing ein Tageskalender. Nicht einer jener Kalender, die eine Woche oder einen Monat zeigen, sondern ein richtiger Tageskalender, auf dem man nur ein einziges großgedrucktes Datum — und nur dieses — sehen konnte. »Nun will ich Ihnen die Methode demonstrieren, die mir geholfen hat, meine Sorgen loszuwerden.« Mit diesen Worten riß er ein Blatt vom Kalender, rollte es zwischen den Fingern langsam zu einer kleinen Kugel und ließ sie in den Papierkorb fallen. Dann schloß er die Augen, und ich verhielt mich still, da er offenkundig betete. — »Amen«, sagte er dann laut. »Dieser Tag ist *vorbei* — und nun wollen wir Feierabend machen.«

Als wir zusammen die Straße hinuntergingen, fragte ich: »Würden Sie mir sagen, welche Gedanken Sie in Ihr Gebet gelegt haben?«

Er lachte und sagte: »Ich glaube kaum, daß Ihnen mein Gebet zusagen wird.« Da ich aber weiter in ihn drang, sagte er: »Ich bete ungefähr wie folgt: Lieber Gott, Du hast mir diesen Tag gegeben. Ich habe ihn nicht verlangt, doch ich danke Dir dafür. Ich habe mit Deiner Hilfe das Beste daraus gemacht. Ich habe auch Fehler gemacht, dann nämlich, wenn ich Deinen Weg verlassen und Deine Ratschläge unbeachtet ließ. Ich bitte Dich, mir zu verzeihen. Der Tag brachte mir auch einige Erfolge, und ich danke Dir für Deine Führung. Jetzt aber ist der Tag vorbei, Erfolg hin oder Mißerfolg her, ich bin fertig mit ihm und gebe ihn Dir zurück.«

Dies ist zweifellos kein orthodoxes Gebet, aber es hat seine Wirksamkeit und seinen Segen erwiesen. Mein Freund hat das Ende des Tages in einer einfachen Form demonstriert und sich dann — in der Hoffnung, den nächsten Tag noch besser zu gestalten — der Zukunft zugewandt. Er hat sich ferner in Einklang mit den göttlichen Naturgesetzen begeben: Wenn ein Tag vorbei ist, breitet Gott den Mantel der Dunkelheit und der Ruhe aus. Durch seine einfache Methode hat mein Freund die richtige Geisteshaltung zu seinen Problemen gewonnen: Seine Fehler, Mißerfolge und Zweifel, die sonst an ihm klebenblieben, ihn quälten und aufwühlten, fielen von ihm ab. Was er tat, beschreibt die Bibel mit den Worten: ». . . Eines aber sage ich: *Ich vergesse, was hinter mir ist, strecke mich aber nach dem aus, was vor mir ist.*« (Philipper 3, 13) Es gibt noch viele praktische Methoden, mit seinen Sorgen fertig zu werden. Wichtig ist, daß wir nie in der Theorie steckenbleiben, auch wenn wir noch so überzeugt sind davon. Eine scheinbar kleine, unbedeutende Handlung kann wirksamen Einfluß auf unsere Gedankenwelt ausüben.

Nun gebe ich Ihnen 10 Grundsätze, die mithelfen können, Ihre Sorgen *jetzt*, sofort zu brechen und den Weg zu einem glücklicheren Dasein zu ebnen:

1. Sagen Sie sich immer wieder, daß Sorgen nur eine

schlechte Denkgewohnheit sind, eine falsche Geisteshaltung, von der wir uns mit Gottes Hilfe befreien können.

2. Wir sorgen uns, weil wir uns ständig darin üben. Wir können uns davon befreien, wenn wir uns beharrlich im gegensätzlichen Gedanken üben: im Vertrauen. Beginnen wir damit, uns unverzüglich im praktischen Gebrauch vertrauender und gläubiger Gedanken zu üben.

3. Beginnen wir jeden Tag mit den Worten: »Ich glaube — ich glaube — ich glaube!«

4. Beten wir ungefähr so: »Ich gebe diesen Tag, meine Arbeit, meine Lieben und alles, was ich habe, in Gottes Hand. Gott ist die allmächtige Güte. Was immer geschieht, ich bin in Gottes Hand, und was Gott beschließt, will ich als seine Weisheit annehmen.«

5. Üben wir uns in positiven Redewendungen. Vermeiden wir negative Sätze wie: »Ich glaube nicht — ich glaube kaum — ich befürchte . . .« Versichern wir uns: »Dies wird ein guter Tag werden, und mit Gottes Hilfe werde ich meine Aufgaben erfolgreich bewältigen.« Sagen wir uns täglich: »Jeder Tag ist der beste des Jahres!«

6. Meide negative Gespräche mit andern Menschen. Wirf ein bejahendes, ermutigendes Wort in die Konversation. Menschen, die zusammensitzen und pessimistische Gedanken wälzen, können sich gegenseitig mit Verneinung und negativen Erwartungen erfüllen. Anstatt herunterzureißen, können wir Gespräche aufbauend und positiv beeinflussen und alle Teilnehmer mit neuem Mut und Vertrauen erfüllen.

7. Wenn wir uns sorgen, ist unser Kopf mit Gedanken von Hast, Spannung und negativen Eindrücken erfüllt. Um die-

se Schädlinge loszuwerden, müssen wir sie durch gute und mutige Gedanken ersetzen. Dies erreichen wir, indem wir die Bibel lesen und dort alle Stellen, die von Glaube, Zuversicht und Vertrauen sprechen, anstreichen, um sie immer wieder zu lesen und unseren Geist von ihnen erfüllen zu lassen. Nach und nach werden diese positiven Gedanken nicht nur unser Denken, sondern auch unser Unterbewußtsein erfüllen. Anstatt Sorge und Angst werden Mut und Zuversicht in uns wachsen und gedeihen.

8. Pflege Freundschaften mit positiven und mutigen Menschen. Umgib dich mit Menschen, die bejahend denken, die Vertrauen haben — Vertrauen einflößen und wesentlich sind.

9. Sei hilfreich andern Menschen gegenüber. Gib ihnen Mut, Hoffnung und Zuversicht. Zeige ihnen die Kraft positiven Denkens. Hilf ihnen, ihre Sorgen zu überwinden. Damit wirst auch du zusätzliche Kraft und Vertrauen gewinnen.

10. Versichere dich ständig der Gemeinschaft mit Jesus Christus. Wenn er an deiner Seite ginge, hättest du dann Sorge und Angst? Sage dir immer wieder: »Gott ist an meiner Seite«, und wenn Schwierigkeiten und Hindernisse auftauchen, erinnere dich daran.

X

Wie man persönliche
Probleme erfolgreich löst

Ich möchte Ihnen von einigen glücklichen Menschen erzählen, die mit ihren Problemen erfolgreich fertig geworden sind.

Sie befolgten einen einfachen, aber praktischen Plan, und in allen Fällen war das Ergebnis glückbringend. Alle diese Menschen sind nicht anders als Sie und ich. Sie hatten dieselben Probleme und Schwierigkeiten, mit denen Sie zu kämpfen haben, aber *sie fanden einen Weg,* um damit fertig zu werden. Auch Sie können diesen Weg einschlagen.

Zuerst will ich von einem Ehepaar berichten, das seit langem zu meinen guten Freunden zählt. Jahrelang hatte Bill hart gearbeitet, bis es ihm gelungen war, eine Position zu erringen, die ihn in die unmittelbare Anwartschaft auf den Direktionsposten seiner Firma brachte. Er durfte mit Recht annehmen, daß mit dem Rücktritt des gegenwärtigen Direktors die Wahl auf ihn fallen würde, und es gab tatsächlich keinen vernünftigen Grund gegen eine solche Entwicklung. Durch seine Laufbahn, seine Erfahrung und seine Fähigkeiten war Bill durchaus prädestiniert für diesen Posten. Außerdem hatte man ihm deutlich zu verstehen gegeben, er sei dafür vorgesehen.

Trotzdem wurde Bill beim Rücktritt des alten Direktors übergangen. Ein Außenstehender wurde engagiert, und Bill blieb an seinem alten Platz.

Ich traf meine Freunde am selben Tag, da sie diese Entscheidung erfahren hatten. Mary, Bills Frau, befand sich in einem Zustand größter Erbitterung und Enttäuschung. Beim Nachtessen sagte sie, ihr größter Wunsch sei, »es ihnen zu geben«, und sie drängte Bill, er möge unverzüglich seine Arbeit niederlegen und sich nach einer andern Stellung umsehen.

Bill hingegen zeigte eine ruhige, wenn auch bedrückte Verfassung. Er trug seine Enttäuschung mannhaft, und sein gefestigter Charakter hielt ihn von Wutausbrüchen ab. Er wollte auf Marys Vorschlag nicht eingehen und sagte, vielleicht sei diese Lösung besser für ihn und er wolle lieber versuchen, mit dem neuen Direktor gut auszukommen und ihn zu unterstützen. Dies würde ihm zwar nicht leichtfallen, aber er habe nun so viele Jahre für die Gesellschaft gearbeitet, daß es ihm schwerfallen könnte, andernorts Fuß zu fassen. Außerdem sei klar, daß die Gesellschaft seine Arbeitskraft weiterhin gut brauchen könne.

Mary war mit dieser Haltung keineswegs einverstanden, und sie fragte mich nach meiner Meinung. Ich gestand ihr ohne weiteres zu, ich wäre nach einem solchen Entscheid ebenfalls enttäuscht und verletzt, doch ich würde versuchen, mir die Geschichte nicht in die Seele kommen zu lassen. Ressentiments — so erklärte ich ihr — wurden nicht nur unser Gemütsleben schwer belasten, sondern auch unser Denken ungünstig beeinflussen.

Ich betonte, daß der Mensch in solchen Fällen der göttlichen Führung bedürfe. Bei starken Gemütsbewegungen sei es fast ausgeschlossen, objektiv und klar zu urteilen. Ich schlug deshalb vor, einige Minuten jede Konversation zu unterbrechen und in stiller Meditation an denjenigen zu denken, der einst sagte: »Denn wo zwei oder drei in meinem Namen versammelt sind, da bin ich mitten unter ihnen.« (Matthäus 18, 20) In diesem Geiste würde uns Christus helfen, einen rechten Weg zu finden. Es war nicht leicht für Mary, sich diese Ideen zu eigen zu machen und sich zu beruhigen, doch ihr Verstand sagte ihr, es habe keinen Sinn, sich weiter zu ärgern, und sie begriff meinen Vorschlag.

Nach einigen still verbrachten Minuten schlug ich vor, obwohl wir in einem öffentlichen Lokal waren, unauffällig zu beten. Ich ergriff Bills und Marys Hände und sprach ein leises Gebet. Ich bat Gott, er möge meinen Freunden seine Führung nicht versagen, er möge sie beide beruhigen und ihnen helfen, ihre Enttäuschung zu überwinden. Ich ging noch weiter und bat Gott, dem neuen Direktor seinen Segen zu geben und eine ersprießliche und freundschaftliche Zusammenarbeit mit Bill zu ermöglichen.

Nach dem Gebet saßen wir noch eine Weile still, und schließlich sagte Mary nach einem tiefen Seufzer: »Ja, ich glaube auch, das ist der einzig richtige Weg, damit fertig zu werden. Als wir Sie zum Essen einluden, befürchtete ich, Sie würden uns beeinflussen, das Problem ›christlich‹ zu sehen, und, offen gestanden, hatte ich dazu nicht die geringste Lust. Ich kochte innerlich, doch jetzt fühle ich instinktiv, daß die richtige Lösung des Problems in einer wahren Verständigung liegt. Ich will mein möglichstes dazu beitragen.« Sie lächelte etwas wehmütig, doch Haß, Ärger und Enttäuschung waren verschwunden.

Von Zeit zu Zeit erkundigte ich mich bei Mary und Bill, wie die neue Zusammenarbeit vor sich gehe. Es ging nicht alles nach Wunsch, doch immer mehr zeigte es sich, daß wir doch den richtigen Weg eingeschlagen hatten. Je mehr sie ihre Bitterkeit überwanden, um so besser entwickelte sich das Verhältnis zum neuen Direktor. Bill gestand mir eines Tages, daß er für den neuen Mann Sympathien empfinde und ihm die Zusammenarbeit sogar zusage. Er erzählte mir, der neue Direktor rufe ihn sehr oft, um seinen Rat in wichtigen Fragen einzuholen. Was Mary betraf, so gab sie sich Mühe, mit der Frau des neuen Direktors Freundschaft zu schließen, und es entwickelte sich daraus eine erfreuliche Zusammenarbeit.

Nach zwei Jahren kam ich zufällig in Bills Stadt und telefonierte ihm. Mary nahm das Telefon ab und sagte: »Oh, ich bin so aufgeregt, daß ich kaum sprechen kann! Ich bin die glücklichste Frau der Welt! Denken Sie, Herr Soundso (der neue Direktor) wurde von einer andern Gesellschaft an einen sehr verantwortungsvollen Posten berufen und . . . was geschah? Bill wurde zum neuen Direktor gewählt! — Kommen Sie doch sofort zu uns, damit wir es feiern können.«

Als wir zusammensaßen, sagte Bill: »Ich beginne jetzt zu erkennen, daß die Grundsätze des Christentums keine leeren Theorien sind. Wir haben ein Problem nach klaren geistigen Prinzipien gelöst, und es graut mir, daran zu denken, was geschehen wäre, wenn ich mich hätte verleiten lassen, meine Arbeit einfach hinzuwerfen.«

»Wer in der Welt«, so fuhr Bill fort, »ist eigentlich für die falsche Meinung, Christentum habe nichts mit dem praktischen Leben zu tun, verantwortlich? In Zukunft werde ich alle Probleme in derselben Weise anpacken.«

Im Laufe der Jahre hatten Bill und Mary noch ganz andere Probleme zu bewältigen. In jedem Fall aber haben sie dieselbe Haltung eingenommen. Indem sie die Entwicklung der Dinge in Gottes Hände legten, lösten sich ihre Schwierigkeiten und Sorgen auf glückliche und natürliche Weise.

Eine andere wirkungsvolle Geisteshaltung besteht darin, Gott als Verbündeten in allen Fragen des Lebens anzunehmen. Eine der wichtigsten Lehren der Bibel liegt im Glauben, Gott sei immer und überall gegenwärtig. Dies ist eine Grundkonzeption des Christentums überhaupt. Christus erhielt bei seiner Geburt den Namen Immanuel, das heißt: »Gott mit uns.«

Das Christentum lehrt, daß in allen Schwierigkeiten und Nöten dieses Daseins Gott an unserer Seite ist. Wir können uns an ihn wenden, zu ihm sprechen, Halt und Hilfe suchen, und wir finden bei ihm Ruhe, Trost und neuen Mut. Irgendwie glauben die meisten Menschen, daß dem so ist, und viele haben es auch praktisch erfahren.

Wenn wir gute und brauchbare Lösungen für unsere Probleme finden wollen, müssen wir aber noch einen Schritt über den bloßen Glauben an diese Wahrheit hinausgehen. Die Gegenwart Gottes muß uns praktisch zum Bewußtsein kommen. Wir müssen uns Gott als eine Realität vorstellen, genauso wirklich wie unsere Frau, unsere Kinder, unsere Freunde. Wir müssen uns daran gewöhnen, unsere Probleme wirklich mit Gott zu besprechen, und daran, zu glauben, daß er uns Gehör und Aufmerksamkeit schenkt. Glauben wir daran, daß er uns innerlich erleuchten und uns Wege weisen kann, die wir ohne seinen Beistand nicht finden können! Wir dürfen die Gewißheit haben, daß seine Lösungen und Wege frei von Irrtümern sind. Er wird uns so führen, wie es zu unserem Besten dient.

An einer Veranstaltung wandte sich ein Teilnehmer an mich und erzählte mir, er habe einen Ratschlag aus einem meiner Zeitungsartikel befolgt und damit nicht nur eine andere Lebenshaltung gewonnen, sondern auch sein Geschäft vor dem Ruin gerettet.

Der Mann erzählte: »Ich hatte in meinem Geschäft mit den größten Schwierigkeiten zu kämpfen, ja, ich stand vor der entscheidenden Frage, ob ich es überhaupt noch weiterführen könne oder nicht. Eine Reihe widriger Umstände, wie veränderte Marktverhältnisse, Produktionsschwierigkeiten und Umstellungen, hatte mich vollkommen aus der Bahn geworfen. In Ihrem Artikel vertraten Sie die Idee, in allen Unternehmungen ›Gott als Partner‹ zu betrachten.

Als ich den Artikel las, erschien er mir irgendwie als Hirngespinst. Wie konnte ein menschliches Wesen Gott als Partner betrachten? Immer hatte ich mir Gott als etwas Unnahbares und Unerreichbares vorgestellt — und nun kamen Sie und sprachen von ihm als einem ›Partner‹. War ich als

Mensch nicht ein winziges Insekt im Vergleich zu seiner Größe? Der Gedanke schien mir absurd. Zufällig aber gab mir ein Freund in jenen Tagen eines Ihrer Bücher. Darin fand ich die Begründung und Weiterentwicklung dieser Gedanken. Sie berichten darin von vielen Menschen, die nach diesem Grundsatz leben. Trotzdem es sich um durchaus vernünftige Leute handelte, konnte ich meine Zweifel nicht unterdrücken. Ich hatte den Eindruck, ein Pfarrer könne von Geschäft und beruflichen Schwierigkeiten nicht viel verstehen und betrachte die Dinge von einem idealistischen und weltfremden Standpunkt aus. Schließlich gab ich Sie auf!« sagte er mit einem Lächeln.

»Eines Tages aber hatte ich ein seltsames Erlebnis. Die Dinge hatten sich so zugespitzt, daß ich auf den Gedanken kam, das Beste wäre, mir eine Kugel in den Kopf zu jagen, um endlich Ruhe und Frieden vor meinen unzähligen unüberbrückbaren Sorgen zu finden. Und plötzlich erinnerte ich mich wieder an die Idee, Gott als Partner anzunehmen. Ich schloß die Türe meines Büros, setzte mich in einen Stuhl und legte Arme und Kopf auf mein Pult. Ich muß gestehen, daß ich seit Jahren kaum einmal gebetet hatte, doch sicherlich betete ich jetzt. Ich sagte Gott, ich hätte etwas davon gehört, ihn als ›Partner‹ zu betrachten, doch sei mir der Gedanke nicht ganz klar geworden. Ich klagte ihm mein Leid, sagte ihm, ich läge auf dem Boden, mein Geist sei ausgepumpt und meine Kräfte seien am Ende, ich sei entmutigt, verzweifelt und ratlos. Ich sagte: ›Lieber Gott, ich wüßte nicht, was ich Dir als Partner bieten könnte, aber ich bitte Dich, mich nicht zu verlassen und mir Deinen Beistand zu leihen. Ich weiß nicht, wie mir geholfen werden kann, aber ich bitte um Deine Hilfe. Ich lege mich selbst, meine Familie, mein Geschäft und mein Schicksal in Deine Hand. Was Du willst, werde ich ausführen. Ich bin gewillt, auf Deinen Rat zu hören und danach zu handeln.‹ — So ungefähr betete ich«, fuhr er fort, »und nachdem ich fertig war, blieb ich still an meinem Pult sitzen. Vielleicht erwartete ich irgendein Wunder — doch nichts geschah. Trotzdem fühlte ich mich irgendwie freier und ruhiger. Während des Tages und der Nacht passierte nichts Außergewöhnliches, doch am nächsten Morgen war mir, als hätte ich etwas neue Kraft gewonnen. Ein unbestimmtes Gefühl der inneren Sicherheit sagte mir, es werde sich alles noch zum Guten wenden. Ich weiß nicht, warum ich plötzlich so fühlte, denn die Tatsachen hatten sich keineswegs geändert, aber ich selbst hatte mich geändert, mindestens ein klein wenig.

Dieses Gefühl der Ruhe und Sicherheit hielt an, und langsam fühlte ich meine Kräfte wachsen. Ich betete täglich und setzte meine Gespräche mit meinem ›Partner‹ fort. Sicherlich waren es keine kirchlichen Gebete, eher eine Aussprache von ›Mann zu Mann‹. Eines Tages kam mir urplötzlich eine neue Idee, die mich ihrer Originalität wegen selbst überraschte. Obschon ich bisher nie an diese Möglichkeit gedacht hatte, wußte ich instinktiv, daß sie das Richtige sei. Warum ich früher nie auf den Gedanken gekommen war, ist mir rätselhaft. Mein Geist muß zu angespannt und übermüdet gewesen sein, um überhaupt noch richtig funktionieren zu können.

Es handelte sich auch nicht bloß um irgendeine Idee, sondern hier hatte unzweifelhaft mein ›Partner‹ gesprochen — dessen war ich sicher. Ich machte mich unverzüglich daran, seine Anweisungen in die Tat umzusetzen, und die Dinge nahmen ihren Lauf. Neue Ideen kamen, und trotz schwierigen Umständen gewann ich geschäftlich wieder an Boden, und heute bin ich der Misere glücklich entronnen.«

Dann fügte er bei: »Ich verstehe nichts von einer Predigt oder von der Art Bücher, die Sie schreiben, doch wenn immer Sie Gelegenheit haben, Geschäftsleute zu sprechen, dann sagen Sie ihnen, sie würden durch eine Partnerschaft mit Gott mehr gute Ideen gewinnen als durch irgend etwas anderes in der Welt. Sagen Sie ihnen auch, daß die Verbindung mit Gott der einzig richtige Weg ist, Probleme erfolgreich zu lösen.«

Dieses Beispiel ist nur eines von vielen. Das Gesetz der göttlich-menschlichen Zusammenarbeit in praktischen Fragen unseres Daseins ist erwiesen. Ich kann seine Wirksamkeit nicht genug betonen.

Bei der praktischen Lösung unserer Probleme ist es vor allem wichtig, sich stets bewußt zu sein, daß die Kraft dazu in uns selber liegt. Ferner ist unbedingt notwendig (not-wendend), einen Plan zu ihrer Überwindung auszuarbeiten und ihn in die Tat umzusetzen. Planlosigkeit in unserem Gemüts- und Geistesleben ist der Hauptgrund für die Unfähigkeit vieler Menschen, ihre persönlichen Probleme zu meistern.

Menschen, die ein aktives, gläubiges Vertrauen entwickeln, erwecken schlummernde Kräfte zum Leben; sie entwickeln sich im Verhältnis zum wachsenden Vertrauen — und hier liegt auch das Geheimnis, warum es Menschen gibt, welche im Alltag Energien entwickeln, die andern erst bei außergewöhnlichen Ereignissen zur Verfügung stehen. Es gelingt ihnen, auch in normalen Zeiten jene Kräfte zu aktivieren, die in der Regel erst unter dramatischen Umständen erwachen.

Nehmen wir an, es zeigten sich in Ihrem Leben plötzlich unerwartete Sorgen und Schwierigkeiten. Sind Sie darauf innerlich vorbereitet? Besitzen Sie einen Plan, um ihnen erfolgreich zu begegnen, oder gehören Sie zu jenen Menschen, die es einfach darauf ankommen lassen, die alles auf eine Karte setzen, die von vornherein damit rechnen, zu gewinnen oder zu verlieren, und die — leider — meistens verlieren?

Ich kann nicht genug die Notwendigkeit betonen, in solchen Fällen *planmäßig* alle unsere schlummernden Kräfte zu entwickeln und unseren Schwierigkeiten entgegenzusetzen.

Neben der praktischen Anwendung des Gebets und der Errichtung einer »Partnerschaft« mit Gott, neben der systematischen Planung unseres Vorgehens gibt es noch etwas anderes, das für unsere ganze Haltung und innere Bereitschaft von größter Bedeutung ist: die systematische Pflege vertrauender und positiver Gedanken.

Ich habe die Bibel viele Jahre studiert, bis mir endlich klar wurde, welch große Bedeutung sie dem Vertrauen beimißt. Immer wieder macht sie uns darauf aufmerksam, daß wir alle Sorgen, alle Schwierigkeiten, alle Hindernisse, alle Probleme, jede auch noch so schwierige und scheinbar ausweglose Lage, ja jede Niederlage überwinden können, wenn wir nur Vertrauen haben könnten! Der Tag, da mir dies so richtig zum Bewußtsein kam, war einer der wichtigsten meines Lebens.

Unter den Lesern dieses Buches werden sich viele befinden, die noch nie die Kraft des Vertrauens im täglichen Leben verspürt haben, doch ich hoffe, sie werden von nun an diesen großen inneren Helfer nie wieder vergessen. Vertrauen ist einer der machtvollsten Faktoren glücklicher Lebensführung.

Immer wieder betont die Bibel diese Wahrheit: » ... *Wenn ihr Glauben habt wie ein Senfkorn ... und nichts wird euch unmöglich sein.*« (Matthäus 17, 20) Die Bibel meint dies absolut, faktisch und buchstäblich. Es handelt sich weder um eine Illusion noch um Phantasie. Es ist auch nicht als Illustration, Symbol oder als Beispiel gemeint, sondern als absolute Tatsache. Vertrauen, auch nur so groß wie ein Senfkorn, kann alle unsere Probleme lösen, wenn wir nur daran glauben und unseren Glauben ins praktische Leben hineintragen. »*Euch geschehe nach eurem Glauben.*« (Matthäus 9, 29)

Was uns not tut, ist Glaube und Vertrauen. Im direkten Verhältnis dazu werden wir Kraft gewinnen und Lösungen erzielen. Kleiner Glaube ergibt kleine Resultate; mittlerer Glaube erzielt mittlere Ergebnisse; *großes Vertrauen und star-*

ker Glaube aber erzielen große Ergebnisse. Doch Gott ist großzügig und gütig: Wenn wir nur so viel Vertrauen haben,
wie durch ein Senfkorn symbolisiert wird, können wir gewaltige Fortschritte bei der Lösung unserer Probleme erzielen.

Um unsere Sorgen und Probleme meistern zu können,
schlage ich die folgenden zehn praktischen Grundsätze vor:
1. Glaube, daß jedes Problem gelöst werden kann.

2. Bleibe ruhig und gelassen. Jede Spannung beeinträchtigt
den natürlichen Strom unserer Gedanken.

3. Versuche niemals, eine Lösung zu erzwingen. Halte deinen Geist entspannt, damit du bereit bist, eine sich zeigen-
de Lösung zu erkennen und aufzunehmen.

4. Vergegenwärtige dir alle Tatsachen unparteiisch, unper-
sönlich und ohne Vorurteile.

5. Notiere diese Tatsachen auf ein Stück Papier. Dies hilft,
unser Denken zu klären und System in die Angelegenheit
zu bringen. Indem wir die Tatsachen vor uns sehen, gewinnen sie an Objektivität.

6. Bitte Gott, er möge dich erleuchten und dir helfen, die
Dinge klar zu sehen, sei aber auch bereit, seine Gaben ent-
gegenzunehmen.

7. Glaube an die göttliche Führung und an das Versprechen
des 73. Psalms: »Du leitest mich nach deinem Ratschluß
und nimmst mich hernach in die Herrlichkeit.«

8. Vertraue der Kraft der Einsicht und der Intuition.

9. Lasse dein Unterbewußtsein ruhig an der Lösung deiner

Probleme weiterarbeiten. Schöpferisches Denken führt zu schöpferischen Antworten und Lösungen.

10. Wenn wir diese Schritte bewußt und vertrauend unternehmen, entwickelt sich in unserem Denken die Antwort auf unsere Probleme, oder sie lösen sich von selbst. In jedem Fall aber wird es die *richtige* Antwort sein.

XI

Glaube — und werde gesund!

Kann der religiöse Glaube bei der Heilung von Krankheiten mithelfen? Ja, viele Erfahrungen sprechen dafür.

Der Glaube ist ein machtvoller Faktor bei der Überwindung von Krankheiten und bei der Wiederherstellung der Gesundheit. Diese Überzeugung wird durch die Ansichten und Erfahrungen vieler Ärzte unterstützt.

Der berühmte Wiener Chirurg Dr. Hans Finsterer, der vom Internationalen Chirurgischen Kollegium die höchste Auszeichnung erhielt, glaubte, daß »die unsichtbare Hand Gottes« mithilft, eine Operation erfolgreich zu gestalten.

Dieser Professor der Universität Wien hat in seinem Leben über 20 000 große Operationen, darunter 8000 schwierige Magenoperationen, ausgeführt und dabei lediglich Lokalanästhesie angewandt. Finsterer sagte, daß trotz der gewaltigen Fortschritte auf den Gebieten der Medizin und der Chirurgie der glückliche Ausgang einer Operation bei weitem noch nicht gesichert ist. In vielen Fällen, die vom Chirurgen als »einfach« bezeichnet werden, stirbt der Patient, während anderseits gefährliche und fast aussichtslose Operationen erfolgreich ausgehen.

»Viele meiner Kollegen«, so sagte Dr. Finsterer, »sind der Ansicht, es handle sich hier um nicht voraussehbare Zufälle, während andere der Meinung sind, in diesen schwierigen Fällen sei ihre Arbeit durch die unsichtbare Hand Gottes geleitet worden. Leider haben in den letzten Jahren viele Patienten und Ärzte die Überzeugung verloren, daß alle

Dinge in Gottes Hand liegen. Wenn wir wieder von der hohen Bedeutung der göttlichen Hilfe bei all unserem Tun überzeugt sind, speziell bei der Behandlung von Krankheiten, dann erst werden wir wahre Fortschritte bei der Wiedergewinnung der Gesundheit erringen.«

Das war die Ansicht eines großen Chirurgen, der seine Wissenschaft mit dem Glauben verband.

Ich sprach einst auf einer Tagung einer bedeutenden Industrievereinigung und war überrascht, als mich einer der führenden Männer nach einer langen Diskussion über Steuern und geschäftliche Probleme unvermittelt fragte: »Glauben Sie an die Heilkraft des Glaubens?«

Ich sagte: »Es gibt eine große Anzahl verbürgter Beispiele von Heilungen, die durch den Glauben erzielt worden sind. Ich bin allerdings der Meinung, wir sollten eine Heilung nicht ausschließlich unserem Glauben überlassen, und ich glaube an die Zusammenarbeit Gottes mit der Wissenschaft. Meiner Meinung nach sind sowohl die medizinische Wissenschaft wie auch die Wissenschaft des Glaubens entscheidende Faktoren im Heilungsprozeß.« — »Ich möchte Ihnen eine Geschichte erzählen«, sagte er. »Vor einigen Jahren litt ich an einer Krankheit, die als eine Knochenerweichung im Kiefer diagnostiziert wurde. Die Ärzte sagten mir, sie sei praktisch unheilbar. Sie können sich vielleicht vorstellen, wie mir zumute war. Voller Verzweiflung suchte ich nach irgendeiner Hilfe. Obschon ich die Kirche regelmäßig besuchte, war ich kein besonders gläubiger Mensch. Die Bibel kannte ich praktisch nur vom Hörensagen. — Eines Tages überkam mich plötzlich der Wunsch, in der Bibel zu lesen.

Ich begann zu lesen, und eigenartigerweise beruhigte sich mein Gemüt. Meine Mutlosigkeit schwand, und ich faßte wieder etwas Hoffnung. Während mehrerer Tage setzte ich die Lektüre fort, und ich fühlte, wie sich irgend etwas in meiner Verfassung änderte. Meine Befürchtungen und

Ängste bekamen ein anderes Gesicht, und zuerst dachte ich, ich würde mir dies nur einbilden. Bald aber gewann ich die Überzeugung, daß dem tatsächlich so war.

Eines Tages, als ich wieder in der Bibel las, überkam mich ein eigenartiges Gefühl der inneren Wärme und Glückseligkeit. Ich hatte es schon längst aufgegeben, für diese Empfindung eine Erklärung zu suchen, doch von diesem Zeitpunkt an machte ich rapide Fortschritte. Ich begab mich wiederum in die Behandlung der Ärzte, die mich früher betreut hatten. Eine sorgfältige Untersuchung ergab eine offensichtliche Besserung meiner Krankheit. Man warnte mich jedoch vor großen Hoffnungen, da es sich lediglich um eine vorübergehende Erscheinung handeln könne.

Später, bei neuerlichen Untersuchungen, zeigte sich jedoch, daß die Symptome der Krankheit restlos verschwunden waren. Trotzdem warnten mich die Ärzte weiter vor einem Wiederaufflackern der Krankheit. Diese Befürchtungen aber berührten mich nicht mehr. Ich war meiner endgültigen Heilung gewiß.«

»Wie viele Jahre sind seither verflossen?« fragte ich.

»Vierzehn«, war die Antwort.

Vor mir stand ein gesunder, kräftiger und erfolgreicher Mann, und seine ganze Haltung zeigte mir, daß er nicht die geringsten Zweifel an seiner endgültigen Heilung hegte. Wie sollte er auch! Hatte er doch die Krankheit überwunden und durch seinen Glauben Gesundheit und Lebenskraft wiedergefunden.

Wie kam diese Heilung zustande? Offensichtlich durch die sorgfältige Arbeit der Ärzte *und* durch einen geistigen Prozeß. Solche Heilungen gibt es viele, und nachdem unzählige davon durch kritische und objektive Ärzte bestätigt worden sind, glaube ich, wir sollten die Kranken auf die Kraft des Glaubens aufmerksam machen. Ich bin überzeugt, daß unser Glaube bei der Heilung von Krankheiten »Wunder« vollbringen kann, die in Tat und Wahrheit Ergebnisse geistiger Gesetze sind.

Wir stellen heute immer mehr fest, daß eine religiöse Geisteshaltung Heilungen sowohl des Körpers als auch der Seele hervorrufen kann. Der moderne Mensch litt lange unter der falschen Vorstellung, die praktische Anwendung der christlichen Lehre lasse sich nicht mit den modernen medizinischen Erkenntnissen vereinen. Die Heilkraft des Glaubens ging fast gänzlich unter in der materiellen Wissenschaft. Glücklicherweise erkennt man heute immer mehr die tiefe Verbindung zwischen Glaube und Gesundheit.

Der bekannte Schriftsteller Harold Sherman wurde von einer Radiogesellschaft zur Mitarbeit eingeladen, mit dem Versprechen, er würde später als Autor fest angestellt. Nachdem er einige Monate gearbeitet hatte, stellte man ihn auf die Straße und benützte seine Manuskripte, ohne ihn dafür zu bezahlen.

Dadurch geriet Sherman in eine moralische und finanzielle Krise. Diese Ungerechtigkeit und Unkorrektheit erbitterte ihn dermaßen, daß er gestand, zum erstenmal in seinem Leben Mordgedanken gehegt zu haben. Seine Erbitterung und sein Haß wurden so groß, daß er krank wurde. Die Ärzte konstatierten eine Mykose, die sich in einer Art Pilz äußerte und seine Stimmbänder angriff. Die besten Ärzte befaßten sich mit dem Fall, doch zur Heilung brauchte es noch etwas Zusätzliches. Als Harold Sherman seinen Haß aufgab und vergessen und verzeihen konnte, ging seine Krankheit schrittweise bis zur völligen Heilung zurück. Medizinische Hilfe und Änderung der Geisteshaltung führten zur Gesundung.

Anläßlich einer Versammlung kam ich mit neun Männern zusammen, darunter war ein Arzt, der kürzlich aus dem Militärdienst entlassen worden war und seine private Praxis wiederaufgenommen hatte. »Nach meiner Rückkehr aus der Armee«, erzählte er, »stellte ich in bezug auf die Sorgen meiner Patienten eine wesentliche Veränderung fest. Ein hoher Prozentsatz braucht weniger eine Medizin als eine andere Geisteshaltung. Ihre Körper sind nicht so krank wie ihre Gedanken und Empfindungen. Alle leiden an irgendwelchen Minderwertigkeits-, Schuld- und Angstgefühlen, und viele von ihnen sind erfüllt von Ressentiments gegen andere Menschen. Immer mehr muß ich ebenso Psychiater wie Arzt sein, doch auch wenn ich sämtliche Behandlungsmethoden anwende, fehlt mir immer noch etwas. In vielen Fällen ist das Grundübel geistiger Natur, und ich begann damit, meinen Patienten die Bibel zu empfehlen. Heute ›verschreibe‹ ich immer mehr die Lektüre religiöser Bücher, speziell solcher, die dem modernen Menschen zeigen, wie er die Probleme des Lebens *geistig* meistern kann.«

Und indem er sich direkt an mich wandte, fuhr er fort: »Es wird langsam Zeit, daß sich unsere Seelsorger der Bedeutung bewußt werden, die sie bei der Heilung vieler Krankheiten haben. Natürlich läßt sich die Arbeit des Arztes dadurch nicht ausschalten, doch wir bedürfen einer vertrauensvollen Zusammenarbeit, um den Menschen ihre körperliche und geistige Gesundheit zurückgeben zu können.«

Ein Arzt schrieb mir einen Brief, worin er ausführte: »Sechzig Prozent der Bewohner meiner Stadt sind krank, weil ihre Geistesverfassung und ihr Gemütsleben nicht in Ordnung sind. Die Krankheit der Seele des modernen Menschen hat einen Grad erreicht, der sich auch organisch auswirkt.«

Vor Jahren machte mich Dr. Clarence W. Lieb auf die große Bedeutung der körperlichen Gesundheit bei der Behandlung von seelischen und geistigen Konflikten aufmerksam. Es wurde mir klar, welch eminent wichtige Rolle die Gefühle von Angst, Schuld, Haß und Ressentiment bei den mir dargelegten Lebensproblemen spielten. Sehr oft standen sie in engem Zusammenhang mit einem körperlichen Leiden. Dr. Lieb war von seiner Ansicht so überzeugt, daß er zusammen mit andern Ärzten eine religiös-psychiatrische Klinik eröffnete, wo schon sehr viele Menschen Heilung gefunden haben.

Zusammen mit befreundeten Ärzten ist es mir gelungen, vielen Menschen neue Hoffnung, Gesundheit und neue Lebensfreude zu bringen. Dr. Rebecca Beard sagt: »Zu hoher Blutdruck ist sehr oft bedingt durch eine unbestimmte, unterdrückte Angst vor irgend etwas, das eintreten könnte — also eine Angst vor Dingen, die gar nicht real sind. Bei Diabetikern verbrauchen Kummer und Enttäuschung so viele Energien, daß gewisse Drüsen mit dem Nachschub von Insulin nicht mehr nachkommen.

Die Medizin ist durchaus fähig, den Blutdruck zu senken oder zu steigern, doch nicht auf die Dauer. Sie kann durch neue Zufuhr von Insulin mehr Zucker in Energie verwandeln lassen, doch auch hier handelt es sich niemals um eine dauernde Heilung, sondern nur um vorübergehende Besserung. Das Übel muß an der Wurzel gepackt werden. Verdrängte, ungelöste seelische Konflikte müssen erkannt und dann gelöst werden. Um sie zu überwinden und eine gesunde Geisteshaltung zu entwickeln, gibt es einen Weg: *Selbsterkenntnis, Verständnis für unser Gefühls- und Seelenleben und die Rückkehr zu religiösem Glauben und Vertrauen.* In der Verbindung dieser existentiellen Haltung mit der medizinischen Wissenschaft liegt das große Versprechen endgültiger Hilfe. Die Antwort«, so schloß Dr. Beard, »liegt in den Lehren von Jesus Christus.«

Während langer Zeit habe ich von meinen Lesern, Radiohörern und von Gemeindemitgliedern Berichte über Heilungen erhalten, die durch den Glauben zustande gekommen sind. Ich habe alle diese Beispiele peinlich genau überprüft, um mich ihrer Wahrheit zu versichern. Dadurch wollte ich mir auch die Unterlagen verschaffen, um den ewig Ungläubigen und den Zynikern beweisen zu können, daß nur Menschen, die krank bleiben *wollen*, weil ihr Unterbewußtsein den Willen zur Krankheit entwickelt, die großen Möglichkeiten der Heilung durch den Glauben verneinen und ignorieren können.

Die Kirchen haben nach meiner unmaßgeblichen Meinung auf diesen wichtigen Punkt der christlichen Lehre viel zuwenig Bedeutung gelegt. Das Christentum hat uns in bezug auf die Heilung von Krankheiten aber viel zu sagen. Nicht umsonst wurde zum Ausgleich dieses Mangels eine große Zahl anderer Organisationen und Sekten begründet, die besonders *diesen* Teil der christlichen Lehre pflegen. Das aber ist kein Grund, warum nicht alle Kirchen damit beginnen sollten, die Bedeutung der christlichen Lehre, des Glaubens und des Vertrauens für die körperliche und geistige Gesundheit des Menschen zu betonen und aufgrund unwiderlegbarer Tatsachen (wie auch auf dem Boden der Heiligen Schrift) der Menschheit die Wege aufzuzeigen, die uns Jesus Christus gewiesen hat.

Bei allen erfolgreichen Fällen der Heilung, die ich beobachtet habe, stellte ich gewisse Faktoren fest. Erstens, die vollkommene Bereitschaft, sich in Gottes Hände zu begeben. Zweitens, die absolute Trennung von allen Irrtümern und Fehlern in jeder Form und der feste Wunsch, reinen Herzens zu werden. Drittens, Glaube und Vertrauen in die vereinigte Therapie der medizinischen Wissenschaften und der Heilkraft Gottes. Viertens, der aufrichtige Wille, Gottes Entscheidungen anzunehmen, wie immer sie auch ausfallen mögen, ohne jede Auflehnung oder Bitterkeit gegen seinen Willen. Fünftens, ein unabänderlicher und vertrauender Glaube an die Heilkraft Gottes.

Bei allen mir bekannten Heilungen zeigte sich ein nicht näher zu beschreibendes Gefühl von Wärme und Licht, mit dem bei den Leidenden die innere Erkenntnis der sich anbahnenden Heilung geweckt und gestärkt wurde, ein Gefühl der Entspannung, des Friedens, der Freude und der Zuversicht. Manchmal vollzog sich die Heilung plötzlich, in anderen Fällen war es der Beginn einer schrittweisen Besserung.

In allen Fällen, die ich überprüfte, habe ich eine genügend lange Zeit verstreichen lassen, um sicherzugehen, daß es sich nicht bloß um eine vorübergehende Besserung, sondern um eine Dauerheilung handelte.

Als Beispiel sei hier ein Erlebnis erwähnt, das mir von einer Frau mitgeteilt wurde, deren Wahrheitsliebe und Zuverlässigkeit außer jedem Zweifel stehen. Der Fall ist außerdem wissenschaftlich dokumentiert. Die Patientin litt an einem bösartigen Geschwür, dessen sofortige operative Entfernung von den Ärzten angeordnet wurde. Sie schrieb mir wörtlich: »Alle Behandlungsmethoden hatten versagt. Ich lebte in einer schrecklichen Angst, denn es war mir klar, daß meine Krankheit jeder weiteren Behandlung trotzen würde. Ich sah keine Hoffnung mehr und wandte mich in meiner Ratlosigkeit an Gott. Im vereinten Gebet mit einem gläubigen und gottvertrauenden Menschen bat ich um den wahren Glauben in die göttliche Heilkraft. Es gelang mir, meinen eigenen Willen ganz in demjenigen Gottes aufgehen zu lassen, und ich gewann größtes Vertrauen in Seine Stärke. Eines Morgens, nachdem ich wie immer um göttliche Hilfe gebetet hatte und meiner Hausarbeit nachging, wurde ich gewahr, wie die Küche plötzlich von einem hellen Licht durchflutet war, und an meiner Seite fühlte ich einen Druck, als ob ein Mensch ganz nahe bei mir stünde. Auch andere Menschen waren durch Gebete geheilt worden, und ich begriff, daß sich die heilende Hand Gottes auf mich gelegt hatte. Ich wartete bis zum andern Tag, um festzustellen, ob sich die Symptome der Krankheit nicht wieder zeigten. Am nächsten Morgen war der Fortschritt so deutlich, und ich fühlte mich so befreit und wohl, daß ich meiner Freundin telefonierte und ihr mitteilte, ich sei davon überzeugt, geheilt zu sein.

Das Erlebnis dieser Heilung ist heute noch so lebendig in mir wie damals. Es sind seither fünfzehn Jahre verflossen, und ich fühle mich noch heute ausgezeichnet.«

In vielen Fällen von Herzkrankheiten hat sich die Therapie des Glaubens (ein ruhiges, sicheres Gefühl des Vertrauens in Jesus Christus) als äußerst hilfreich erwiesen. Menschen, die eine Herzattacke erlitten und durch das Erlebnis der Krankheit zu einem gläubigen Gottvertrauen geführt wurden und zugleich die Anordnung der Ärzte genau befolgen, verzeichnen erstaunliche Fortschritte. In vielen Fällen können solche Patienten einen Gesundheitszustand erringen, der *besser* ist als zuvor, weil sie ihre Möglichkeiten und Grenzen besser erkennen und dadurch neue Kraftreserven gewinnen. Außerdem haben solche Menschen das wichtigste Gesetz des menschlichen Wohlbefindens erkannt: die Einordnung des Menschen in die göttliche Lebensordnung.

Ein mitten im Berufsleben stehender, erfolgreicher Mann erlitt im Alter von 35 Jahren eine Herzattacke, und man sagte ihm, er werde nie mehr arbeiten können. Die ärztlichen Verordnungen lauteten auf absolute Bettruhe, und es machte den Anschein, als ob der Patient den Rest seiner Tage größtenteils liegend zubringen müsse.

An einem frühen Morgen griff er nach seiner Bibel, und durch einen Zufall (war es Zufall?) öffnete er das Buch beim Brief an die Hebräer und las im 13. Kapitel den 8. Vers: »Jesus Christus ist gestern und heute derselbe und in Ewigkeit.« Er überlegte sich, daß Christus *damals* Menschen heilen konnte, und er stellte sich die Frage; »Warum sollte Jesus nicht auch *heute* noch heilen können? Warum sollte er nicht auch mich heilen können?« Und er faßte Vertrauen.

In seinen Gebeten bat er Gott um Hilfe, und er vermeinte die Stimme Jesu zu hören, der ihn fragte: »Glaubst du, daß ich dich heilen kann?« Und er antwortete: »Ja, Herr, ich glaube.« Er schloß die Augen und »glaubte, die heilende Hand Gottes auf seinem Herzen zu spüren«.

Während des ganzen Tages fühlte er sich ruhig, und in der folgenden Zeit spürte er deutlich eine Stärkung seines kranken Herzens. Eines Tages betete er: »Herr, wenn es Dein Wille ist, stehe ich morgen auf, kleide mich an, und in einigen Tagen will ich meine Arbeit wieder aufnehmen. Ich gebe mich ganz in Deine Hände. Wenn ich morgen infolge meiner neuen Anstrengungen sterbe, danke ich Dir für alle guten Tage, die ich in meinem Leben hatte. Mit Deiner Hilfe aber will ich den morgigen Tag beginnen, und ich bitte Dich, an meiner Seite zu bleiben. Ich glaube, daß meine Kräfte ausreichen werden, sollte ich aber versagen und sterben, dann werde ich an Deiner Seite in die Ewigkeit eingehen.«

In dieser ruhigen Sicherheit verstärkte er am kommenden Tag seine Aktivität, und im selben Geist verblieb er während der nächsten dreißig Jahre nach seiner Herzattacke. Mit 75 Jahren zog er sich zurück, und ich habe wenige Menschen gekannt, die sich ihre körperlichen und geistigen Kräfte so gut erhalten haben.

Jeden Tag nach dem Essen legte er sich zu einer Ruhepause nieder, und nie gestattete er sich irgendeine Aufregung. Er ging früh zu Bett und stand früh auf, und die disziplinierte Anwendung gesunder Lebensregeln sicherte ihm eine ausgezeichnete Gesundheit und Leistungsfähigkeit bis ins hohe Alter.

Bei all seinem Tun fehlte jegliche Hast, jegliche Sorge und jegliche Spannung. Er arbeitete viel, aber gelöst und ohne Krampf. Die Ärzte sagten, ohne diese entscheidende Wendung in der geistigen Haltung zu seiner Arbeit wäre er früh gestorben oder zum mindesten ein invalider Mann geblieben. Die Diagnosen der Ärzte führten ihn an *den* Punkt, wo die heilende Kraft Gottes eingreifen konnte. Ohne diese Herzattacke wäre der Mann für eine geistige und seelische Heilung nicht reif geworden.

Sollten wir selbst oder einer unserer Lieben erkranken, so dürfen wir neben der ärztlichen Betreuung und der praktischen Anwendung der wissenschaftlichen Erkenntnisse nie eine der größten Quellen der Heilung vergessen: *das Vertrauen in die Heilkraft Gottes.*

Dabei mögen uns die nachfolgenden acht Grundsätze einen praktisch begehbaren Weg aufzeigen:

1. Befolge den Rat eines prominenten Arztes, der sagte: »Wenn du krank wirst, rufe nicht nur den Arzt, sondern auch den Seelsorger!« Damit wollte er sagen: Vergiß nicht, daß deine Geisteshaltung ebenso wichtig ist wie die korrekte medizinische Behandlung.

2. Bete für deinen Arzt. Denke daran, daß Gott menschliche Helfer hat, und erinnere dich an die Worte eines Arztes, der sagte: »Wir behandeln die Patienten, und Gott heilt sie.« Bitte darum, dein Arzt möge dir unter Gottes Führung Heilung bringen.

3. Was immer auch geschieht, lasse keine ängstlichen und negativen Gedanken in dir aufkommen. Du weckst damit destruktive Kräfte, sowohl bei dir selbst als auch bei andern Menschen. Kranke brauchen vermehrt positive, vertrauende und gläubige Gedanken.

4. Erinnere dich daran, daß Gott seine großen Gesetze nicht verläßt. Unsere menschlichen Ordnungen und Erkenntnisse sind nur unvollkommene Abbilder der göttlichen Gesetze, die das Universum beherrschen. Gott bietet uns zwei Wege der Heilung: durch die materialistische Anwendung der Wissenschaft *und* durch das Gesetz des Geistes. Das letztere wird erweckt durch Glaube und Vertrauen.

5. Gib dich und deine Lieben ganz in Gottes Hand. Durch deinen Glauben kannst du auch andere Menschen in den Genuß göttlicher Kraft bringen. Auch darin liegt eine gewal-

tige Kraft, die zwar schwer zu erklären und zu verstehen ist. Wenn sich aber unser gläubiges Vertrauen mit dem aufrichtigen Willen des Patienten vereint, sich ganz unter den Schutz Gottes zu begeben, werden große heilende Kräfte geweckt.

6. Es ist von großer Wichtigkeit, daß der Kranke mit seiner Familie in geistiger Harmonie lebt. Denken wir an die bedeutungsvollen Worte der Heiligen Schrift: »Denn wo zwei oder drei versammelt sind in meinem Namen, da bin ich mitten unter ihnen.« (Matthäus 18, 20) Wie auch: »*Wenn zwei von euch auf Erden darin übereinstimmen werden, irgendeine Sache zu erbitten, so wird sie ihnen zuteil werden von meinem Vater im Himmel.*« (Matthäus 18, 19) Disharmonie und Krankheit sind eng verbunden miteinander.

7. Stelle dir ein Bild des Kranken (oder falls du selber krank bist, deiner selbst) vor, das ihn bei guter Gesundheit zeigt. Sehe ihn als einen Menschen, der Verbindung mit Gott hat und Seiner Liebe und Güte teilhaftig wird. Unser Bewußtsein mag gefangen sein in Krankheit und Tod, doch neun Zehntel unseres Geistes bestehen aus dem Unterbewußtsein. Lassen wir darum das erschaute Bild der Gesundheit und Lebenskraft tief in unser Unterbewusstsein eindringen, und dieser kraftgeladene Teil unseres Geistes wird Ströme der Energie und der Lebenskraft entwickeln. Was wir in unserem Unterbewußtsein glauben und erwarten, wird uns in der Regel teilhaftig. Wenn unser Vertrauen in unserem Unterbewußtsein nicht vorherrscht, werden wir niemals gute Ergebnisse erzielen, denn es gibt immer nur das zurück, was unsere Gedanken ihm geben. Wenn unsere tiefsten Gedanken negativ sind, wird auch das Resultat negativ sein. Sind unsere Gedanken aber wirklich gläubig und lebensbejahend, dann wird das Ergebnis Heilung und Gesundheit sein.

8. Sei natürlich! Bitte Gott um Heilung deiner selbst oder deiner Lieben — denn das ist es, was du dir von ganzem Herzen wünschest. Bitte ihn aber nicht fortwährend, wandle dein Flehen viel eher in Dankbarkeit für Seine Liebe und Güte. Dieses dankbare und zuversichtliche Vertrauen wird dich beruhigen und mit einer tiefen, inneren Freude erfüllen, und Freude allein ist schon heilende Kraft an sich.

XII

Wie wir verlorene Vitalität
wiedergewinnen können

Ich hörte von einer Frau, die in eine Apotheke ging und eine
Flasche psychosomatische Medizin verlangte . . .

Eine solche Arznei ist jedoch nicht in Pillen oder Tropfen
erhältlich, doch gibt es trotzdem eine Form psychosomati-
scher Medizin, und viele von uns bedürfen ihrer. Das Rezept enthält: Gebete, Vertrauen und schöpferisches Denken.

Es ist vielfach festgestellt worden, daß 50 bis 75 Prozent
der Menschen unserer Generation krank sind, weil sich ihre
Geisteshaltung ungünstig auf Gemüt und Körper auswirkt.
Viele dieser Menschen könnten ihren Zustand verbessern,
wenn sie sich neben der ärztlichen Hilfe die Grundsätze des
positiven Denkens zu eigen machten.

Der Verkaufschef einer großen Firma, der für seine Vitalität und seinen scheinbar unerschöpflichen Ideenreichtum
bekannt war, begann plötzlich in seinen Leistungen nachzu-
lassen. Die guten Ideen blieben aus, und bald stellte man
auch eine sinkende Verkaufskurve fest. Die Geschäftsleitung sandte ihn zum Arzt und gewährte ihm einen längeren
Ferienaufenthalt, damit er sich entspannen und erholen
könne, doch blieben diese Maßnahmen ohne jeden Erfolg.

Sein Arzt sandte ihn zu mir. Auch die Geschäftsleitung
legte ihm diesen Schritt nahe, doch der Betroffene war sehr
ärgerlich, weil man glaubte, ihn »zur Kirche« senden zu
müssen.

»Ist es nicht lächerlich, einen Geschäftsmann zu einem
Pfarrer zu schicken?« fragte er nach unserer Begrüßung,

und spöttisch fügte er bei: »Ich nehme an, Sie wollen mit mir beten und die Bibel lesen?«

»Warum nicht?« sagte ich. »Manchmal liegen unsere Schwierigkeiten auf Gebieten, wo die Macht des Gebets und die Weisheit der Bibel gute Erfolge zeitigen können.«

Unsere Unterredung verlief unerfreulich, und es gelang mir nicht, seine innere Abneigung zu überwinden. Schließlich war ich gezwungen, zu sagen: »Ich will Ihnen offen gestehen, daß Sie besser täten, mir Vertrauen zu schenken und mit mir zusammenzuarbeiten, wenn Sie nicht entlassen werden wollen.«

»Wer hat Ihnen das gesagt?« fragte er erschrocken. »Ihr Chef«, sagte ich. »Er sagte mir, Ihre Entlassung sei unumgänglich, wenn es nicht gelänge, Ihren Zustand zu ändern.«

»Was glauben Sie, daß ich tun sollte?« fragte der Mann erstaunt und unsicher geworden.

»Manchmal geraten Menschen in einen ähnlichen Zustand«, sagte ich, »wenn ihr Geistesleben von irgendwelchen Befürchtungen, Spannungen, Ressentiments, Schuldgefühlen oder einer Kombination aller zusammen erfüllt ist. Wenn diese Empfindungen eine gewisse Stärke erlangen, ist unsere Persönlichkeit nicht länger in der Lage, sie zu ertragen, und gibt auf. Die normalen Quellen geistiger und physischer Erneuerung sind verstopft, und solche Menschen verlieren rasch an Gesundheit und Geisteskraft. – Ich kenne Ihre Sorgen nicht, doch ich schlage Ihnen vor, mich als einen aufrichtigen Freund zu betrachten, dem Sie absolutes Vertrauen schenken können.«

Ich betonte, es sei von größter Wichtigkeit, mir nichts zu verheimlichen, und gab ihm den Rat, er möge sich vollkommen über alle seine Empfindungen, wie immer sie geartet seien, aussprechen, und ich versicherte ihn meiner strikten Verschwiegenheit. »Alles, was Ihre Arbeitgeber wollen, ist ihre Rückkehr in die Firma und die Wiederaufnahme Ihrer früheren, erfolgreichen Tätigkeit.«

Die Quellen seiner Sorgen kamen ans Licht. Er hatte eine Reihe von Verfehlungen begangen, durch die er in ein Lügennetz verstrickt worden war. Er lebte in ständiger Angst vor der Entdeckung, und sein ganzes Innenleben war ein Knäuel von Befürchtungen, düsteren Erwartungen und Schuldgefühlen.

Es war sehr schwierig, ihn zum Sprechen zu bringen, da er ein feinfühliger Mensch mit ausgeprägtem Schamgefühl war. Ich machte ihm aber begreiflich, daß diese »Operation« ausgeführt werden *müsse* und zu ihrer erfolgreichen Durchführung eine restlose »Entleerung« und Befreiung des Geistes unumgänglich sei.

Ich werde seine Reaktion nie vergessen, als alles vorbei war. Er stand, wippte auf den Fußspitzen, streckte seine Arme gegen die Zimmerdecke und tat einen tiefen Atemzug. »Mein Gott«, sagte er, »ich fühle mich besser!« Dadurch brachte er eindrücklich seine innere Befreiung und die Erlösung von einer schweren Belastung zum Ausdruck. Ich schlug ihm vor, zu beten und Gott um Verzeihung und um inneren Frieden zu bitten.

»Meinen Sie, ich sollte *laut* beten?« fragte er unsicher. »So etwas habe ich mein Lebtag nicht getan.«

»Dann tun Sie es eben *jetzt*«, sagte ich, »es wird Ihnen guttun und Ihnen neue Kraft verleihen.«

Er sprach ein einfaches Gebet, und in meiner Erinnerung blieb es ungefähr wie folgt haften: »Lieber Gott, ich habe schwere Fehler begangen, und ich bereue sie. Ich habe meinem Freund alles gestanden, und ich bitte Dich, mir zu verzeihen und mir meine Ruhe wiederzuschenken. Stärke mich, damit ich nie wieder solche Fehler mache, und hilf mir, ein sauberes und ehrliches Leben zu führen.«

Am selben Tag ging er in sein Büro zurück, und kein Mensch sprach je mehr über die Angelegenheit. Es war auch nicht nötig, denn von dieser Stunde an erfüllte er seine Arbeit wieder in alter Frische und Tatkraft, und er zählt wieder zu den besten Verkaufschefs seiner Stadt.

Später traf ich seinen Arbeitgeber. »Ich weiß nicht, was Sie mit Bill gemacht haben, aber er ist besser als je«, sagte er.

»Ich habe nichts gemacht«, sagte ich, »Gott hat es getan.«

»Ich verstehe«, sagte er, »jedenfalls ist Bill wieder der alte.«

Dr. Franklin Ebaugh von der Medizinischen Fakultät der Universität Colorado erklärt, von den in den allgemeinen Spitälern behandelten Krankheiten sei ein Drittel rein organischer Natur, das zweite Drittel bestehe aus einer Kombination organischer und psychischer Krankheit und das letzte Drittel sei rein psychisch bedingt. Und Dr. Flanders Dunbar, der Autor des Buches »Körper und Seele«, sagt: *»Die Frage ist nicht, ob eine Krankheit körperlich oder seelisch bedingt ist, sondern wieweit das Körperliche oder Seelische daran beteiligt ist.«*

Wer die ganze Frage objektiv beurteilt, muß zugeben, daß die Ärzte recht haben, wenn sie Angst, Neid, Ressentiments, Haß, Eifersucht und Ärger als *direkt krankheitsfördernd* bezeichnen. Wie oft zeigen sich die Folgen eines Ärgers in Magen- und Darmstörungen. Durch irgendeinen Gefühlsausbruch spielen sich im Körper chemische Prozesse ab, deren Resultat organische Störungen sind. *Ergibt sich aber eine unaufhörliche Kette solcher Empfindungen und ihrer Reaktionen, so muß das Allgemeinbefinden des Körpers Schaden nehmen.*

Als ich mich mit einem Arzt über einen gemeinsamen verstorbenen Bekannten unterhielt, bemerkte er, der Patient sei an »Neiditis« gestorben. Der Arzt wollte damit sagen, seine Reserven seien durch ein lange gehegtes Haßgefühl aufgezehrt worden. »Dadurch fügte er seinem Körper solchen Schaden zu, daß er keine Widerstandskraft mehr hatte, als er von einer Krankheit befallen wurde.«

Dr. Charles Miner Cooper schrieb in einem Artikel über Herzbeschwerden: »Wir müssen lernen, unsere Gefühle im Zaum zu halten. Ich hatte einen Patienten, dessen Blutdruck ganz bedeutend hinaufkletterte, wenn er sich ärgerte. Daraus können wir ermessen, welche Folgen solche Reaktionen auf das Herz haben müssen.« Dr. Cooper schrieb, Menschen, die stets bereit seien, für irgendein Mißgeschick *andere* anzuklagen, würden besser tun, sich in Dinge zu schicken, die nicht mehr zu ändern seien. Der schottische Arzt John Hunter, der an einem Herzfehler litt und die Bedeutung der Gemütsverfassung in dieser Beziehung sehr wohl kannte, sagte, sein Leben liege praktisch in der Hand von Leuten, die ihn aufregen und ärgern könnten. In der Tat starb Dr. Hunter trotz seinem Wissen um die Gefährlichkeit von Gefühlserregungen an einer Herzattacke, die er sich bei einem Wutausbruch zuzog, als er seine Selbstbeherrschung verloren hatte. Dr. Cooper gibt uns den Rat, beim Auftauchen irgendeines geschäftlichen oder persönlichen Problems, das uns beunruhigt oder in Aufregung zu versetzen droht, uns vollkommen zu entspannen. Das hilft mit, den inneren Aufruhr zu besänftigen. *Unser Herz braucht Menschen, die mit Überlegenheit, Ruhe, Zuversicht und Intelligenz ihre Gefühlserregungen zu zügeln verstehen.*

Wenn wir uns irgendwie unter Druck befinden, ist es ratsam, eine *rücksichtslose Selbstanalyse* vorzunehmen. Wir müssen uns fragen, ob wir uns in irgendeinem versteckten Ressentiment, in einer Verärgerung, in einer Enttäuschung oder in Neid und Mißgunst verfangen haben, und wenn wir in aufrichtiger Selbstprüfung ein solches Übel entdeckt haben, müssen wir es rücksichtslos über Bord werfen. *Solche Gefühle gegen andere Menschen schaden niemandem außer uns selbst.*

Jede Desorientierung unseres Gemüts nagt an unserer Lebenskraft, zerstört unsere Energie und vermindert unsere Leistungsfähigkeit. Außerdem zerstört ein ungesundes Gemütsleben unsere körperliche Gesundheit und damit auch unser Lebensglück.

Wir wissen heute, daß unser Geistes- und Gemütszustand direkten Einfluß auf unsere Gesundheit hat. Wir wissen ferner, daß Menschen durch Neid, Mißgunst, Ärger und Ressentiments krank werden können. Wir wissen auch, daß irgendwelche Schuld- oder Angstgefühle die verschiedensten Krankheitssymptome hervorrufen können, und es ist bewiesen, daß die Heilung ihren Anfang nahm, nachdem eine geistige Umstellung eingeleitet worden war.

Ein Arzt erzählte mir den Fall einer jungen Frau, die mit allen Anzeichen einer akuten Arthritis in seine Klinik eingeliefert wurde. Die Frau hatte sehr hohes Fieber, und ihre Gelenke waren stark geschwollen. Um den Fall genau abzuklären, gab ihr der Arzt keine Arznei außer einem leichten Schmerzmittel. Nach zwei Tagen fragte die Patientin den Arzt: »Wie lange wird dieser Zustand dauern, und wie lange muß ich im Spital verbleiben?«

Der Arzt antwortete: »Ich glaube, daß Sie etwa sechs Monate hier bleiben müssen.«

Die Unterredung hatte am Abend stattgefunden. Am andern Morgen war die Temperatur der Patientin normal, und die Schwellungen in ihren Gelenken waren verschwunden. Der Arzt fand für diese plötzliche Heilung keine Erklärung, beobachtete die Frau noch einige Tage und schickte sie dann nach Hause.

Einen Monat später wurde sie erneut in das Spital eingeliefert: hohes Fieber, geschwollene Gelenke. Die nähere Abklärung ihrer Lebensumstände ergab, daß ihr Vater sie zu einer Heirat mit einem Mann, der ihm geschäftlich große Vorteile bieten konnte, veranlassen wollte. Die junge Frau liebte ihren Vater und hätte seinen Wunsch gern erfüllt, aber sie konnte nicht einen Mann heiraten, den sie nicht liebte. So kam ihr das Unterbewußtsein zu Hilfe und versah sie mit einer akuten Arthritis und mit hohem Fieber . . .

Der Arzt sprach mit dem Vater und warnte ihn, seine Tochter zu dieser Heirat zu zwingen, da er ihr damit gesundheitlich schweren Schaden zufügen könne. Als der Vater Vernunft annahm und die Tochter erfuhr, er habe seinen Wunsch aufgegeben, stellte sich die Heilung plötzlich und dauernd ein.

Das will nun nicht heißen, jedermann, der an Arthritis leide, sei mit dem falschen Partner verheiratet. Dieser Fall soll lediglich die ungeheuren Einflüsse unseres Gemütslebens auf den Körper verdeutlichen.

Ein Psychologe schrieb, Kinder könnten vom »Virus« der Angst viel leichter angesteckt werden als durch Masern oder irgendeine andere Kinderkrankheit. Der Bazillus der Angst dringt tief in ihr Unterbewußtsein ein und kann dort während eines ganzen Lebens verharren. »Glücklicherweise«, so fügt er bei, »können aber Kinder ebensoleicht Liebe, Güte und Vertrauen in sich aufnehmen und dadurch gesunde und normale Menschen bleiben.«

Dr. Ewald Weiß ist der Ansicht, wir sollten Ärger, Haß und Nachträglichkeit gegen andere Menschen ebensosehr als Bakterien betrachten wie andere Krankheitserreger, weil sie genauso Krankheiten und körperliche Schmerzen hervorrufen können wie wissenschaftlich feststellbare Bazillen.

Eine Frau besuchte ihren Arzt wegen eines Ausschlags an den Händen, der als ein Ekzem diagnostiziert wurde. Da es durch die Klassische medizinische Behandlung nicht heilen wollte, ermutigte der Arzt die Frau, von ihren Problemen zu erzählen, und es zeigte sich, daß sie einen strengen und unerbittlichen Charakter hatte. Die Patientin litt zudem auch an Rheuma. Der Doktor sandte sie zu einem Psychiater, der feststellte, daß die Frau an schweren inneren Konflikten litt, die sie nun in Form eines Ekzems nach außen transponierte.

Schließlich fragte sie der Psychiater: »Was frißt innerlich an Ihnen? Irgend etwas bedrängt und bedrückt Sie, nicht wahr?« Die Patientin fuhr zusammen und verließ das

Sprechzimmer, ohne ein Wort zu sagen. Der Psychiater wußte, daß er den Nagel etwas zu genau auf den Kopf getroffen hatte, doch nach einigen Tagen zwang sie der Zustand ihres Ausschlages erneut zu einem Besuch. Sie war bereit, sich helfen zu lassen, selbst auf die Gefahr hin, einen lange gehegten und gepflegten Haß aufzugeben.

Der ganze Hintergrund bestand aus einem Testament, das — nach Meinung der Patientin — zu ihren Ungunsten und zugunsten ihres Bruders aufgestellt worden war. Als sie sich mit den Tatsachen abgefunden und mit ihrem Bruder reinen Tisch gemacht hatte, verschwand das Ekzem innerhalb von 24 Stunden.

Selbst zwischen gewöhnlichen Erkältungen und Gemütskonflikten besteht ein direkter Zusammenhang. Dr. L. Saul von der Universität Pennsylvania hat sich eingehend mit diesem Problem befaßt. Er schreibt: »Gemütserregungen und -konflikte beeinträchtigen die Blutzirkulation in Nase und Hals. Sie können auch die Drüsenfunktionen direkt beeinträchtigen; dadurch wird die Empfindsamkeit der Schleimhäute auf Ansteckungen stark gesteigert.«

Dr. E. P. Fowler schreibt: »Erkältungen sind oft feststellbar bei Studenten, die vor ihrem Examen stehen, oder bei Menschen, die eine Reise vorhaben oder von einer Reise zurückkehren. Auch der bevorstehende Besuch einer Schwiegermutter kann bei Hausfrauen Erkältungen auslösen, die in vielen Fällen mit der Abreise wieder verschwinden.« (Dr. Fowler sagt nicht, ob sich solche Erscheinungen auch bei der Schwiegermutter selbst zeigen — vielleicht geht es ihr ebenso!)

Dr. Fowler erzählt den Fall einer fünfundzwanzigjährigen Verkäuferin. Als sie in seine Sprechstunde kam, hatte sie eine verstopfte Nase, die durch Blutstauungen gerötet war; sie litt außerdem an Kopfweh und leichtem Fieber.

Diese Symptome waren seit Wochen unverändert, und eine nähere Befragung ergab, daß sie wenige Stunden nach einem heftigen Streit mit ihrem Verlobten aufgetaucht waren.

Lokale Behandlungen brachten die Erscheinungen zum Verschwinden, doch nach einigen Wochen kam die Patientin erneut in die Sprechstunde wegen der gleichen Krankheit. Diesmal war sie nach einer Auseinandersetzung mit ihrem Metzger davon befallen worden. Wieder war die ärztliche Behandlung erfolgreich, doch das Mädchen erlitt immer neue Erkältungsanfälle, und jedesmal hingen sie irgendwie mit einem Ärger zusammen. Es gelang dem Arzt, sie zu überzeugen, daß ihr unfreundliches und ungezügeltes Temperament dafür verantwortlich sei. Als sie lernte, die Dinge ruhiger zu nehmen und sich nicht wegen jeder Kleinigkeit aufzuregen, verschwand ihr chronischer Schnupfen.

Trotzdem gibt es noch Menschen, die der Ansicht sind, es sei ein »theoretischer Ratschlag«, wenn die Bibel uns vor Aufregungen und Zorn warnt! Die Bibel aber ist nicht theoretisch: sie ist voller praktischer Ratschläge für unser Leben und unsere Gesundheit. Ärger, Haß und Schuld führen zur Krankheit.

Die Erkenntnisse der modernen Wissenschaft beweisen, daß die Heilige Schrift, die von so vielen Menschen noch nicht beachtet wird, ein hochaktuelles Buch und ein praktischer Wegweiser zu unserem persönlichen Wohlbefinden ist. Die Bibel zeigt uns nicht bloß unsere Fehler und Schwächen, sondern sie weist uns auch den Weg zu ihrer Überwindung und Heilung.

Dr. Fowler macht uns auch auf die gemütsbedingten »Erkältungen« bei Kindern aufmerksam. Chronische Erkältungen zeigen sich oft bei Kindern, deren Heim in die Brüche ging. Er berichtet von einem neunjährigen Buben, der einen sehr strengen, diktatorischen Vater und eine nachgiebige, weiche Mutter hatte. Der Konflikt zwischen der übermäßigen Strenge des einen Elternteils und der Nachgiebigkeit des andern irritierte das Kind. Während vieler Jahre litt es an immer wiederkehrendem Husten und Schnupfen. Es war interessant, festzustellen, wie diese Erscheinungen verschwanden, sobald der Junge mit den Pfadfindern in ein Camp auszog und nicht mit seinen Eltern in Berührung kam.

Wenn Ärger, Unsicherheit, Spannungen, Ressentiments und Mißgunst so machtvoll sind, was ist der logische Schluß, den wir aus diesen Tatsachen zu ziehen haben? *Wir müssen unseren Geist und unser Gemüt mit Gedanken und Gefühlen des guten Willens, der Güte und Liebe, der Verzeihung, der Großzügigkeit, der Toleranz und der Gelassenheit erfüllen.* Und wie können wir dies erreichen?

Denke daran, daß Ärger eine Erregung ist. Erregungen sind warm, vielfach sogar heiß. Um sie zu dämpfen, müssen sie abgekühlt werden. Aber wie? Wenn sich jemand aufregt und ärgert, wollen sich die Fäuste ballen, die Stimme wird laut und steigt, die Muskeln spannen sich, und der Körper wird verkrampft. (Physisch gesehen, machen wir uns zum Kampf bereit.) Stellen wir darum der Hitze innere Gelassenheit und Kühle entgegen. Lassen wir sie einfrieren! Durch einen Akt des Willens entspannen wir unsere Hände, senken Tonfall und Lautstärke unserer Stimme. Lassen wir uns in einen Stuhl fallen oder besser: legen wir uns nieder. Wer liegt, hat Mühe, die Selbstbeherrschung zu verlieren.

Sage zu dir selber: »Sei kein Narr! Aufregung führt nirgends hin. Darum Schluß damit!« Vielleicht hast du Mühe, gerade jetzt zu beten. Versuche es aber trotzdem. Stelle dir Jesus Christus vor! Könnte er sich so gebärden wie du? Niemals! Das wird dir helfen, dich zu beruhigen.

Eine gute Methode, um Erregungen abzukühlen, besteht in der Gewohnheit, langsam bis zehn zu zählen. *Besser aber* sind die ersten zehn Worte des »Vater Unser«. Wenn du dich aufregst, sage ruhig den ersten Satz des Gebets vor dich hin, und deine Erregung wird viel von ihrer Macht über dich verlieren.

Ärger und Verdruß sind gewöhnlich der Ausdruck vieler kleiner Unannehmlichkeiten, die Macht gewannen, weil sich ein Steinchen zum andern fügte, bis das Ganze schließlich groß und gewichtig wurde. Es lohnt sich daher, eine Aufstellung aller kleinen Dinge zu machen, die uns bedrükken und irritieren. Es spielt gar keine Rolle, wenn es sich dabei um scheinbar unbedeutende Dinge handelt; schreibe sie trotzdem auf! Dadurch werden wir uns der vielen kleinen Bächlein bewußt, die sich schließlich zum reißenden Strom des Kummers vereinen.

Befasse dich mit jeder einzelnen deiner kleinen Bedrängungen im Gebet. Erringe über jede einen besonderen Sieg. Anstatt alle deine Sorgen auf einmal zu überwinden, was eine allzu große Kraftanstrengung erfordert, nimm sie dir einzeln vor. Auf diese Weise wirst du die Kraft deiner gesamten Ärgernisse schwächen und schließlich ganz damit fertig werden.

Sobald du fühlst, wie dich irgendein Verdruß in die Krallen nimmt, sage dir: »Lohnt es sich wirklich, mich deswegen aus der Ruhe bringen zu lassen? Will ich wirklich einen Narren aus mir machen? Soll ich dadurch die Zuneigung und Freundschaft anderer Menschen verlieren?« Sage dir auch jeden Tag die Worte: »Es gibt nichts, für das sich eine Aufregung lohnt.«

Wenn du verletzt worden bist, tue sofort etwas dagegen. Schleiche nicht als »beleidigte Leberwurst« herum und lasse keine Selbstbemitleidung in dir aufkommen. Handle so, als ob du dich in den Finger geschnitten hättest: einige Tropfen geistiges »Jod« in Form eines Gebets. Sei nicht nachtragend, verzeihe! Dein Ressentiment schadet niemandem außer dir selbst!

Übe deinen Geist in der Kunst der Reinigung und des Vergessens. Das heißt: Öffne die Kammern deines Hirns und lasse alle Gedanken des Ärgers und des Verdrusses ausfliegen. Suche einen Menschen auf, dem du vertrauen kannst. Sprich mit ihm, erleichtere dich. Trenne dich von allen Resten negativer Gedanken — und vergiß sie.

Wenn dich jemand verletzt hat, bete für ihn. Das hilft nicht immer sofort, aber auf die Dauer hilft es *sicher*. Bete so lange, bis alle Gefühle der Abneigung und des Ärgers in dir verschwunden sind.

Sprich das folgende kleine Gebet: »Möge mein Herz von der Liebe Jesu erfüllt werden.« Und füge bei: »Möge Gottes Liebe für (füge hier den Namen des betreffenden Menschen ein) auch mein Herz erfüllen.« Bitte darum, daß dieser Wunsch dein aufrichtiger Wille werde.

Nimm den Rat Jesu wörtlich: Vergib siebzigmal siebenmal! Um es genau zu nehmen: das ist vierhundertneunzigmal. Bevor du jemandem so oft vergeben hast, wirst du frei von Verdruß und nicht mehr nachtragend sein.

Deine Aufregungen, dein Ärger, dein Verdruß, dein Haß — das alles kann einzig und allein zum Verschwinden gebracht werden, wenn Jesus Christus selbst die Kontrolle darüber ausübt. Bete wie folgt: »So wie Du einen Menschen vom Schlechten zum Guten führen kannst, so bitte ich Dich, meinen Nerven Deine Ruhe und Deinen Frieden zu schenken. So wie Du Macht gibst über die Sünden des Fleisches, schenke mir Macht über die Sünden des Geistes und des Gemüts. Stelle meine Gefühle unter Deinen Schutz. Gib meinen Nerven und meiner Seele Deinen Frieden.«

Wenn du erneut von Ärger und Verdruß befallen wirst, erinnere dich an dieses Gebet. Wiederhole es täglich dreimal. Schreibe es auf! Hefte es über dein Pult oder deinen Küchentisch oder lege es in deine Taschenagenda.

XIII

Neue Gedanken erneuern
dein Leben

William James, einer der weisesten Männer, sagte: »*Die größte Entdeckung unserer Generation besteht darin, daß der Mensch fähig ist, sein Leben zu ändern, indem er seine Gedanken ändert.*«

Wie du denkst, so wirst du sein. Darum fort mit allen veralteten, müden, ausgetragenen und negativen Gedanken! Fülle deinen Geist mit neuen, frischen Gedanken der Liebe, der Güte, des Vertrauens und des Glaubens. Dadurch kannst du tatsächlich dein Leben erneuern.

Und wo finden wir solche Gedanken der inneren Erneuerung?

Ich kenne einen führenden Geschäftsmann, bescheiden, aber eine jener erstaunlichen Persönlichkeiten, die nicht zu schlagen sind. Es gibt keine Probleme, keine Niederlagen, keine Rückschläge, keine Opposition, die er nicht überwindet und zum Guten wendet. Allen Hindernissen tritt er mit innerer Sicherheit und gläubigem Vertrauen entgegen, und irgendwie verwandeln sie sich auf seltsame Weise immer zu seinen Gunsten. Er scheint in allen Dingen eine »glückliche Hand« zu haben, die niemals versagt.

Diese hervorstechenden Eigenschaften haben stets mein Interesse erweckt, denn ich war der Überzeugung, es müsse dafür eine ganz bestimmte Erklärung geben. Da er aber ein sehr bescheidener und zurückhaltender Mensch ist, war es nicht leicht, ihn zum Sprechen zu bringen. Eines Tages, als er gerade in der richtigen Stimmung war, gab er mir sein

Geheimnis preis. Ich besuchte seine Fabrik, ein hochmodernes Werk, ausgerüstet mit den neuesten Maschinen und einer maximalen Produktionskapazität. Die Arbeitsbedingungen sind vorbildlich und die menschlichen Beziehungen im Betrieb ausgezeichnet. Ein Geist des guten Willens scheint die ganze Organisation zu beherrschen.

Das Büro meines Bekannten ist ultramodern eingerichtet. Mein Erstaunen war groß, auf dem Pult eine Bibel zu entdecken, und zwar ein altes, abgegriffenes Exemplar. Das Buch war wohl der einzige alte Gegenstand in diesem Raum.

»Dieses Buch«, bemerkte mein Bekannter, »ist das Modernste, was Sie in meiner Fabrik finden können. Inneneinrichtungen und Maschinen können überholt werden, doch die Bibel steht so hoch über allem, daß sie nie veralten kann.

Als mich meine Eltern ins College schickten, übergab mir meine gläubige Mutter diese Bibel mit dem Hinweis, ich würde mit allen Schwierigkeiten des Lebens fertig werden, wenn ich mich an ihre Lehren halten würde. Ich dachte damals, meine Mutter sei eine liebe alte Frau (obschon sie noch keineswegs alt war), und um ihr eine Freude zu machen, nahm ich die Bibel an mich. Während vieler Jahre schaute ich sie praktisch nie an, denn ich glaubte, sie nicht nötig zu haben. Nun, ich war ein Dummkopf. Mein Leben entwickelte sich keineswegs günstig. Alles ging schief. Und was war der Grund? Ich selbst war ›schief‹, dachte falsch, handelte falsch, hatte nirgends Erfolg, aber überall Mißerfolg. Heute weiß ich, daß mein Hauptfehler in meiner unrichtigen Denkweise bestand. Ich dachte negativ, mißgünstig und voreingenommen. Niemand brauchte mir etwas vorzumachen, wußte ich doch alles besser. Im Grunde genommen fühlte ich mich allen anderen Menschen überlegen. Kein Wunder, daß mich niemand mochte.«

Und er fuhr fort: »In einer Nacht, als ich allerlei Schriftstücke ordnete, kam mir die längst vergessene Bibel in die

Hände. Sie rief alte Erinnerungen in mir wach, und ich begann darin zu lesen. Es ist eigenartig, wie oft kleine Dinge große Bedeutung erlangen. Irgendeinmal im Leben geht einem plötzlich ein Licht auf, und alles bekommt ein anderes Gesicht. Als ich las, stieß ich auf einen Satz, der buchstäblich mein Leben von Grund auf veränderte. Und wenn ich sage ›veränderte‹, so ist es wirklich so! Von der Minute an, da ich diesen Satz gelesen hatte, wurde alles ganz anders.«

»Wie heißt dieser Satz?« fragte ich gespannt, und er sagte ihn langsam und nachdenklich: »*Der Herr ist mein Licht und mein Heil . . . ich bleibe getrost.*« (Psalm 27, 1-3).

»Ich wußte damals nicht«, fuhr er fort, »warum gerade diese Worte mir so großen Eindruck machten. Heute weiß ich, daß ich trotz meiner Überheblichkeit ein Defätist war, negativ und ohne Glaube und Vertrauen. Irgend etwas ging in meinem Innern vor. Wahrscheinlich das, was man als ›geistiges Erlebnis‹ bezeichnet. Meine Denkweise verließ das Negative und wandte sich dem Positiven zu. Ich beschloß, Vertrauen in Gott zu haben und im übrigen mein Bestes zu tun und die Grundsätze der Bibel zu befolgen. Damit änderte sich meine ganze Geisteshaltung von Grund auf. Meine alten, negativen Gedanken verschwanden, und neue, bejahende Ideen erschienen.«

Diese Geschichte illustriert eine wichtige Tatsache der menschlichen Natur: Wir können durch unser Denken zu Mißerfolg und Unglück oder zu Glück und Erfolg geführt werden. Die Welt, in der wir leben, ist keineswegs vorausbestimmt durch äußere Bedingungen und Umstände, sondern durch die Gedanken, die unseren Geist beherrschen. Erinnern wir uns immer wieder an die weisen Worte des römischen Kaisers Marc Aurel, der zu den größten Denkern der Antike gehört und der sagte: »*Das Leben eines Mannes ist das, was seine Gedanken daraus machen.*«

Ralph Waldo Emerson sagte: »Ein Mann ist das, was er den ganzen Tag denkt.« Und ein berühmter Psychologe erklärte: »Die menschliche Natur ist von der zwingenden Tendenz erfüllt, das zu werden, was sie sich vorstellt.«

Gedanken sind dynamische Kräfte. Wir können uns tatsächlich in eine Situation »hineindenken« und uns auch aus ihr »herausdenken«; unsere Gedanken können uns krank oder gesund machen. Umstände werden weit mehr durch Gedanken bestimmt als Gedanken durch Umstände.

Wer Verhältnisse ändern will, muß zuerst sein Denken ändern. Nie dürfen wir passiv irgendwelche Bedingungen einfach hinnehmen, die uns nicht befriedigen. *Formen wir im Geist ein Bild der Verhältnisse, wie sie sein sollten! Halten wir dieses Bild fest, bauen wir es bis in alle Einzelheiten aus, glauben wir daran, beten wir dafür, arbeiten wir dafür. Das ist der Weg zu seiner Verwirklichung.*

Das ist eines der größten Gesetze unseres Lebens. Ich würde mich glücklich schätzen, wenn ich es als junger Mensch entdeckt hätte, doch ich stieß erst in späteren Jahren darauf. Trotzdem bleibt es, neben meinem Glauben an Gott, die größte Entdeckung meines Daseins. Und in einem tieferen Sinne ist dieses Gesetz auch ein Faktor des Gottesglaubens, denn es öffnet dem Menschen den Weg zu den göttlichen Kräften.

Lege deine Probleme in Gottes Hand. Erhebe deine Gedanken *über* deine Sorgen, so daß du *diese von oben,* nicht von unten betrachten kannst. Prüfe das, was du anstrebst, genau, ob es im Einklang mit Gottes Willen steht. Versuche nie, eine schlechte Sache zum Erfolg zu führen. Sei sicher, daß dein Streben moralisch, geistig und ethisch sauber ist. Irrtümer und Fehler ergeben nie gute Resultate. *Ist unser Denken falsch, dann ist auch das Ergebnis falsch. Darum müssen wir von der Sauberkeit und Rechtlichkeit unserer Wünsche überzeugt sein.* Erst dann dürfen wir sie ruhig in Gottes Hand geben und uns vom Endergebnis ein geistiges Bild machen. Alle auftauchenden negativen Gedanken müssen sofort durch positive ersetzt werden, damit der schöpferische Prozeß des Erschauens, Glaubens und Verwirklichens nicht unterbrochen wird.

Henry J. Kaiser erzählte mir, wie er einmal einen Flußdamm erbauen mußte, der durch einen großen Sturm mitten in der Arbeit wieder zerstört wurde. Die Bagger waren über und über mit Schlamm bedeckt, und als er den Schaden besichtigte, standen die Arbeiter mutlos vor ihren halb im Schlamm versunkenen Maschinen.

»Warum macht ihr so lange Gesichter?« fragte er lächelnd.

»Sehen Sie nicht, was passiert ist?« sagten sie schlechtgelaunt. »Unsere Maschinen sind über und über mit Schlamm bedeckt.«

»Was für Schlamm?« fragte Kaiser.

»Was für Schlamm?« wiederholten sie erstaunt. »Blicken Sie doch um sich!«

»Ich sehe keinen Schlamm«, sagte er lachend. »Ich sehe über mir blauen Himmel, und dort gibt es keinen Schlamm, nur Sonnenschein, und ich kenne keinen Schlamm, der der Sonne widerstehen könnte. Bald wird er trocknen, und dann werden wir die Maschinen wieder in Gang bringen.«

Dieses Beispiel gilt für alle Probleme. Richten wir unsere Augen abwärts in den Schlamm, bleiben wir entmutigt und ohne Hoffnung. Blicken wir aber gläubig und vertrauend auf zu den positiven Mächten unseres Daseins, dann werden wir auch Kraft gewinnen, unsere Sorgen zu überwinden.

Einer meiner Freunde, der ganz unten anfangen mußte und der heute in seinem Beruf eine hervorragende Stellung einnimmt, hat sich vom schüchternen Landbub zum erfolgreichen Mann entwickelt, und es wunderte mich immer, wie er das fertiggebracht hatte.

Eines Tages verriet er mir sein »Geheimnis«: »Alles hängt davon ab, wie wir über unsere Probleme denken«, sagte er. »Ich greife jedes Problem an und zerlege es kraft meines

Verstandes in seine Einzelteile. Zweitens vertraue ich auf eine gute Lösung. Drittens mache ich mir ein geistiges Bild von seiner erfolgreichen Überwindung. Viertens frage ich mich, ob mein Tun gut, anständig und richtig sei. Nichts geht gut aus, das in seinem Grund falsch oder schlecht ist. Fünftens: Ich gebe alles, was ich habe, um damit fertig zu werden. Das Wichtigste aber bleibt die geistige Haltung. Wenn wir negativ denken, müssen wir sofort damit aufhören und neue, bejahende und vertrauende Gedanken in uns aufnehmen. Das ist das Erste und Wichtigste bei der Überwindung irgendwelcher Schwierigkeiten.«

Beim Lesen dieses Buches werden Sie ohne Zweifel schöpferische Ideen und positive Gedanken aufnehmen. Wenn Sie diese pflegen, stärken und weiterentwickeln, wird es Ihnen gelingen, Ihre Geld- und Geschäftsprobleme besser zu lösen als zuvor. Ihre Unternehmungen werden sich ersprießlich gestalten, und Ihr ganzes Leben wird sich dank einer neuen, bejahenden Lebenshaltung verändern.

Es gab eine Zeit, da ich der irrigen Meinung war, *Glaube* und *Wohlstand* ließen sich nicht vereinen. Ich war der Ansicht, Religion sollte nie mit geschäftlichen Dingen verbunden werden, sondern sich einzig und allein auf moralische, ethische und soziale Probleme beschränken. Heute habe ich längst eingesehen, daß ein solcher Gesichtspunkt die göttlichen Kräfte und die Entwicklung des Menschen einschränkt. Die Religionen lehren, das Universum sei von einer gewaltigen Kraft erfüllt, die sich auch auf den Menschen übertragen könne. *Es ist tatsächlich eine Macht, die jede Niederlage überwinden und den Menschen weit über alle seine Sorgen hinausheben kann.*

Wir wissen heute um die gewaltigen Kräfte des Atoms. Dieselben Energien wohnen im menschlichen Geist, und es gibt auf der Welt keinen mächtigeren Faktor als die Geisteskraft des Menschen. Der Mensch ist weit größerer Leistungen fähig, als er sich je bewußt geworden ist.

Das gilt für uns alle! Wenn wir wirklich lernen, die in uns schlummernden Kräfte und Energien zu wecken, dann wird es uns gewissermaßen an nichts fehlen. Unser Leben kann frei und glücklich werden, wenn wir die uns von Gott gegebenen Kräfte richtig anwenden. Nichts ist unmöglich! Alles, was wir glauben und erschauen, wofür wir beten und arbeiten, kann sich verwirklichen. Blicke tief in dein Inneres: es ist voller Wunder. Wenn man menschliches Versagen bis in seine letzten Tiefen analysiert, stößt man immer auf eine falsche Denkweise. Die Irrtümer unserer Gedanken müssen zuerst berichtigt werden. Wenn der 23. Psalm sagt: » . . . *er leitet mich auf rechtem Pfade*«, so heißt das auch auf dem *Weg des rechten Denkens*. Und wenn Jesaja sagt: »Der Gottlose lasse seinen Weg und der Frevler seine Gedanken . . .« (Jesaja 55, 7), so will das auch besagen, eine Änderung der Gedanken vom Falschen zum Richtigen, vom Irrtum zur Wahrheit sei notwendig.

Das große Geheimnis eines glücklichen Lebens besteht in der fortwährenden Verminderung unserer inneren Irrtümer und Fehler und im Anwachsen der Wahrheit in uns selber. Ein ständiger Zustrom neuer, gesunder Gedanken wirkt sich in allen Lebensumständen schöpferisch aus, denn die Wahrheit ruft die richtigen Taten, und richtige Taten rufen gute Ergebnisse hervor.

Vor Jahren kannte ich einen unglücklichen jungen Mann, der fast in allem Mißerfolg hatte, was immer er in die Hand nahm. Obschon er eine angenehme Erscheinung war, versagte er immer wieder. Es kam vor, daß er von jemandem mit Begeisterung angestellt wurde, doch bald darauf verlor er die Stelle wieder. Der junge Mann versagte sowohl als Persönlichkeit wie auch als Angestellter. Es wollte ihm einfach nichts richtig gelingen, und oft fragte er sich: »Woran liegt es denn, daß immer alles schiefgeht?«

Er verfügte über eine gute Portion Selbstbewußtsein und Überheblichkeit und hatte die Gewohnheit, alles und jedes für seine Mißerfolge verantwortlich zu machen, nur nicht sich selber. Bei jeder Firma, die ihn anstellte, war irgend etwas nicht in Ordnung; immer hatte er etwas auszusetzen, doch nie kam es ihm in den Sinn, einmal tiefer in sich selbst nach den Fehlern zu suchen. Eines Abends wollte er mich sprechen, und da ich mit dem Auto ungefähr 150 Kilometer weit fahren mußte, um einen Vortrag zu halten, begleitete er mich auf dem Weg hin und zurück. Auf dem Heimweg, ungefähr um Mitternacht, hielten wir irgendwo an, um eine Tasse Kaffee zu trinken und ein Brötchen zu essen. Plötzlich rief mein Begleiter aus: »Ich habe es!« — »Was hast du?« fragte ich erstaunt.

»Ich habe die Antwort gefunden. Ich weiß nun, was mit mir los ist und warum alles schiefgeht! — Weil ich selber nicht in Ordnung bin!«

Ich legte meine Hand auf seine Schulter und sagte: »Mein Lieber, endlich siehst du etwas ein!« »Es ist mir alles sonnenklar«, sagte er, »ich habe ständig falsche Gedanken gepflegt — und dabei konnte nichts Gutes herauskommen.«

Wir standen im Mondschein neben dem Wagen, und ich sagte zu ihm: »Harry, du mußt noch einen Schritt weiter gehen und Gott bitten, er möge dir helfen, richtig zu denken.« Ich zitierte eine Stelle aus der Bibel: »*Und ihr werdet die Wahrheit erkennen, und die Wahrheit wird euch frei machen.*« (Johannes 8, 32) Die Wahrheit muß in unseren Geist eingehen, und wir werden frei von Mißerfolg.

Mein junger Freund wurde ein begeisterter Anhänger von Jesus Christus. Durch gläubiges Vertrauen und eine radikale Änderung seiner Denkweise entwickelte er auch eine richtige Lebenshaltung. Und nachdem sich diese Wandlung seines Denkens vollzogen hatte, ergab sich auch eine Änderung seiner Stellung im praktischen Leben.

Die folgenden sieben Grundsätze führen vom negativen zum positiven Denken. Wer sie anwendet, wird schöpferische Kräfte freimachen, sich vom Irrtum lösen und der Wahrheit zustreben.

1. Sprechen Sie während der nächsten 24 Stunden positiv und hoffnungsvoll über alles: über Ihre Arbeit, Ihre Gesundheit und Ihre Zukunft. Reden Sie bejahend über alles. Das wird vielleicht nicht einfach sein, besonders dann, wenn Sie bisher negative Gedanken gepflegt haben. Davon müssen Sie sich losreißen, auch wenn es Sie eine energische Willensanstrengung kostet.

2. Wenn Sie 24 Stunden lang eine zuversichtliche und hoffnungsvolle Sprechweise durchgehalten haben, bleiben Sie gleich noch eine Woche länger dabei! Dann können Sie es sich leisten, für einen oder zwei Tage »realistisch« zu sein. Sie werden dann entdecken, daß das, was Sie vor einer Woche unter »realistisch« verstanden, etwas ganz anderes geworden ist, nämlich das *Aufdämmern neuer, positiver Ausblikke*. Die meisten Menschen vergessen, daß das Positive mindestens so realistisch ist wie das Negative.

3. Unser Geist bedarf, wie der Körper, der Nahrung; und wenn er gesund bleiben will, bedarf er auch der *gesunden Nahrung!* Beginnen Sie heute, Ihren Geist anstatt negativ *positiv* zu »ernähren«. Lesen Sie das Neue Testament und unterstreichen Sie jeden Satz, der von Glaube und Vertrauen spricht. Setzen Sie die Lektüre beharrlich fort, bis Sie jeden solchen Satz bei Johannes, Matthäus, Markus und Lukas angestrichen haben. Lesen Sie besonders das 11. Kapitel Markus mit den Versen 22,23 und 24. Sie können als Beispiele dienen für andere Stellen, die Sie unterstreichen und in sich aufnehmen sollen.

4. Lernen Sie die unterstrichenen Stellen auswendig. Jeden Tag einen Satz. Das braucht Zeit, doch erinnern Sie sich

daran, daß Sie viel mehr Zeit dazu verschwendet haben, ein negativer Denker zu werden! Es braucht etwas Energie und Zeit, um umzulernen.

5. Notieren Sie sich die Namen der Menschen in Ihrem Bekanntenkreis, die zu den bejahend und positiv Denkenden gehören, und suchen Sie ihre Gesellschaft. Wenden Sie sich nicht ab von Ihren pessimistischen und negativ denkenden Freunden, doch suchen Sie für die nächste Zeit *vermehrten Umgang mit positiven Menschen,* so lange, bis Sie selbst etwas von ihrer bejahenden Denkweise angenommen haben. Dann können Sie wieder Ihre negativen Freunde aufsuchen und ihnen bejahende Gedanken zuführen, ohne sich von ihrer negativen Art beeinflussen zu lassen.

6. Vermeiden Sie negative Diskussionen. Wenn jemand pessimistische und verneinende Gedanken äußert, setzen Sie positive, zuversichtliche Gedanken entgegen.

7. Beten Sie viel und danken Sie Gott für die vielen wundervollen Möglichkeiten, die er uns gibt. Gott kann uns nichts Besseres schenken als die Gnade des Vertrauens und des Glaubens. *»Euch geschehe nach eurem Glauben.«* (Matthäus 9, 29)

Das Geheimnis eines besseren und glücklicheren Lebens liegt in der radikalen Säuberung des Geistes von veralteten, ungesunden und toten Gedanken. Statt ihrer benötigen wir lebendige, dynamische Gedanken des Vertrauens und des Glaubens. Sie können sich darauf verlassen: solche Gedanken werden Sie selbst und Ihr Leben erneuern.

XIV

Entspanne dich —
und gewinne neue Kraft!

»Das amerikanische Volk braucht jede Nacht über sechs Millionen Schlaftabletten.«

Diese erstaunliche Tatsache erfuhr ich anläßlich einer Tagung von einem Chemiefabrikanten. Obwohl die Zahl unglaublich erscheint, haben mir auch andere kompetente Leute versichert, sie sei nicht übertrieben.

Von anderer Seite hörte ich sogar, die Amerikaner würden täglich 12 Millionen Schlaftabletten zu sich nehmen. Das kommt einem Quantum gleich, mit dem man jeden 12. Bürger einschläfern könnte. Statistiken beweisen, daß der Verbrauch an Schlaftabletten in den letzten Jahren um 1000 Prozent gestiegen ist.

Welch unerhörte Situation! Schlaf ist das natürliche Mittel zur Kräftegewinnung, und jedermann sollte fähig sein, nach seiner Tagesarbeit Ruhe und Frieden zu finden. Es scheint aber, daß die modernen Menschen zum großen Teil auch die Kunst zu schlafen verlernt haben. Die Leute sind so aufgezogen, daß sie — als Pfarrer kann ich dies beurteilen — nicht einmal mehr bei einer Predigt einschlafen können! Tatsächlich habe ich seit Jahren keinen schlafenden Zuhörer mehr in der Kirche gesehen, und das ist meiner Meinung nach bedenklich.

Ein Politiker, der es liebt, mit Zahlen zu jonglieren, sagte mir, jeder Amerikaner habe durchschnittlich 50mal Kopfweh pro Jahr.

Ich weiß nicht, wie der Mann auf diese Zahl kommt, aber

kurze Zeit später erfuhr ich, die chemische Industrie habe während eines Jahres 11 Millionen Pfund Aspirin verkauft. Nicht zu Unrecht hat ein Schriftsteller unsere Zeit als »Aspirin-Ära« bezeichnet.

Von kompetenter Stelle verlautet: Jedes zweite Spitalbett in den Vereinigten Staaten ist von einem Patienten besetzt, der weder verunfallt noch organisch krank ist, sondern der *nicht fähig ist, seine Gefühle und sein Gemütsleben in Ordnung zu halten.*

In einer Klinik wurden 500 Patienten untersucht, und man stellte fest, daß 386 davon, also 77 Prozent, mit psychosomatischen Schwierigkeiten zu kämpfen hatten. Alle diese Menschen waren vorwiegend körperlich krank geworden als Folge eines ungesunden Geistes- und Gemütslebens. Ein anderes Spital überprüfte viele Fälle von Geschwüren und kam zu dem Schluß, nahezu die Hälfte der Krankheiten sei nicht körperlich bedingt, sondern hätte ihre Ursache in Sorge, Haß, Schuld und anderen inneren Spannungen.

Der Chef einer Klinik ist der Ansicht, die Medizin könne trotz aller Fortschritte nicht einmal die Hälfte aller Fälle heilen, mit denen sie in Berührung komme. Er erklärt, viele Patienten würden mit ihren kranken Gedanken ihren Körper immer aufs neue vergiften, vor allem durch die verschiedensten inneren Spannungen und Befürchtungen.

Dies erhellt die Notwendigkeit wissenschaftlicher geistiger Analysen, die zur Selbsterkenntnis und damit zur inneren Befreiung führen[1].

Einer meiner Freunde, ein Geschäftsmann, der auf ver-

---

[1]Nicht allen Menschen ist es gegeben, ihre Probleme mit Drittpersonen frei zu besprechen. Es gibt aber keine Lösung von inneren Spannungen und Schwierigkeiten ohne unerbittliche Selbsterkenntnis. Das Buch »Spiegel des Menschen« von W. Bergien zeigt den klaren, wissenschaftlichen Weg zu einer aufschlußreichen Selbstanalyse und vermittelt praktische Ratschläge zur Einleitung der Heilung bei Charakterschwierigkeiten und vielen psychosomatisch bedingten Erkrankungen (Oesch Verlag AG, Thalwil).

schiedenen Gebieten wichtige Interessen vertritt, scheint immer ruhig und überlegen zu sein. Alles, was er tut, geschieht ruhig, rasch und bestimmt, doch läßt er sich nie in eine Aufregung hineintreiben. Nie sieht man auf seinem Gesicht jenen gequälten und nervösen Ausdruck, der diejenigen zeichnet, die weder ihre Zeit noch ihre Arbeit beherrschen. Ich fragte ihn einst, wie er das fertigbringe, und er verriet mir sein »Geheimnis«: »Oh, es ist absolut kein Geheimnis«, sagte er, »ich versuche einfach, in Harmonie mit Gott zu leben. Das ist alles. Jeden Morgen nach dem Frühstück verbringe ich mit meiner Frau im Wohnzimmer eine Weile in stiller Meditation. Eines von uns liest einige Sätze aus irgendeinem guten Buch, um die Stimmung der Meditation zu fördern. Hierauf bleiben wir ruhig sitzen, jedes geht seinen eigenen Gedanken nach und betet auf seine Weise, und zum Abschluß versichern wir uns des Glaubens, daß uns Gott mit Ruhe und genügend Kraft versorgt, um den Anforderungen des Tages gewachsen zu sein. Diese Viertelstunde der inneren Besinnung ist ein fester Bestandteil unseres Tages, und wir lassen uns durch nichts davon abhalten. Wir könnten sie auch gar nicht mehr vermissen; sie ist uns ein wahres Lebensbedürfnis geworden und gibt mir so viel Energie, daß ich stets das Gefühl habe, mehr davon zu besitzen, als ich überhaupt brauche.«

Ich kenne noch viele Männer und Frauen, die auf ähnliche Art und Weise innere Spannungen und Nervosität überwinden und damit guten Erfolg haben.

An einem Februarmorgen eilte ich durch die lange Veranda eines Hotels in Florida, wo ich meine Winterferien zubrachte, um mein Zimmer aufzusuchen. Unter dem Arm hielt ich die soeben eingetroffene Post, die ich mir täglich nachsenden ließ und die mich für einige Stunden in Anspruch nehmen würde. Plötzlich wurde ich durch einen Bekannten aufgehalten, der in einem der bequemen Liegestühle saß und seinen Hut halb über die Augen gezogen hatte. »Wohin so eilig, Doktor?« sagte er. »Wer wollte sich auch unter der Sonne Floridas dermaßen beeilen?! Kommen Sie, setzen Sie sich etwas zu mir und helfen Sie mir, mich in einer der größten Künste zu üben.«

»Was meinen Sie damit?« fragte ich erstaunt.

»Eine Kunst, die leider ausstirbt«, sagte er. »Die wenigsten Menschen verstehen noch etwas davon.«

»Ich weiß nicht, was Sie sagen wollen«, mußte ich gestehen. »Soviel ich sehe, tun Sie überhaupt nichts.«

»Das ist es eben!« gab er zur Antwort. »Ich pflege die Kunst des Nichtstuns. Ich sitze einfach hier und lasse mich von der Sonne bescheinen. Sie wärmt, die Luft ist herrlich — und ich fühle mich wundervoll ruhig dabei.« Nach einer kleinen Pause sagte er: »Haben Sie auch schon über die Sonne nachgedacht? Sie beeilt sich nie; sie regt sich nicht auf; sie macht keinen Lärm, beantwortet keine Telefonanrufe, läßt keine Glocken läuten, *sie scheint einfach*, und doch vollbringt sie in einem Augenblick *mehr* als wir in hundert Jahren fertigbrächten: sie läßt Blumen und Bäume wachsen, erwärmt die Erde, läßt Korn und Früchte reifen und schenkt uns Wärme und Zufriedenheit. Immer, wenn ich mir Zeit nehme, ein wenig in der Sonne zu sitzen, spüre ich, wie mir ihre Strahlen neue Energien vermitteln. — Werfen Sie Ihre Post in eine Ecke!« sagte er, »und setzen Sie sich in einen dieser Stühle!«

Ich befolgte seinen Rat, und als ich später auf mein Zimmer ging, war meine Post in kürzester Zeit erledigt. Es verblieb mir noch genügend Zeit, um auszuspannen und noch etwas in der Sonne zu sitzen.

Ich habe allerdings viele Menschen gekannt, die ihr Lebtag »in der Sonne sitzen« und nie etwas Rechtes geleistet haben. Es besteht aber ein wesentlicher Unterschied zwischen einem bewußten Nichtstun und gewöhnlichem Müßiggang.

Wenn wir uns wirklich entspannen und unsere Gedanken einer höheren Welt zuwenden, wenn wir ruhen und stille sind, um in Harmonie mit dem Unendlichen zu gelangen, dann werden wir tatsächlich neuer Kräfte und Energien teilhaftig, und zwar solcher Kräfte, die wir beherrschen, nicht etwa solcher, die uns beherrschen.

Das Geheimnis liegt in einer ruhigen Geisteshaltung. Alle Reaktionen der Hast müssen vermieden werden, und wir tun gut, unsere eigene, wirkungsvolle Methode auszuarbeiten, um uns zu entspannen und dadurch neue Kräfte zu gewinnen. Eine der besten Ideen dazu verdanke ich Captain Eddie Rickenbacker, der es trotz seiner hohen Arbeitsproduktivität versteht, jederzeit über ausreichende Kraftreserven zu verfügen.

Eines Tages mußte ich mit ihm zusammen eine Fernsehsendung aufnehmen lassen. Es war abgemacht, die Arbeit so schnell wie möglich hinter uns zu bringen, damit Eddie wieder seinen andern Verpflichtungen nachgehen konnte. Und es war uns möglich, die Aufnahmen weit unter der dafür vorgesehenen Zeit zu erledigen. Es fiel mir auf, daß mein Freund überhaupt nie irgendwelche Zeichen der Ungeduld oder der Nervosität äußerte. Statt dessen schien er sich ganz dem Augenblick zu widmen. Im Studio standen einige Stühle herum, und Eddie ließ sich in äußerst bequemer und entspannter Weise in einem davon nieder.

»Wie bringst du es nur fertig, unter allen Umständen eine solche Ruhe zu bewahren?« fragte ich unwillkürlich.

Er lachte und sagte: »Ganz einfach, ich *tue* das, was du predigst. Komm, setz dich neben mich, es geht weit besser so.«

Ich holte einen andern Stuhl und versuchte ebenfalls, mich etwas zu entspannen. »Eddie«, sagte ich, »ich weiß, daß du irgendeine besondere Methode hast, deine außergewöhnliche Ruhe zu bewahren. Wie bringst du das nur fertig?«

Mein Freund ist ein bescheidener Mensch, und erst auf

mein wiederholtes Drängen erzählte er mir davon. Heute wende ich seine »Methode« selber regelmäßig an, und ich habe die besten Erfahrungen damit gemacht. Hier ist sie:

Erstens: Entspanne dich körperlich vollkommen. Stelle dir irgend etwas dabei vor, zum Beispiel einen prallvollen Kartoffelsack. Nimm ein Messer und schneide ihn auf, so daß sämtliche Kartoffeln herauskollern. Denke, du seiest der Sack! Was könnte entspannter sein als ein leerer Sack?

Zweitens: Entleere deinen Geist! Mehrmals täglich muß unser Kopf gründlich gesäubert werden von allen Befürchtungen, Ängsten, Ressentiments, Enttäuschungen und Ärgernissen. Wer das nicht regelmäßig tut, wird in seinem Kopf so viele negative und unselige Gedanken anhäufen, daß er eines Tages unweigerlich damit überfüllt ist. Halte deinen Geist frei von allen Schranken, die dir den Zustrom neuer Energien versperren könnten.

Drittens: Halte den Kopf über dem Nebel! Das heißt, wende dich in regelmäßigen Abständen immer wieder Gott zu. Zumindest dreimal am Tag »erhebe deine Augen zu den Bergen«. Dadurch wirst du die Verbindung mit Gott aufrechterhalten und deinen inneren Frieden bewahren. Ich habe diese drei Punkte während mehrerer Monate beobachtet und festgestellt, daß sie uns viel helfen können, eine ruhige Geisteshaltung zu bewahren.

Von einem andern Freund, einem New-Yorker Arzt, habe ich viel gelernt in bezug auf eine entspannte Arbeitsmethode. Wenn er das Wartezimmer voller Patienten hat und ständig von Telefonanrufen geplagt wird, unterbricht er seine Arbeit plötzlich, um ein einfaches und natürliches Gespräch mit Gott zu führen. Seine Art zu beten gefällt mir besonders gut: »Lieber Gott, so geht es nicht weiter. Ich lasse mich allzusehr antreiben. Wie soll ich meinen Patienten raten können, sich zu beruhigen, wenn ich selber voller Nervosität stecke. Ich muß wieder ruhig werden. Bitte, gib mir Deinen Frieden und Deine Ruhe. Schenke mir Stärke und inneren Halt, beruhige meine Nerven und gib mir Kraft, damit ich meinen Patienten helfen kann.«

Er verharrt eine oder zwei Minuten in völliger Ruhe, dankt Gott für seine Hilfe und geht dann entspannt und gelöst erneut an seine Arbeit.

Auf Krankenbesuchen in der Stadt kommt es oft vor, daß mein Freund in eine Verkehrsstockung gerät. Anstatt nervös und ungeduldig zu werden, stellt er den Motor ab, läßt sich in seinen Sitz zurückfallen, legt den Kopf auf das Polster, und es kommt nicht selten vor, daß er dabei einschläft. Und er macht sich nicht das geringste daraus, wenn er beim Wiederanrollen des Verkehrs durch die ungeduldigen Hornsignale anderer Automobilisten geweckt wird.

Obschon diese Ruhepausen inmitten des lärmenden Verkehrs nur eine oder zwei Minuten dauern, tragen sie doch viel dazu bei, Körper und Geist neue Kräfte zuzuführen. Es ist überhaupt erstaunlich, wie viele Minuten, oder auch nur Bruchteile davon, wir täglich in dieser Weise positiv nutzen können. *Es ist nicht die Dauer einer Entspannung die zählt, sondern ihre Intensität.*

Wenn Dale Carnegie besonders beschäftigt und mit Arbeit überhäuft war, verließ er sein Büro in New York City, um eine in der Nähe liegende Kirche aufzusuchen. Dort verharrte er eine Viertelstunde in stillem Gebet. Auf diese Weise gelingt es uns, unsere Zeit selbst zu beherrschen, ohne von ihr bedrängt zu werden.

Im Nachtzug von Washington nach New York traf ich einmal einen Bekannten, der in seiner Eigenschaft als Kongreßmitglied unterwegs war, um in seinem Distrikt an einer Versammlung von Wählern zu sprechen. Es handelte sich um eine Versammlung von Leuten, die *gegen* ihn eingestellt waren. Obwohl es sich um eine kleine Minderheit handelte, wollte er sich der Aufgabe nicht entziehen, ihr Rede und Antwort zu stehen. »Es handelt sich um meine

Mitbürger, und sie haben ein Recht darauf, meine Ansicht zu hören«, sagte er.

»Sie scheinen sich deswegen keine großen Sorgen zu machen«, bemerkte ich.

»Nein«, sagte er, »wenn ich das tue, dann rege ich mich auf, und wenn ich mich aufrege, werde ich die Situation nicht beherrschen.«

»Haben Sie irgendeine spezielle Methode, um in solchen Lagen Ruhe zu bewahren?« fragte ich.

»Gewiß«, antwortete er, »ich werde einer lärmenden Menge gegenüberstehen, doch ich habe meine eigene Art und Weise, solche Spannungen zu überwinden. *Ich atme tief, spreche ruhig, offen, freundlich und respektvoll. Ich halte mein Temperament im Zügel und vertraue auf Gott.* Ich habe gelernt, daß man in jeder Lage entspannt, ruhig und freundlich bleiben muß. Im übrigen heißt es: Vertrauen haben und sein Bestes geben. Auf diese Weise gelingt es meistens, alles zum Guten zu wenden.«

Auf meiner Farm beobachtete ich einst einen Bauarbeiter an einem Sandhaufen. Es war eine wahre Freude, ihm bei der Arbeit zuzuschauen. Mit entblößtem Oberkörper schwang er seine Schaufel in vollkommenem Rhythmus. Er stieß sie in den Sand, und mit einem ausgeglichenen, kraftvollen Schwung beförderte er den Sand in den Schubkarren. Ohne Unterbrechung schwang die Schaufel zurück, wurde wieder in den Sand gestoßen, und man bekam den Eindruck, der Mann arbeite so leicht und beschwingt, daß er dazu singen konnte. Und als ich nähertrat, bemerkte ich, daß er tatsächlich ein Lied summte.

Es wunderte mich nicht, vom Vorarbeiter zu vernehmen, daß es sich um einen der besten Arbeiter des Trupps handle: immer gut aufgelegt, humorvoll, freundlich und ein Meister in der Kunst des gelösten und ausgeglichenen Arbeitens.

Entspannung beruht auf Erholung, und der Prozeß der

Erholung sollte permanent sein. Der Mensch kann *ständig* des göttlichen Zustroms neuer Kraft teilhaftig werden, wenn er in Harmonie mit dem Unendlichen lebt.

Hier sind zehn Grundsätze, mit denen wir unsere Arbeit von Spannung und Druck befreien können. Ihre Anwendung wird Sie in die Lage setzen, Ihre Tätigkeit *leichter* zu vollbringen und doch viel zu leisten; sie werden Ihnen zudem helfen, sich innerlich zu entspannen und dadurch jene neue Kraft zu gewinnen, die wir brauchen, um leicht und gelöst zu arbeiten.

1. Befreie dich vom Gedanken, die ganze Welt liege auf deinen schwachen Schultern! Nimm dich nicht allzu ernst und löse dich von jeder verkrampften Haltung.

2. Entschließe dich, deine Arbeit zu lieben. Auf diese Weise verliert sie den Charakter der Sklaverei und wird zur Freude. Es ist nicht immer nötig, eine *andere* Arbeit zu suchen, um glücklich zu werden. Ändere lieber deine Einstellung, und deine Arbeit wird sich ebenfalls ändern.

3. Plane deine Arbeit und befolge den Plan. Wer ohne System arbeitet, »schwimmt« und wird nervös. Er hält den Kopf nicht über dem Nebel.

4. Versuche nie, alles auf einmal zu erledigen. Halte dich an den weisen Rat der Bibel: »Alles zu seiner Zeit.«

5. Bemühe dich um eine gesunde Geisteshaltung. Denke daran, daß es ganz von deiner Vorstellungskraft abhängt, ob eine Arbeit leicht oder schwer ist. Betrachtest du sie als schwer und ermüdend, so wird sie dir auch schwerfallen. Betrachtest du sie als leicht, wird sie viel von ihrer Schwere verlieren.

6. Stehe *über* deiner Arbeit. Beherrsche sie, *bilde dich.* Wer mehr kann, arbeitet besser.

7. Übe dich in völliger Entspannung. Alles geht besser ohne Druck und Aufregung. Immer mit der Ruhe!

8. Was du heute tun kannst, ohne zu hetzen, das verschiebe nicht auf morgen. Unerledigte Arbeiten bedeuten Unruhe und inneren Druck.

9. Bete für deine Arbeit. Dadurch wirst du neue Kraft gewinnen.

10. Denke an den »unsichtbaren Partner« und vertraue auf ihn. Gott ist sowohl in deinem Büro, deiner Fabrik, deiner Küche als auch in den Kirchen. Er weiß mehr über deine Arbeit als du. Sein Beistand wird dir alles erleichtern.

XV

So gewinnst du Freunde!

Wir dürfen es ruhig zugeben: wir wünschen uns Menschen, die uns schätzen und lieben. Es gibt zwar Leute, die sagen: »Es ist mir gleichgültig, ob man mich gern hat oder nicht.« Doch wenn wir diesen Ausspruch hören, dürfen wir ihn ruhig unbeachtet lassen und annehmen, der Sprecher sage nicht die Wahrheit.

William James bezeichnet den Wunsch des Menschen, Anerkennung zu finden, als eine der stärksten Triebkräfte der menschlichen Natur. Die Sehnsucht, geliebt und geschätzt zu werden und in der Erinnerung anderer einen Platz einzunehmen, ist tief in uns verwurzelt.

Unter Studenten wurde eine Rundfrage veranstaltet über das Thema: »Was wünschen Sie sich am meisten?« — Die überwiegende Mehrheit erklärte: *beliebt und populär zu sein!* Auch ältere Menschen sind vom gleichen Streben beseelt, und es ist höchst fraglich, ob überhaupt jemand ganz frei vom Wunsch wird, geachtet zu sein und die Zuneigung seiner Mitmenschen zu besitzen. Die Kunst, beliebt zu sein, liegt vor allem in einem natürlichen Wesen. Wer krampfhaft nach Popularität hascht, wird sie nie erreichen. Trotz unserem tiefen Wunsch, beliebt zu sein, werden wir nie alle Menschen dazu bringen können, uns gern zu haben. Dies scheint in der menschlichen Natur selbst zu liegen.

Sogar die Bibel erwähnt diese unglückliche Tatsache: »*Ist es möglich, soviel an euch liegt, so haltet mit allen Menschen Frieden.*« (Römer 12, 18) Die Heilige Schrift ist ein sehr realistisches Buch; sie kennt sowohl die Möglichkeiten als auch die Schwächen der Menschen. So werden zum Beispiel die Jünger angewiesen, ihr Bestes zu tun, um den Menschen die neue Lehre begreiflich zu machen. Sollte ihnen dies aber trotz ihres ehrlichen Bemühens nicht gelingen, durften sie den Staub des Dorfes von ihren Füßen schütteln ...

»Und wo immer sie euch nicht aufnehmen, ziehet aus jener Stadt weiter und schüttelt den Staub von euren Füßen, zum Zeugnis wider sie!« (Lukas 9, 5)

Dies wollte ich erwähnen, damit Sie es nicht allzusehr zu Herzen nehmen, wenn es Ihnen nicht gelingt, die Sympathien aller Menschen zu erwerben.

Trotzdem gibt es gewisse Grundsätze und Handlungsweisen, die viel dazu beitragen können, die Zuneigung anderer Menschen zu erwerben. Sie können damit gute persönliche Beziehungen schaffen, selbst wenn Sie ein etwas schwieriger Mensch sind, schüchtern, zurückgezogen oder ungesellig veranlagt sind.

Es liegt vor allem an uns selber, natürliche und erfreuliche Beziehungen zu anderen Menschen zu schaffen.

Ich kann die Bedeutung guter menschlicher Beziehungen nicht genug betonen, denn es gibt kein wirklich wahres Lebensglück, wenn man sie mißachtet. Mißerfolg auf diesem Gebiet hat seine schwerwiegenden psychologischen Folgen.

Das Gefühl, weder erwünscht zu sein noch benötigt zu werden, gehört zu den bedenklichsten menschlichen Empfindungen. Viele Menschen ziehen sich aus irgendeinem Gefühl der Selbstverteidigung in sich selbst zurück und verpassen so die natürliche Entwicklung der menschlichen Persönlichkeit, die sich auch nach außen entfalten muß. Wenn wir nicht aus uns heraustreten und für andere Menschen von Wert und Bedeutung sein können, werden wir krank. Das Gefühl, unerwünscht zu sein oder nicht benötigt zu werden, führt zu vorzeitigem Altern, Krankheit und Lebensüberdruß. Wer das Gefühl hat, von niemandem gebraucht zu werden, sollte sich ernsthaft damit befassen, etwas dagegen zu unternehmen. Es geht hier nicht nur um ein erschütternd trauriges Leben, sondern auch um seine ernsten psychischen Folgen.

Bei einem Mittagessen saßen zwei Ärzte an einem Tisch: der eine ein älterer Mann, der sich vor einigen Jahren zurückgezogen hatte, der andere ein junger, sehr beliebter Arzt. Dieser setzte sich mit einem Seufzer an den Tisch und sagte: »Ach, wenn ich nur mein Telefon abstellen könnte! Ich habe kaum mehr eine freie Minute, unaufhörlich werde ich verlangt . . .«

Der ältere Arzt sagte: »Ich kenne das, Jim, doch sei froh, daß dein Telefon noch läutet. Sei dankbar, daß dich die Leute verlangen.« Und dann fügte er resigniert hinzu: »Mich verlangt niemand mehr. Ich wäre glücklich, mein Telefon würde noch läuten. Doch bei mir ist das alles vorbei . . .«

Wir alle, die wir am Tische saßen und die wir manchmal fast zuviel von unserer Arbeit bekommen, machten uns unsere Gedanken über diese vielsagenden Worte des alten Arztes.

Eine Frau mittleren Alters klagte mir ihr Leid; sie fühlte sich unzufrieden und unglücklich. »Mein Mann ist gestorben, meine Kinder sind erwachsen, und nirgends finde ich einen Platz, wo ich mich glücklich fühle. Die Leute sind zwar nett zu mir, aber ich spüre ihre Interesselosigkeit. Alle haben ihre eigenen Interessen, und niemand braucht mich. Liegt es wohl daran, daß ich so unzufrieden bin?« — Das allerdings war Grund genug für ihren Zustand.

Ich erinnere mich auch an ein Gespräch mit einem Geschäftsmann, der eben 70 Jahre alt geworden war und sich aus dem von ihm gegründeten Betrieb zurückgezogen hatte: »Warum schreiben Sie nicht ein Buch über die Kunst, sich von der Arbeit zurückzuziehen?« fragte er mich. »Das möchte ich gerne lesen. Zuerst dachte ich, es müsse herrlich sein, einmal Ruhe zu haben und die Verantwortung auf meinen Sohn abzuwälzen. Jetzt aber sehe ich, daß sich kein Mensch mehr für meine Meinung interessiert. Wenn ich in den Betrieb komme, begrüßt mich jedermann freundlich, doch das ist auch alles. Ich könnte geradesogut überhaupt wegbleiben. Mein Sohn macht seine Arbeit ausgezeichnet, doch ich hatte gehofft, man würde mich doch auch noch ein wenig benötigen.«

Menschen dieser Art machen eine schwere Zeit durch. Ihr tiefster Wunsch ist, im Denken anderer noch einen Platz einzunehmen, und er wird nicht erfüllt. Sie möchten weiterhin geschätzt und benötigt werden, denn jede Persönlichkeit verlangt Achtung und Zuneigung. Doch besteht dieses Problem nicht nur bei Menschen, die sich aus dem Berufsleben zurückziehen. Ein einundzwanzigjähriges Mädchen erzählte mir, sie sei unerwünscht gewesen seit dem Tage ihrer Geburt. Irgendwer hatte ihr gesagt, sie sei ein unerwünschtes Kind gewesen, und dieser Gedanke hatte sich tief in ihr Unterbewußtsein eingegraben. Dadurch entwickelten sich starke Gefühle der Minderwertigkeit und der Selbstbemitleidung. Sie wurde scheu und zog sich immer mehr in sich selbst zurück. So wuchs das Gefühl der Einsamkeit und der inneren Unzufriedenheit, und ihre Persönlichkeit hatte keine Möglichkeit mehr, sich weiterzuentwickeln. Nur durch eine neue Denkweise gelang es, ihre gefangene Persönlichkeit zu befreien, und nach einiger Zeit wurde aus dem unglücklichen Mädchen ein glücklicher und beliebter Mensch.

Unzählige, die nicht eigentlich an schweren psychologischen Konflikten leiden, haben es nie fertiggebracht, beliebt zu werden. Sie versuchen es zwar hartnäckig, gehen manchmal sogar zu weit und tun Dinge, die sie gar nicht verantworten können — alles nur wegen ihres starken Verlangens, Zuneigung und Wertschätzung anderer zu erringen.

Tatsächlich kann man aber die Sympathien anderer Menschen durch einige ganz einfache, leicht anzuwendende Grundsätze erringen. Wer die folgenden Regeln umsichtig anwendet, wird dies sehr bald feststellen können.

Erstens: Sei zugänglich und umgänglich. Mache es dem andern nicht schwer, sich dir zu nähern. Gehöre nicht zu den Leuten, von denen man sagt:»Man kommt nie ganz an ihn heran. « Schaffe keine künstlichen Barrieren. Umgängliche Menschen verhalten sich natürlich und freundlich; kurz und gut, man fühlt sich wohl bei ihnen, so, als ob man einen alten Hut, einen bequemen Mantel oder ein Paar gut eingelaufene Schuhe trüge. Steife Menschen hingegen distanzieren sich immer etwas. Man weiß denn auch nie so genau, wie man sie nehmen soll oder wie sie reagieren.

Es ist sehr wichtig, eine natürliche Persönlichkeit und eine gewisse Großzügigkeit zu entwickeln. Kleinlichkeit verträgt sich selten mit der Sympathie unserer Mitmenschen.

In der Psychologieklasse einer Universität wurde die Frage untersucht, warum gewisse Leute beliebt und andere unbeliebt sind. Dabei wurden *einhundert Eigenschaften* sorgfältig analysiert, und man kam zu dem Schluß, es brauche *sechsundvierzig angenehme Eigenschaften*, um beliebt zu sein. Diese hohe Zahl könnte einen allerdings eher entmutigen.

Das Christentum hingegen lehrt, daß es eine Grundeigenschaft gibt, mit der wir uns die Zuneigung unserer Mitmenschen erwerben können: aufrichtiges Interesse und Liebe für die andern. Wenn wir diese Eigenschaft entwickeln, ergeben sich die andern fast von selbst.

Wenn Sie der Überzeugung sind, nicht zu den Menschen zu gehören, die es im Verkehr mit andern leicht haben, dann schlage ich Ihnen vor, Ihre Persönlichkeit scharf unter die Lupe zu nehmen, mit dem Ziel, nach und nach diejenigen Eigenschaften, Hemmungen, Verklemmungen und Hindernisse zu beseitigen, die Ihnen den Weg zu Ihren Mitmenschen versperren. Denken Sie nicht, der Grund, warum andere Sie nicht gern haben, könnte bei diesen liegen. Suchen Sie zuerst bei sich selber. Das alles bedingt absolute und rücksichtslose Ehrlichkeit gegen sich selbst, und vielleicht brauchen Sie auch die Mithilfe von Menschen, die von diesen Dingen etwas verstehen. Was immer auch die bewußten und unbewußten charakterlichen und seelischen Hindernisse sind, die Sie bedrücken, sie können durch Selbsterkenntnis, Umwandlung und Erneuerung beseitigt werden.

Manchmal hört man den Einwand, es halte schwer, gewisse Leute gern zu haben. Sicherlich gibt es Menschen, denen wir unsere Sympathie leichter entgegenbringen als anderen. Wenn man sich aber die Mühe nimmt, vermehrt auf einen Menschen einzugehen, wird man fast immer irgendeine liebens- oder bewundernswerte Eigenschaft entdecken.

Ich kannte einen Mann, dem die meisten Menschen seiner Umgebung irgendwie auf die Nerven gingen, und einige davon konnte er überhaupt nicht ausstehen. Er war aber gewillt, diese Eigenschaft energisch zu bekämpfen, und er wurde damit fertig, indem er von allen Leuten, gegen die er unfreundliche Gefühle empfand, eine Liste anlegte und mit gutem Willen und sorgfältig alle erfreulichen und guten Eigenschaften notierte, die er an ihnen entdecken konnte. Täglich führte er diese Liste nach, und schließlich war er selbst überrascht, wie viele gute Seiten er an Menschen entdeckte, »die er nicht ausstehen konnte«. Und eines Tages war es soweit, daß er vor allem die guten Eigenschaften und Qualitäten dieser Menschen sah, und seine Antipathie war verschwunden. Selbstverständlich rief diese innere Umstellung auch bei seinen Mitmenschen andere Gefühle gegen ihn selbst hervor, und er erntete die Früchte einer positiven Denkweise.

Ein wichtiger Faktor im Umgang mit andern ist die Achtung, die wir ihnen entgegenbringen. In jedem Menschen steckt ein durchaus natürliches Gefühl für Selbstachtung. Wenn wir das »Ich« eines Menschen verletzen, so wird selbst dann, wenn er darüber lacht oder wenn er uns verzeiht, ein Stachel zurückbleiben. Auch wenn es sich um einen feinen und überlegenen Menschen handelt, der uns nichts nachträgt, wird er uns doch nicht ausgesprochen schätzen und lieben.

Bringen wir aber einem Menschen Achtung entgegen, zeigen wir ihm unseren Respekt vor seiner Persönlichkeit, dann erhöhen wir sein natürliches Selbstgefühl, und er wird uns für diese Förderung und Wertschätzung dankbar sein.

Ich erinnere mich an eine Begebenheit, die mir unvergeßlich ist. Anläßlich meiner Doktorierung hatten wir ein Bankett, an dem auch Dr. John W. Hoffmann, der ehemalige Rektor der Ohio Wesleyan Universität, teilnahm. Nach dem Essen bat er mich, ihn zu seinem Haus zu begleiten.

Es war eine wundervolle Mondnacht im Juni, und auf dem Heimweg sprach er von der Größe der vor mir liegenden Aufgabe und von den wundervollen Möglichkeiten, die uns die Welt bietet. Als wir bei seiner Haustüre angelangt waren, legte er mir die Hand auf die Schulter und sagte: »Norman, ich habe dich immer gern gehabt, und ich vertraue auf dich. Du hast große Möglichkeiten, und ich werde immer stolz auf dich sein. In dir steckt etwas.«

Natürlich hat er mich überschätzt, aber die Wirkung seiner Worte war sicherlich unendlich besser, als wenn er mich entmutigt hätte. Es war eine laue Juninacht, und die Anstrengungen der Prüfungen hatten mich etwas hergenommen. Es fiel mir schwer, meine Gefühle zu beherrschen, und ich hatte Mühe, meine Tränen zurückzuhalten, als ich mich von ihm verabschiedete. Viele Jahre sind seither vergangen, doch ich habe die Worte meines guten alten Freundes nie vergessen, und ich habe ihm stets Verehrung und Liebe entgegengebracht.

Dr. Hoffmann hat auch zu andern Jungen und Mädchen, die seither Männer und Frauen geworden sind, ähnliche Bemerkungen gemacht. Sie alle lieben ihn deswegen wie ich.

Warum? Weil er ihnen Achtung entgegengebracht und sie damit gefördert hat. Auch während der späteren Jahre schrieb er seinen Studenten von Zeit zu Zeit einige Worte oder eine Gratulation, wenn er irgend etwas von ihnen hörte. Und eine Anerkennung von seiner Seite bedeutete viel! Kein Wunder, besitzt dieser verehrungswürdige Erzieher und Freund der Jugend die Zuneigung Tausender, die mit ihm in Berührung kamen.

Fördere so viele Menschen wie möglich. Tue das selbstlos; tue es, weil jeder Mensch Möglichkeiten hat, die er entwickeln kann. Hilf mit, sie zu entdecken und zu entfalten. Wenn du das tust, wird es dir nie an wahren Freunden fehlen. Bringe deinen Mitmenschen aufrichtiges Interesse entgegen, tue Gutes für sie, und du kannst ihrer Zuneigung gewiß sein.

Obschon diese elementaren Regeln im Umgang mit Menschen einfach und fast selbstverständlich sind, habe ich einige Grundsätze aufgestellt, die mithelfen können, uns die Sympathien anderer Menschen einzubringen:

• Lerne, Namen zu merken. Der Name eines Menschen bedeutet ihm viel. Wenn du dich nicht daran erinnerst, verrätst du deine innere Interesselosigkeit.

• Sei umgänglich. Mache es andern nicht unnötig schwer, mit dir zu verkehren. Sei nicht steif!

• Übe dich in der Kunst, die Dinge natürlich und nicht zu schwer zu nehmen. Reibe dich nicht an ihnen auf.

• Sei kein Egoist. Hüte dich davor, zu zeigen, daß du alles besser weißt. Gib dich natürlich.

• Entwickle die Eigenschaft, Interesse an andern zu nehmen. Die Menschen werden sich freuen, mit dir zu verkehren und Anregung von dir zu empfangen.

• Gib dir Mühe, die scharfen »Ecken« deines Charakters abzuschleifen.

• Trachte aufrichtig im Sinne des Christentums danach, jedes Mißverständnis im Verkehr mit andern Menschen aus der Welt zu schaffen. Trenne dich von allen Ressentiments.

• Übe dich in der Fähigkeit, andern Menschen Sympathie entgegenzubringen. Übe dich so lange, bis du für sie aufrichtiges Verständnis empfindest.

• Verpasse keine Gelegenheit, ein anerkennendes Wort über den Erfolg anderer zu sagen. Vergiß auch nicht, entmutigte und sorgenvolle Menschen deiner Anteilnahme zu versichern.

• Mache diese Überlegungen zu einem starken und tiefen Bestandteil deiner Geisteshaltung. Gib den Menschen das, was ihnen not tut: Mut, Zuversicht, Kraft, um das Leben besser zu meistern. Achte ihre Persönlichkeit. Ermutige sie, und sie werden dir dafür Zuneigung und Sympathie entgegenbringen.

XVI

Der sicherste Weg
aus Kummer und Leid

»Verschreiben Sie mir ein Mittel gegen Kummer!« Dieser
Ausspruch stammt von einem Mann, dessen Arzt ihm mitgeteilt hatte, sein Unvermögen sei nicht physischer Natur,
sondern läge in der Unfähigkeit, über seinen Sorgen zu stehen.

Der Arzt hatte ihm psychische Behandlung angeraten.
»Gibt es ein geistiges Mittel«, fragte er, »das mein konstan-
tes inneres Leiden zum Verschwinden bringen kann? Mir
scheint, jedermann habe seine Sorgen, und auch ich müßte
damit fertig werden. Doch trotz meinen Bemühungen finde
ich keinen Frieden.« Und mit einem müden Lächeln wiederholte er seine Bitte: »Verschreiben Sie mir ein Mittel gegen
meinen Kummer!«

Es gibt tatsächlich ein gutes Rezept gegen Kummer. Eines
seiner Elemente heißt: *geistige Aktivität*. Wir müssen die
Versuchung, uns hinzusetzen und »Trübsal zu blasen«,
überwinden. Wir brauchen ein wohlüberlegtes Programm,
das uns hilft, sinnloses Grübeln auszumerzen und die innere Spannung zu überwinden. Ein anderes Mittel besteht in
körperlicher Aktivität, indem wir uns reichlich Bewegung
verschaffen.

Ein weiser, alter Anwalt, der sich eine gesunde Lebensphilosophie erworben hatte, sagte einer kummervollen
Frau, das beste Mittel gegen ein »gebrochenes Herz« bestehe darin, eine Putzbürste zu ergreifen und auf den Knien
den Boden zu fegen. »Für Männer gibt es in solchen Fällen

nichts Besseres«, erklärte er, »als eine Axt zu nehmen und so lange Holz zu spalten, bis man todmüde ist.« Obschon dies keine Allerweltsmittel gegen gebrochene Herzen sind, können sie doch viel zur Verminderung eines Kummers beitragen.

Was immer die Ursache unseres Kummers sei, einer der ersten Schritte zu seiner Bekämpfung ist der, die eigenen depressiven Vorstellungen aufzugeben und auf den Boden des normalen Lebens zurückzukehren. Das heißt, wir müssen uns wieder in den Strom des pulsierenden, aktiven Daseins begeben, alte Verbindungen wieder aufnehmen und neue anknüpfen; wir müssen uns körperlich reichlich Bewegung verschaffen und durch Arbeit, Sport oder Spiel unseren Blutkreislauf tüchtig anregen. Am besten tun wir, uns selber über irgendeiner guten und erstrebenswerten Sache zu vergessen und unsere Tage mit schöpferischer Tätigkeit zu erfüllen. Wir müssen eine gesunde und lebendige Tätigkeit entfalten, doch sie muß wirklich sinnvoll und aufbauend sein! Wer sich lediglich in eine fieberhafte, aber sinnlose Geschäftigkeit oder in Zerstreuungen stürzt, kann vielleicht vorübergehend eine kleine Erleichterung erfahren, doch auf die Dauer wird er dadurch seinen Zustand nur verschlimmern.

Ein gesunder Weg, seinen Kummer loszuwerden, ist auch der, ihn gründlich auszuweinen. Es ist sinnwidrig, zu glauben, man müsse seinen Kummer unbedingt verbergen und es sei beschämend, den erlösenden Tränen freien Lauf zu lassen. Damit verneinen wir ein Naturgesetz. Tränen sind eine natürliche Erscheinung bei Kummer und Schmerz, sie sind der Ausdruck einer inneren Entspannung, und es ist nicht einzusehen, warum wir sie mit Gewalt unterdrücken sollten.

Der geheime, streng gehütete und eingesargte Kummer ist der gefährlichste. Auch wenn wir unsere Tränen — wie jede andere Funktion unseres Körper- und Nervensystems

— unter Kontrolle haben sollten, dürfen wir ihnen in besonderen Fällen ruhig einmal freien Lauf lassen. Dabei sollten wir uns bewußt bleiben, daß auch diese natürliche Erleichterung nicht zur Gewohnheit und damit krankhaft werden darf. Jede Unmäßigkeit ist ungesund.

Ich erhalte oft Briefe von Menschen, die einen lieben Angehörigen durch den Tod verloren haben. Diese Leute schreiben mir, es sei für sie außerordentlich schwer, Orte oder Menschen aufzusuchen, die früher zum gemeinsamen Lebenskreis gehört hätten, weil sie dadurch vermehrt an ihren Verlust erinnert würden. Aus diesem Grunde meiden sie sowohl ihre gewohnte Umgebung als auch alte Freunde.

Ich halte dies für einen schweren Fehler. Eines der Geheimnisse, seinen Kummer zu heilen, besteht in der Wiederaufnahme einer möglichst normalen Tätigkeit. Das hat nichts mit Untreue oder Mangel an Pietät zu tun, sondern es ist einfach notwendig, um einen abnormen Zustand zu überwinden.

Das wahre Mittel aber, um unseren Kummer zu überwinden, besteht im Vertrauen auf Gott. Ihm dürfen wir unser Herz ausschütten und unsere Klagen darbringen. Unsere Generation, die vielleicht mehr Kummer erlitten hat als manche andere vor ihr, muß wieder lernen, was viele weise Männer aller Zeiten immer wieder betont haben: daß allein die Gnade des Glaubens und des Vertrauens wahre Heilung von menschlichem Kummer und Leid bringt.

Es ist nicht ratsam, die Bürde von Kummer und Sorge ohne Gottes Hilfe auf sich zu nehmen, denn ihr Gewicht ist für den Menschen allein meist zu schwer. Das einfachste und wirkungsvollste Mittel gegen Kummer besteht im Erfassen der Allgegenwart Gottes. Dadurch schließt sich die Wunde, die unserem Herzen geschlagen wurde, und die Heilung greift um sich. Männer und Frauen, die Schwerstes durchgemacht haben, bestätigen dies.

Ein anderer wichtiger Faktor besteht in der Entwicklung

einer gesunden Glaubenshaltung in bezug auf Leben, Tod und Unsterblichkeit. Was mich betrifft, so habe ich die Gewißheit gefunden, daß jedes Leben unteilbar ist, daß es keinen Tod gibt und daß dieses Leben mit der Ewigkeit untrennbar verbunden ist. Es gibt nichts, das mir so viel beglückende innere Ruhe gegeben hat wie diese Erkenntnis.

Diese Überzeugung gründet sich auf gesunde Überlegungen. Ich bin der Meinung, die Bibel gebe uns eine Reihe von tiefen und – dies ist beweisbar – wissenschaftlich exakten Antworten auf die große Frage: »Was geschieht, wenn der Mensch diese Welt verläßt?« Die Bibel sagt uns auch, daß der Glaube die Antwort offenbart. Der Philosoph Henri Bergson schreibt, der sicherste Weg zur Wahrheit bestehe in der geistigen Wahrnehmung, im intuitiven Erkennen. Wohl können wir mit unserem Denken bis in die Nähe der Wahrheit gelangen, doch dann kommt ein Punkt, an dem wir sie nur noch intuitiv erschauen können, jener wunderbare Augenblick, da wir nicht mehr grübeln, sondern »einfach wissen«. Auf diesem Weg habe auch ich Antwort und Gewißheit errungen.

Ich bin absolut, aus ganzem Herzen und ohne den geringsten Zweifel von der Wahrheit dessen überzeugt, was ich hier schreibe. Ich habe sie mir schrittweise erarbeiten müssen, bis sie mir eines Tages in ihrer ganzen Größe klar wurde.

Durch diese Erkenntnis wird zwar der Kummer nicht vermieden, der uns beschleicht, wenn einer unserer Lieben diese Welt verlassen muß, aber sie wird ihn heilen und überwinden helfen. Sie wird unseren Geist mit einem tiefen Verständnis für unabänderliche Dinge und mit der Gewißheit erfüllen, daß wir Menschen, die »gestorben« sind, nicht verloren haben. Wer in diesem Glauben lebt, wird den Frieden des Herzens finden und jedes Leid überwinden.

Denken wir immer wieder an einen der schönsten Texte der Bibel: »Was kein Auge gesehen und kein Ohr gehört hat und in keines Menschen Herz gekommen ist, hat Gott bereitet denen, die ihn lieben.« (1. Korinther 2, 9)

Das will heißen, du hast nie das erschaut — was immer du auch auf dieser Welt Wunderbares gesehen hast — was Gott *denen* bereitet, die ihn lieben und die ihm vertrauen. Und du hast keine Vorstellung von den Wundern, die Gott an denen vollzieht, die ihm folgen und in seinem Geiste leben. Du hast es weder gesehen noch gehört, und du kannst es auch nicht ahnen! Dieser Satz verspricht allen, die Gott zum Mittelpunkt ihres Daseins machen, wahres Glück und Sieg über den Tod.

Weil ich seit vielen Jahren die Bibel studiere, und da ich mit Hunderten von Menschenschicksalen in Berührung gekommen bin, kann ich aus voller Überzeugung sagen: Dieses biblische Versprechen beruht auf Wahrheit! *Es gilt nicht nur für eine andere, sondern auch für diese Welt.* Menschen, die wirklich auf einer christlichen Basis leben, erfahren die erstaunlichsten Dinge.

In diesem Zusammenhang wollen wir uns auch der Existenzfrage derjenigen zuwenden, die diese Welt schon verlassen haben, und den Beziehungen der Lebenden zu denen, die die Barriere, die wir als »Tod« bezeichnen, bereits durchschritten haben.

Wenn ich das Wort »Barriere« gebrauche, so geschieht es, weil wir uns immer eine scharfe Trennung zwischen Leben und Tod vorgestellt haben. Die Wissenschaft arbeitet aber heute intensiv auf den Gebieten der Parapsychologie, Telepathie, der Voraus- und Hellsichtigkeit, alles Begriffe, die früher als Hokuspokus mißbraucht wurden, die nun aber auf wissenschaftlicher Basis gründlich studiert werden. Es gibt ernsthafte Wissenschaftler, die davon überzeugt sind, daß die Seele keine Grenzen in bezug auf Raum und Zeit kennt. Wir stehen tatsächlich am Anfang einer der größten Entdeckungen aller Zeiten.

Während vieler Jahre habe ich Erfahrungen gesammelt,

die in mir die Überzeugung reifen ließen, daß wir in einem dynamischen Universum leben, worin nicht der Tod, sondern das *Leben* das tragende Element ist. Ich vertraue den Menschen, die mir die nachfolgenden Experimente beschrieben. Ich glaube daran, daß dadurch in eine Welt vorgestoßen wird, die mit der unsrigen in Verbindung steht, und daß der menschliche Geist auf beiden Seiten des »Todes« lebt. Die Lebensbedingungen auf der andern Seite des Todes können nicht mit denjenigen dieses Lebens verglichen werden. Es handelt sich zweifellos um eine höhere Entwicklungsstufe, die ganz andere Einsichten gewährt als die unsere.

William James, einer der größten Gelehrten Amerikas, sagte nach einem Leben voll intensiver Studien und Erfahrungen, er sei überzeugt davon, daß unser Geist nur ein Medium für die Existenz der Seele sei und daß er dereinst ersetzt werde durch etwas anderes, das uns erlaube, die Grenzen unserer jetzigen Einsichten zu sprengen und in weite, unberührte Gebiete vorzudringen. So wie unser irdisches Leben sich wandelt von der Jugend bis zum Alter, sowie wir Erfahrungen sammeln und uns entwickeln und immer neue Einsichten gewinnen, so bedeutet der Tod nur den Eintritt in eine größere und erweiterte Welt. Euripides und Sokrates, die zu den größten Geistern der Antike gehören, waren von der Größe und Herrlichkeit eines nachfolgenden Lebens überzeugt. Nicht umsonst sprach Sokrates die trostreichen Worte aus: »Weder in diesem noch in einem kommenden Leben kann einem guten Menschen Böses widerfahren.«

Natalie Kalmus, wissenschaftliche Expertin, erzählt über den Tod ihrer Schwester das folgende Erlebnis. Ich betone, daß es sich um eine wissenschafflich geschulte Frau handelt.

»Meine im Sterben liegende Schwester sagte: ›Natalie, versprich mir, daß man mir keine schmerzstillenden Mittel verabreicht. Ich weiß, man wird versuchen, meine Schmerzen zu lindern, doch ich möchte den Tod bei vollem Bewußtsein erleben. Ich bin überzeugt, vor einem herrlichen Erlebnis zu stehen.‹

Ich versprach es und bewunderte ihren Mut. Spät in der Nacht, als ich mich schlaflos im Bette wälzte, wurde mir klar, daß das, was für mich trostlos und traurig war, für meine Schwester einen inneren Triumph bedeutete.

Zehn Tage später nahten ihre letzten Stunden. Ich saß seit langem bei ihr. Wir hatten über viele Dinge gesprochen. Wieder bewunderte ich ihr ruhiges Wesen und ihr Gottvertrauen, das sie in ihrem Leben stets ausgezeichnet hatte. Nie gelang es den physischen Schmerzen, ihren Geist zu trüben. Selbst Ärzte waren darüber erstaunt. ›Lieber Gott, schenke mir einen klaren Geist und gib mir deinen Frieden‹, flüsterte sie immer wieder während ihrer letzten Tage.

Wir hatten so lange gesprochen, daß sie müde wurde und einschlief. Ich ließ sie allein mit einer Krankenschwester, um mich etwas auszuruhen. Einige Minuten später hörte ich meine Schwester nach mir rufen. Rasch kehrte ich in ihr Zimmer zurück: sie lag im Sterben.

Ich saß an ihrem Bett und hielt ihre heiße Hand. Plötzlich erhob sie sich und sagte: ›Natalie! So viele von ihnen sind da . . . hier ist Fred . . . und Ruth . . . was tun sie da? Oh, ich verstehe!‹

Diese Worte durchfuhren mich wie ein elektrischer Schlag. Sie hatte den Namen *Ruth* ausgesprochen. Ruth war ihre Cousine, die vergangene Woche plötzlich gestorben war, *doch wir hatten meiner Schwester von ihrem Tode nichts mitgeteilt.*

Ein Schauer nach dem anderen überlief mich. Ich fühlte die Wirklichkeit eines machtvollen, ja furchterregenden Wissens.

Ihre Stimme war erstaunlich klar, als sie sagte: ›Es ist so

222

aufregend. So viele von ihnen!‹ Plötzlich streckte sie die Arme aus, wie um mich zu begrüßen. ›Ich steige empor‹, sagte sie.

Dann ließ sie ihre Arme um meinen Hals fallen und ruhte in meinen Armen. Ihr Geist hatte die Agonie in Entzücken verwandelt. Als ich sie auf ihr Kissen zurücklegte, lag ein glückliches, seliges Lächeln auf ihrem Gesicht.«

Die Erwähnung der Cousine des sterbenden Mädchens und die Tatsache, daß sie Ruth sehen konnte, ist ein Phänomen, das in vielen ähnlichen Fällen, die ich kenne, wiederkehrt. Die Erfahrung, daß Sterbende die Gesichter Verstorbener sehen und ihre Namen rufen, kehrt immer wieder, so deutlich, daß man daraus auf die effektive Anwesenheit des Geschauten schließen darf.

Wo sind sie? Wie sehen sie aus? Wo leben sie? Die Antwort auf diese Fragen ist schwer. Der Gedanke einer andern, uns unbekannten Dimension liegt nahe. Es gibt zum Beispiel Schwingungen, die erst bei gesteigerter Frequenz sichtbar werden. Wir wissen nicht, welche Veränderungen unsere Existenz bei ihrem Eintritt in eine andere Welt durchmacht.

Ein berühmter Neurologe berichtet von einem Patienten, der im Sterben lag. Er saß an seinem Bett und notierte die Namen, die der Sterbende sagte. Der Arzt kannte diese Namen nicht, und nach dem Tode des Mannes fragte er dessen Tochter: »Wer sind diese Menschen? Ihr Vater sprach von ihnen, als ob er sie sehen könnte.«

»Es sind alles Verwandte, die schon seit längerer Zeit nicht mehr leben.«

Der Arzt erklärt, er glaube daran, daß der Sterbende diese Menschen wirklich gesehen habe.

Ich kannte ein Ehepaar, Herrn und Frau William Sage, das ich oft besuchte. Will, so nannte Frau Sage ihren Mann, starb zuerst. Nach einigen Jahren lag auch Frau Sage im Sterben. Plötzlich bekam ihr Gesicht einen äußerst erstaunten und freudigen Ausdruck, und sie sagte: »Aber da ist ja Will!« — Daß sie ihren Mann erblickte, war für alle an ihrem Sterbebett Anwesenden klar.

Arthur Godfrey, ein bekannter Radiomann, erzählt, wie er im Ersten Weltkrieg auf einem Zerstörer in seiner Koje schlief. Plötzlich stand sein Vater neben ihm, streckte die Hand aus und sagte: »Leb wohl, mein Sohn.« Godfrey antwortete im Schlaf: »Leb wohl, Vater.«

Als er erwachte, erhielt er ein Telegramm, worin ihm der Tod seines Vaters gemeldet wurde. Die angegebene Todeszeit fiel in den Zeitraum, da Godfrey jene Erscheinung gehabt hatte.

Mary Margaret McBride, bekannte Radiosprecherin, litt sehr unter dem Tod ihrer Mutter, die sie innig geliebt hatte. Eines Nachts erwachte sie und saß in ihrem Bett. Plötzlich hatte sie das Gefühl um ihre eigenen Worte zu gebrauchen —, daß »Mutter bei mir war«. Sie konnte ihre Mutter weder sehen noch hören, doch von diesem Augenblick an wußte sie, daß Mutter nicht tot, sondern in ihrer Nähe war.

Der verstorbene Rufus Jones, der zu den bedeutendsten geistigen Persönlichkeiten unserer Zeit gehört, berichtet über seinen Sohn Lowell, der im Alter von zwölf Jahren starb. Der Junge war des Vaters Augapfel. Er erkrankte, als sich Dr. Jones auf der Überfahrt nach Europa befand. In der Nacht, bevor das Schiff Liverpool anlief, überkam den Vater plötzlich ein unsägliches und bisher nie gekanntes Gefühl der Traurigkeit. Er erzählte, damals den bestimmten Eindruck gehabt zu haben, Gott besonders nahe zu sein. Die Traurigkeit wandelte sich in ein unbeschreibliches Gefühl der Geborgenheit in Gott und tiefer Verbundenheit mit seinem Sohn.

Nach der Landung in Liverpool wurde ihm die Nachricht vom Tode seines Sohnes übergeben. Der Junge war genau zur selben Zeit gestorben, da sein Vater jenes unerklärliche Gefühl von Gottes Nähe und der unzerstörbaren Verbindung mit seinem Kind empfunden hatte.

Ein Mitglied meiner Kirche, Frau Bryson Kalt, erzählte mir von ihrer Tante, deren Mann mit ihren drei Kindern bei einem Brand umkam. Die Frau selbst hatte schwere Brandwunden erlitten, lebte aber noch drei Jahre. Als sie im Sterben lag, hellte sich ihr Gesicht plötzlich auf, und sie sagte: »Alles ist so herrlich! Sie kommen, mich zu holen. Richtet mir meine Kissen und laßt mich schlafen.«

H. B. Clark, ein alter Freund von mir, der den Beruf eines Ingenieurs in der ganzen Welt ausübte, war einer jener Techniker, die keinen großen Sinn für Dinge haben, die nicht durch Tatsachen belegt werden können. Eines Nachts wurde ich von seinem Arzt angerufen, der mir mitteilte, mein Freund hätte nur noch wenige Stunden zu leben. Sein Herz arbeite schwach, und auch der Blutdruck sei tief. Er habe keine Hoffnung mehr, sein Leben erhalten zu können.

Ich begann für ihn zu beten, und auch andere gedachten seiner im Gebet. Am andern Tag öffnete er die Augen, und einige Tage später konnte er wieder sprechen. Herz und Blutdruck begannen wieder normal zu arbeiten, und nachdem er etwas Kraft gewonnen hatte, sagte er: »Während meiner Krankheit erlebte ich etwas höchst Eigenartiges, das ich kaum erklären kann. Ich hatte das Gefühl, weit weg zu sein, und was ich sah, gehört zum Schönsten, was meine Augen je erblickten: herrliche Lichter, abgeklärte, gütige Gesichter; ich fühlte mich glücklich. In Tat und Wahrheit habe ich mich nie in meinem Leben so glücklich gefühlt. − Dann überkam mich der Gedanke, ich müsse sterben, und ich fragte mich, ob ich bereits gestorben sei. Fast hätte ich laut gelacht beim Gedanken, warum ich mein ganzes Leben lang den Tod gefürchtet habe, wo er doch gar nichts Schreckliches an sich hat.«

»Was hast du empfunden?« fragte ich ihn. »Wolltest du

gerne ins Leben zurückkehren? Wolltest du weiterleben, obwohl der Arzt gesagt hatte, du seiest dem Tode nahe?«

Er lächelte und sagte: »Ich glaube, ich hätte es vorgezogen, in jener herrlichen Umgebung zu verbleiben.«

Einbildung, Traum, Vision? Ich glaube es nicht. Ich habe zu lange und zu oft mit Menschen gesprochen, die »am Rande« standen und einen Blick »hinüber« getan haben. Alle haben von »Schönheit, Licht und Frieden« gesprochen. Für mich gibt es in dieser Hinsicht keine Zweifel mehr.

Das Neue Testament lehrt die Unzerstörbarkeit des Lebens in einer sehr instruktiven und einfachen Weise. Nach seiner Kreuzigung erscheint Jesus wieder, er verschwindet und erscheint von neuem. Einige erblickten ihn, und dann verschwand er aus ihrem Blickfeld. Dann wieder sahen ihn andere, und wieder verschwand er. Damit will er uns sagen, daß er auch da ist, wenn wir ihn *nicht* sehen. Sagte Jesus nicht: » . . . denn ich lebe, und auch ihr werdet leben.« (Johannes 14, 19) Mit anderen Worten: unsere Lieben, die uns verlassen haben, bleiben weiterhin in Verbindung mit uns.

Ein junger Soldat schrieb seiner Mutter aus Korea: »Ich erlebe sehr seltsame Dinge. In einer Nacht, da ich mich sehr fürchtete, fühlte ich die Anwesenheit meines Vaters.« Dieser war aber schon vor zehn Jahren gestorben, und sehnsüchtig fragte der Junge seine Mutter: »Glaubst du, daß Vater wirklich auf den koreanischen Schlachtfeldern bei mir sein kann?«

Die Antwort heißt: Warum nicht? Wie können wir als Angehörige einer aufgeklärten und mit großen wissenschaftlichen Erkenntnissen ausgestatteten Zeit dies verneinen? Immer wieder erhalten wir neue Beweise für die Existenz eines dynamischen Universums, das erfüllt ist von seltsamen elektrischen, elektronischen und atomaren Kräften, und alle sind so geheimnisvoll, daß wir sie bisher nie richtig begreifen konnten. Das Universum ist ein gewaltiges geistiges Sendezentrum, voller Kraft, Leben und Vitalität.

Der kanadische Schriftsteller Albert E. Cliffe berichtet vom Tode seines Vaters: Der Sterbende war in tiefe Bewußtlosigkeit gesunken und jedermann dachte, er sei bereits gestorben. Plötzlich erwachte das Leben wieder in ihm. Seine Augen standen weit offen, und er blickte auf einen Wandspruch mit dem Text: »Ich weiß, daß mein Erlöser lebt.« Dann sagte er: »Ja, *ich weiß*, daß mein Erlöser lebt: alle sind da – Mutter, Vater, meine Brüder und Schwestern . . .«

Alle diese Personen waren längst gestorben, doch der Sterbende erblickte sie. Wer will das bestreiten?

Frau Thomas A. Edison erzählte mir, ihr Mann hätte im Sterben seinem Arzt zugeflüstert: »Es ist wundervoll da drüben.« Edison gehört zu den größten Wissenschaftlern der Welt. Sein ganzes Leben hat er sich mit Tatsachen abgegeben, und nie berichtete er über etwas, das sich nicht einwandfrei beweisen ließ. Niemals hätte er gesagt: »Es ist wundervoll da drüben«, wenn er es nicht wirklich gesehen und als Tatsache anerkannt hätte.

Vor vielen Jahren begab sich ein Missionar nach der Südsee, um bei einem Kannibalenstamm zu arbeiten. Schon nach Monaten gelang es ihm, den Häuptling zum Christentum zu bekehren. Eines Tages sagte dieser dann zum Missionar: »Erinnern Sie sich noch an Ihre ersten Tage bei uns?«

»Gewiß«, sagte der Missionar, »als ich durch den Wald ging, hatte ich den Eindruck, ich sei von Feinden umzingelt.«

»Sie *waren* umzingelt«, sagte der Häuptling, »denn wir wollten Sie töten, doch irgend etwas hielt uns davon ab.«

»Und was war das?« fragte der Missionar.

»Jetzt, da wir Freunde sind«, antwortete der Häuptling, »können Sie mir ja sagen, wer die beiden leuchtenden Gestalten waren, die links und rechts von Ihnen gingen.«

Ich habe nicht die geringsten Zweifel an diesen Erfahrungen und Erlebnissen. Ich glaube an die Fortdauer des Lebens nach dem »Tod«, und ich glaube, daß das Leben zwei Seiten hat: eine, in der wir *jetzt* leben, und eine andere, wo sich unser späteres Leben fortsetzt. *Die Ewigkeit beginnt nicht beim Tod, wir leben bereits jetzt in der Ewigkeit, wir vollziehen nur einen Wechsel von diesem in ein kommendes Leben, und dieser Vorgang — davon bin ich überzeugt — dient zu unserem Besten.*

Meine Mutter hatte eine große Seele, und ihr Einfluß auf mich ist und bleibt von größter Bedeutung in meinem Leben. Sie verstand es ausgezeichnet, mit Menschen zu reden, und ihr Geist war wach und gütig. Sie bereiste während ihrer Missionstätigkeit die ganze Welt. Ihr Leben war reich und ausgefüllt, und sie verfügte über einen wunderbaren Sinn für Humor. Alle, die sie kannten, bezeichneten sie als eine anregende und lebendige Persönlichkeit, wie sie selten angetroffen wird.

Als ich erwachsen war, benützte ich jede Gelegenheit, sie zu besuchen. Unsere Familienzusammenkünfte sind mir unvergeßlich; es war eine überaus glückliche Zeit. Dann starb meine Mutter, und wir begruben sie auf dem kleinen, wunderschönen Friedhof in Lynchburg, wo sie ihre Jugend verbracht hatte. Es war ein sehr trauriger Tag im Hochsommer, und wir verließen die Stadt betrübt und schweren Herzens.

Der Herbst kam; ich fühlte mich einsam und beschloß, nach Lynchburg zu reisen, um das Grab meiner Mutter zu besuchen. Während der Fahrt im Nachtzug dachte ich sehnsüchtig an die vergangene Zeit und wie sich alles geändert hatte seit dem Tode meiner Mutter.

Als ich in der kleinen Stadt ankam, war es kalt, und unter trübem Himmel ging ich zum Friedhof. Durch gefallenes, raschelndes Laub schritt ich auf das Grab zu und verweilte dort lange und einsam. Plötzlich teilten sich die Wolken, und eine milde Herbstsonne beleuchtete die Landschaft und ließ die herrlichen Farben des Laubes zauberhaft aufleuchten. Ich blickte nach den Hügeln von Ohio, die ich als Junge so sehr geliebt und wo auch meine Mutter ihre Kindheit verbracht hatte. Und plötzlich war mir, als hörte ich die Stimme meiner Mutter. Nicht ihre wirkliche Stimme, aber ich vernahm deutlich in meinem Innern ihre Worte. In ihrer liebenswerten Weise sagte sie »Warum suchst du das Leben unter den Toten? Ich bin nicht hier. Glaubst du, ich würde in diesem finstern und unfreundlichen Grab verbleiben? Ich bin mit dir und all meinen Lieben zu jeder Zeit.«

Meine trübe Stimmung hellte sich mit einem Schlage auf. Ich wußte, was ich da hörte, war wahr. Ich fühlte mich frei und froh, als ich meine Hand auf den Grabstein legte. Wohl lag der Körper darunter, doch er ist nicht mehr als ein Kleid, das abgelegt wurde, weil es überflüssig geworden ist. Aber die Seele meiner Mutter, die wir alle so liebten, sie *lebt* und ist weiterhin mit uns. Ich verließ den Friedhof und habe ihn seither nur noch selten aufgesucht. Das Grab meiner Mutter ist für mich keine Stätte der Traurigkeit mehr; es ist lediglich ein Symbol, denn sie ist nicht dort, sondern mitten unter uns. »Was sucht ihr den Lebendigen bei den Toten?« (Lukas 24, 5) Die Bibel berichtet immer wieder von der Güte Gottes und der Unsterblichkeit der Seele. Wenn wir lernen, aufrichtig und vertrauensvoll zu beten, und wenn unser Gebet und unser Glaube sichere Pfeiler unseres Daseins werden, werden wir eine tiefe innere Befriedigung und die sichere Überzeugung gewinnen, daß die Worte der Bibel wirklich wahr sind. Sie sind das wahre »Rezept« gegen Kummer und Leid.

XVII

Vertraue in die Kraft
einer höheren Macht

Vier Männer saßen nach einer Partie Golf in einem Landhaus und sprachen über verschiedene persönliche Probleme. Einer von ihnen hatte mit großen Schwierigkeiten zu kämpfen, und die andern hatten ihn zu einem Spiel eingeladen, weil sie dachten, es würde ihm etwas Entspannung bringen.

Die verschiedensten Ratschläge wurden laut, und schließlich stand einer der vier auf, um zu gehen. Er hatte selbst genug Sorgen, doch er hatte einen Weg gefunden, sie zu meistern. Er legte die Hand auf die Schulter seines Freundes und sagte: »George, ich will dir keine Predigt halten, aber ich möchte dir etwas vorschlagen. Es ist dasselbe, was mir geholfen hat, mit *meinen* Sorgen fertig zu werden: Warum versuchst du es nicht mit dem Vertrauen in die Kraft einer höheren Macht?« Mit diesen Worten verließ er die andern.

Die Zurückgebliebenen dachten über die Worte ihres Freundes nach, und schließlich sagte der so Angesprochene: »Ich weiß, was er meint, und ich weiß auch, wo sich die höhere Macht befindet, doch wenn ich nur wüßte, wie ich ihrer teilhaftig werden könnte.«

Im späteren Verlauf seiner Entwicklung fand George den Weg zu jener höheren Macht, und sein Leben änderte sich von Grund auf. Er ist heute ein gesunder, glücklicher Mensch.

Der Ratschlag, auf eine höhere Macht zu bauen, ist sehr

weise. Es gibt viele Leute, die weder mit sich selbst noch mit ihren Lebensumständen weiterkommen. Das Geheimnis liegt in der Beziehung zu jener höheren Macht. *Wie können wir ihrer teilhaftig werden?*

Ich möchte das folgende persönliche Erlebnis erzählen. Noch in jungen Jahren wurde ich an die Kirche einer Universitätsstadt berufen. Viele meiner Gemeindemitglieder waren Professoren und führende Bürger der Stadt. Ich wollte alles daransetzen, das Vertrauen, das man mir entgegenbrachte, zu rechtfertigen, und ich arbeitete auf vollen Touren. Das Resultat bestand in wachsender Nervosität und Müdigkeit. Ich hatte immer mehr das Gefühl, über keine Kraftreserven mehr zu verfügen. Jedermann sollte hart arbeiten, doch man kann es auch übertreiben. Es ist sinnlos, sich so anzustrengen und zu übernehmen, daß unsere Arbeit nicht mehr produktiv sein kann.

Eines Tages beschloß ich, einen guten Freund, Professor Hugh M. Tilroe, aufzusuchen. Er gehörte zu den beliebtesten Lehrern, und er war ein leidenschaftlicher Fischer. Als ich ihn auf der Universität nicht antraf, wußte ich, daß er beim Fischen war, und dort fand ich ihn auch. Auf meine Rufe hin ruderte er ans Ufer und lud mich ein, in sein Boot zu kommen.

»Wo fehlt's?« fragte er mich freundschaftlich. Ich erzählte ihm, daß ich hart arbeite und dabei immer nervöser würde. »Ich spüre, wie meine Kräfte schwinden«, fügte ich hinzu.

Lächelnd sagte er: »Vielleicht gibst du dir zuviel Mühe.«

Als wir in sein Bootshaus zurückgekehrt waren, sagte er: »Lege dich auf jene Couch und schließe die Augen, ich möchte dir etwas vorlesen. Ruhe dich etwas aus, bis ich die Stelle finde.«

Ich tat, wie mir geheißen, und dachte, er würde mir irgendeine philosophische Abhandlung vorlesen. Statt dessen aber sagte er: »Da habe ich es. Höre ruhig zu, während ich lese, und nimm diese Worte in dich auf: ›Weißt du es nicht oder hast du es nicht gehört: Der Herr, der ewige Gott, der die Enden der Welt erschaffen hat, wird nicht müde noch matt; seine Einsicht ist unerforschlich. Er gibt dem Müden Kraft und Stärke genug dem Unvermögenden. Die Knaben werden müde und matt, und die Jünglinge fallen; aber die auf den Herrn harren, empfangen immer neue Kraft, daß sie auffahren mit Flügeln wie Adler, daß sie laufen und nicht ermatten, daß sie wandeln und nicht müde werden.‹«

Dann fragte er mich: »Weißt du, wo das geschrieben steht?«

»Ja«, sagte ich, »im 40. Kapitel Jesaja.«

»Es freut mich, daß du deine Bibel kennst«, sagte er, »aber warum wendest du sie nicht praktisch an? Entspanne dich jetzt, atme langsam und tief ein und aus und lerne, aus der Verbindung mit Gott *neue Kraft* zu schöpfen. *Glaube*, daß Gott dir genügend Kraft geben kann, wenn du stets in Kontakt mit ihm bleibst. *Vertraue* auf ihn und lasse dich von seiner Kraft durchdringen. Gib dir Mühe bei deiner Arbeit. Das ist ganz in Ordnung, aber vollbringe sie ohne Hast und Druck, sondern in einer gelösten Art und Weise. Sei dir bewußt, daß du jederzeit von einer höheren Macht genügend neue Kräfte erhalten kannst.« Und dann wiederholte er die Stelle: »... die auf den Herrn harren, empfangen immer neue Kraft.« Ich habe diese Lehre nie vergessen, und während zwanzig Jahren hat sie mich nie enttäuscht. Mein Leben ist angefüllt mit Arbeit und Aktivität, aber ich habe stets genügend Kraft gefunden, meine Pflichten zu erfüllen.

Ein zweiter Weg, um in Verbindung mit der höheren Macht zu bleiben, besteht darin, zu allen unseren Problemen eine positive, bejahende Haltung einzunehmen. »Euch geschehe nach eurem Glauben« (Matthäus 9, 29) ist ein Grundgesetz eines erfolgreichen Lebens. Wir erhalten Kraft und Stärke, unsere Probleme zu meistern, in direktem Verhältnis zu unserem Glauben und unserem Vertrauen in Gott.

Es *gibt* eine höhere Macht, und sie kann uns in *allen* Dingen beistehen. Wer die Verbindung mit ihr sucht, wird ihrer auch teilhaftig werden. Warum sollen wir niedergeschlagen sein, wenn wir jederzeit die Möglichkeit haben, uns einer höheren Kraftquelle zuzuwenden, die uns Antwort gibt auf alle Fragen? Wer um eine konkrete Antwort auf ein konkretes Problem bittet, wird sie auch erhalten.

Ein Ehepaar, das sich in großen Schwierigkeiten befand, suchte mich auf. Der Mann war früher Zeitungsredakteur und in Musiker- und Künstlerkreisen eine hochgeachtete Persönlichkeit. Er war bekannt für sein großes Können und seine menschliche Haltung. Seine Frau genoß ebenfalls großes Ansehen. Sie war nicht gesund, und deswegen hatten sich die beiden aufs Land zurückgezogen, wo sie sehr einsam lebten.

Der Mann erzählte mir, er habe zwei Herzattacken gehabt, und auch der Gesundheitszustand seiner Frau werde ständig bedenklicher, so daß er in großer Sorge um sie sei. Er fragte: »Gibt es ein Mittel, das uns psychisch stärkt, uns neue Kraft und neuen Lebensmut verleiht?« Die ganze Situation — wie er sie mir beschrieb — war lauter Entmutigung und Enttäuschung.

Ich spürte, daß es ihm ernst war, und ich habe ihn wegen seiner Aufrichtigkeit sehr geschätzt. Meine Ratschläge waren sehr einfach: Ich schlug ihm vor, das Neue Testament und die Psalmen zu lesen und gewisse Stellen auswendig zu lernen. Als *Grundhaltung* empfahl ich ihm, sein Leben ganz in Gottes Hand zu geben und daran zu glauben, Gott werde ihm und seiner Frau genügend Kraft schenken. Ich forderte ihn auf, an die fortwährende Gegenwart Gottes, an seine Führung auch in den kleinsten Dingen des täglichen Lebens zu glauben. Da ich ihren Arzt kannte, empfahl ich ihnen auch, an die *vereinte Wirkung* von Wissenschaft und göttlicher Hilfe zu glauben. Ich erläuterte ihnen die Kraft der Vorstellung und deren Bedeutung beim Heilprozeß.

Selten habe ich Menschen gesehen, die ein so vollkommenes kindliches Vertrauen in ihren Glauben aufbrachten. Sie wurden begeisterte Anhänger der biblischen Wahrheiten, und oft telefonierten sie mir, um mir »eine ganz wunderbare Stelle, die wir soeben gefunden haben«, vorzulesen. Durch sie habe ich selbst neue Einsichten in die biblischen Wahrheiten gewonnen, und die Zusammenarbeit mit diesem Ehepaar gestaltete sich wahrhaft schöpferisch.

Im folgenden Frühling sagte Helen, so hieß die Frau: »Noch nie habe ich einen solchen Frühling erlebt. Die Blüten dieses Jahres sind die schönsten, die ich je gesehen habe. Noch nie war der Himmel so blau und die Wolkenbilder so faszinierend. Die Blätter scheinen mir grüner, und die Vögel haben noch nie so schön gesungen!« Als sie diese Worte sagte, lag ein wundersamer Glanz auf ihrem Gesicht, und ich spürte, daß sie eine geistige Wiedergeburt erlebt hatte. Sie erholte sich körperlich und gewann viel von ihrer alten Kraft zurück. Ihre natürlichen Kräfte waren wiedererwacht, und das ganze Leben bekam ein anderes Gesicht.

Was Horace, ihren Mann, betrifft, so sind seine Herzbeschwerden verschwunden. Er verfügt wieder über bemerkenswerte körperliche und seelische Kraft. Sie wechselten den Wohnort und sind zu einem wahren Lebenszentrum geworden. Wo immer sie auftauchen, sind sie willkommen, denn sie vermitteln Lebensmut und Aufmunterung.

Wie lautet das Geheimnis, das sie entdeckt haben? *Sie haben gelernt, in Verbindung mit der höheren Macht zu bleiben. Diese Tatsache gehört zu den wunderbarsten Erscheinungen des menschlichen Lebens. Durch sie kann das Leben jedes Menschen zum Guten gewandelt werden.* Ich bin von der Kraft und Bedeutung dieser Macht so überzeugt, daß es mir fast schwerfällt, dieses Buch abzuschließen. Ich könnte noch unzählige Geschichten von Menschen erzählen, die durch diese Erkenntnis ihr Leben von Grund auf änderten und dadurch eine wahre Wiedergeburt ihres Seins erlebten.

Diese höhere Macht steht immer zu unserer Verfügung. Wenn wir uns ihr öffnen, wird sie uns erfüllen wie ein Wunder. *Alle Menschen in jeder Lage und unter allen Lebensbedingungen können sich ihrer bedienen.* Sie verfügt über eine unwiderstehliche Kraft, die mit allem radikal aufräumt, was immer uns bedrücken mag: Angst, Haß, Traurigkeit, Schwäche, Depression, und die uns dafür Mut, Stärke, Frische, Gesundheit und Lebensmut schenkt.

Seit vielen Jahren befasse ich mich mit dem Problem des Alkoholismus. Grundsätzlich kann man einem Süchtigen erst dann helfen, wenn er die Einsicht hat, allein nicht mehr die Kraft zu besitzen, seine Süchtigkeit zu überwinden. Erst wenn er seine Unfähigkeit und die Macht, die der Alkohol über ihn gewonnen hat, einsieht, steht der Weg zum erfolgreichen Eingreifen anderer Menschen und einer höheren Macht offen.

Im weiteren muß beim Süchtigen die Bereitschaft vorhanden sein, die Hilfe einer höheren Macht *anzunehmen,* die allein die Kraft vermitteln kann, die er selber nicht mehr aufbringt. Wie die physische Kraft besitzt auch die geistige Kraft ihre eigenen Gesetze. Ihre Kenntnis und Anwendung ermöglicht, viel größere Taten zu vollbringen als die Kenntnis der mechanischen Gesetze. Man kann dafür sorgen, daß eine Maschine richtig läuft; ebenso kann man einen menschlichen Organismus, geistig und körperlich gesehen, zum richtigen Funktionieren bringen. Dazu braucht es allerdings tiefere Erkenntnisse, aber es ist *möglich.* Ich kenne viele Menschen, die sich allein durch aufrichtiges Vertrauen in die Stärke einer höheren Macht vom Alkohol befreit haben. Und wenn es möglich ist, sich von einer dermaßen gefährlichen und hartnäckigen Sucht zu befreien, dann können wir auch andere Probleme und Schwierigkeiten überwinden. Es gibt kaum ein schwierigeres Problem, als sich von der Sucht nach Alkohol zu befreien. Die Kraft, die unzählige Menschen, die ich kenne, davon befreit hat, ist auch fähig, andere menschliche Probleme erfolgreich zu lösen.

Wie immer auch unsere Probleme geartet sind, es gibt eine Macht, die mit ihnen fertig wird. Es gibt nichts in der Welt — keine Schwierigkeit und keine noch so schwere Niederlage —, das nicht durch positives Denken und Vertrauen in Gott überwunden werden könnte. Die in diesem Buch aufgestellten Grundsätze sind einfach und wirkungsvoll. Auch Sie können des Segens und der Kraft, die uns die Verbindung mit jener höheren Macht bringt, teilhaftig werden!

Epilog

Du hast dieses Buch zu Ende gelesen, und was hast du gefunden? Eine Reihe praktischer und wirkungsvoller Grundsätze, die zu einem erfüllten und glücklichen Leben führen. Du hast eine Reihe Erlebnisse gelesen von Menschen, die *glaubten* und ihre Einsichten verwirklicht haben. Diese Beispiele habe ich gebracht, um zu zeigen, wie durch die Anwendung dieser Erkenntnisse ebenso beglückende wie befreiende Ergebnisse erzielt werden können. Darum zögere nicht, jede einzelne dieser Einsichten selber praktisch anzuwenden. Vertraue auf sie und halte dich an sie, bis sie dieselben Wirkungen hervorgebracht haben.

Ich schrieb dieses Buch in der aufrichtigen Absicht, Hilfe zu bringen. Wenn es auch dir den Weg zur Lösung deiner Probleme zeigt, ist mein Wunsch erfüllt. Ich bin von der Wirksamkeit der in diesem Buch gezeigten Geisteshaltung von ganzem Herzen überzeugt. Sie hat sich in allen Fällen bewährt, und sie wird sich weiter bewähren und auch dir helfen, deine Probleme zu lösen.

Norman Vincent Peale

So hast du mehr
vom Leben

Wie Sie am meisten aus diesem
Buch gewinnen können

Liebe Leserin
Lieber Leser

Ich freue mich, daß Sie zu diesem Buch gegriffen haben,
denn es ist für Sie geschrieben. Sein Sinn ist, Ihr Leben zufrieden und glücklich zu gestalten, und Ihnen mehr Freude
am Leben zu schenken. Ich hoffe, Ihr Lebensgefühl werde
sich steigern, Ihre inneren Kräfte zunehmen, und Sie werden ein lebhafteres Interesse am Leben gewinnen, je mehr
Sie in diesem Buche lesen, und den Inhalt in sich aufnehmen.

Ein paar elementare Wahrheiten werden Ihr ganzes Le-
ben wandeln. Es ist nicht leicht, täglich danach zu leben.
Aber wenn Ihr Wille vorhanden ist, werden diese wenigen
Grundsätze der Schlüssel zu einem erfüllten Leben sein.

Dieses Buch ist die Fortsetzung meines Buches »Die Kraft
positiven Denkens«. Es will Ihnen zeigen, wie man ein har-
monisches, vitales, frohes Leben führen kann. Mein erstes
Buch zeigt, wie wir unsere Denkweise in positive Bahnen
lenken können, und dieses Buch hilft positive Gedanken in
die Tat umzusetzen und unserem Lebensziel mit der Kraft
des Glaubens und Vertrauens näherzukommen.

Ich bedaure, daß ich nicht versprechen kann, auf alle Fragen eine Antwort zu geben. Wer kann das schon? Aber einige aufschlußreiche Antworten für die Gestaltung eines gehaltvollen Lebens sind hier gegeben. Das Fundament dieses
Buches lieferten die Erfahrungen von Menschen, die nach

diesen Grundsätzen glücklich leben, und einige dieser anregenden Lebensgeschichten finden Sie, wenn Sie weiterlesen.

Norman Vincent Peale

I

Die schöpferische Kraft
des Glaubens

Jeder Mensch besitzt eine bestimmte Vorstellung von sich selbst.
Und von dieser Vorstellung hängt es ab, was er erreicht. Er kann
nur das erreichen, was er glaubt zu erreichen, und er kann, nur das
sein, was er glaubt zu sein. Darum sollten wir glauben und nicht
zögern, uns dem Glauben anzuvertrauen.

Eines Tages, als ich mit Freunden im Restaurant beim Essen
saß, betrat ein Herr das Lokal und fragte nach mir, weil er
wußte, daß ich anschließend einen Vortrag halten würde.

Er überraschte meine Freunde und mich mit den Worten:
»Wissen Sie, ich kam in diese Stadt als ein Landstreicher.«
Unsere Verblüffung erkennend, fuhr er fort: »Ich meine es
wirklich so, ich kam als ein heruntergekommener Landstreicher.« Weil er blendend aussah, versetzte uns diese Erklärung so in Erstaunen, daß wir gespannt seiner weiteren
Schilderung lauschten.

Er erzählte uns, er habe vor einigen Jahren unmäßig zu trinken begonnen. Deshalb verlor er eine berufliche Stellung nach
der anderen, und mit jeder neuen Arbeit glitt er eine weitere
Stufe abwärts, bis er zuunterst angekommen war. Schmutzig
und unrasiert streifte er durch die Straßen. Es lag ihm kaum
mehr daran, eine Arbeit zu finden. Schließlich verließ ihn auch
seine Frau. Ohne Heim, ausgebrannt, niedergeschlagen, verließ er die Stadt und trampte ziellos durch das Land. Er schlief
in Scheunen, auf Heustöcken und an Straßenrändern. Sein Essen erbettelte er sich von Tür zu Tür.

Eines Tages gab ihm eine freundliche Frau an der Hintertüre eine Wegzehrung und betrachtete ihn von oben bis unten. »Es ist merkwürdig«, sagte sie, »Sie sind sicher ein netter, junger Mann. Wie kommt es dazu, daß Sie sich in diesem Aufzug und bettelnd in der Stadt herumtreiben. Ich glaube zu wissen, was Sie brauchen. Ich gebe Ihnen etwas mit, das Ihr ganzes Leben verwandeln kann, wenn Sie es anwenden.« Mit diesen Worten übergab sie ihm ein Buch.

Unser Freund trampte weiter durch das Land mit dem Buch in der Tasche seiner zerschlissenen Jacke. Da er keiner Arbeit nachging und viel Zeit hatte, las er das Buch wiederholt aufmerksam Wort für Wort durch. Wollte er der Winterkälte entfliehen, begab er sich in eine Lesehalle, um dort in dem Buche zu lesen. Nach und nach begannen die einfach geschriebenen Botschaften sein dunkles Bewußtsein zu erhellen. »Versuchen wir, unser Inneres in Einklang mit unserem Schöpfer zu bringen. Es wird augenblicklich unsere Gedanken und unsere Lebensweise ändern. Nur Vertrauen hilft uns, auch die größten Schwierigkeiten zu überwinden. Vertrauen macht stark. Wer glaubt, kann auch, was er glaubt.« So sprach es aus diesem Buch.

Eines Tages drängte es ihn zu beten, und langsam fand er Vertrauen. Aufrichtig versuchte er, die gegebenen Ratschläge anzuwenden, und seine Änderung begann. Schließlich endete seine Wanderung in dieser Stadt, wo man ihm den Rat gab, in einem bestimmten Hause arbeitsuchend vorzusprechen. »Als ich dort anklopfte, reinigte gerade eine sehr hübsche, junge Frau den Eingang«, sagte unser Mann. »Können Sie mir glauben, wenn ich Ihnen sage, daß sie nun meine Frau ist?« fragte er lächelnd.

Er übernahm eine Reihe Gelegenheitsarbeiten, jede immer wieder besser als die vorangegangene, und verbesserte sich so mit jeder neuen Anstellung. Dann drängte es ihn, sich als Buchhalter zu bewerben, denn er besaß noch aus früheren Zeiten einige Erfahrungen und interessierte sich für Zahlen. Eines Tages ersuchte ihn eine Firma, die Ölleitungen herstellte, Kalkulationsgrundlagen zu erstellen. Nie zuvor hatte er eine derart komplizierte Aufgabe gelöst, aber er betete um Führung, dachte intensiv über das Problem nach, und schließlich gelang es ihm, die Berechnungen präzise zu lösen. Dieser Erfolg vertiefte das Vertrauen in sein Können und verhalf ihm dazu, andere ihm übertragene Aufgaben erfolgreich zu lösen.

Nachdem er seine Geschichte beendet hatte, zog er aus seiner Tasche ein fleckiges und zerlesenes Buch. Mit einer zärtlichen Gebärde legte er es auf den Tisch. Es war jenes Buch, das ihn in den dunkelsten Tagen seines Lebens begleitet hatte, und er sagte zu uns: »Nicht jeder muß so tief fallen, wie ich gefallen bin, aber jeder kann den Weg aus dem Dunkel finden, wenn er die Kraft hat, zu glauben, zu Vertrauen und zu handeln.«

Die Lebenserfahrung dieses Mannes führt uns zu jenen Quellen, aus denen Menschen seit Jahrhunderten unendliche Kraft schöpfen konnten: die Lehren, die jeder finden kann, so z. B.: »Wenn du glauben kannst, sind dir alle Dinge möglich (Markus 9:23).« Je mehr wir uns dessen bewußt werden, daß es aus jeder Situation einen Ausweg gibt, desto leichter finden wir die Lösung, und selbst das anfangs unmöglich Scheinende wird möglich kraft unseres Glaubens.

Wir müssen glauben können. Glauben an uns, glauben an den Mitmenschen, glauben an das Leben. Wir müssen aufhören, zu zweifeln, zu zagen, uns zu sorgen.

Wenn wir Vertrauen besitzen, ist das Leben so einfach. Bejahendes Denken wandelt es und hilft uns, auch große Schwierigkeiten zu überwinden. Selbstvertrauen und positives, schöpferisches Denken sind wesentliche Voraussetzungen für ein erfolgreiches, glückliches Leben. Erfolgreich bedeutet nicht reich oder berühmt zu werden, sondern, wenn es gelingt, uns zu einer harmonischen, ausgeglichenen, in sich gefestigten Persönlichkeit zu entfalten. Wir können mehr aus unserem Leben machen, wenn wir nur wollen, wenn wir an uns glauben und dem Besten in uns selbst vertrauen. Frank Lloyd Wright, der große Architekt, sagte: »Die Dinge, an die wir aus tiefstem Innern glauben, entwickeln sich so, wie wir es wünschen. Es ist die ungeheure Kraft des Glaubens, die unsere Entscheidungen beeinflußt. Wenn wir nicht wirklich von einer Sache überzeugt sind und nicht daran glauben, wird auch nichts geschehen.«

Es gibt viele Beispiele dafür, welcher Umwälzungen wir fähig sind, wenn wir Vertrauen in uns haben. Mir erzählte einmal eine Frau, sie sei sich jahrelang als »Mauerblümchen« neben ihren drei Geschwistern vorgekommen, die von Natur aus hübscher ausgestattet waren als sie. Ihre drei Schwestern hatten ihr eingeredet, sie sei häßlich, und so glaubte sie es auch, bis ein Freund eines Tages zu ihr sagte: »Aber du bist doch nicht häßlich! Überwinde den Komplex, und sieh dich so, wie du wirklich bist, nämlich als ein natürliches und frisches Mädchen. Charme kann man nicht mit dem Löffel essen. Charme entwickelt man durch die Art, wie man denkt und wie man lebt. Du mußt dich nur entscheiden können, wie du sein möchtest. Und nach dem, was du dir vorstellst, wirst du dich entwickeln.«

Dann stellte der Freund ihr eine sehr direkte Frage: »Was erwartest du wirklich vom Leben? Du mußt diese Frage aufrichtig beantworten, sonst hast du keine Chance, daß sich deine Wünsche auch erfüllen.« Es war eine sehr kluge Frage, denn bevor man seine Ziele nicht klar erkennt und weiß, was man will, kann man sie auch nicht erreichen.

»Wenn du es unbedingt wissen willst«, antwortete sie aufgebracht, »ich wünsche mir einen Mann, Kinder und ein schönes Heim.« — »Das ist ein völlig normaler Wunsch, und du brauchst dich doch deshalb nicht aufzuregen«, erwiderte ihr Freund. »Verankere diesen Wunsch tief in deinem Herzen, und so Gott will, wird er ihn dir erfüllen. Befreie dich von der Meinung deiner Schwestern und gewinne Selbstvertrauen. Charme kommt dann von selbst.«

Dieses junge Mädchen formte sich sein Wunschbild, transponierte es mit unermüdlicher Ausdauer in die Wirklichkeit, und aus dem Aschenbrödel wurde eine glückliche Frau.

Es gibt Menschen, die behaupten, nur die Begabten und Talentierten seien fähig, diese Grundsätze erfolgreich anzuwenden. Wenn wir das annehmen, begehen wir einen gefährlichen Irrtum. Es hängt nicht allein von der Begabung ab, wie jemand seine Lebensprobleme bewältigt, sondern davon, wie wir sie anpacken. Wenn wir versagen, kann auch Neid die Ursache sein. Wenn wir uns über die Erfolge anderer freuen, wenn wir glücklich sind, daß andere Fortschritte erzielen, ist es immer ein Zeichen gesunder Geisteshaltung.

Es ist nicht unbedingt falsch, unsere Gedanken darauf zu richten, was andere schon erreicht haben. Es wäre aber ein Fehler, neiderfüllt und mißgünstig auf sie zu blicken, statt uns vertrauensvoll dem eigenen Ziele zuzuwenden. Wir können wohl unsere Fortschritte mit denen anderer messen, besser aber ist es, sie mit unseren eigenen zu vergleichen. Von Zeit zu Zeit sollten wir uns fragen, ob es uns gelungen sei, unsere Leistungen wieder zu steigern. Das führt uns mit Gewißheit Stufe um Stufe unserem Ziel entgegen. Lassen wir uns nicht entmutigen durch verzagte und kleinmütige Gedanken. Bejahung, Vertrauen und Glaube führen uns sicher an unser Ziel.

Einen Beweis, wie sehr uns eine positive Lebenseinstellung helfen kann, erhielt ich vor einigen Jahren durch folgenden Brief:

»Vor drei Wochen war ich noch Platzanweiser in einem Kino. Unerwartet erklärte mir mein Chef, er müsse mich leider entlassen, weil das Kino geschlossen wurde. Diese Mitteilung vermochte mich nicht zu ängstigen, denn nachdem ich durch Sie Glaube und Vertrauen gefunden habe, wußte ich, daß ich sicher geführt werde.

Innerhalb einer Woche war mein letztes Geld verbraucht, und ich hatte noch immer keine neue Stellung gefunden. Schließlich ging ich zum Arbeitsamt und bewarb mich dort um Arbeit in einem Hotel. Schon einen Tag später erhielt ich den Anruf, ich könne in einem Hotel antreten. Und nicht nur das, ich erhielt noch weit mehr Lohn als vorher.

Durch Ihre Hilfe ist mein Leben um vieles reicher geworden. Alle Zweifel sind von mir gewichen, und ich weiß, daß meine Zukunft sicher in der Hand Gottes liegt.«

Dieser einfache Mann lernte sein Leben in Harmonie mit unserem Schöpfer zu führen. Das befreite ihn nicht von Schwierigkeiten. Er hatte aber gelernt, wie man sie meistern kann.

Lassen Sie mich von einem anderen Mann, einem Bankdirektor, berichten, der, wie unser Platzanweiser aus dem Kino, die Lösung seiner Probleme gefunden hat. Es kommt ja nicht auf den Beruf an, sondern auf die Geisteshaltung.

Bill verlor seinen Posten durch eine Intrige. Mit zweiundfünfzig fand er sich plötzlich stellungslos. Seine erste Reaktion war panischer Schrecken, denn zwei seiner Kinder studierten an der Universität, und außerdem hatte er noch erhebliche andere finanzielle Verpflichtungen. Er war verzweifelt und haßte aus tiefstem Herzen den Mann, der hierfür verantwortlich war. Er schien gebrochen und sah keinen Ausweg mehr.

Völlig demoralisiert kam er zu mir, verzweifelt nach einem Ausweg suchend. Er wollte von mir wissen, ob ihm der Glaube an Gott helfen könne.

»Zuerst einmal befreien Sie sich von allen Haßgefühlen«, sagte ich. »Beten Sie für den Mann, der Sie in Ihr Unglück gestürzt hat. Das wird Ihnen den Weg öffnen, neue Kräfte zu finden.«

»Das ist schwer«, sagte er, »aber ich werde es versuchen.«

»Als zweites«, sagte ich, »müssen Sie Ihre Angst verlieren. Überlassen Sie Ihre Probleme vertrauensvoll Gott, und glauben Sie daran, daß er Sie führen wird.« Es war nicht leicht für ihn, denn es ging ihm von Tag zu Tag schlechter. Um sich über Wasser zu halten, pflückte er im Wald Beeren und verkaufte sie. Dies hätte viele völlig entmutigt, und vor einigen Wochen auch Bill. Aber nun war er sogar bereit, daraus zu lernen.

»Früher waren meine Frau und ich so beschäftigt, daß wir wenig Zeit hatten füreinander, und wir uns fast entfremdet waren. Gemeinsam, einander gegenüber vom selben Busch Heidelbeeren pflückend, lernten wir uns wirklich kennen. Ihr Lächeln, ihre reiche Seele und die Treue, mit der sie mir zur Seite steht, haben mich wunderbar gestärkt. Wir haben Gott und uns mitten in den Heidelbeeren gefunden«, sagte er warmherzig.

Heute leitet Bill in einer kleinen Stadt eine Bank. Wenn die Leute zu ihm kommen und ihn in geschäftlichen Angelegenheiten um Rat fragen, so hilft er ihnen und berät sie wie ein guter Freund.

Warum werden einige Menschen ständig vom Pech verfolgt? Warum nehmen alle Dinge, die sie beginnen, ein schlechtes Ende? Warum bestehen viele ihrer Erfahrungen aus einer Kette von Fehlschlägen? In den meisten Fällen stellt sich nach einer Analyse heraus, daß die Ursache in ihnen selbst zu finden ist, statt in den Umständen. Wenn sich bei uns konstant alle Dinge falsch entwickeln, sollten wir uns fragen, warum wir fehlgeleitet sind.

Verschwenden wir keine Zeit damit, uns fortgesetzt über andere Leute und Umstände zu ärgern und uns abfällig über sie zu äußern. Lieber sollten wir uns klar darüber werden, daß wir uns mit destruktiven Gedanken befassen, statt mit positiven. Eine negative Einstellung kann nur negative Ergebnisse zur Folge haben.

Wenn wir unfreundlich sind, ständig andere kritisieren

und unsere schlechte Laune nicht überwinden, ziehen sich die Menschen bewußt oder unbewußt von uns zurück. Unsere Unausgeglichenheit macht sich sehr schnell in unseren Beziehungen zu anderen bemerkbar. Und es ist so wichtig für unser eigenes Leben, ein gutes Verhältnis zu unseren Mitmenschen zu finden.

Es kommt nicht allein darauf an, wie viel oder wie hart wir arbeiten, sondern daß wir von unserer Arbeit überzeugt sind. William James, der bedeutende Psychologe und Philosoph, sagte einmal: »Bei jeder Aufgabe ist das Wichtigste unsere Überzeugung. Ohne Überzeugung gibt es kein Gelingen. Überzeugung ist die Basis eines jeden Sieges.«

An der Abschlußfeier eines Gymnasiums war quer über die Bühne ein riesiges Spruchband befestigt, darauf stand in großen Buchstaben: »Diejenigen erringen den Sieg, die daran glauben.« Gymnasiasten, die mit diesem Leitsatz aus der Schule entlassen werden und sich daran halten, werden bestimmt im Leben etwas erreichen. Was auch immer unser Ziel ist, wir können es erreichen, wenn wir überzeugt sind.

In einem großen Bahnhof mußte der Gehilfe einer Reinigungsanstalt die elektrische Reinigungsmaschine bedienen. Mit fünfundvierzig Jahren bestand seine Aufgabe noch darin, den Bahnhof zu säubern. Niemand kümmerte sich um ihn. Der einzige, der Notiz von ihm nahm, war ein Eisenbahner. Er mochte den stillen, unauffälligen Mann und sagte eines Tages zu ihm: »Du scheinst mir nicht am richtigen Posten zu sein, du solltest eine andere Arbeit als diese haben.« »Wie denn?« fragte der Mann gelangweilt. »Ich muß meine Frau, drei Kinder und meine alte Mutter versorgen, und außerdem habe ich nie etwas gelernt. Die guten alten Zeiten sind vorbei, wo man ohne viel Kapital was beginnen konnte.«

Aber der Eisenbahner machte ihn darauf aufmerksam, daß Gott jedem Menschen beisteht, der sich ihm zuwendet. Er zeigte ihm beharrlich die verschiedenen Möglichkeiten, die ihm noch offenstanden. Langsam begriff der Putzer, daß seine Lage gar nicht so aussichtslos war. Später hörte er vom Eisenbahner, in einer Kleinstadt nahebei sei ein Kiosk zu verkaufen. Er überredete den Putzer, sich den Imbiß-Kiosk anzuschauen. Vielleicht wäre das eine Chance.

Als der Putzer sich entschloß, die Sache näher zu prüfen, und den Besitzer aufsuchte, stellte er fest, daß dieser dreihundertfünfzig Dollar verlangte und unser aussichtsreicher Anwärter genau über fünfundzwanzig Dollar in bar verfügte. Aber dafür besaß er jetzt etwas weitaus Wertvolleres als Geld, eine positivere Lebenseinstellung als früher. Der beharrliche Wunsch, sich zu verbessern, war erwacht und hatte seine Willenskraft aktiviert. Er war jetzt entschlossen, Hindernisse zu bewältigen. Er überlegte sorgfältig die Situation und unterbreitete dem Kioskbesitzer den Vorschlag, den Kiosk ohne Anzahlung zu kaufen, aber dafür innerhalb eines Jahres statt dreihundertfünfzig Dollar vierhundert zu zahlen.

Normalerweise hätte der Kioskbesitzer diesen Vorschlag entrüstet abgelehnt, aber die Zuversichtlichkeit des Mannes beeindruckte ihn, und er nahm den Vorschlag an. Nun vereinbarte der neue Besitzer mit den Lieferanten, die Waren für den täglichen Verbrauch auf Kredit zu liefern und sich jeden Tag aus den Einnahmen des vorherigen Tages bezahlen zu lassen.

Unser ehemaliger Putzer arbeitete hart, um seine neue Existenz aufzubauen. Heute besitzt er ein reizendes Restaurant. Auf seine Menükarte hat er folgenden Text drucken lassen:

>>Wenn wir uns besiegt erklären,
dann sind wir es auch.
Denken wir, wir dürften nicht,
glauben wir etwas nicht zu können,
dann können wir es auch nicht.

Wenn wir zu gewinnen hoffen,
aber daran zweifeln,
ist alle Mühe umsonst.
Wenn wir glauben zu verlieren,
dann sind wir auch verloren.
Jeder Sieg beginnt mit einem klaren Ziel.
Es liegt alles in uns selbst.
Der Lebenskampf mißt unsere Kräfte,
nicht immer gewinnt der starke Mann,
denn früher oder später siegt er,
der denkt, ich kann.«

»Ich habe die Kraft zu allem von dem, der mir Kraft gibt.«
(Phil. 4:13)

Lassen wir uns von der Überzeugung beherrschen, jeder Situation innerhalb unserer Kräfte gewachsen zu sein. Emerson warnte: »Kein Verdienst, keine Leistung, keine Ausbildung kann uns den Glauben ersetzen.«

Jeder Mensch formt sich das eigene Bild seiner Möglichkeiten, und dieses ist bestimmend für das, was er erreicht. Wir können nicht mehr aus uns machen, als wir uns vorstellen. Und wir sind nicht mehr, als wir zu sein glauben.

Starker, wirklicher Glaube läßt unser Zielbild wahr werden. Starker Glaube stimuliert unsere besten Kräfte. Vertrauen wir der Kraft des Glaubens.

Unter großen Entbehrungen schickten die Eltern ihren sechzehnjährigen Jungen auf eine höhere Schule, um ihm eine bessere Ausbildung zuteil werden zu lassen, als sie selber in ihrer Jugend genossen hatten. Der Sohn ergriff dankbar diese Möglichkeit und beschloß, sich seinen Eltern erkenntlich zu zeigen. Er wünschte sehnlichst, ein Universitäts-Stipendium zu erhalten, um seine Eltern so für ihr großes Opfer zu entschädigen. Unermüdlich arbeitete er in jeder Minute seiner Freizeit, um die Anforderungen für ein Stipendium zu erfüllen. Seine Zeugnisse wiesen zunächst immer bessere Resultate auf. Während seiner ganzen Schulzeit war es ihm noch nie gelungen, solche guten Zensuren zu erhalten. Doch plötzlich, wie bei einem Bergsteiger, begann ihm vor seinem eigenen Mut schwindelig zu werden. Und er begann an sich zu zweifeln. Er glaubte das Pensum nicht bewältigen zu können, und er verlor sein Selbstvertrauen. In der Folge versagte auch sein Gedächtnis, und er war unfähig, den Unterrichtsstoff aufzunehmen. Er war so entmutigt, daß er schon daran dachte, die Schule zu verlassen.

»Aber eines Nachts«, erzählte er, »nahm ich die Bibel zur Hand, in der Hoffnung, aus ihr könnte ich Mut schöpfen, und ich las den Satz: ›Mit Gott sind alle Dinge möglich (Matth. 19:26).‹ Und ich schämte mich. Meine Eltern setzten so große Hoffnungen in mich, und für einige Zeit war es mir doch auch gelungen, gute Zeugnisse zu erreichen. Warum, wenn ich es vorher vollbracht hatte, sollte es mir nicht wieder gelingen? Ich glaube, daß Gott mir helfen werde. Und plötzlich wußte ich, daß ich es weiter schaffen würde.«

Und er hielt, was er sagte. Mit seinem wiedergewonnenen Selbstvertrauen gelang es ihm wirklich. Seine Noten wurden besser. Er gewann sogar als erster ein Stipendium. So erfuhr er selber den gewaltigen Einfluß einer vertrauensvollen, positiven Lebenseinstellung.

Jeden Tag sollten wir uns aufs neue bemühen, Zweifel zu beseitigen. Wir sollten uns nie mit weniger zufriedengeben, als wir uns vorgenommen haben.

Viele Leute möchten ganz gerne glauben, daß Gott helfen kann, aber in entscheidenden Situationen überwiegen ihre Zweifel. »Was kann Gott schon in meinem besonderen Fall tun?« fragen sie unsicher. Laßt uns mit einer Frage antworten: »Was kann Gott nicht tun?«

Tausende von aufrechten Leuten haben uns bewiesen, daß Vertrauen, Kraft und Glaube über menschliches Kleindenken triumphieren und uns aus verfahrenen Situationen retten können.

Reichern wir unser Denkvermögen täglich mit positiven Gedanken an. Schließlich wird dies zur festen täglichen Grundhaltung und Grundstimmung. Vermeiden wir es zu sagen, »Ich glaube nicht, daß ich das schaffe«, halten wir uns statt dessen immer wieder vor Augen, daß alles, was uns zugehört, auch schließlich den Weg zu uns findet.

Vor einem Essen in Washington ging ich in den prächtigen Garten, der zum Hotel gehörte. Dieser Garten hatte einen Springbrunnen mit einem kleinen Badetrog für Vögel. Einige ältere Damen saßen in der Sonne.

Ich beobachtete einen jungen Spatzen, der auf der Kante des Vogeltroges saß. Alle anderen Spatzen kamen geflogen, tranken, badeten und flogen wieder fort. Aber der junge Spatz blieb beharrlich sitzen. Die Damen erhoben sich und fragten »Was fehlt denn dem kleinen Spatz?« Darauf meinte eine, »ich glaube, es ist besser, wir nehmen ihn ins Haus. Er wird krank sein.« Aber ein Mann, der in der Nähe stand, sagte, »lassen Sie ihn allein. Was wollen Sie machen, sein Lebensgefühl zerstören?«

»Aber«, antworteten die Damen, »Sie sehen doch, es fehlt ihm etwas!«

»Nein, er ist nicht krank«, erwiderte der Mann. »Er lernt gerade fliegen. Lassen Sie ihn nur machen.«

Mich interessierte die Sache immer mehr, und ich beobachtete genau, was wohl geschehen würde. Endlich faßte der junge Spatz so viel Mut, daß er ein kleines Stück weiter flog. Dann kamen seine Eltern, um ihn zu ermutigen, und die ganze Spatzenfamilie umschwirrte ihn. Ich beobachtete seine ersten Flugversuche und wunderte mich über seine Ausdauer. Es war für mich eine Lehrstunde in Beharrlichkeit und Vertrauen.

Am gleichen Abend, durch seltsamen Zufall, las ich in einer Zeitung einen Brief an den Chefredakteur über ein Rotkehlchen, welches seinen Flügel verletzt hatte. »Trotzdem sein Flügel etwas lahmt«, schrieb der Einsender, »sitzt das Rotkehlchen in einem alten Kirschbaum und singt. Aber«, fügte er hinzu, »ich mache mir Sorgen wegen des Flügels. Was soll ich am besten tun?«

Der Redakteur antwortete, »Machen Sie sich keine Sorgen über den verletzten Flügel. Erinnern Sie sich an die gute alte Heilkraft der Natur. Wenn Sie davon absehen, menschlich kompliziert zu folgern, wird das Rotkehlchen ohne akademisches Wissen genug Instinkt und Vertrauen haben, dem Flügel die Heilung zu ermöglichen. Das Rotkehlchen«, setzte er fort, »hat es leichter als die Menschen, weil es nicht soviel über die Schwierigkeiten des Lebens denkt. Deshalb läßt es sich auch nicht davon abhalten, seine Melodien zu singen.«

Es ist wahr, Menschen ebenso wie Tiere können durch ihre Einstellung sich selber schaden oder fördern. Manches Versagen liegt darin begründet, daß wir nicht klug genug sind, auf die Kraft des Vertrauens zu bauen. Vielleicht erklärt dies, wie wichtig oft das Absehen vom eigenen Spekulieren ist und warum die größten aller Lehrer uns raten, in manchen Dingen wie ein Kind zu sein, weil kindliches Wesen Zuversicht und Vertrauen ausdrückt.

Es besteht kein Zweifel, daß falsches Denken unter Umständen sogar die natürlichen Hilfskräfte unseres Körpers zu hemmen vermag. Wir wissen heute, daß sehr viele Krankheiten psychosomatisch bedingt sind und daß eine bloße Umstellung unserer Vorstellungswelt und unserer Grundhaltung die Voraussetzungen schafft für die Wirkung der natürlichen Heilkräfte unseres Körpers. Umgekehrt kann also eine zu große Betonung und ein Zuwichtignehmen mancher Krankheiten den Gesundungsprozeß hemmen oder gar verunmöglichen.

Ein Vertreter berichtete seinem Chef, in seinem Bezirk sei es unmöglich, Abschlüsse zu erzielen. Er hatte, bevor er seine Tätigkeit begann, einen negativen Bericht über dieses Gebiet gelesen. Mit diesem Vorurteil belastet, ging er mutlos an die Arbeit. Einige Mißerfolge bestätigten sein Vorurteil, und er schloß daraus, man könne in dem Bezirk nichts verkaufen.

Daraufhin versetzte ihn die Firma in einen Außenbezirk. Sein altes Gebiet erhielt ein anderer Vertreter, ohne diesen davon zu informieren, daß sein Vorgänger in dem Bezirk versagt hatte. Der erste Verkaufsbericht des neuen Vertreters übertraf alle Erwartungen. Er wies mehr Abschlüsse auf, als jemals vorher erreicht worden waren. Der Vertreter, dessen Meinung nicht vorbelastet war, genoß den Vorteil eines unbearbeiteten Bezirks und fuhr unbekümmert fort, neue Kunden zu gewinnen.

Der Leitsatz »Glaube führt zum Gelingen« ist kein Universalheilmittel. Er dient nicht dazu, bloß materielle Güter zu erwerben. Aber er vermag in jedem Falle, unserem Leben eine völlig neue Grundlage zu geben.

Diese Denkweise setzt alle unsere Kräfte in Bewegung und befähigt uns, selbst unter schwierigsten Umständen unsere Aufgaben zu vollbringen. Menschen, die Fehlschläge anziehen wie ein Magnet, erklären, daß für geringe Schwierigkeiten dieser Grundsatz wohl seine Gültigkeit habe, aber in schwereren Fällen versage. Die Bibel, von der diese Lehren stammen, gibt aber nicht bloß Ratschläge zur Behebung leichter, sondern für die allerschwierigsten Situationen.

Vor einigen Jahren begegnete ich einem Ehepaar, das mir seine Armut schilderte. Es wiederholte diesen Umstand mehrere Male in unserem Gespräch. Das Ehepaar wollte gerne seine beiden jungen Töchter auf das College schicken, vermochte es aber nicht zu bezahlen. Beide arbeiteten hart und waren aufrechte, anständige Menschen. Ihre Lebenseinstellung aber war ausgesprochen negativ, und sie selbst waren davon überzeugt, die Aufnahme am College würde ihren Töchtern verweigert werden.

»Ich habe Ihr Buch ›Die Kraft positiven Denkens‹ gelesen«, sagte der Vater, »aber damit können wir nichts anfangen. Verraten Sie mir, wie ich meine Töchter nur durch ›Positives Denken‹ auf ein College schicken kann. Meine Frau hat ein College besucht, ich nicht. Unser größter Wunsch ist es deshalb, unseren Töchtern diese Ausbildung zu ermöglichen. Aber wie können wir das?«

Ich überlegte, woher ich das Geld dafür beschaffen könnte, aber der Vater wandte sofort ein, er wolle von niemandem Geld. Er möchte es selbst beibringen.

Für diese gerade Haltung achtete ich ihn und sagte:»Gut, beginnen wir es so und legen diesen Wunsch in Gottes Hand und bitten ihn um seine Hilfe. Wenn wir diesen Wunsch täglich zuversichtlich wiederholen, dann, glauben Sie mir, wird sich bestätigen, daß Ihr Wunsch erfüllt werden kann.

Sie werden anstrengend dafür arbeiten müssen. Glauben Sie unerschütterlich an den College-Abschluß Ihrer Töchter. Betrachten Sie es als eine feststehende Tatsache. Planen Sie es in Ihr Leben ein, und vergessen Sie nie den Leitsatz ›Glaube führt zum Gelingen‹.«

Er ergriff dieses Konzept und änderte seine verhängnisvolle »Wir-sind-zu-arm-Einstellung« in eine positive. Seine Töchter erhielten nicht nur eine Collegeausbildung. Auch die wirtschaftliche Lage der Familie besserte sich. Heute ist dieses Ehepaar voller Zuversicht.

Danach gefragt, wie er es bewerkstelligt habe, erklärte der Vater, er habe gelernt, Vertrauen zu haben. Die ganze Zeit habe er immer das Ziel vor Augen gehabt, auch wenn es manchmal schwerfiel, und er fügte hinzu, er habe sehr hart und auch fleißig gearbeitet, statt seine Zeit und Energie damit zu verschwenden, Mitleid mit sich selber zu haben.

Mit dieser gesunden Geisteshaltung und seiner Tatkraft meisterte er alle Schwierigkeiten, und statt zu verzagen, halfen sie ihm, sein Vertrauen zu stärken. Sein Glaube an das Ziel legte seine Fähigkeiten frei, und als Resultat entdeckte er seine eigenen Möglichkeiten.

Ein anderes Beispiel der schöpferischen Kraft des Glaubens erlebte ich bei meinem Freund, Dr. Frank L. Boyden, dem Rektor der Deerfield Academy, einer der besten amerikanischen höheren Schulen. Als Dr. Boyden vor Jahren sein Amt antrat, stand die Zukunft der Schule durch ungenügende finanzielle Unterstützungen sehr bedenklich. Heute besitzt die Schule einen hervorragenden Lehrkörper, ein wunderschönes Schulheim und verfügt über eine ausgezeichnete Ausrüstung.

Ich fragte ihn, womit es ihm gelungen sei, aus ungewissen Anfängen diese vorbildliche Schule aufzubauen.

»Ja«, antwortete er, »ich glaube, die Banken in unserer Stadt zweifelten manchmal, ob sie ihre Kredite zurückerhalten würden. Vermutlich haben sie uns oft abgeschrieben. Trotzdem, wann immer ich Hilfe benötigte, wurde sie mir gewährt. Ich hatte einfach Vertrauen und wußte, wir kommen durch.« Und er fügte hinzu: »Ich glaubte, was wir haben müssen, bekommen wir auch. Auch dann, wenn alles dagegen spricht, müssen wir Vertrauen haben, unser Bestes tun, hart arbeiten und an Gott glauben. Wenn wir aufrichtig bestrebt sind, wird Gott uns auch geben, was wir haben müssen. Diese Schule ist auf diesen Glauben aufgebaut.«

Die Ursache zu diesem Erfolg ist selbstverständlich auch in der Persönlichkeit von Dr. Boyden zu finden. Er besitzt viel Verständnis für seine Schüler und widmet sich ihnen aus vollem Herzen. Und nicht weniger unwichtig für seinen Erfolg war sein Wille, hart zu arbeiten und sein Bestes zu geben.

Jeder Mensch kann mehr aus seinem Leben machen, wenn er den ehrlichen Wunsch hat, sein Leben zu verbessern. Zuerst müssen wir uns eine Vorstellung von den Zielen machen, die wir erreichen wollen. Dann arbeiten die Ereignisse für uns. Immer sollen wir daran denken — mit Gottes Hilfe gelingt es uns, wenn wir es nur aufrichtig wollen.

*

Wie wir glauben sollen:

1. Glaube zuversichtlich und stark.
2. Wenn wir lernen zu glauben, wird das Unmögliche möglich.
3. Treten wir mit uns selber in einen Wettbewerb. Vergleichen wir unsere eigenen Leistungen fortschreitend mit unserem früheren Können.
4. Eine gesunde Geisteshaltung zeigt sich, wenn wir über die Erfolge anderer glücklich sind und uns mit ihnen freuen können.
5. Fehlschläge entstehen, wenn wir nicht überzeugt sind von der Kraft des Vertrauens und des Glaubens.
6. Machen wir aus unserem Leben das Beste durch den Glauben an Gott und an uns selbst.
7. Beginnen wir, in unser Leben Vertrauen zu setzen, bleiben wir bescheiden und demütig, und gewöhnen wir uns daran, das Beste zu erwarten.
8. Richten wir unser Leben nach der göttlichen Führung.
9. Geben wir unserem Leben Sinn und Ziel.
10. Denken wir, glauben wir, verbildlichen wir uns unser Gelingen.
11. Glauben und vertrauen wir, solange wir leben.

II

Begeisterung kann Wunder
wirken

»Wenn wir Pessimismus und Trübsinn abstreifen und uns statt-
dessen in Optimismus und Begeisterung üben, werden sich er-
staunliche Ergebnisse in unserem Leben einstellen. Selbst wenn
unsere Fähigkeiten, Ausbildung und Erfahrung geringer sein soll-
ten als die von anderen, können wir so gut wie jeden Mangel durch
dynamische Begeisterung wettmachen.«

Sind Sie fähig zu Begeisterung? Erwarten Sie ungeduldig
jeden neuen Tag? Füllt Sie das Leben mit freudiger Erregung? Wenn nicht, dann sorgen Sie um jeden Preis dafür,
echte Begeisterung in Ihr Leben zu bringen, denn Begeisterung kann Wunder wirken.

Meine Mutter war einer der begeisterungsfähigsten Menschen, die ich je erlebt habe. Sie war bis zu den Fingerspitzen
voll von Leben, obwohl sie sich einen großen Teil ihres Daseins gegen physische Behinderungen zur Wehr setzen mußte. Aus den gewöhnlichsten Ereignissen und Begebenheiten
zog sie ungeheuren Gewinn. Sie besaß die Fähigkeit, Romantik und Erregendes in allem zu sehen und zu genießen.

Sie bereiste die gesamte Welt. Als sie sich vor Jahren während einer Revolution in China befand, beschwerte sie sich
darüber, daß sie nur so wenig Banditen begegnet sei. Als einmal ihre Gesellschaft von wüst aussehenden Banditen angehalten wurde, schien sie tatsächlich enttäuscht, weil niemand
sie und ihre Begleiter entführte und damit irgendeinen aufregenden internationalen Zwischenfall auslöste.

Ein Erlebnis mit ihr in einer sehr nebligen Nacht während der Überfahrt auf der Fähre von New Jersey nach New York hat sich meinem Gedächtnis eingeprägt. Für mich bot der Nebel nichts besonders Schönes oder Interessantes, aber meine Mutter rief aufgeregt: »Norman, ist das nicht herrlich?«

»Was ist hier herrlich?« fragte ich ziemlich gelangweilt.

»Alles«, sagte sie verzückt. »Der Nebel, die Lichter dieser Fähre, an der wir gerade vorbeikamen. Sieh doch, wie geheimnisvoll ihre Lichter im Dunst verschwinden.« In dem Augenblick ertönte das Nebelhorn tief in der »wattierten Weisse« des Nebels. Dieser Begriff »wattierte Weisse«, ist von meiner Mutter, und ich fand ihn ganz besonders malerisch. Ihr Gesicht ähnelte dem eines aufgeregten Kindes. Bis dahin hatte ich keinerlei Gefühl bei dieser Überfahrt entwickelt, außer dem Wunsch, so schnell wie möglich auf der anderen Seite anzukommen; dann jedoch begann ihr Geheimnis, ihre Romantik und Faszination sogar in meinen trüben Geist einzudringen.

Meine Mutter stand an der Reling und musterte mich prüfend. »Norman«, sagte sie sanft, »ich habe dir dein ganzes Leben lang Ratschläge erteilt. Manche hast du angenommen und andere nicht, aber hier ist einer, den du wirklich beherzigen solltest: Sei dir darüber klar, daß die Welt erfüllt ist von Schönem und Reizvollem, bleibe empfänglich dafür, werde nie stumpf. Verliere nie deine Begeisterungsfähigkeit.«

Wo auch immer sie heute in dem großen Jenseits sein mag, ich bin sicher, sie genießt die Zeit ihres Lebens. Nach allem, was sie war und ist, ist sie dem Drüben ebenso hingegeben, wie sie es dem Diesseits war. Ich beschloß; ihrem Rat zu folgen, und habe mir meine Begeisterungsfähigkeit lebendig erhalten. Daher kann ich auch aus persönlicher Erfahrung versichern, daß sie wirklich Wunder wirken kann.

Ruth Cranston schreibt in ihrer *Geschichte von Woodrow*

Wilson: »Woodrow Wilsons Kurse an der Princeton-Universität waren die beliebtesten in der ganzen Geschichte jener Universität, und sie waren keineswegs kinderleicht. Jahr für Jahr wählten die Studenten Wilson als den beliebtesten Lehrer. Und der Grund dafür war, daß er Begeisterung ausstrahlte.

›Er war der anregendste Lehrer, zu dessen Füßen ich je gesessen habe.‹ ›Er machte alles, was er anrührte, interessant!‹ ›Er besaß eine Lebendigkeit und eine Begeisterung, die ansteckend waren.‹ So lauteten die Kommentare seiner Studenten, obwohl er über Themen las, die prosaisch und langweilig sein konnten, über internationales Recht und politische Ökonomie.«

Der Präsident einer großen Firma stellte fest: »Wenn ich versuche, mich zwischen zwei Männern etwa ähnlicher Fähigkeiten zu entscheiden, und einer dieser Männer verfügt über Begeisterungsfähigkeit, dann weiß ich, daß er weiter als der andere kommen wird, da Begeisterung sich als selbstauslösende Kraft auswirkt und dazu beiträgt, die gesamten Kräfte der Persönlichkeit auf jede zu bearbeitende Angelegenheit zu konzentrieren. Begeisterung ist ansteckend, sie reißt alles mit.« Das ist natürlich begreiflich, denn ein Mann mit Begeisterungsfähigkeit investiert all seine Möglichkeiten in seine Arbeit. Er legt alles in sie hinein. Die Begeisterung erneuert und entspannt ihn abwechselnd und bringt alle Fähigkeiten, das Beste in ihm, ins Spiel.

Diejenigen, die im Leben ihr Möglichstes und Bestes tun, verfügen unweigerlich über diese Qualität der Begeisterung. Die Leistungen solcher Menschen sind derart erstaunlich, daß man sagen darf, Optimismus und Begeisterung können tatsächlich Wunder im Leben der Menschen bewirken.

Emerson, der als einer der klügsten Männer in der Geschichte der Vereinigten Staaten gilt, war ein großer Verfechter der Begeisterung: »Stärken wir uns mit unaufhörlichem Bejahen, vergeuden wir uns nicht in Abwehr oder im

Geifern gegen das Böse, sondern besingen wir die Schönheiten des Guten.« Wenn wir Pessimismus und Trübsinn abstreifen und uns stattdessen in Bejahung und Begeisterung üben, werden sich erstaunliche Ergebnisse in unserem Leben einstellen. Selbst wenn unsere Fähigkeiten, Ausbildung und Erfahrungen geringer als die von anderen sein sollten, können wir so gut wie jeden Mangel durch dynamische Begeisterung wettmachen.

Wie töricht erscheint die bedrückende und schale Lehre von den persönlichen Begrenzungen in diesem Licht. Manche Menschen meinen, wenn man sie fragt, wie weit sie es wohl bringen und wieviel sie wohl leisten könnten: »Nicht sehr weit und nicht sehr viel. Wissen Sie«, erklären sie dann, »ich bin nämlich nicht so begabt wie andere.« Auf diese Begründung würde ich mit einer Frage und einer Feststellung antworten: »Woher wissen Sie eigentlich, daß Ihre Fähigkeiten begrenzt sind? Sie wissen das gar nicht mit Sicherheit; Sie haben sich diese Vorstellung einfach zu eigen gemacht, und damit haben Sie sich tatsächlich Grenzen gesetzt.«

In Wirklichkeit hat diese verblüffende, ungenützte Kraft, die wir in uns haben, eine Macht und ungeahnte Eigenschaften, die kaum zu begreifen sind. Lassen wir uns daher nicht zum Opfer jener elenden Einstellung selbstgeschaffener Begrenzung werden. Ohne unbescheiden zu sein, können und sollten wir viel von uns selber halten. Denken wir an das, was William James, einer der größten Philosophen Amerikas, über die Möglichkeiten sagte, die im Praktizieren des Glaubens liegen: »Glauben Sie daran, daß Sie bedeutende Reserven an Gesundheit, Energie und Ausdauer besitzen, und Ihr Glaube wird helfen, diese Tatsache zu schaffen.« So groß ist die Macht eines dynamischen und begeisterten Glaubens.

Viele Menschen sind wie gelähmt, nicht an ihren Gliedern, sondern in ihrem Denken. Sie haben sich in die beengte Einschätzung ihrer selbst gefügt; aber eine derartige Unterschätzung ist eine falsche Sicht der eigenen Persönlichkeit. Die meisten Menschen unterschätzen sich. Um dieser verderblichen Entwertung unserer selbst entgegenzuwirken, praktizieren Sie lieber Optimismus in bezug auf Ihre Möglichkeiten. Wenn wir ganz energisch die Auffassung persönlicher Begrenzung von uns weisen und uns für unser Leben begeistern, werden wir überrascht sein über die neuen Eigenschaften, die plötzlich in uns erwachen. Dann können wir *tun* und *sein*, was uns zuvor als gänzlich unmöglich erschien.

Ein hervorragendes Beispiel für die ansteckende Kraft der Begeisterung, die neue Fähigkeiten hervorbringt, wurde durch die ehemalige Mannschaft der Boston Braves demonstriert. In Boston hatte die Mannschaft nur wenig Zuschauerscharen anziehen können, sie genoß kaum Unterstützung, rief keine Begeisterung hervor und war ziemlich schwach in ihrer letzten Saison in Boston. Dann kamen sie nach Milwaukee. Es war fünfzig Jahre her, daß Milwaukee einen Big League Baseball gehabt hatte, und die Begeisterung der Bürger für die neue Mannschaft war grenzenlos. Sie füllten das Stadion, zwanzig- bis dreißigtausend bei jedem Spiel. Ganz Milwaukee schien die Braves in ihr Herz zu schließen, war stolz auf sie und wollte, daß sie gewinnen. Und sie glaubten auch wirklich alle an ihren Sieg.

Das Ergebnis war, daß die Mannschaft, die früher auf dem siebten Platz lag, wie nie zuvor spielte. Ein Zeitungsartikel berichtete, daß man in den Rängen spüren konnte, wie Bejahung, Vertrauen und Zutrauen von den Zuschauern auf die Spieler übergingen. Die gleiche Mannschaft, die in dem einen Jahr mit dem siebten Platz abgeschlossen hatte, stieg im nächsten Jahr bis fast zur Spitze der Liga auf und ist seither stets eine der erfolgreichsten Mannschaften gewesen.

Es waren die gleichen Spieler wie vorher; die gleichen wohl, aber mit einem Unterschied: sie hatten eine neue

Quelle der Kraft und nährten sich aus ihr — eine von Begeisterung gespeiste Kraft. Und diese Kraft wirkte Wunder, indem sie Fähigkeiten freisetzte, die bis dahin nicht zur Geltung gekommen waren. Jetzt waren es hervorragende Athleten, während es sich vorher nur um gewöhnliche, wechselhafte und geschlagene Spieler gehandelt hatte.

Auch Sie können aus einer neuen Kraftquelle schöpfen. Sind Sie im Augenblick durch Schwäche, Spannungen, Ängste und Minderwertigkeitsgefühle niedergeschlagen, dann nur deshalb, weil Sie niemals die herrliche, strahlende Eigenschaft der Begeisterung bedacht haben. Zwar ist der Wandel zu dieser neuen Einstellung nicht leicht — keine tiefe Wandlung im Charakter ist das —, aber der Weg dahin ist klar und einfach vorgezeichnet. Es gibt zwei psychologisch und geistig vernünftige Schritte, die man unternehmen kann, um die Begeisterungsfähigkeit zu erhöhen. Der eine besteht darin, die Denkungsart zu ändern, und der andere, die augenblickliche Einstellung einer Prüfung und Neuordnung zu unterziehen. Beides erreicht man am besten, indem man nach den Grundprinzipien des religiösen Glaubens und des psychologischen Verständnisses vorgeht.

Begeisterung kann nicht gedeihen in einem von trüben, ungesunden und destruktiven Gedanken erfüllten Gemüt. Um diese Verfassung zu ändern, versuche man ganz zielstrebig, jeden Morgen sich eine Reihe von begeisternden Gedanken durch den Kopf gehen zu lassen. Sehen Sie in den Spiegel und sagen Sie etwa: »Heute ist mein Tag für gute Gelegenheiten. Mit was für Vorteilen kann ich doch rechnen: mein Heim, meine Familie, mein Beruf, meine Gesundheit! Ich bin mit so vielem gesegnet, ich werde den ganzen Tag mein Bestes tun, und der Schöpfer wird mir beistehen. Ich bin froh zu leben.« Wiederholen Sie das gleiche Gedankentraining, wenn Sie sich abends zur Ruhe begeben. Dieser tägliche Prozeß, das Gemüt von düsteren und bedrückenden Gedanken zu befreien, die ja ausgesprochen ungesund und selbstzerstörerisch sind, ist sehr wichtig, da das vorherrschende Denkmuster Ihre gesamte Lebenskraft beeinflussen kann. Demoralisierendes Denken demoralisiert uns.

An einem sonnigen Morgen in New York City winkte ich eine Taxe heran und sagte vergnügt zu dem Fahrer: »Guten Morgen, ein schöner Tag heute, nicht wahr?« Er sah mich verdrossen an und fragte: »Na und?« Trotz dieser eisigen Antwort beharrte ich: »Es ist wirklich ein schöner Tag.« Wieder streifte mich sein Blick: »Ich kann nichts Schönes daran finden. Bald wird es regnen und schlechtes Wetter geben.«

»Und was haben Sie gegen Regen? Regen ist etwas Gutes.«

Das beeindruckte ihn aber ebensowenig. Es war noch ein Bekannter mit im Taxi, der mich ständig mit »Doktor« anredete, und nach einer Weile drehte sich der Fahrer um und sagte: »Hören Sie, Doktor, ich habe Schmerzen im Rücken und fühle mich furchtbar schlecht.«

»Ein so junger Mensch wie Sie sollte keine Schmerzen haben«, entgegnete ich. »Wie alt sind Sie?«

»Fünfunddreißig«, antwortete er und fragte klagend: »Was meinen Sie wohl, was ich haben könnte?« Offenbar hielt er mich für einen Arzt.

»Nun«, meinte ich nachdenklich, »ich glaube zu wissen, was Sie haben, obwohl ich eigentlich nicht in Taxis praktiziere.« Und indem ich die Fiktion des Arztes aufrecht erhielt, sagte ich: »Ich glaube, Sie haben Psychosklerose.«

»Was ist denn das?« fragte er entsetzt.

»Haben Sie schon von Arteriosklerose gehört?«

»Ich glaube«, meinte er unsicher.

»Das ist eine Verhärtung der Arterien. Sie haben vielleicht stattdessen eine Verhärtung der Gedanken — Psychosklerose —, und das kann ziemlich schlimm sein.«

»Was kann ich denn dagegen tun?« fragte er mißtrauisch.

»Nun, ich fahre erst seit ein paar Minuten mit Ihnen im Taxi, aber Ihre düstere und pessimistische Miene und Sprache würde jeden Ihrer Passagiere bedrücken und Sie selbst vor allem auch. Wenn ich noch öfter mit Ihnen fahren würde, könnte ich am Ende auch noch Psychosklerose bekommen!«

Inzwischen waren wir an meinem Ziel, der Marble Church Collegiate Church, angekommen; ich stieg aus und sagte mit einer Kopfbewegung zur Kirche hin: »Ich bin nicht die Art Doktor, für die Sie mich halten. Ich bin, wenn Sie wollen, ein geistiger Arzt, und wenn ich Ihnen auch nichts vorpredigen will, so glaube ich doch, daß Ihnen eine geistige Behandlung helfen würde.« Dann erklärte ich ihm verschiedene Behandlungen geistiger Art und erwähnte auch die Methode, sich frohe und anspornende Gedanken durch den Kopf gehen zu lassen, da ich fest glaubte, das würde seine Schmerzen mindern helfen. Ich habe allerdings auch darauf gedrungen, daß er außerdem einen Arzt für physische Krankheiten aufsuchen sollte. Der Taxifahrer war völlig fassungslos, daß seine Schwierigkeiten aus Gemüt und Geist herrühren sollten, dann aber sagte er mit einem verständnisvollen Ausdruck: »Ich verstehe, Sie meinen, daß ich mich schlecht fühle, weil ich schlecht denke.«

»Ja«, erwiderte ich, »das ist sogar sehr gut ausgedrückt. Ich habe so etwas schon erlebt, und wenn ich Sie wäre, würde ich tatsächlich damit anfangen, am eigenen Denken zu arbeiten. Füllen Sie sich mit Begeisterung und Optimismus auf.« Ich lud ihn ein, unseren Ratgeber in der Kirchenklinik aufzusuchen und dem Gottesdienst beizuwohnen, was er auch tat. Man gab ihm anregende Lektüre für Studium und Praxis, und bei dieser psychologischen und geistigen Therapie entwickelte er sich zu einem sehr eifrigen »Patienten«. Einem Menschen, der automatisch zu negativen Reaktionen neigt, mag das Praktizieren positiver Gedanken und Einstellungen schwerfallen.

Die Entwicklung einer instinktiv begeisterten Haltung beginnt mit einer jener zuvor beschriebenen positiven Feststellungen, obwohl diese natürlich zu Anfang den tatsächlichen Gefühlen widersprechen mögen. Allein das Aussprechen der positiven Feststellungen veranlaßt einen zu positiver Bemühung und ist der erste Schritt, ein begeisterungsfähiger Mensch zu werden.

Der Erfolg hängt davon ab, daß man entschlossen auf diesem Wege beharrt, bis die positive Einstellung zur Begeisterung festen Fuß gefaßt hat. Ich muß es noch einmal sagen, daß die Methode, für die ich hier eintrete, keineswegs leicht zu erlernen ist, aber man erzielt damit, wenn man sich wirklich und immer von neuem bemüht, wunderbare Ergebnisse.

Wie sehr diese Methode die Verhältnisse ändert, indem sie den ganzen Menschen ändert, wird durch den Fall eines Mannes anschaulich, der mich eines Abends von einem Hotel in einer benachbarten Stadt anrief. »Ich weiß einfach nicht, was ich tun soll«, sagte er verzweifelt. »Ich kann nicht schlafen, so mutlos bin ich. Im Grunde bin ich so gut wie unter Wasser. Morgen nachmittag muß ich um drei Uhr die größte Krise meines gesamten Lebens meistern«, fuhr er düster fort, »und wenn das morgen nicht gut geht, bin ich erledigt. Außerdem habe ich gerade die Nachricht bekommen, daß meine Frau krank ist und vielleicht ins Krankenhaus muß, und alles zusammen ist für mich so furchtbar, daß ich dachte, ich rufe Sie mal an. Ich hoffe, Sie nehmen es nicht übel.«

Ich versicherte ihm, daß ich das nicht täte, und sagte: »Sie haben doch ohne Zweifel schon viele Krisen durchgemacht, und Sie werden auch diese bewältigen. Sie klingen furchtbar verkrampft. Wahrscheinlich sitzen Sie in Ihrem Zimmer über das Telefon gebeugt und klammern sich mit aller Kraft an den Hörer, und überdies ist Ihre andere Hand vermutlich ebenfalls geballt. Stimmt's?«

»Stimmt auffallend«, murmelte er.

»Halten Sie also erst einmal den Hörer locker in der Hand und entspannen Sie die andere Hand auch.«

Dann fragte ich: »Haben Sie einen bequemen Sessel im Zimmer?« — »Ja.« — »Dann holen Sie ihn sich heran, setzen Sie sich tief hinein, strecken Sie die Beine aus, lehnen Sie den Kopf an und sprechen Sie in aller Muße mit mir.«

Ich spürte, daß er einigermaßen verwirrt war durch all dies. Schließlich sagte er: »Okay, ich sitze im Sessel, mein Kopf ist angelehnt.«

»Jetzt legen Sie Ihre Füße auf einen Tisch oder auf einen anderen Sessel.« Er lachte etwas verlegen und meinte: »So, jetzt haben Sie mich aber ganz nett gelockert.«

Dann erklärte ich ihm, daß es sehr schwer sei, eine schöpferische Idee aus dem Unbewußten hervorzulocken, wenn wir nicht vorher völlig entspannt unser Problem durchdenken können. »Sie müssen sich so entspannen, daß die frischen und lebendigen Gedanken, die Sie brauchen, auch durchkommen können. An was haben Sie in letzter Zeit vor allem gedacht?«

»Am meisten an mich selbst, natürlich. An was soll man sonst denken?«

Ich schlug ihm vor, das Hauptgewicht seiner Gedanken von sich auf andere Menschen zu verlagern, damit er aufhörte, um sich selbst zu kreisen, und ganz allgemein eine Haltung zu kultivieren, die sich nach außen richtete. Hierdurch würde er das subtile geistige Gesetz zum Tragen bringen, demzufolge man sich selbst findet, sobald man sich gibt. Zufällig hatte er eine flüchtige Kenntnis der Bibel und kannte das Gesetz, auf das ich mich bezog. Zur allgemeinen Information: es ist enthalten in den Worten des Matthäus-Evangeliums: »Denn wer sein Leben erhalten will, der wird's verlieren; wer aber sein Leben verliert um meinetwillen, der wird's finden (16:25).« ich möchte anfügen, daß dies eins der tiefsinnigsten Gesetze ist, die auf menschliches Verhalten anwendbar sind.

Sodann fragte ich: »Haben Sie letzthin irgend etwas Selbstloses für irgend jemand anderen getan?«

»Nein«, gab er zu, »ich war viel zu sehr mit meinen eigenen Sorgen beschäftigt.«

»Also gut, dann gehen Sie persönlich als erstes morgen früh zur Heilsarmee und bitten um den Namen von irgendeinem Bedürftigen. Anschließend gehen Sie dorthin und tun für diesen Menschen ganz persönlich etwas. Auf diese Weise fangen Sie an, sich selbst ein wenig zu vergessen. Noch besser wäre es, wenn Sie etwas für mehrere Leute tun würden. Bringen Sie ein echtes Opfer. Ergreifen Sie die Initiative, sich für jemanden zu interessieren und ihm zu helfen, Sie werden feststellen, wieviel besser Sie sich danach fühlen. So etwas wirkt sich auflockernd aus und wird Ihr Leben wieder in Fluß bringen. Vergessen Sie aber nicht, Sie dürfen diese Dinge nicht tun, um irgend etwas davon zu haben, sondern Sie müssen versuchen, es in dem ehrlichen Wunsch zu tun, anderen Menschen zu helfen.

Und wenn wir mit unserem Gespräch aufhören, schikken Sie ein Dankgebet zum Himmel. Bitten Sie nicht mehr, danken Sie. Danken Sie für alles, was Ihnen einfällt, für alle positiven und guten Dinge, die zu Ihnen gehören, und setzen Sie dieses Danken fort. Vielleicht hilft es, wenn Sie es zu Papier bringen.

Als nächstes legen Sie das morgige Problem in die Hände Ihres Schöpfers und glauben Sie vertrauensvoll daran, daß Er Ihnen zu einem guten Schlaf in dieser Nacht verhelfen wird. Morgen gehen Sie dann friedlich und voller Vertrauen in dem Glauben in Ihre Besprechung, daß Gott Sie lenken wird und mit Ihnen ist. Stellen Sie sich Ihn so vor, als nähme Er tatsächlich die Situation in die Hand und führte Sie in allem, was Sie sagen werden. Unterdessen denken Sie alles ganz ruhig und konstruktiv durch. Vor allem«, schloß ich, »seien Sie optimistisch und aufgeschlossen – kein Trübsinn, nichts Negatives, nur Glauben und heitere Gelassenheit. Üben Sie sich in dieser Technik, ich bin sicher, es wird alles gut gehen.«

Es vergingen einige Wochen, bis ich wieder von ihm hörte. Er rief mich an, um zu berichten, daß zwar nicht alles genauso verlaufen war, wie er es gewünscht hätte, daß er jedoch überzeugt sei, das Ergebnis sei gut gewesen. Er war ganz überrascht über die Art und Weise, in der sich die Situation geklärt hatte.

»Ich habe meinen Teil jedenfalls gelernt«, sagte er. »Ich habe entdeckt, daß Trübsinn und Niedergeschlagenheit die schöpferischen Möglichkeiten zerstören und damit die Fähigkeit des Handelns blockieren. Mir ist klar, daß ich noch immer eine gewaltige Wiederaufbauarbeit an mir leisten muß, aber ich habe Begeisterung praktiziert, und das hat mich bereits schon so verwandelt, daß ich es mir zur Gewohnheit machen werde. Im übrigen habe ich mir auch Ihre Anregung, jeden Tag irgend etwas für irgend jemanden zu tun, zu eigen gemacht. Das war wirklich eine großartige Idee von Ihnen.«

Er schloß mit folgender Bemerkung: »Ich verstehe nicht, wieso mir vorher nie bewußt war, daß Christentum als praktisches Programm funktioniert.«

Fassen wir die Methode zusammen, nach der er vorging:

1. Pflegen wir Ruhe und Gelassenheit.
2. Tun wir täglich irgend etwas für irgendeinen Menschen.
3. Beten wir in Form von Dankgebeten.
4. Vertreiben wir Negatives durch Begeisterung und Optimismus aus dem Gemüt.

Ein guter Bibeltext zur täglichen Wiederholung ist: »Danket dem Herrn; denn er ist freundlich, und seine Güte währet ewiglich (Psalm 106:1).« Zweifeln wir nie, daß die schöpferische Kraft der Begeisterung Wunder wirken wird. Sie bildet einen elementaren Faktor in der Kunst, das ganze Leben dynamisch zu leben.

Begeisterung hat auch eine starke Wirkung auf das Wohlbefinden. Ein bekannter New Yorker Arzt sagte: »Die Menschen können tatsächlich sterben, wenn sie ihre Begeisterungsfähigkeit verlieren. Der physische Organismus kann mit der geistigen Haltung des Überflüssigseins nicht fertig werden.« Kürzlich fragte ich einen Arzt, in welchem Maße der positive Mensch in physiologischer und psychologischer Hinsicht dem negativen Menschen überlegen sei, und seine Antwort lautete: »Depressive Gedanken, die zur Gewohnheit geworden sind, erhöhen die Möglichkeiten von Infektionen mindestens zehnfach. Optimismus, echter Glaube und Begeisterung sind zusammen kraftvolle Wirkstoffe, Infektionen auszumerzen. Ich habe festgestellt, daß Menschen mit einer vertrauensvollen Einstellung zum Leben über größere Heilkräfte bei Krankheiten verfügen. Begeisterung ist eine der wirkungsvollsten Quellen der Gesundheit.«

Daß das in der Praxis den Tatsachen entspricht, geht aus einem Brief von Mary Alice Flint hervor. Vor zehn Jahren, schreibt sie, war sie gewöhnlich müde und ohne Energie oder Begeisterung. Heute ist sie geistig sehr lebendig, und physisch geht es ihr gut. Ich halte sie und ihren Mann Maurice Flint für zwei der geistig einflußreichsten Menschen, die ich kenne. Sie ist eine vitale, lebensvolle Persönlichkeit. Sie sagt, sie kann den ganzen Tag arbeiten, ohne zu ermüden. Nachdem sie kürzlich von einer Reise zurückkehrte, während der sie Versammlungen abhielt und mit Kunden in den Warenhäusern sprach, in denen der Schmuck, den sie und ihr Mann herstellen, verkauft wird, schrieb sie mir folgenden Brief:

»Meine Reise war großartig und anregend. Sie brachte mich auf ein paar neue frische Gedanken. Vorher verbrachte ich viel Zeit damit, von den Dingen zu träumen, die ich gern tun würde, aber ich kam nie soweit, von den Dingen zu träumen, die in den letzten Jahren tatsächlich geschehen sind.

Ob ich nun neugeboren oder nur befreit bin, weiß ich nicht. Aber ich weiß, daß ich in meinem Alter, in dem meine Energien eigentlich nachlassen sollten, eine Erneuerung meiner Kraft erfahren habe, die größer ist als alles, was ich zuvor erlebt habe. Das Wunderbare daran ist, daß ich auch weiß, diese Kraft wird fortdauern, solange ich die Arbeit tun werde, die der Schöpfer von mir erwartet. Wenn dies nicht eins der modernen Wunder ist, dann kommt es dem zumindest sehr nahe. Mein Mann und ich sind uns darüber klar, daß die Quelle dieser Wiederbelebung in unserem Schöpfer und in dem hingebungsvollen Glauben an Ihn liegt.«

Jeden Tag läßt sich diese Frau durch Gebet, Meditation und Hingabe eine Reihe gläubiger Gedanken durch den Kopf gehen. Das hat ihre gesamte Einstellung zum Leben gewandelt, ihr Interesse am Dasein erneuert, das Beste ihrer Persönlichkeit herausgebracht und ihr in geistiger und physischer Hinsicht einen Aufschwung an Gesundheit vermittelt.

Eine zweite erfolgversprechende Möglichkeit, Begeisterung zu entwickeln, ist die, einfach enthusiastisch zu handeln, bis man es schließlich auch wird. Es ist eine häufig bewiesene Tatsache, daß man sich von einem unerwünschten Gefühl befreien kann, indem man sich auf die genau entgegengesetzten Gefühle einstimmt. Wenn man beispielsweise Angst hat, kann man sich dazu bringen, mutig zu sein, indem man sich mutig verhält. Wenn man sich unglücklich fühlt, kann ein Verhalten, das einer glücklichen Verfassung entspricht, glückliche Gefühle herbeiführen.

Auf ähnliche Weise kann man sich selbst zu Begeisterung verhelfen, indem man einfach wie begeistert handelt.

Ein faszinierendes Beispiel dafür berichtet Frank Bettger im ersten Kapitel seines Buches »Lebe begeistert und gewinne«.[1] Dieses eine Kapitel ist klassisch für die Techniken der Begeisterung. Bettger spielte Baseball in der Johnstown-Mannschaft, Pennsylvania. Obwohl er jung und ehrgeizig war, wurde er aus der Mannschaft mit der Begründung gefeuert, er sei faul. Bettger wußte sehr wohl, daß er nicht faul war, sondern nur nervös. Der Manager erklärte ihm, wenn er weiterkommen wolle, müßte er mehr Begeisterung in sein Spiel investieren.

Schließlich gab ihm die Mannschaft von New Haven eine Chance. Bettger berichtet: »Mein erster Tag in New Haven wird in meiner Erinnerung immer den Rang des größten Ereignisses meines Lebens haben. Keiner kannte mich in dieser Liga, also beschloß ich, daß mich nie jemand dort der Faulheit beschuldigen könnte. Ich faßte den Entschluß, der dynamischste Spieler zu sein, den sie je in der New-England-Liga erlebt hatten.

Von dem Augenblick, an dem ich auf dem Feld erschien, betrug ich mich wie elektrisiert. Ich spielte, als wäre ich mit Millionen Batterien geladen. Ich warf den Ball schnell und hart. Einmal, als ich beinahe schon umzingelt war, gelang mir noch ein toller Lauf. Es war eine richtige Schau, die ich auflegte. Das Thermometer an dem Tag zeigte über 35 Grad an. Es hätte mich nicht gewundert, wenn ich mit einem Hitzschlag auf der Strecke geblieben wäre, derart bin ich auf diesem Feld herumgeschossen.

Die Wirkung war ungeheuer, wie ein Wunder. Drei Dinge passierten auf einmal: 1. Meine Begeisterung siegte fast gänzlich über meine Nervosität. 2. Meine Begeisterung

---

[1] Frank Bettger, »Lebe begeistert und gewinne«. Emil Oesch Verlag, Thalwil.

übertrug sich auf die anderen Spieler der Mannschaft, die genauso hingegeben spielten. 3. Statt einen Hitzschlag zu bekommen, fühlte ich mich während des Spiels und hinterher besser als je zuvor.«

Bettger berichtet, seine größte Aufregung kam am nächsten Morgen, als er in der Zeitung die Sportberichte las. »Dieser neue Spieler Bettger verfügt tonnenweise über Begeisterung. Er hat unsere Jungs aufgestachelt.« Dann nannten ihn die Zeitungen »Pfeffer-Bettger« und die »Seele der Mannschaft«. Ein durchschlagender Beweis für die Wirkung, die enthusiastisches Handeln ausübt.

Die wichtigste Tatsache indessen ist, daß er zwei Jahre später die Mannschaft von Johnstown verließ und bei den St. Louis Cardinals mit dreißigmal höherer Gage spielte. »Wie ist das gekommen?« fragt er sich. »Begeisterung allein hat das bewirkt. Nichts als die Begeisterung.«

Später, als er ins Versicherungswesen ging, hielt er sich an das gleiche Prinzip, immer begeisterte Hingabe zu zeigen. Er wurde auch auf diesem Gebiet ein ungewöhnlich erfolgreicher Mann.

Walter Chrysler sprach eine große Wahrheit aus, als er erklärte: »Das wahre Geheimnis des Erfolgs ist Begeisterung.«

Trainieren wir uns also bewußt zu begeistertem Handeln, um wirklich Begeisterung zu empfinden. Nach kurzer Zeit braucht man sich nicht mehr dazu zu zwingen, sie wird dann zur Selbstverständlichkeit.

Echte Begeisterung, nicht die künstliche oder aufgesetzte, ist Begeisterung, die aus tieferen inneren Quellen sprudelt, sie ist geistig von Natur. Das Wort »Begeisterung« kommt von Geist. Deshalb erlangt man durch Begeisterung soviel Kraft und Wirkung. Der Schöpfer gab uns das Leben. Er kann und wird unser Leben auch erneuern. Fällt man aus der Harmonie mit Gott, dann geht es abwärts mit dem Leben, dann ebbt die Vitalität ab, und jede Begeisterung schwindet. Ist die Begeisterungsfähigkeit gering, dann sind Vitalität, Energie und Kraft ebenfalls gering.

Deshalb füllen Sie sich mit diesem Geist, und Ihre Begeisterungsfähigkeit wird steigen; Sie werden dabei neue Vitalität, neue Energien, Kraft und Wirksamkeit erfahren. Bedenken Sie immer, daß Begeisterung auch eine ursprüngliche schöpferische Quelle haben sollte. Gott ist nicht nur der schaffende Geist, er erneuert seine Schöpfungen, es sei denn, Sie wirken seinem natürlichen Erneuerungsprozeß dadurch entgegen, daß Sie in ungeistiger Weise leben. Wenn wir aber in Harmonie mit unserem Schöpfer bleiben, dann werden uns schöpferische Erneuerungsprozesse und Vitalität auf ewig erneuern.

Begeisterung ist ein wichtiger Faktor im Pulsschlag des Lebens. Das gesamte Universum ist voller Schwingungen, und es ist wichtig, sich in Harmonie mit diesen Schwingungen zu befinden. In eben dieser Minute werden wir von Millionen von Schwingungen betroffen. Wir empfangen sie von den Menschen und den Dingen in unserer Umgebung. Sie treffen uns, und unbewußt gehen wir auf sie ein. Wichtig ist, die Empfänglichkeit für die positiven Schwingungen zu kultivieren, die von dem Schöpfer unseres Lebens ausgehen. Es gibt verschiedene Grade von Schwingungen. So erhält man an Regentagen andere Schwingungen als an Sonnentagen. Menschen erzeugen ihre eigenen Schwingungen. Einige Menschen lassen uns kühl, und andere machen nur einen geringen Eindruck auf uns. Und dann begegnet man Menschen, die geladen mit Schwingungskraft sind. Sie erregen und fesseln uns, sie faszinieren uns, reißen uns mit und an sich.

Ich wohnte einmal einer Theateraufführung in einer Oberschule bei. Jeder in diesem Ensemble war ausgezeichnet. Ein Junge jedoch, der nicht mehr als drei Minuten auf der Bühne erschien, ein schmaler Junge von ungefähr sechzehn Jahren, erwies sich als ein Bündel dynamischer

Schwingungen. Es ist nicht schwer, sich vorzustellen, was er mit fünfundzwanzig Jahren sein wird. Er erschien nur ganz kurz auf der Bühne, hielt und fesselte aber dennoch das Publikum. Tage später stand ich noch immer unter dem Bann dieses Jungen.

Auf daß Begeisterung sich also in Ihnen festige, glauben Sie an das, was Sie sich vorsagen: »Jetzt befinde ich mich im Einklang mit den geistigen Schwingungen, die vom Schöpfer ausgehen. Ich werde jetzt leben, als wäre ich erfüllt von Begeisterung. Ich habe Begeisterung.« Sie können sich selbst die unbedingte Wirklichkeit solcher Feststellungen durch die Praxis beweisen. Diese Technik ist deshalb so praktisch, weil sie Erfolg hat. Vertiefen Sie Ihren Glauben, bekräftigen Sie Ihre Begeisterung, vergessen Sie sich selbst, dienen Sie Ihrem Schöpfer und den Menschen, Sie werden zu neuen und höheren Ebenen des Lebens aufsteigen, und Sie werden tiefere Befriedigung finden.

Wenn die Kraft begeisterten Glaubens immer erhalten bleibt, findet man auch immer zu neuen Interessen. Das Leben wird niemals alt oder schal werden. Man wird lebensvoll und erfolgreich werden und bleiben. Häufig hören wir die Leute klagen: »Für mich gibt es keine Zukunft in diesem Geschäft oder in dieser Stadt. Alles ist gegen mich.« Diese Menschen haben sich ihre eigene unglückliche Lage selbst zuzuschreiben. Das, was man sich vorstellt, hat die Tendenz, sich in die Wirklichkeit umzusetzen, wenn man die Vorstellung lange genug gehegt und gepflegt hat. Solche Menschen sind sich nicht bewußt, was ihnen für große Dinge im Leben zustoßen könnten, wenn sie nur aufhörten zu klagen, und stattdessen ihr Gemüt mit schöpferischem Enthusiasmus füllten.

Menschen, die konstruktiv im Leben vorgehen, investieren grenzenlose Hingabe an das, was sie gerade tun. Sie werten ihre Arbeit oder Möglichkeit niemals ab, sondern greifen mit Begeisterung zu und regen damit die Kräfte zu erfolgreichen Leistungen an.

Als ich kürzlich eine Aufnahme für den Rundfunk hatte, merkte ich, daß der Toningenieur, mit dem ich arbeitete, Hal Schneider, eine ungewöhnliche Freude an seiner Arbeit zu haben schien. Er steckte mich mit seiner Begeisterung geradezu an. Sein Eifer half mir, schien mich von mir selbst zu lösen. Nach der Aufnahme, als er sein Arbeitswerkzeug ordnete, sagte ich: »Ihnen macht die Arbeit wirklich Freude, nicht wahr?«

»O ja, ich liebe sie«, antwortete er, und auf mein Drängen erzählte er mir von sich selbst.

Er kam aus einer armen Familie, die in einem heruntergekommenen Stadtteil New Yorks lebte. Seine erste Anstellung erhielt er als Liftboy in einem Apartmenthaus. Das war keine sehr großartige Sache, aber so sah er das nie. Für ihn bot sie Möglichkeiten, und er gab sich diesem Job mit ganzer Begeisterung hin. »Ich versuchte eben, der beste Liftboy der Welt zu werden.« Sein wirklicher Ehrgeiz jedoch war, Rundfunktechniker zu werden. In seiner Freizeit studierte er das Fach. Es begeisterte ihn, er lief alle Rundfunkstationen ab und bekam schließlich eine kleine Anstellung. Diese kleine Anstellung war aber für ihn nicht klein. Er ging derart begeistert daran, lernte und arbeitete mit Kopf, daß er zu angemessener Zeit einer der ranghöchsten Rundfunkingenieure der National Broadcasting Company wurde. Er war sogar so gut, daß er dafür ausersehen wurde, General Eisenhower während seines Wahlfeldzugs zu begleiten.

»In diesem Zug«, sagte er, »erinnerte ich mich staunend daran, daß ich jener arme kleine Liftboy gewesen war. Und jetzt saß ich dort und brachte tatsächlich einen berühmten General, der für die Präsidentschaft der Vereinigten Staaten kandidierte, durch den Äther. Ich konnte es gar nicht fassen, so aufgeregt war ich. Mein größtes Erlebnis kam aber erst, nachdem der General gewählt war. Es war bei einer Riesenversammlung in New York City. Tausende waren da, und die gesamte Nation wartete darauf, was der neue Präsident zu sagen hatte. Es war ein gewaltiger Augenblick.

Der Präsident stand zum Sprechen bereit, und ich war da, um seine Rede zu übertragen. Der Präsident wartete am Podium. Ich stand fünfzehn Sekunden lang mit erhobenem Finger, und in dem Riesenauditorium hätte man eine Stecknadel zu Boden fallen hören können. Da kam es plötzlich über mich: man stelle sich vor, sogar der Präsident der Vereinigten Staaten konnte nicht anfangen, bis ich ihm das Startzeichen gegeben hatte. Natürlich liebe ich meine Arbeit, sie steckt voller Aufregungen.« Er strahlte vor Begeisterung, der Begeisterung, die ihn zum erstklassigen Rundfunkingenieur gemacht hatte.

Die Erfahrung dieses Mannes beweist einmal mehr, daß jede Stellung mehr als nur eine Beschäftigung werden kann, wenn man genügend Phantasie und Begeisterung hat, um aus ihr etwas zu machen. Dieser junge Mann verfügte über Begeisterungsfähigkeit und setzte sie ein. Das können auch Sie. Sie möchten aus der langweiligen Routine heraus. Sie möchten wirklich Nützliches leisten. Sie können Ihr Leben ändern, aber Sie brauchen dafür nicht Ihre Stellung zu wechseln. Ändern Sie sich selbst. Ändern Sie Ihre Gedanken und Einstellungen. Investieren Sie Hingabe und Begeisterung, und die alte Stellung wird zu einer ganz neuen werden und Ihr Leben sich mit neuen Kräften füllen. Auf diese Weise beginnen Sie den Weg nach oben, der zu größeren Dingen führt. Ich habe gesehen, wieviel die Kombination von Begeisterung und Gebet im Leben so vieler Menschen ausrichten kann, daß ich mit Begeisterung über das schreiben muß, was Begeisterung bewirken kann.

Mit Begeisterung, die auf soliden Tatsachen beruht, kann ich also feststellen, daß jede Idee, jede Anregung, jede in diesem Buch beschriebene Methode Erfolg hat. Ich habe das im Leben von Hunderten von Menschen beobachtet. Deshalb können Sie vertrauensvoll an die Ausführbarkeit und Wirksamkeit der Prinzipien glauben, die in diesem Kapitel und in den folgenden vorgestellt werden.

Ein Mann, der eine wahre Neugeburt durch Begeisterung mit diesen Methoden erreichte, war zuvor ein schläfriger, langweiliger Verkäufer. Als Resultat seines trägen Denkens und seiner uninteressierten Arbeitsweise lebte er von der Hand in den Mund. Wenn er von den Leistungen anderer Verkäufer hörte, konnte er einem stets aufzählen, was an deren Methoden verkehrt war. Die Gewohnheit, andere Menschen zu kritisieren, die konstruktive Dinge im Leben tun, ist ein sicheres Anzeichen dafür, daß man im Grunde selbst ein Versager ist. Sobald Sie sich dabei überraschen, andere Menschen in solcher Weise zu kritisieren, wäre es ratsam, eine gründliche und ehrliche Analyse der eigenen Eifersüchte und Empfindlichkeiten vorzunehmen.

Dieser Verkäufer hatte viele Tage nichts verkauft. Er erzählte seiner Frau ständig, daß er einen großen Fehler begangen habe, überhaupt Verkäufer zu werden; er haßte das Verkaufen, er mochte Menschen nicht, und die Menschen mochten ihn nicht. Immer, wenn er in ein Büro kam, um einen Auftrag einzuholen, erstarrten sie.

Der eine große Vorzug, über den dieser Mann verfügte, war eine kluge und geistig rege Frau. Sie stritt nicht mit ihm, sondern betete stattdessen mit starkem Glauben für ihn. Sie betete und glaubte fest daran, daß ihr Hilfe zuteil werden würde. Wenn man den Schöpfer um Hilfe bittet und gleichzeitig das Gebet dadurch entwertet, daß man bezweifelt, ob man das Erbetene erhalten wird, wird das Gebet seine Wirkung verfehlen. Wie könnte die Antwort auch anders ausfallen, denn das wahre Gebet kennt keinen Zweifel.

Aber diese Frau betete in dem positiven Glauben, daß die angeborene Begeisterungsfähigkeit und die übrigen Qualitäten ihres Mannes wieder gefestigt würden. Schließlich überredete sie ihren Mann dazu, mit ihr zusammen zu beten. Ihr gemeinsames Gebet wurde zu einer Bekräftigung dessen, daß ihr Leben erneuert werde, und sie erlebten es, daß in ihnen selbst eine Veränderung vor sich ging.

Diese Art zu beten tut immer ihre Wirkung, und eines Morgens sagte der Mann mit neuer Festigkeit zu seiner Frau: »Laß heute mich beten.« Sein Gebet lautete folgendermaßen: »Erfülle mich mit Begeisterung für all das Gute, das ich durch meine Arbeit erwirken kann.«

An jenem Tag ging er in einer aufgeschlossenen und selbstlosen Gemütsverfassung hinaus, und der Nachdruck lag auf dem aufrichtigen Interesse an den Menschen, die er aufsuchte.

Zwei kleine Aufträge brachte er an dem Tag unter. Tag und Nacht fuhr er fort, seine schöpferische Begeisterung zu festigen. Selbstverständlich änderte er sich nicht mit einem Schlag, das tun Menschen nur sehr selten. Sie nehmen zwar häufig auffallende und plötzliche Kehrtwendungen vor, aber eine Änderung der Person geht doch gewöhnlich nur sehr allmählich vor sich. Jedoch machte diesen Mann die neue Einstellung mit der Zeit zu einem neuen Menschen, so daß er zum Schluß einer der tüchtigsten Mitarbeiter seiner Firma wurde. »Ich bin nur ein Mann durchschnittlicher Begabung«, sagte er mir, »aber ich habe entdeckt, daß jemand, der begeistert an Gott, an seine Arbeit und an die Menschen glaubt, seine Arbeit in überdurchschnittlicher Weise ausführen kann.« Wie recht er hat! Der Einsatz von Begeisterung bei Beschäftigungen, die langweilig und stumpfsinnig scheinen, erweist sich oft als die Zauberformel, die das Gewöhnliche ins Ungewöhnliche wandelt. Jeder Aspekt des Lebens ist nur so öde und alltäglich, wie man ihn findet. Man kann ihn jedoch auf gedanklichem Weg aus dieser Öde und Gewöhnlichkeit herausheben und ihn zu etwas erstaunlich Lohnendem machen. Alles hängt davon ab, wieviel Begeisterung man aufbringen und ehrlich empfinden kann, und wie dynamisch geistig das Motiv dafür ist. Echtes Gefühl für den Sinn des Ganzen plus Begeisterung wird jede Arbeit im Wert steigern, ganz gleich, um was es sich handelt.

Ein erfolgreiches Leben kann an dem Ausmaß der begeisterten Teilnahme am Leben gemessen werden. Ich habe ein Fußballspiel im Fernsehen verfolgt. Zwei Männer der Verteidigung der einen Mannschaft waren reine Dynamos von Begeisterung. Wohin der Ball ging, waren auch sie immer wieder zur Stelle. Sie schienen das ganze Feld zu beherrschen, so eifrig, schnell und hingegeben waren sie. Ihre hervorragende Wirksamkeit erklärte sich durch die schlichte Tatsache, daß sie von Begeisterung erfüllt waren. Sie gaben alles, was sie hatten.

Wenn Sie nicht so gut weiterkommen, wie Sie möchten — und wir wollten uns niemals mit zu wenig Leistung zufrieden geben —, versuchen Sie, Ihrer Arbeit, Ihrer Familie und allen Menschen Ihrer Umgebung mehr zu geben. Sie werden feststellen, wie sehr dieses Geben die Menschen anzieht. Eine der gewissesten aller Wahrheiten besteht darin, daß uns das Leben nicht mehr gibt, als wir ihm geben. Gehen Sie auf das Leben zu, und es wird auf Sie zukommen.

Begeisterung trägt alles, Begeisterung kann Wunder bewirken.

*

Begeisterung ist so wichtig, daß ich dieses Kapitel mit einer Zusammenfassung einiger Ratschläge beschließen möchte.

1. Suchen Sie nach Interessantem und Romantischem in den einfachsten Dingen Ihres Lebens.
2. Erweitern Sie die Ihnen vom Schöpfer gegebenen Fähigkeiten. Entwickeln Sie in aller Demut eine gute Meinung von sich selber.
3. Seien Sie sorgfältig darauf bedacht, alle trüben, tötenden, ungesunden Gedanken auszuschalten, auf daß Ihr

Gemüt sich auffrische und fähig werde, Begeisterung zu entwickeln.

4. Festigen Sie Ihre Begeisterung täglich. Denken, sprechen, leben Sie entsprechend.

5. Üben Sie sich in täglicher Entspannung, damit Geist und Gemüt nicht müde werden; Begeisterung ist ein Merkmal derjenigen, die stets mit aller Kraft auf dem Posten sind.

6. Handeln Sie mit Begeisterung, denn wie Sie handeln, werden Sie sein.

7. Lassen Sie sich durch kein Schuldgefühl den Glanz Ihres Schwungs rauben. Schuldgefühle bilden die schwerwiegendste Ursache für Trübsal.

8. Halten Sie den schöpferischen Kanal zu Ihrem Schöpfer offen, vergessen Sie nicht, daß »Enthusiasmus« gleich »entheos« ist und »Gott im Innern« bedeutet.

9. Bleiben Sie geistig stark und lebendig.

10. Geben Sie alles, was Sie haben, an das Leben, und es wird Ihnen seine größten Gaben zukommen lassen, es wird niemals langweilig werden.

III

Wie man seelische
Tiefpunkte überwindet

»Es gibt Ebenen des geistigen Lebens, an die keine Verzweiflung und Frustrierung herankönnen. Und friedvolles Denken bringt uns zu jener geistigen Ebene, wo uns nichts über Gebühr beunruhigen kann.«

Um das gesamte Leben dynamisch zu leben, muß man verhindern, sich frustriert zu fühlen. Und dies ist selbstverständlich möglich.

Die Menschen reagieren merkwürdig und gänzlich verschieden auf seelische Tiefpunkte. Eine Frau aus Kalifornien, die verzweifelt war über ihre Unfähigkeit, ihr Haus sauber und ordentlich zu halten, beschloß, sich von dem Haus zu befreien. Sie legte Feuer und verbrannte es bis zu den Grundmauern. Eine etwas sonderbare Weise, seelische Schwierigkeiten zu überwinden.

Ein Mann kehrte nach einer Abwesenheit von fünfundzwanzig Jahren nach Hause zurück. Ein Vierteljahrhundert zuvor war er fortgegangen, weil seine Frau zanksüchtig war und er es nicht mehr ertragen konnte. Nun jedoch erklärte seine Frau, sie sei froh, ihn wieder bei sich zu haben, und er fand sie wesentlich ruhiger als vorher. Ein anderer Weg, mit Schwierigkeiten fertig zu werden.

Ein fünfzigjähriger Firmenleiter wurde mit dem Revolver in der Hand tot an seinem Schreibtisch gefunden. Er hatte einen Zettel hinterlassen, auf dem er erklärte, daß Spannung und Verbitterung »ihn verrückt machten« und er das nicht länger aushalten könnte. So jagte er sich einfach eine Kugel durch den Kopf. Wieder ein anderer Weg, die Konsequenzen aus seelischen Tiefpunkten zu ziehen.

Eines Abends begegnete ich in einer Hotelhalle einem völlig betrunkenen und lärmenden Mann. Da ich ihn kannte, wußte ich, daß er einen starken Minderwertigkeitskomplex besaß, der ihn für gewöhnlich, wenn er nüchtern war, zu Stille, ja zu Schüchternheit veranlaßte. Alkohol aber bewirkte bei ihm stets ein recht unangenehmes Benehmen.

»Wahrscheinlich fragen Sie sich, warum ich so betrunken bin«, sagte er. »Ganz einfach. Ich bin so verzweifelt, daß mich das ganz wahnsinnig macht. Wenn ich betrunken bin, vergesse ich meine Schwierigkeiten — jedenfalls für eine Weile.«

»Kommen die Schwierigkeiten wieder, wenn Sie nüchtern sind?«

»Gewiß doch, immer. Vielleicht sollte ich ständig betrunken sein.« Auch eine Art, Schwierigkeiten zu begegnen.

Vielleicht brennen wir unsere Häuser nicht ab, verlassen unsere Familien nicht, erschießen uns nicht und werden keine Alkoholiker, wenn wir ein seelisches Tief haben, aber in viel subtilerer Weise lassen wir es doch zu, daß Niedergeschlagenheit uns beherrscht und unser Glück und unsere Leistungsfähigkeit beeinträchtigt.

Offensichtlich bildet keine der oben erwähnten Methoden ein geeignetes Heilmittel gegen seelische Schwierigkeiten. Welche anderen Möglichkeiten gibt es aber dann? Eine sehr gute Methode besteht darin, einfach das in jedem Fall Bestmögliche zu tun und sonst gar nichts. Wenn man sich fieberhaft in eine Sache stürzt, seine Arbeit mit gequälter Anspannung tut und nie das Gefühl hat, man bringe etwas wirklich zum guten Ende, dann zieht man das verzehrende und irrationale Gefühl der Frustrierung nur an. Versuchen wir stattdessen, kühle Gefühle einzusetzen, indem wir mit Bedacht handeln und methodisch denken. Sagen wir uns ganz ruhig, daß wir alles tun, was uns möglich ist. Üben wir uns darin, vernünftige und keine aufgeregten oder stürmischen, nervösen Gedanken zu fassen. Das ist natürlich leichter gesagt als getan, aber man kann es, indem man es einfach tut.

Mein guter Freund, der berühmte Psychiater Dr. Smiley Blanton, Co-Autor des Buches »Psychologie und religiöses Erlebnis«, erklärte, ein Ausspruch von Paulus (Epheser 6:13) stelle eine der besten aller Heilmethoden für seelische Schwierigkeiten dar. Er will sagen, halten Sie ein, wenn Sie alles getan haben, was Sie können, tun Sie nichts mehr, lassen Sie die Dinge ruhen. Überlassen Sie dem Schöpfer alles weitere.

Wenn man aufhört, in nervöser und fieberhafter Anstrengung mehr zu tun, als man kann oder muß, und ruhig feststellt, daß diese qualvolle und nervöse Anstrengung ja irgendwie ein Ende haben muß, dann ist man bereits von den zersetzenden Wirkungen der negativen Einstellung, der Frustration befreit.

In der Veranda eines Ferienhotels traf ich einen New Yorker Geschäftsmann, den ich seit Jahren als hartgesottenen Willensmenschen kannte. Ich hatte mir eigentlich immer vorgestellt, daß er ein überspannter, frustrierter Mensch sei. Hier aber saß er mit den Füßen auf dem Geländer, den Hut über die Augen gezogen. Saß einfach da.

Einigermaßen erstaunt, sagte ich: »Das ist mir wirklich höchst interessant, Sie so vollkommen entspannt zu erleben.«

»Nun ja«, meinte er gedehnt, »ich war auch ein denkbar frustrierter Mann, aber ich habe gelernt, darüber hinwegzukommen. Und es war sogar ganz leicht. Ich habe einfach beschlossen, bei allem alles zu tun, was mir irgend möglich ist, und wenn eben nichts weiter mehr möglich ist, dann lasse ich es.«

Er stimmte also in modernerer Ausdrucksweise mit der

von Paulus vertretenen Theorie überein. Nachdem er sich von dem seelischen Druck befreit hatte, konnte er sich auch wirksam entspannen und verfügte über die entsprechenden und gezielten Energien, sobald es notwendig war.

Eine andere Methode, Unbefriedigung zu vermeiden, besteht darin, sich in friedlichem Denken zu üben, mit dem Ziel, daß dies zum Normalzustand werde. Das ist durchaus eine Fähigkeit, die sich erwerben läßt. Die Heilwirkung von friedlichen Gedanken bei seelischen Tiefpunkten wird anschaulich durch das Erlebnis einer Frau, die ihren Arzt übertrieben oft aufsuchte. Jedesmal kam sie dabei auf ihre Schwiegertochter zu sprechen, und benutzte gewöhnlich die Wendung: »Sie macht mich wahnsinnig, ich kann sie nicht ertragen.« Diese monoton wiederholte Äußerung des Ärgers über die junge Frau wirkte ähnlich wie eine defekte Grammophonplatte, die immer die gleiche Stelle spielt.

Der Arzt stellte fest, daß sie ein merkwürdiges Symptom entwickelt hatte: sie bewegte ihren Kopf unentwegt von einer Seite zur anderen. Er hatte den Verdacht, daß die Schwierigkeiten seiner Patientin durch irgendeine tiefere seelische Verkrampfung verursacht waren, in der er scharfsinnig Haßgefühle spürte. Er wies sie also darauf hin, daß sie absolut nichts gegen die Ehe ihres Sohnes unternehmen könnte, daß ihre Schwiegertochter nun einmal ihre Schwiegertochter sei, und daß sie eben lernen müßte, mit ihr auszukommen.

Es ist eine grundlegende Tatsache, die vielen entgeht, daß es Menschen und Dinge in dieser Welt gibt, mit denen man sich einfach abfinden muß, und daß kein noch so großer Widerstand und keine Quertreiberei etwas anderes ausrichten wird, als die eigene Frustration zu verstärken. Deshalb ist es so wichtig, Menschen und Situationen ruhig und gelassen zu akzeptieren, und zu lernen, sachlich über sie nachzudenken, damit verkrampfte Gefühle vermieden werden.

Das war auch die Philosophie, die der Arzt jener Frau erläuterte. Er verordnete ihr eine Therapie nicht in Form von Medizin, sondern eher in Form einer geistigen Verhaltensregel. Er versicherte ihr, daß sie durch die »Injektion« von ruhigem Denken in die Tiefen ihres Gemüts ihre seelischen Tiefpunkte und vielleicht auch das physische Symptom der nervösen Kopfbewegung überwinden könnte. Sie sollte einfach viele Male täglich die folgenden positiven Worte wiederholen: »Der Schöpfer gibt mir Frieden.« Darüber hinaus sollte sie in Zukunft so oft wie möglich jeden Tag freundschaftlich mit ihrer Schwiegertochter sprechen.

Eine Besserung erfolgte nicht sofort, jedoch ließ nach ein paar Tagen des »Einnehmens« dieser »geistigen Medizin« die Kopfbewegung spürbar nach und hörte schließlich völlig auf. Die niedergeschlagene Stimmung nahm langsam ab, und zu gegebener Zeit war die Frau fähig, sich mit ihrer Schwiegertochter abzufinden.

Jetzt berichtet mir der Arzt, er glaube, es entwickle sich eine echte, wohlwollende Beziehung zwischen den beiden Frauen. Diese geschickte und wirksame religiös-medizinische Heilung der seelischen Tieflage wurde erreicht durch Annahme und Übung friedvollen Denkens und durch das Ausmerzen der Haßgefühle.

Ein anderer Arzt berichtet von einem jungen Mann, der höchst temperamentvoll zu sagen pflegte: »Das frißt mich auf«, wenn ihn irgend etwas ärgerte, was oft der Fall war. Der Arzt wies ihn darauf hin, daß dieser Ausspruch in der Tat dem inneren Zustand seines Patienten sowohl in gefühlsmäßiger wie physischer Hinsicht entsprach.

Der junge Mann hatte eine ständige Temperatur von ungefähr 38-39 Grad und litt nachts unter kalten Schweißausbrüchen. Zunächst dachte der Arzt, diese Symptome könnten auf Tuberkulose deuten, nach weiterer Analyse schloß er jedoch, daß sie auf akute Frustrierung zurückzuführen seien. Der Arzt, der nicht allein in *materia medica*, sondern auch in Denktherapie sehr bewandert ist, schlug dem jungen

Mann vor, in eine Kirche zu gehen, in der die Therapie der Ruhe einen integralen Teil des Gottesdienstes darstellt.

Als erstes Ergebnis trat ein tiefes Gefühl von Ruhe bei dem Patienten ein. Als er dann geübter im Praktizieren der Ruhe wurde, erkannte er, daß die wichtigsten Werte seines Lebens in der hektischen, unkontrollierten Intensität der Geschäftigkeit verlorengegangen waren. Die Therapie des geistigen Friedens drang ein in sein Gemüt.

Der Arzt berichtete, daß der junge Mann mit der Zeit lernte, geistige Methoden bei seinen alltäglichen Problemen anzuwenden, und daß allmählich seine Temperatur normal wurde und die nächtlichen Schweißausbrüche aufhörten. Die Therapie angewandter Ruhe, die in das Zentrum seiner Frustration eingedrungen war, hatte ihn geheilt.

Wir brauchen Ruhe ebenso wie wir Nahrung und Wasser, Sonnenschein und erholenden Schlaf brauchen. Und wir können die kräftige Wirkung von bewußt angewandtem friedvollem Denken gar nicht hoch genug einschätzen.

Bei dem Jahreskonvent der Nationalen Gesellschaft der Automobilhändler im städtischen Auditorium von Miami Beach, Florida, sollte ich eine Rede halten. Das Publikum bestand aus etwa fünftausend Männern, die in einer der bedeutendsten Industrien von Amerika beschäftigt waren. Und da diese Versammlung in eine Zeit fiel, in der diese besondere Industrie beträchtlichen wirtschaftlichen Schwierigkeiten ausgesetzt war, fand sich unter diesen Tausenden nicht wenig Spannung und Frustrierung verbreitet.

An jenem Morgen war ich in meinem Hotel und arbeitete an einem Manuskript, bevor ich mich ins Auditorium begab. Ehrlich gestanden, hatte ich in diesem Moment selbst mit einer Neigung zu Frustrierung zu kämpfen. Ich merkte endlich, daß die steigende Spannung in mir den Fluß schöpferischen Denkens geradezu blockierte. Ich lehnte mich in meinen Sessel zurück und blickte hinaus auf den Strand, wo das Meer weich über den Sand spülte und sich die Palmen sanft im Winde wiegten.

Haben Sie jemals die äußerst gelöste und anmutige Art bemerkt, in der sich eine Palme gegen den Wind lehnt oder in seinem Rhythmus schwingt? Wenn Sie Gelegenheit dazu haben, könnte es sich lohnen, eine Palme auf ihr Geheimnis der Entspannung hin zu studieren. Ihre Fächer bewegen sich mit würdevollem Schwung und rhythmischer Grazie, ohne jeden Anflug von Starrheit.

Ich ging aus dem Zimmer und hinunter zum Strand, der zu jener Stunde und an jenem Ort verlassen war. Ich war allein mit dem Meer und dem Himmel und dem Wind, der Sonne und den Palmen. Ich lehnte mich an einen Baum und betrachtete den Himmel, den Emerson so treffend »das tägliche Brot unserer Seele« genannt hat. Als ich dem dunklen Brausen der See lauschte, kam Ruhe, Entspannung und Frieden über mich. Welche Heilkraft liegt in Meer, Sand und Winden! Als ich hinausblickte, zuhörte und mit der Natur und dem Schöpfer kommunizierte, verließen mich alle Gefühle seelischer Verkrampfung. Anschließend ging ich ins Auditorium, um meine Rede vor den Automobilhändlern zu halten. Die beiden Redner vor mir sprachen davon, was für ein schwieriges Geschäftsjahr es geben würde. Sie zählten alle Probleme auf, mit denen ihre Zuhörer rechnen müßten, und man spürte, wie sich Düsternis und Niedergeschlagenheit ausbreiteten.

Als ich an die Reihe kam, fühlte ich mich veranlaßt, zu fragen, wieviele von ihnen denn in den vier Tagen des Konventes in Miami Beach sich von ihm gelöst und einmal mit dem großen Ozean, der vor ihrer Tür lag und ihre Umgebung dominierte, kommuniziert hätten. Ich erzählte von meinem Erlebnis vorher und zitierte eine Strophe von Masefields Gedicht:

Ich muß noch einmal hinunter zur See,
Zu der einsamen See unter dem Himmel.
Und alles, was ich will, ist ein großes Schiff
und ein Stern, nach dem ich es steuere.

Ich regte an, daß jeder dieser Männer — und zwar möglichst allein — zum Meer hinuntergehen und eine kurze Zeit in Gesellschaft des Himmels und des weiten Meeres mit dem Schöpfer verbringen sollte. Während ich diese Anregung gab, ging eine seltsame Stille durch den großen Saal. Ich glaubte, wir alle fühlten eine tiefe und heilende Kraft. Diese Männer, die so wichtig für die Wirtschaft Amerikas waren, benötigten Kräfte aus einer tieferen Quelle.

Im Flugzeug nach Norden traf ich dann einen Mann, der mir sagte: »Ich war nervös, verzweifelt und niedergeschlagen bei diesem Konvent. Ich habe mir Ihr Erlebnis am Meer angehört, und es leuchtete mir ein. So ging ich nach der Versammlung an einen einsamen Platz am Strand. Ich habe meine Frau nicht mitgenommen. Ich ging am Ufer entlang und beobachtete die Strandläufer am Rande des Wassers, ich hob ein paar Muscheln auf und hörte dem Rauschen des Meeres zu. Ich saß dort eine lange Zeit, sah zu, wie die Dämmerung kam und die langen Schatten sich über das Wasser senkten.«

Er zögerte und fuhr dann etwas verlegen fort, offenbar war er stark bewegt. »Mir fiel diese Geschichte im Neuen Testament ein, wo Jesus mit seinen Jüngern auf dem Meer war und sie sich vor dem Sturm fürchteten und er das Meer beruhigte. Ganz besonders erinnerte ich mich an die Stelle: ›Und der Wind legte sich.‹

Plötzlich war ich ruhig und gefaßt. Es war eine der bewegendsten Erfahrungen meines Lebens. So bin ich nicht entmutigt von diesem Konvent fortgefahren, sondern mit Hoffnung und Optimismus; ich weiß, daß ich ein gutes Jahr haben werde, nicht nur im Verkauf, sondern ebenso in meinem Leben.« Es war ganz deutlich, daß er eine geistige und sogar physische Verjüngung durchgemacht hatte.

Frustrierung ist eine Kombination von Erregung und Anspannung. Das Heilmittel für Erregung ist Kühle, das für die Anspannung ist Frieden. Wenn man eine Erfahrung wie diese tief in sein Inneres aufnimmt, kann man danach mit neuer Kraft und Energie arbeiten. Man wird nicht mehr fiebrig und verkrampft arbeiten, geplagt von frustrierten Gefühlen. Es gibt Ebenen des geistigen Lebens, an die keine Verzweiflung und keine Frustrierung herankönnen. Und friedvolles Denken bringt uns zu jener geistigen Ebene, wo uns nichts über Gebühr beunruhigen kann.

Bei der Bewältigung von seelischen Tiefpunkten hilft es, eine gefühlsmäßige Kontrolle anzustreben und auszuüben. Ich betone das Anstreben, denn man muß zunächst entscheiden, ganz ehrlich entscheiden, ob man eine derartige Kontrolle über seine Gefühle tatsächlich wünscht. Oft sagen die Leute, sie wollen es, aber in Wirklichkeit wollen sie es gar nicht. Sie möchten den »Luxus« nicht aufgeben, ihren Gefühlen freien Lauf zu lassen.

Ich sah mit meiner damals zehnjährigen Tochter Elisabeth einem Baseballspiel im Fernsehen zu. Einer der Spieler stürzte sich in eine hitzige Auseinandersetzung mit dem Schiedsrichter und betrug sich wie ein Wilder. »Auf diese Weise kommt er zu gar nichts«, war mein Kommentar.

»Oh doch«, widersprach Elisabeth, »er kommt ganz bestimmt zu was, nämlich raus aus dem Spiel.«

Wenn dieser Spieler sich selbst so hätte sehen können, wie ihn Millionen von Leuten sahen, mit angespanntem Nacken und weit aufgerissenem Mund, hätte er es vielleicht bedauert, ein derartiges Schauspiel geliefert zu haben. Es ist wirklich sehr merkwürdig, daß die Menschen gewillt sind, Niederlagen, Unglück, sogar Krankheiten hinzunehmen, denen nichts als Gereiztheiten zugrunde liegen, nur um der flüchtigen Befriedigung willen, ihre Selbstdisziplin schießen zu lassen. Um also Kontrolle über unsere Gefühle zu erreichen und damit frustrierende Gefühle zu überwinden, muß man diese Kontrolle zuallererst wirklich wollen, und wenn man sie wirklich will, kann man sie auch haben. Dies wurde mir durch einen Hotelconcierge demonstriert, der eine so beachtliche Unerschütterlichkeit und Selbstdisziplin entwickelte, daß er mich verblüffte. Ich kam früh am Morgen in seinem Hotel an. An der Spitze der Schlange von Leuten, die sich anmelden wollten, stand eine Frau, der er mitteilte, es täte ihm leid, im Augenblick hätte er kein Zimmer für sie, es würde aber bald wieder eins frei.

Darauf wurde die Frau sehr ungehalten und fing an, den Portier so laut zu beschimpfen, daß man es praktisch in der ganzen Halle hören konnte. Dennoch ließ sich dieser unerschütterliche Concierge weder in Miene noch Ton anmerken, daß ihm diese Unterhaltung alles andere als angenehm war. Er blieb im Gegenteil sehr freundlich mit der Frau, setzte ihr die Lage im einzelnen auseinander und war ausgesprochen geduldig und höflich.

Unterdessen wuchs die Schlange an. Zu guter Letzt trat die Frau, immer noch sehr ärgerlich, mit einer ziemlich groben Abschiedsbemerkung zurück. Als die Reihe an mir war, konnte ich nicht umhin zu sagen: »Ich habe diesen Zwischenfall sehr interessiert beobachtet und bewundere Ihre Disziplin.«

Er lächelte. »Ich glaube an die Prinzipien, die Sie lehren, und ich versuche, sie in die Praxis umzusetzen, denn sie funktionieren wirklich.«

Ich war sicher, daß sich hinter dieser Einstellung des Mannes irgendeine interessante Geschichte verbarg und suchte ihn später noch einmal auf. Er erzählte mir, daß er früher sehr leicht zu erschüttern gewesen war. Diese Schwäche hatte ihm Demütigungen und Niederlagen in verschiedenen Fällen eingetragen, so daß ihm bewußt wurde, wie wichtig die Kontrolle über die Gefühle für den Erfolg im Leben sei. Er entwickelte dafür einen Plan, der mir höchst bemerkenswert schien.

»Ich begriff, daß viel Ärger und Niedergeschlagenheit aus einer unausgeglichenen Spannung herrühren. Also übe ich mich jeden Morgen und jeden Abend im Entspannen. Meine Methode besteht darin, geistig die heilende Berührung des Schöpfers zu spüren, wie sie an meinem Kopf anfängt und nacheinander auf jedem Muskel ruht. In meiner Vorstellung entfernt Er tatsächlich jede Spannung aus meinem Gemüt.

Dann bitte ich um automatische Kontrolle meiner Gefühle. Das ist sehr wichtig, denn Ärger kann durchbrechen, wenn man es am wenigsten erwartet. Aber ebenso wie einen Thermostaten an einer Heizung kann man auch eine emotionale Sicherung auf einen bestimmten Grad einstellen und dadurch für eine automatische Kontrolle sorgen; dann ist man seiner selbst sicher, ganz gleich, wie sehr man provoziert wird. Um dies aber durchzuführen war eifriges Üben geistiger Disziplin notwendig«, schloß er.

Dieser Mann war fähig zu solcher Disziplin, da er wußte, wie sehr er sie brauchte, um in seiner Arbeit Erfolg zu haben. Deshalb wollte er diese Kontrolle in ausreichendem Maße, um ernsthaft an sich zu arbeiten, und so erlangte er sie zum Schluß. Dadurch war es ihm möglich, die flüchtigen Ausbrüche von verkrampften Reaktionen zu meistern. Es überraschte mich daher auch nicht, als ich kürzlich erfuhr, daß er es auf der Stufenleiter der Hotelindustrie inzwischen sehr weit gebracht hat.

Menschen, die im Leben versagen, gehören häufig zu denen, die ihrem Ärger nachgeben, sich zu scharfen Antworten hinreißen lassen, nachtragend sind und ungeduldig. Solche hypersensiblen, undisziplinierten Menschen wandern glücklos von einer Stellung zur anderen, weil sie mit andern Menschen nicht auskommen können. Sie befinden sich stets in irgendeinem persönlichen Zwiespalt oder einer zwischenmenschlichen Schwierigkeit.

Beherrscht man die Kunst, sich gelassen und philosophisch zu verhalten, und hält man seine Reaktionen unter Kontrolle, kann man sich durchaus zu seinem eigenen Vorteil entwickeln. Das ist von vitaler Bedeutung! Zweifellos haben viele Menschen ihre Möglichkeiten verbaut oder ihre Zukunft zerstört, nur weil sie Ärger und Verbitterung, die sich eher aus Frustration denn aus irgendeinem anderen Grund herleiten, nicht zu zügeln wissen.

Ein Mann, der mich wegen eines seelischen Tiefpunkts um Rat anging, sagte: »Ich kann es nicht verstehen. Der Zorn steigt einfach in mir hoch, und bevor ich weiß, wie mir geschieht, bin ich in die Luft gegangen und schlage jede Zurückhaltung in den Wind, tobe mich einfach aus. Zum Glück begreifen aber die Leute, daß ich ein nervöser Typ bin und sehen darüber hinweg, und alles ist dann wieder in Ordnung.«

Träfe das wirklich zu, hätte er nicht das Bedürfnis gehabt, jemanden zu Rate zu ziehen. Tatsache ist jedoch, daß Menschen so etwas weder verstehen noch für gewöhnlich übersehen, und im Grunde ist gar nichts wieder in Ordnung. Man hat einen solchen Menschen einfach nicht gern, man verweigert ihm die Achtung oder die Rücksichtnahme.

Tiefe Verbitterung ist derart schwierig zu bewältigen, daß, wie schon gesagt, der einzige Weg, diese Veranlagung zu meistern, in dem Vertrauen an die Wachsamkeit des Schöpfers liegt. Gott wandelt Alkoholiker, Diebe, Lügner und Betrüger. Daß sich diese Menschentypen zuweilen wandeln und der gefühlsmäßig Verkrampfte nicht, ist darin begründet, daß letzterer weniger dazu neigt, sein Versagen zuzugeben. Der Schöpfer kann aber Menschen, deren Schwierigkeiten in unkontrollierten Gefühlen bestehen, ebenso helfen wie Er Menschen mit moralischen Behinderungen hilft.

In dem Zug, den ich gelegentlich für lange Nachtfahrten benutze, gibt es einen Kellner, mit dem ich mich angefreundet habe. Ich werde nie den Abend vergessen, an dem ich ihn zum erstenmal sah. Er bediente mich und einige andere und trug dabei eine ausgesprochen finstere Miene zur Schau.

Als ich meine Rechnung bezahlte, beugte er sich herunter zu mir und fragte: »Kann ich Sie nachher einmal sprechen?«

»Gewiß, gern, kommen Sie nur.«

Nachdem er frei war, kam er und setzte sich zu mir ins Abteil. »Ich weiß nicht, wie lange ich das hier noch weitermachen kann«, sagte er sichtlich verzweifelt.

»Um was handelt es sich denn?«

»Ich bin in einem Zustand, in dem mich absolut jeder reizt«, antwortete er. »Ich behalte meine Selbstdisziplin, aber irgendwann einmal werde ich explodieren und mich selbst dabei ruinieren. Ich möchte wissen, was ich dagegen tun kann.«

»Wo genau liegen Ihre Schwierigkeiten?«

»Ich bin im Speisewagen; und dann kommt einer dieser Kerle an, die immer groß angeben, und ruft: ›Komm her, mein Junge.‹ Ich bitte Sie, bin ich vielleicht ein Junge? Ich bin fünfzig!«

»Vergessen Sie nicht, wir sind alle Jungen, und zwar bis an unser Lebensende. Und es gibt Leute«, fuhr ich fort, in der Hoffnung, sein Problem vom Gefühlsmäßigen ins Geistige zu heben, »die ihre eigenen Minderwertigkeitskomplexe dadurch kompensieren, daß sie auf andere Leute hinuntersehen.«

»Dann ist da noch was anderes. Ich bringe jemandem das Essen genauso, wie er es auf dem Bestellzettel aufgeschrieben hat, und er erklärt, das wäre nicht das, was er bestellt hätte, ich soll es wieder zurückbringen. Unseren Anweisungen gemäß muß ich dann sagen: ›Jawohl, mein Herr, es tut mir leid‹, und es zurücknehmen.«

Der Kellner wies auf das Tablett, das er mitgebracht hatte.

»Sehen Sie sich das Tablett an, eines Tages werde ich es einem dieser Kerle an den Kopf werfen.« Aber seine Stimme klang wesentlich milder als seine Worte.

»Sprechen wir über den Mann, der Sie ›Junge‹ nennt. Er ist ein Kind. Zuhause hat er nicht viel zu melden, deshalb hat er wahrscheinlich ein tiefes Gefühl der Unzulänglichkeit und versucht, es mit großartigen Aktionen nach außen zu kompensieren. Bemitleiden Sie ihn. Denken Sie über ihn wie über ein Kind und belassen Sie es dabei. Und dieser Mann, der sich über die Bestellung beklagt, die Sie ihm richtig gebracht haben, dem sollten Sie nicht das Tablett an den Kopf werfen. Ich erzähle Ihnen etwas, womit Sie ihn mit wirklichem Erfolg schlagen können.«

Nun war der Kellner sehr interessiert. So berichtete ich ihm von Frank Laubach und dessen Begabung, Menschen mit Gebeten geradezu zu bombardieren[1]. »Sie werden es so weit bringen, daß derjenige, den Sie mit Gebeten bombardieren, sich umwenden und Ihnen zulächeln wird«, versicherte ich ihm.

Mein Freund war ehrlich beeindruckt und versprach: »Ich will es versuchen.«

Beim Frühstück am nächsten Morgen beobachtete ich ihn wieder. Er blickte über den Kopf einer Matrone hinweg, die sich gerade beschwerte, als er sie bediente, und blinzelte mir zu. Als er an mir vorbeikam, flüsterte er: »Auf die muß ich aber eine ganze Batterie Gebete abschießen, bevor sie anfängt zu lächeln.«

Und das ist der Beweis für meine These, daß wir versuchen müssen die Menschen zu verstehen, anstatt uns durch sie irritieren zu lassen. Diese gleiche Matrone hielt mich im

[1] Frank C. Laubach, »Die größte Kraft der Welt — das Gebet«, Oesch Verlag.

Vorraum des Wagens an, bevor ich ausstieg, und bat mich, für sie zu beten. »Ich fahre nach Miami zur Beerdigung von jemandem, den ich sehr geliebt habe«, sagte sie.

Als ich später Gelegenheit hatte, das meinem Kellner zu berichten, sagte er sehr vernünftig:

»Wahrscheinlich kennt man nie die Prüfungen und Schwierigkeiten anderer Menschen.« Jedenfalls hatte er einen guten Anfang in seinem Krieg gegen die eigene Reizbarkeit gemacht. Mit Geduld gewinnt man seine Seele, wenn man wie der Hotelangestellte sich selbst beherrscht oder wie dieser Kellner lieber Gebete schickt, anstatt zurückzuschlagen.

Sowohl vom Standpunkt des Erfolgs als auch von dem der Gesundheit ist es hochwichtig, seelische Tiefpunkte und Gefühle stets unter Kontrolle zu halten. Dr. John A. Schindler weist darauf hin, daß wir in uns selbst die stärkste aller Gesundheitskräfte besitzen, nämlich die Kraft zu guten Gefühlen. Der »medizinische« Wert guter Gefühle kann gar nicht überschätzt werden. Gute Gefühle machen uns gesund, schlechte machen uns krank.

Dr. Robert C. Peale sagt: »Das größte und wirksamste Heilmittel liegt in unserem eigenen Innern. Leider haben wir bisher noch nicht gelernt, unsere geistigen und gefühlsmäßigen Reaktionen so zu regulieren, um daraus den größtmöglichen Nutzen zu ziehen.«

Das bedeutet, daß die Elemente für eine gesunde Lebensweise in uns selbst liegen. An uns ist es, uns mit ihnen in Harmonie zu halten. Der Schöpfer gibt uns alles, was wir brauchen, es ist jedoch uns überlassen, die Nutzung dieser Gaben zu erlernen.

Neurologen stellen fest, daß viele Fälle nervösen Zusammenbruchs durch seelische Bedrückungen ausgelöst werden. »Die Menschen werden derart bedrückt, daß die Persönlichkeit den Druck nicht mehr aushält und aufgibt.«

Mediziner versichern uns, daß Ärger die rhythmische Bewegung der kleinen Muskelfasern im Magen und in den Därmen stört und auf diese Weise eine Verkrampfung der Eingeweide bewirkt. Ärger kann den Herzschlag bis zu hundertsechzig und den Blutdruck von normal hundertdreißig bis auf über zweihundert hochtreiben. Es gibt viele Fälle von Herzschlag durch Zorn, verursacht durch ein geplatztes Blutgefäß im Gehirn oder durch ein plötzliches Emporschnellen des Blutdrucks. Trägt man einen unterdrückten, kochenden Zorn in Form irgendeines Grolls mit sich herum, dann kann das eine Störung der Drüsenausscheidungen bewirken mit der dazugehörigen Störung des körperlichen Chemiehaushalts. Deshalb rät uns die Bibel: »Lasset die Sonne nicht über euerm Zorn untergehen.« (Epheser 4:26) Wenn wir die schlechten Gefühle des Zorns, der Furcht und des Hasses aus unserem Gemüt verbannen, sind wir in der Lage, klare Vorstellungen von Gesundheit und Lebenskraft zu entwickeln.

Auch wenn man nicht ausgesprochen krank wird durch seelische Schwierigkeiten, können diese in jedem Fall Energieverluste und Müdigkeit hervorrufen. Ich kenne einen Mann, der in einer Fabrik unter einem Werkmeister arbeitete, der irrtümlicherweise glaubte, der beste Weg, sich Respekt zu verschaffen, sei, Befehle im veralteten Kasernenhofton zu brüllen. Er demütigte und ärgerte seine Arbeiter aber auch in anderer Weise. Jeden Tag kam dieser Angestellte so nervös und erschöpft nach Hause, daß er überlegte, ob er nicht um eine leichtere Arbeit oder um eine Versetzung in eine andere Fabrik nachsuchen sollte. Sein Arzt konnte keinen physiologischen Grund für die Erschöpfung entdecken. Dann wurde der bissige Werkmeister durch einen vernünftigen Mann ersetzt, der sich die Mitarbeit seiner Arbeiter zu sichern verstand und sie mit Achtung behandelte. Fast unmittelbar trat bei dem Arbeiter eine völlige Veränderung seines Zustandes ein; er konnte arbeiten, ohne zu ermüden. Ganz offensichtlich war seine Erschöpfung nicht durch die

Tagesarbeit bedingt gewesen, sondern durch nagenden Ärger und Frustration, die in den Manieren und der Einstellung seines Vorgesetzten ihre Ursache hatten.

Die Bibel, welche die größte Anzahl jener heilsamen Gedanken enthält, die zu guten Gefühlen verhelfen, ist deshalb eine gute Quelle von Anregungen zur Bewältigung von Tiefpunkten. Üben Sie sich darin, einige ihrer vielen therapeutischen Texte zu memorieren. Eine ausgezeichnete Stelle ist diese: »Fasset eure Seelen mit Geduld (Lukas 21:19).« Geduld ist ein sehr großes Wort, es schließt Reife, Gelassenheit und geistige Gesundheit ein.

In dem Maße, in dem wir uns in Geduld üben, werden wir nicht mehr lediglich mit Gefühlen reagieren, sondern ebenfalls mit unserer Intelligenz; unsere Grundhaltung wird eine geistige sein. Auf diese Weise werden wir zu Menschen mit philosophischer und geduldiger Selbstbeherrschung und nicht so leicht zu erschüttern sein wie andere, die nicht über jene Kunst verfügen.

Ich beobachtete einen Mann, der zu telefonieren versuchte. Mehrmals bekam er das Besetztzeichen. Und was tat dieser Mann, der immerhin Chef einer großen Firma war? Er knallte den Hörer so heftig auf die Gabel, daß er herunterfiel. Es war ein Schauspiel schlichten, unreifen Infantilismus. Das Gesicht des Mannes war hochrot, der Atem kam stoßweise, zweifellos schoß sein Blutdruck in die Höhe. So ein Mensch ist nicht erwachsen. Gefühlsmäßig ist er noch im infantilen Stadium, da aber seine Blutgefäße seinem physischen Alter entsprechen, entwickeln derartige Gefühlsausbrüche mehr Druck, als sie bewältigen können.

Ein Golfspieler hatte Schwierigkeiten, seinen Ball ins Loch zu bringen. Mit der Launenhaftigkeit, die leblose Dinge manchmal an sich haben, wollte der Ball einfach nicht ins Loch. Natürlich lag die Ursache keineswegs an dem leblosen Objekt. Was tat nun dieser Mann? Er beherrschte sich kühl, bis er schließlich den Ball doch im Ziel hatte. Dann aber, mit einem Blick des Abscheus, holte er den Ball heraus, legte ihn auf den Boden und stieß ihn mit seinem Schläger tief in den Boden hinein. Ich weiß nicht, wieviel Schläge er beim nächsten Loch brauchte, jedenfalls kann ihm die Tatsache, daß er seine Beherrschung verloren hatte, durchaus den notwendigen feinen Sinn für das Spiel genommen haben.

Jimmy Durante schreibt über frustrierende Zornesausbrüche: »Es sind die Verhältnisse, die recht behalten.« Das ist in der Tat eine kluge Beobachtung. Situationen haben einfach die Oberhand, und man muß sich mit ihnen abfinden. Wenn man aber philosophisch und klug an sie herangeht, dann wird man die Situationen beherrschen und sich nicht von ihnen beherrschen lassen.

Der menschliche Geist kann die Fähigkeit entwickeln, die Blockierung durch Niedergeschlagenheit zu lösen. Ein Arzt erzählte mir von einer Frau, die gezwungen war, einen Hörapparat zu tragen. Sie haßte ihn und klagte ständig über ein Rauschen in den Ohren. »Ich kann ihn nicht ertragen«, versicherte sie.

»Sie können ihn ertragen«, sagte der Arzt, »wenn Sie etwas Disziplin anwenden. Sie können sich sogar dazu trainieren, dieses Geräusch nicht mehr zu hören. Es gibt eine Eigenschaft des menschlichen Gehirns, die jeglichen Ärger aussperren kann, sobald man beschließt, daß man ihn aussperren will.«

Selbstverständlich ist das nicht ohne weiteres zu erreichen. Es braucht Geduld, Bemühung und Zeit. Nichts, was von Wert ist in diesem Leben, ist einfach. Disziplin und Willen sind notwendig. Wenn man seinen Geist auf Ärgernisse konzentriert, baut man diese eben erst auf. Konzentriert man jedoch den Geist auf die Kraft, die Ärgernisse zu verbannen, dann kann man das auch erreichen. Das Gebet ist die wichtigste Hilfe in diesem Aussperrungsprozeß. Versuchen Sie zu beten, indem Sie aus sich herausgehen, festigen

Sie den guten Willen denen gegenüber, die Sie irritieren und behindern, und Sie werden entdecken, daß Sie über eine erstaunliche Macht verfügen, Frustrierung auszuschalten.

Auch das Erlernen einer neuen geistigen Einstellung bei Schwierigkeiten in persönlichen Beziehungen ist hilfreich. Damit meine ich, daß man eine objektive und unpersönliche Einstellung Menschen gegenüber einnehmen und nicht nur rein gefühlsmäßig reagieren sollte. Tut jemand etwas, das einen verletzt oder irritiert, ist es das Vernünftigste, ruhig zu sagen: »Gehen wir der Sache auf den Grund, finden wir heraus, weshalb er das getan hat.« Damit entwickelt man eine Strategie, mit der die Beziehung korrigiert werden kann.

So wandte sich beispielsweise jemand an mich, der sehr erschüttert war über die Handlung eines Bekannten. Da ich merkte, daß er sich an einem seelischen Tiefpunkt befand, erklärte ich ihm meine geistige Methode und empfahl sie ihm. Aber er protestierte heftig: »Es ist alles ganz schön und gut, von geistig vernünftigem Verhalten zu reden, aber ich bin es, dem die Beleidigung angetan worden ist. Wie, glauben Sie wohl, hat mich dieser Mann genannt?« fragte er aufgebracht.

»Nun, wie denn?«

»Ich sage es ungern, es ist zu gemein.«

»Keine Hemmungen, erzählen Sie.«

»Er hat mich ein Stinktier genannt!« schrie der Mann.

»Und er erzählt allen Leuten, daß ich ein Stinktier bin.«

»Jetzt wollen wir aber die geistig vernünftige Methode wirklich ausprobieren«, sagte ich. »Sind Sie ein Stinktier?«

»Natürlich nicht«, erklärte er gekränkt.

»Schön. Macht Sie die Tatsache, daß er Sie als ein solches bezeichnet, zu einem Stinktier?«

»Natürlich nicht. Ich bin keins, und er weiß es. Was er über mich sagt, macht mich nicht dazu.«

»Na also«, meinte ich, »was er sagt, ist eine Lüge, und dem Sprichwort zufolge haben Lügen kurze Beine. Lassen Sie ihn ruhig weiterreden, es verhält sich ja nicht so, und nach einer Weile werden die Leute schon merken, daß Sie kein Stinktier sind. Vielleicht kommen sie sogar zu dem Schluß, daß er selbst eins ist. Jedenfalls wird die Geschichte für Sie gut ausgehen.«

Ich hatte Gelegenheit, zu verfolgen, wie sich dieser Mann im Laufe der Zeit, wenn auch nicht ohne Schwierigkeiten, durch Training in Objektivität zu kluger Sachlichkeit erhob. Er wurde ruhiger und weniger reizbar. Dann begann er diese objektive Methode bei sich selbst anzuwenden, um herauszufinden, was möglicherweise an ihm selbst liegen könnte, das den andern Menschen veranlaßt hatte, ihn so zu verabscheuen.

Als Ergebnis dieser aufrichtigen und objektiven Analyse erkannte er gewisse nicht sehr anziehende persönliche Eigenschaften an sich selbst und schied sie aus. Er brachte einige Dinge in Ordnung, die er getan hatte und die einer Richtigstellung bedurften. Er entwickelte ein offenes, freundliches Wesen. Sein Vermögen, Kritik und Haß ruhig anzunehmen, ohne zurückzuschlagen, und seine echte Freundlichkeit seinem Feinde gegenüber entfernten schließlich den Stachel aus den Gefühlen des andern, und die Angriffe hörten auf. Nach angemessener Zeit entwickelte sich zwischen den beiden Männern sogar eine erfreuliche Beziehung. Es ist die reine Wahrheit, daß man jegliche Art Frustrierung aus sich herausschaffen, -lieben und -denken kann. Und die Fähigkeit, erfolgreich zu leben, wird hierdurch unermeßlich vergrößert und erweitert.

*

Um seelische Tiefpunkte zu überwinden:

1. Beschließen Sie, daß Sie von ganzem Herzen eine gefühlsmäßige Selbstbeherrschung anstreben wollen.
2. Üben Sie sich in friedlichem Denken. Mit einigem Training wird ihnen das leichter und natürlicher werden.
3. Statt sich durch Frustration reizen zu lassen, versuchen Sie, andere Menschen und das, was sie zu dem macht, was sie sind, sachlich zu ergründen.
4. Behalten Sie sich täglich eine Zeit der Stille vor.
5. Üben Sie sich täglich im körperlichen und geistigen Entspannen.
6. Bevor Sie zu Bett gehen, vertreiben Sie aus Ihrem Gemüt alle schlechten Gefühle.
7. Wenden Sie sich an Ihren Schöpfer, bitten Sie ihn um Gelassenheit.
8. Tun Sie alles, was Ihnen möglich ist, und überlassen Sie das Ergebnis Ihrem Schöpfer. Dann wird sich alles zum Besten wenden.

IV

Wie man mit Sorgen
fertig wird und länger lebt

»Das große Geheimnis, mit Sorgen fertig zu werden besteht darin, als beherrschende geistige Haltung Glauben an die Stelle von Angst zu setzen. Zwei große Kräfte in dieser Welt sind mächtiger als alle anderen: Angst und Glaube, und der Glaube ist stärker als die Angst.«

In Los Angeles hielt ich einmal eine öffentliche Rede unter dem Titel, der das Thema dieses Kapitels bildet: »Wie man mit Sorgen fertig wird und länger lebt.« Eine Zeitung druckte das mit dem Druckfehler: »Wie man mit Sorgen fertig wird und länger liebt.« Ohne Zweifel war für diese Fehlleistung unbewußt der Einfluß von Hollywood verantwortlich.

Wenn ich es überdenke, war jedoch die verdrehte Version vielleicht gar nicht einmal so weit vom Ziel entfernt. Wenn man mit Sorgen fertig wird, wird man auch länger lieben. Man wird seine Frau und Kinder länger lieben, man wird das Leben länger lieben. Der Mensch, der gelernt hat, ohne Sorgen zu leben, ist glücklich zu preisen.

An einem herrlichen Tag im Mai fuhren meine Frau und ich in West Virginia spazieren. Wir kamen auf einer breiten Autobahn zu einer Kreuzung, von wo aus sich eine kleine Straße in ein Tal in die Berge hinaufschlängelte. An der Abzweigung stand ein Wegweiser mit der reizvollen Inschrift »Tal des Sonnenscheins«. Ich drehte mich fragend um zu meiner Frau: »Sollen wir das Sonnenscheintal hinauffahren?«

»Fahren wir ins Sonnenscheintal hinauf.«

Ich bin froh, daß wir diesen Abstecher gemacht haben, denn dort oben begegneten wir Tommy Martin. Wir stiegen aus und saßen an einem jener klaren, rauschenden Bäche, die von den blauen, dunstigen Hügeln ins Meer hinunterfließen. Wir lauschten der Musik des Wassers über den Steinen und beobachteten, wie es brausend unter einer Brücke verschwand, als Tommy auftauchte. Er war ungefähr zwölf Jahre alt und schlenderte die Straße hinunter in Schlapphut, Stiefeln und abgetragenen Hosen. Er kaute Kaugummi, hatte eine Angel über der Schulter und sah uns mit prüfendem Blick an. Anscheinend fand er uns nett, denn er sagte: »Hallo!«

Dann sagte er zu mir, als sei ich ein alter Freund: »Haben Sie nicht irgendeine Stange? Kommen Sie mit, ich fische für uns beide zusammen.« Er brachte mich an die Stelle, an der sich zwei dieser Bäche trafen. Dort, erklärte er, finde man die besten Forellen. Er watete in den Fluß, warf die Leine aus, und in kürzester Frist kam eine Forelle herauf. Als er sie vom Haken nahm, fragte ich, ob er Trockenfliegen oder Köder benutzte. Kräftig kauend antwortete er: »Nix, nur gewöhnliche alte Würmer. Die sind viel besser als all diese Luxusköder.« Dann erklärte er, daß die Forelle, die er gerade gefangen hatte, eine Bachforelle war, und setzte hinzu: »Letzten Winter habe ich hier in den Wäldern ein Reh geschossen.«

Ich stellte eine dieser dummen Erwachsenenfragen: »Wieso bist du denn nicht in der Schule?« Es war schließlich Donnerstag.

Er antwortete etwas, was ich nicht verstand, es klang aber ziemlich vage. Und an diesem Tage fragte ich mich, als ich da am Ufer saß und diesem Zwölfjährigen zusah, wie er in einem sonnenüberfluteten Forellenbach angelte, wer denn nun eigentlich mehr vom Leben verstand, er oder ich. Ich fragte: »Tommy, hast du irgendwelche Sorgen?«

Er blickte mich aus großen braunen Augen an und meinte: »Sorgen? Unsinn, es gibt nichts, das einem welche machen könnte.« Als ich dann zu meiner Frau zurückging, überlegte ich, ob ich wohl jemals wieder wie Tommy Martin sein könnte.

Natürlich ist es so, daß das Erwachsenendasein gewisse Verantwortlichkeiten mit sich bringt, die unausweichlich mit Reife verbunden sind. Wir müssen in einer Welt leben, die viel von uns verlangt. Aber wäre es nicht möglich, sich trotz aller schweren Pflichten einen fröhlichen und jungen Geist zu bewahren? Ich glaube fest, daß das möglich ist, und eines der Ziele dieses Buches ist es, Ihnen zu helfen, zu jenem Geist der Freude und des Vertrauens zurückzufinden.

Wenn ich sage, Sie können Ihre Sorgen hinter sich lassen; so meine ich nicht damit, Sie sollten menschlichem Leiden gegenüber gleichgültig sein oder achtlos an den Problemen der Gesellschaft vorbeigehen. Die Ausschaltung von Sorgen wird Ihnen, ganz im Gegenteil, dazu verhelfen, ein tüchtigerer Bürger dieser Welt zu werden. Es ist sehr wichtig, dieses Gefühl von Frieden und Vertrauen zu erwerben, das einen zu einem viel vollwertigeren Menschen macht.

Das Wort Sorge vermittelt die Vorstellung, als legte einem jemand die Hände um den Hals, drückte mit voller Kraft zu und schnitte die lebenswichtige Zufuhr ab; damit täte er dramatisch etwas, was man selbst tut, wenn man längere Zeit Opfer von Sorgen ist. Man blockiert die eigenen Kräfte. Sorgen frustrieren die besten Möglichkeiten.

Deshalb hoffe ich, auch Sie werden Tommy Martins Philosophie übernehmen können: »Unsinn, es gibt nichts, das einem welche machen könnte.« Und es gibt auch tatsächlich nichts, jedenfalls so lange nicht, wie wir unseren Schöpfer haben. Und das ist auf ewig.

Die unheilvollen Wirkungen von Sorgen sind Ärzten wohlbekannt. Ein Arzt aus New England schrieb mir: »Ich habe in meiner Praxis viele Jahre lang die Erfahrung gemacht, daß Angst viele Krankheiten entweder verursacht oder beschleunigt. Im übrigen ist das beste mir bekannte Gegenmittel: schlichter Glaube.«

Dr. Walter Clement Alvarez von der Mayo-Klinik soll gesagt haben: »Die Zahl menschlicher Krankheiten, die durch Sorgen ausgelöst oder beeinflußt werden, ist uns nicht immer bewußt.« Dr. Steward Wood von der Universität Oklahoma berichtete anläßlich eines Vortrags vor der Amerikanischen Mediziner-Vereinigung über die Beziehungen zwischen Sorgen und gewöhnlicher Erkältung und Asthma: »Eine junge Patientin von mir kann ihr Asthma an- und abstellen, indem sie ihre Sorgen an- und abstellt.«

Ein anderer Arzt bat mich, einen Patienten zu besuchen, der mit scheinbar echten Symptomen eines Herzanfalls und Schmerzen in der Brust ins Krankenhaus eingeliefert worden war. »Nur«, erklärte der Arzt, »neige ich zu dem Verdacht, daß es sich nicht um einen Herzanfall, sondern eher um ein angstvolles Herz handelt. Würden Sie mit ihm sprechen und der psychologischen und geistigen Basis seiner Angst nachgehen?«

Nach der Unterhaltung stand fest, daß der Patient in der Tat an akuten Angstzuständen litt. Ich fand heraus, daß dieser Mann, der schon über sechzig war, früher verschiedene Fehler begangen hatte. Soweit ich feststellen konnte, waren diese Zwischenfälle auf jene frühe Zeit begrenzt und seine spätere Führung einwandfrei gewesen. Er hatte indessen in ständiger Angst gelebt, sein Unrecht von damals könnte an den Tag kommen.

Diese alten Sünden hatten ein tiefes Schuldgefühl geschaffen und einen Schwarm von Ängsten und Spannungen hervorgerufen, die ihn jahrelang nicht losließen, bis sie ihn effektiv ins Krankenhaus mit den Symptomen eines Herzanfalls brachten. Seine Krankheit war voll und ganz auf diese langgehegten Angstgefühle zurückzuführen. Wir waren in der Lage, ihm zu helfen, Vergebung zu erlangen, und ihn zu einer vernünftigen Einstellung zu bringen. Seine physischen Symptome verschwanden allmählich, und er kehrte zu normaler Gesundheit zurück. Der Arzt war der Ansicht, daß der Mann, hätte der Schuldkomplex weitergewirkt, tatsächlich an der durch die Schuldgefühle verursachten physischen Verfassung gestorben wäre.

Häufig sagen die Menschen: »Ich bin ganz krank vor Sorgen«, oder: »Ich sorge mich zu Tode.« In diesen Sätzen liegt mehr Wahrheit, als man annehmen mag, denn Sorgen können einen wirklich krank machen und bekanntlich sogar den Tod herbeiführen. Es ist eine Tatsache, daß wir, wenn wir die Sorgen bewältigen, länger leben und ganz gewiß besser leben.

Das große Geheimnis, mit Sorgen fertig zu werden, besteht darin, als beherrschende geistige Haltung Glauben an die Stelle von Angst zu setzen. Zwei große Kräfte in dieser Welt sind mächtiger als alle anderen: Angst und Glaube, und der Glaube ist stärker als die Angst. Grundsätzlich gilt es also, das Gemüt so lange mit Glauben zu erfüllen, bis die Angst vertrieben ist. Selbstverständlich ist normale Angst ein gesunder Mechanismus, der uns zu unserem Schutz eingebaut wurde. Hingegen ist anormale Angst so destruktiv wie zersetzend. Anormale Angst scheint die Macht zu besitzen, Krankheit und sogar Unheil auszulösen.

Dies spürte ein Arzt so intensiv, als er in eine Familie gerufen wurde, wo die Angehörigen sich dicht und angstvoll um seinen Patienten drängten und ihre eigenen ängstlichen Gedanken auf diesen übertrugen, daß er eingriff. Er setzte den Angehörigen energisch auseinander, daß sie das Zimmer seines Patienten mit soviel »Angstkeimen« füllten, daß seine Heilungsbemühungen wertlos würden. Um seiner Besorgnis dramatische Wirkung zu verleihen, öffnete er weit die Fenster. Ein starker Sturm wehte die Vorhänge hinaus. »Ich muß dieses Zimmer von den Angstkeimen ausräuchern«, erklärte er schroff. »Wenn Sie jetzt nicht sofort gläubige Gedanken fassen und die angstvollen vertreiben, machen Sie mir eine Hilfe sehr schwer. So wie dieser Wind reinigend in das Zimmer weht, lassen Sie jetzt durch Glauben Ihren Geist von der schädigenden Angst reinigen. Sie müssen aufhören, einen Patienten mit den Viren der Angst zu umgeben.« Das mag als seltsame Methode erscheinen, war aber ohne Zweifel ein wirkungsvoller Weg, den Einfluß der Angst auf die Krankheit zu dramatisieren.

Sorgen kann man als eine Verkrampfung der Gefühle definieren, an die sich das Gemüt wie an eine Zwangsvorstellung klammert. Um diese Klammer zu brechen, muß man vorsichtig, aber mit aller Kraft einen gesünderen und stärkeren Gedanken in die Verkrampfung einführen. Dieser stärkere Gedanke ist der Glaube an den Schöpfer. Wenn der Glaube und nicht die Angst zu unserer Zwangsvorstellung wird, dann wird man mit Sorgen fertig werden.

Und wie füllt man das Gemüt nun so vollkommen mit Glauben aus, daß die Angst vertrieben wird? Das ist nicht leicht. Eine Möglichkeit ist, Bücher zu lesen, die positive Gedanken vermitteln. Vieles in der heutigen Literatur handelt von unglücklichen, blindlings tappenden, konfliktreichen und versagenden Menschen. Zahlreiche moderne Romane enthalten Geschichten über Menschen, die nie zu sich selbst finden, die wirklich nicht begreifen, um was es im Leben geht. Diese Bücher haben eine Aura von Hochgeistigkeit, sind es in Wirklichkeit überhaupt nicht. Sie führen den Leser ins Leere.[1] Die unglücklichen Charaktere in diesen Werken sind bestimmt nicht sehr klug, wenn man nach dem erstaunlichen Mangel an Fähigkeiten urteilt, die Schwierigkeiten des Lebens zu meistern. Es gibt jedoch großartige Geschichten über Menschen, die jede Art von Schwierigkeiten bewältigt haben, indem sie ihr Wissen um den Glauben

[2] Siehe »Brief an den Mitmenschen«, Oesch Verlag.

anwendeten. Sättigen Sie Ihren Geist auch mit dieser Art Biographien, und das wird Ihnen helfen, Ihr Leben neu zu gestalten und sich von Sorgen zu befreien.

Wichtig dabei ist es, sich die ermutigenden Worte der Bibel zu wiederholen, in denen eine gewaltige Kraft liegt. Die Bibel sagt: »Denn so ich nicht hingehe, so kommt der Tröster nicht zu euch; so ich aber gehe, will ich ihn zu euch senden (Joh. 15:7).« Lesen und studieren Sie die Bibel, unterstreichen Sie jede Steile, die etwas mit dem Glauben zu tun hat. Sammeln Sie viele solcher Stellen, und nehmen Sie jeden Tag zumindest eine von ihnen in sich auf, lernen Sie sie am besten auswendig. Wiederholen Sie die Stelle viele Male am Tage, stellen Sie sich vor, daß sie aus Ihrem Bewußten ins Unbewußte sinkt. Stellen Sie sich Ihr Unbewußtes vor, wie es danach greift und restlos in Ihre Persönlichkeit absorbiert.

Am Tag darauf nehmen Sie einen anderen Glaubenstext vor und absorbieren ihn in der gleichen Weise. Am Ende einer Woche sollten dann sieben Bibeltexte, die Ihr Leben ändern können, zum festen Bestandteil Ihres Geistes geworden sein.

Am siebten Tag gehen Sie die sieben Verse, die in Sie eingegangen sind, noch einmal durch, meditieren Sie über jeden einzelnen und suchen Sie, seine tiefere Bedeutung zu erfassen.

Sie haben jetzt sieben machtvolle Glaubenssätze in Ihrem Gemüt verankert, jeder davon geeignet, angstvolle Gedanken zu verjagen.

Am Ende eines Monats werden dreißig Textstellen in Ihr Bewußtsein Eingang gefunden haben. Wenn Sie wahrhaft versuchen, diese zu absorbieren und nach ihnen zu leben, dann werden Sie endgültig imstande sein, mit Ihren Sorgen fertig zu werden. Eine andere Methode ist, neu erfundene und noch nicht abgenutzte Symbole zu benutzen, die als solche ungeheuer einfach aussehen, aber die Macht haben, den Geist auf neue Wege des Glaubens zu führen.

In einer Rundfunkansprache verwendete ich den Satz: »Vertraue auf Gott und lebe nur dem jeweiligen Tag.« Ein paar Wochen später erhielt ich von einer Sägerei ein hübsches Schild, auf dem in erhabener Schrift diese gleichen Worte angebracht waren: »Vertraue auf Gott und lebe nur dem jeweiligen Tag.«

Beigefügt war folgender Brief: »Ich habe Ihre Rundfunkansprache gehört. Mein Geschäft ging schlecht, und ich war voll von überwältigender Angst und Sorge. Ich glaubte schon, daß in meinem kleinen Geschäft Erfolg absolut unmöglich sei; aber als Sie diesen Satz sagten ›Vertraue auf Gott und lebe nur dem jeweiligen Tag‹, traf mich das ins Herz. Ich ließ den Satz auf Holz anbringen und stellte ihn am Fuße der Treppe in meinem Hause auf. Jeden Abend auf meinem Weg zu Bett betrachte ich ihn und wiederhole ihn für mich. Ich sagte mir diese Worte als letztes, bevor ich einschlief. Es half, den Tag hinter mich zu bringen. Dann bat ich den Schöpfer, mir einen guten Schlaf für die Nacht zu schenken. Und am Morgen, wenn ich zum Frühstück hinunterkam, erinnerte mich dieses Schild daran, Ihm zu vertrauen und nur diesem Tag zu leben. Ich fühle mich seither viel friedlicher und vertrauensvoller. Bald kam ich zu der Einstellung, daß es nur jeweils ein Tag war, um den ich mich sorgen müßte, und da gab ich diesem Tag alles, was ich an Glauben und Kraft hatte. Ich fing an zu glauben, daß der Schöpfer den ganzen Tag um mich sein würde. Und Er war es auch.« Der Brief schloß: »Mein Geschäft ist noch nicht aus dem Nebel heraus, aber es ist auf bestem Wege dazu, und ich sehe Land.«

Durch diese einfache Methode wandelte also ein bis dahin mit Sorgen belasteter Mann seine Einstellung und Haltung von Angst und Sorge zu Hoffnung und Glaube.

Ich finde sie ebenfalls hilfreich, denn ich habe das Schild in mein Büro gehängt, wo ich es täglich anschauen kann.

Wieder eine andere Technik, Sorgen zu vertreiben, besteht darin, ihnen mit der entgegengesetzten Haltung von Kühnheit zu begegnen. Naturgemäß ist ein Mensch mit Sorgen meist kein mutiger Mensch, aber Mut läßt sich erlernen. Auch dies ist nicht einfach, aber nichts, was Wert hat, kann ohne beharrliche Bemühung erreicht werden. Der erste Schritt ist, in Begriffen von Mut zu denken. Unternehmen Sie irgend etwas Konstruktives, vor dem Sie eigentlich Angst haben, denken Sie aber mit Mut darüber nach.

Stellen Sie sich vor, wie Sie mutig gegen Ihre Ängste ankämpfen und sie besiegen. Bildhafte Vorstellungen im Bewußten werden sich bei ständiger Wiederholung tief in das Unbewußte einprägen. Aber Mut darf nicht mit Leichtsinn verwechselt werden. Er muß sicher auf den Glauben gegründet sein, wie geschrieben steht: »Fürchte dich nicht, denn ich bin bei dir (Jesaja 43:5).« Durch solchen Mut wird sich die Angst auflösen, denn sie kann sich nicht lange halten in einer Atmosphäre geistigen Mutes. Emerson rät: »Tu das, was du fürchtest, und der Tod der Furcht ist gewiß.«

Stählen wir uns durch einen Akt des Willens, das zu tun, wovor wir Angst haben, und wir werden feststellen, daß das Gefürchtete gar nicht so schlimm ist, wie wir dachten. Mein lieber Freund, der verstorbene Grove Patterson, pflegte zu sagen: »Wenn ein Mensch in aller Ruhe zu dem Schluß gekommen ist, daß es nichts gibt, was er nicht aushalten könnte, verläßt ihn jede Furcht.« Wir müssen die Wichtigkeit der Willenskraft unterstreichen, denn bei vielen ist diese schlaff geworden. Sie kann aber durch Anwendung erstarken; also wenden Sie die Ihre an.

Mut wird Ihnen enthüllen, daß Sie stärker sind, als Sie dachten. Furcht wird nachlassen, und der Mut in direktem Verhältnis steigen zu der Wirksamkeit, mit der Sie Mut in die Praxis umsetzen. Üben Sie sich als erstes im mutigen

Denken und sodann im mutigen Handeln. Das wird die hilfreichen geistigen Kräfte anregen, die es Ihnen ermöglichen werden, Ihre Angst zu bezwingen.

Der bekannte Schriftsteller Arthur Gordon schrieb einen geradezu klassischen Artikel über die Bewältigung der Angst für die Zeitschrift *Guideposts*:

»Als ich einmal vor einer Entscheidung stand, die — wie ich glaubte — beträchtliches Risiko einschloß, breitete ich das Problem vor einem älteren und klügeren Freund von mir aus. ›Ich würde es wagen‹, sagte ich unglücklich, ›wenn ich sicher wäre, ich könnte es, aber . . .‹ Er blickte mich kurz an und kritzelte dann zehn Worte auf ein Blatt Papier und schob es mir über den Schreibtisch. Ich las in einem einzigen Satz den besten Rat, den ich je empfangen habe: ›Sei mutig — und mächtige Kräfte werden dir zu Hilfe kommen.‹« Es ist erstaunlich, wie ein so kleines Stück Wahrheit die Dinge erleuchtet. Er ließ mich klar erkennen, daß es bei früherem Versagen selten daran lag, daß ich versucht und versagt hatte, sondern daß mich die Furcht vor dem Versagen davon abgehalten hatte, es überhaupt zu versuchen.

Wenn ich andererseits, veranlaßt durch einen flüchtigen Augenblick des Mutes oder einfach nur durch die rohe Gewalt der Verhältnisse, kopfüber ins Wasser gesprungen oder gestoßen worden war, gelang es mir immer, auf die Oberfläche zu kommen, und zu schwimmen, bis ich die Füße wieder auf dem Grunde hatte.

Sei mutig — das war keine Aufforderung zu Unbekümmertheit oder Tollkühnheit. Mut bedeutet den freien Entschluß, von Zeit zu Zeit mehr auf sich zu nehmen, als man sicher ist, verdauen zu können. Und es ist nichts Unbestimmtes oder Geheimnisvolles um die mächtigen Kräfte, von denen er sprach. Sie sind die latenten Kräfte, über die wir alle verfügen: Energie, Können, vernünftiges Urteil, schöpferische Gedanken — ja sogar physische Kraft und Ausdauer in viel größerem Umfang, als den meisten von uns klar ist.

Mut schafft mit anderen Worten einen Notzustand, auf den der Organismus reagiert. Ein englischer Bergsteiger sagte einmal, daß man gelegentlich in eine Lage komme, in der man nicht mehr hinunter könne, sondern nur noch weiter hinauf. Er setzte hinzu, daß er sich selbst manchmal mit Absicht in eine solche Lage brachte.

»Wenn es gar keine andere Möglichkeit gibt, dann muß man wohl oder übel weiterklettern.«

Dieses gleiche Prinzip wirkt sich weniger dramatisch, aber ebenso erfolgreich bei etwas so Alltäglichem wie der Annahme des Vorsitzes von irgendeinem Komitee oder auch bei der Suche nach einer Stellung mit mehr Verantwortung aus. In beiden Fällen weiß man, daß man etwas geben muß — sonst . . .

Einige dieser mächtigen Kräfte, die uns zu Hilfe kommen, sind zugegebenermaßen psychischer Natur — und im Grunde wichtiger als die physischen. Es ist tatsächlich merkwürdig, wie sehr geistige Gesetze oft ihr Gegengewicht im Physischen haben.

Ein Kommilitone von mir war ein Fußball-Ass, besonders bekannt für seine ungestüme Art als Stürmer, obwohl er viel leichter gebaut war als die Durchschnittsspieler der Universität. Irgend jemand meinte, es sei erstaunlich, daß er nie etwas abkriegte dabei.

»Nun«, meinte er, »ich glaube, das ist auf etwas zurückzuführen, was ich entdeckte, als ich noch schüchterner Anfänger war und in der Verteidigung spielte. Plötzlich fand ich mich dem gegnerischen Stürmer gegenüber, und zwischen ihm und der Torlinie war nichts als ich. Er sah absolut riesenhaft aus. Ich bekam einen derartigen Schrecken, daß ich meine Augen zumachte und mich wie eine wildgewordene Kugel an ihn warf — und ihn auf der Stelle stoppte. Genau da habe ich gelernt, daß man weniger Gefahr läuft, etwas abzukriegen, je härter man einen größeren Spieler bedrängt. Der Grund ist einfach: ›Triebkraft gleich Gewicht mal Schnelligkeit.‹ Mit anderen Worten, wenn man mutig genug ist, kommen einem selbst die physikalischen Gesetze der Bewegung zu Hilfe.« Damit schloß Arthur Gordons aufschlußreicher Artikel.

Da jedoch Angst aus Schatten und Geistern zusammengesetzt ist, zeigt sie die Neigung, Düsternis und Niedergeschlagenheit zu erzeugen. Mut hingegen trägt dazu bei, das Licht der Wahrheit in den Nebel zu bringen, den die Angst in unserem Gemüt geschaffen hat. Dann erhält man mit Hilfe von Vernunft und in völlig realistischer Einschätzung die Gewißheit, daß die Angst weitgehend nur das Produkt fiebriger Phantasien ist. Es handelt sich also zunächst darum, unsere Angst klar und nüchtern zu analysieren, sodann, ihr kühn mit erhobenem Kopf entgegenzutreten, und als drittes, sie entschlossen mit Gottes Hilfe zu bezwingen.

Ein Freund erzählte mir, daß er jahrelang ein unverbesserlicher Grübler gewesen war. »Aber eines Silvesterabends mußte ich zu einer Party und hatte gerade noch eine Stunde Muße vor diesem Ereignis. Da es nun Ende des Jahres und der geeignete Moment war, persönliche Bilanz zu machen, beschloß ich, alle meine Sorgen zu Papier zu bringen, damit ich sie objektiv beurteilen könnte.«

Er stellte fest, daß er sich sehr wohl an seine Sorgen vom gleichen Tag, vom 31. Dezember, und auch vom 30., 29., 28. Dezember erinnern konnte, aber er hatte bereits eine weniger klare Vorstellung von dem, was ihn in der Woche davor geplagt hatte. Und er konnte sich kaum ins Gedächtnis rufen, was ihn eigentlich im November bedrückt hatte. Bis er sich dann zurück bis zum September gearbeitet hatte, fand er, daß seine Sorgen einfach verworrene Hirngespinste gewesen waren.

»Ich habe mich derart über diesen Beweis der Verrücktheit von Grübeleien geärgert, daß ich das Papier zusammenknüllte und in den Papierkorb warf. Dann«, fuhr er fort, »bat ich um Vergebung für meinen Mangel an Glauben und Vertrauen. Der Schöpfer hatte in der Vergangenheit über mich gewacht, ich wußte, ich konnte auf Seine Hut auch in Zukunft zählen. Ich beschloß, von nun an mit mehr Eifer ein gläubiges Leben zu führen. Als Ergebnis dieser Taktik wurde ich klüger in der Analyse neuer Sorgen. Sorgen sind kein Problem mehr für mich«, schloß er. Dieser Mann erkannte seine Angst als das, was sie war, und bezwang sie daher.

Bei diesem Fall sollten wir auf die Betonung des Wortes Eifer achten. Es erinnert mich an eine interessante Bemerkung meines Freundes Walter Annenberg: »Eifer hat ein Recht zu einem Comeback.« Es ist eine Tugend, die in Amerika einst hoch geachtet war. Heute wie früher ist echte Leistung ohne diese Tugend unmöglich. Und Eifer ist wichtig für das Ausschalten persönlicher Mängel.

Stellen wir uns also unseren Ängsten, tun wir die Dinge, vor denen wir Angst haben, mit Eifer; auf diese Weise zerstören wir unsere Angst. Vor einigen Jahren hielt ich bei einem großen Essen eine Rede, bei dem ein anderer Redner, ein Senator der Vereinigten Staaten, überraschend behauptete, er »haßte es, eine Rede, zu halten.« Er war ein riesenhafter, athletischer Typ, und er war darüber hinaus in seiner Jugend Preisboxer gewesen. Er berichtete mir, daß einer der Gründe, die ihn zum Eintritt ins öffentliche Leben veranlaßt hätten, seine Furcht vor Reden gewesen war, weil ihm klar war, daß er als Mann des öffentlichen Lebens gezwungen wäre, Reden zu halten.

»Ich hatte keine Angst vor dem Mann, dem ich im Ring gegenüberstand«, sagte er, »aber ich hatte Angst, vor einer Menge zu stehen und zu ihr zu sprechen. Ich mußte also einfach lernen, Reden zu halten, weil ich nicht in Angst vor irgend etwas leben wollte.« Er tat somit das, wovor er Angst hatte, und blies damit seiner Angst das Leben aus. Im übrigen ist er zu einem hervorragenden Redner geworden.

Ich wiederhole: Angst ist eine Häufung düsterer Schatten, und ein Schatten hat keine Substanz. Gewöhnlich handelt es sich lediglich um eine unendlich vergrößerte Spiegelung von etwas im Grunde völlig Nebensächlichem. Deshalb findet man sie häufig ganz widersinnig, wenn man sich ihr einmal kühn entgegenstellt. Eine Illustration zu dieser Wahrheit fällt mir ein, die leider den Autor nicht ins beste Licht rückt. Während unserer Hochzeitsreise waren meine Frau und ich in einer entzückenden, aber ziemlich einsamen Hütte in den North Woods im Staate New York. Ein Freund, der uns freundlicherweise die Benutzung dieser Hütte zur Verfügung gestellt hatte, sagte: »Sie sollten allein mit Ihrer Frau dorthin gehen, damit Sie sich wirklich kennenlernen.« Nun, meine Frau lernte einiges über mich, das nicht sehr erhebend war.

Wir kamen in der tief im Wald gelegenen Hütte nach Einbruch der Dunkelheit an. Ich machte Feuer, während meine Frau das Abendbrot kochte. Inzwischen saß ich am Kamin und las Zeitung. Unter anderem las ich da von einem Mord in Utica, nicht weit von unserem Standort entfernt, und vermerkte, der Mörder sei auf freiem Fuß in den North Woods. Der angstvolle Gedanke, »hoffentlich kommt er nicht in die Nähe unserer Hütte«, schoß mir durch den Kopf.

Nach dem Essen saßen wir vor dem Kamin. Für eine angeblich so ruhige Zuflucht war diese Hütte einer der lautesten Orte, den man sich vorstellen kann. Es krachte und ratterte überall. Ich versuchte, vergnügt zu sein, aber das fiel etwas gezwungen aus. Meine Frau genoß alles in vollen Zügen. Plötzlich hörte ich etwas, das wie ein Schritt auf der Veranda klang. Dann schlürfende Geräusche und ein weiterer Schritt. Kalte Schauer liefen mir den Rücken hinunter. Könnte das der flüchtige Mörder sein? fragte ich mich schaudernd. Aber vor meiner Frau mußte ich handeln wie ein Mann.

»Keine Angst«, erklärte ich überstürzt, »ich mache das

schon.« Sie sah mich fragend an. »Wer hat denn Angst? Was ist denn los?« — »Irgend jemand ist draußen vor der Tür«, sagte ich. »Das einzig Mögliche ist, hinauszugehen und ihn zu stellen. Also, los.« Ich ging zur Tür, blieb einen Augenblick stehen, um mich zusammenzunehmen, riß sie dann weit auf, und draußen — saß ein kleines gestreiftes Eichhörnchen und sah blinzelnd zu mir herauf.

Diese Geschichte habe ich einmal erzählt, als ich mit einem Freund zu Abend aß. Sein Kommentar lautete: »Ich habe mein ganzes Leben lang festgestellt, daß die Dinge, vor denen ich Angst hatte, wenn ich mich ihnen mannhaft stellte, wie Ihr Eichhörnchen zu absoluter Bedeutungslosigkeit schrumpften.«

Das soll nun nicht heißen, daß alles, was man in diesem Leben fürchtet, von der Größe eines Eichhörnchens sei. Manche Furcht hat durchaus Substanz. Wenn man sich aber mit den echten Sorgen ehrlicher auseinandersetzt, hat man keine Angst mehr vor ihnen. Vergessen wir nie, daß Angst die Größe des Hindernisses in unnatürlichem Maße erhöht. Mit Mut, der auf Glauben gegründet ist, werden Schwierigkeiten, auch wenn sie groß sind, in der wahren Größenordnung verbleiben und nicht aufgeblasen werden.

Die tiefen unbewußten Ängste, die vielleicht in der Kindheit ins Gemüt gesenkt wurden, können ähnlich bewältigt werden, wenn man sie im kalten Licht der Vernunft prüft und eine feste Haltung ihnen gegenüber einnimmt. Ganz unbewußt projizieren Eltern ihre eigenen Ängste in die Kinder, und diese empfindlichen Antennen empfangen sie. Augenblickliche Schwierigkeiten haben vielleicht ihre Wurzeln in Kindheitserlebnissen. Erinnern wir uns immer in unserem Umgang mit der Angst, daß diese vielleicht aus irgendeiner alten Erinnerung herrührt und gar keinen aktuellen Grund mehr hat.

Ich habe einmal von einer merkwürdigen Angst gehört, die das Pferd eines Bauern entwickelte. Als junges Füllen wurde es an einem dunklen Baumstumpf vorbeigetrieben, vor dem es ziemlich heftig scheute. Und jedesmal, wenn der Bauer in späteren Jahren an diesem Baumstumpf vorbeifuhr, spielte das Pferd seine Furcht erneut durch. Der Bauer rodete den Stumpf aus und pflanzte Gras an die Stelle, so daß nichts mehr von dem Baumstumpf zu sehen war. Dennoch scheute das Pferd jedesmal, wenn es an dem Fleck vorbeikam. Der Bauer, ein kluger Mann, trieb das Pferd wiederholt um den Fleck herum, über ihn hinweg, an ihm vorbei, bis das Pferd begriff, daß dort überhaupt nichts war, und schließlich ohne Angst und ohne zu scheuen vorbeilaufen konnte. Auch wir scheuen in Angst vor schattenhaften Erinnerungen, deren Bedeutung längst in der Vergangenheit verblichen ist.

Als Kind verbrachte ich den Sommer häufig im Hause meines Großvaters. Er war ein guter und freundlicher Mann, aber seine Ängste übertrugen sich unbewußt auf mich. Wenn er nachts das Haus schloß, verriegelte er die Tür, rüttelte an der Klinke, ging fort, kam zurück, rüttelte noch einmal. Er stieg die Treppen hinauf, kehrte wieder zurück und rüttelte ein drittes Mal an der Klinke. Es war ein Ritual, von dem er niemals abwich. Zweifellos handelte es sich um eine Zwangshandlung, derzufolge »irgend etwas« geschehen würde, wenn er nicht dreimal an der Türklinke rüttelte. Jahre später fiel mir eine merkwürdige Tendenz bei mir selbst auf, an Türklinken zu rütteln. Als ich dann aber Einsicht in den Grund für diese Tendenz gewann, war ich auch davon geheilt. Eines Abends war ich allein in meiner New Yorker Wohnung. Ich war spät nach Hause gekommen, und der Portier hatte mir mitgeteilt, daß ich der einzige Mensch sei, der in diesem gewaltigen fünfzehnstöckigen Haus in dieser Nacht schlief. Ich machte alle Lampen an und war mir der Stille sehr bewußt. Ich ging herum und verschloß alle Türen. Als ich die Haupttür abschloß, rüttelte ich an der Klinke, ging fort, kam zurück, rüttelte ein zweites

Mal und ging wieder. Ich wäre beinahe noch einmal umgekehrt, um die Klinke ein drittes Mal auszuprobieren. Da aber wurde mir plötzlich klar, welche weit zurückliegende Erinnerung aus frühester Kindheit mein gegenwärtiges Handeln beherrschte. Deshalb blieb ich an der Tür stehen und sagte laut: »O nein, Großpapa, ich liebe dich, aber diese Klinke werde ich kein drittes Mal rütteln. Ich habe die Tür verschlossen, sie ist verschlossen. Es gibt keinen Grund, Angst zu haben. Alles ist in Ordnung. Hiermit breche ich diese lange, schattenhafte, mir bisher unbewußte Macht einer früheren Angst.«

Erkennen wir unsere Ängste als das, was sie sind; stellen wir uns ihnen dann entgegen und vernichten wir sie. Indem wir dies jedoch tun, müssen wir in Glauben und nicht in Mutwillen handeln. Es darf auch keine verschwommene Art Glauben sein, sondern ein starker, echter Glaube an den Schöpfer. Keine Angst kann in Gegenwart Gottes bestehen. Je tiefer der Glaube, um so weniger Macht hat die Angst über uns. Die Bibel beschreibt diesen Prozeß deutlich: »Da ich den Herrn suchte, da antwortete er mir und errettete mich aus aller meiner Furcht (Psalm 34:5).«

Anschaulich wird diese Wahrheit durch das Erlebnis von J. Edgar Hoover. Man hätte nie gedacht, daß eine so dynamische und erwiesenermaßen mutige Persönlichkeit überhaupt jemals gegen Angst hätte kämpfen müssen. Aber das müssen alle Männer.

Mr. Hoover erzählte mir sehr aufrichtig: »Ich habe meine Angst in der Allmacht meines Gottes verloren.« Die Art, wie er das ausdrückte, gefiel mir. Die Macht des Glaubens soll einen indessen nicht nur von irgend etwas befreien, und sei es von der Angst — die Macht des Glaubens ist ein positiver Weg, die eigene Kraft für ein leistungsfähiges Leben einzusetzen. Sorgen haben eine drosselnde Wirkung auf geistige Lebendigkeit. Wenn sie jedoch ausgetrieben sind, kann sich der Geist mit frischer Kraft und geschärfter Einsicht neu betätigen und schöpferische Ideen entwickeln.

John M. Fox berichtet bewegt von seinem Kampf gegen Sorgen und Spannungen, unter denen er litt, als er einen großen neuen Industriezweig gründete. Er gründete die erste Firma für gefrorenen Fruchtsirup und brachte sie zu ihrer jetzigen Marktposition.

In einer öffentlichen Rede erklärte Mr. Fox:

»Ich möchte Ihnen von einer Erfahrung berichten, die ich in den Anfangszeiten der Firma erlebte. Unsere Probleme waren scheinbar unüberwindlich. Das Betriebskapital war auf Null gesunken, Verkäufe waren gleich Null, die Gefrierkostindustrie im allgemeinen war im Begriff, Pleite zu machen.

In diesem kritischen Moment beschloß ich, an dem Konvent der Büchsenindustrie in Atlantic City teilzunehmen. Das war ein Fehler. Elend liebt Gesellschaft, und ich fand in Atlantic City einen ungeheuren Schwarm von Gesellschaft in dieser Hinsicht vor.

Ich bekam Magenschmerzen, ich machte mir Sorgen um die Aktien, die wir öffentlich ausgegeben hatten, ich machte mir Sorgen um die Angestellten, die wir von sicheren, gutbezahlten Stellungen fortgelockt hatten. Ich ging mit Sorgen zu Bett, ich wachte mit Sorgen auf, ich machte mir sogar Sorgen über den Schlaf, der mir fehlte. Meine Familie wohnte in Atlantic City, daher schlief ich zu Hause. Außerdem sparte das die Hotelkosten, die wir uns schlecht leisten konnten. Eines Tages bat mich mein Vater, ihn zu einem Lunch des Rotary Clubs zu begleiten. Mir war nicht sehr danach, aber ich wußte, es hätte meinen Vater gekränkt, wenn ich mich geweigert hätte.

Mein Unbehagen über den Entschluß, zu dem Rotary-Essen zu gehen, wurde noch größer, als ich sah, daß der Redner ein Pfarrer sein würde. Meine Niedergeschlagenheit war so abgrundtief, daß ich in keiner Stimmung für eine

Predigt war. Dieser Pfarrer war Dr. Norman Vincent Peale. Er kündigte sein Thema an: ›Verkrampfung — die Krankheit, die den amerikanischen Geschäftsmann zerstört.‹

Von den ersten Worten an, die wie an mich gerichtet schienen, wußte ich, daß ich der verkrampfteste unter den Zuhörern war. Das Rezept, das Dr. Peale zur Entspannung und Ausschlachtung von Sorgen gab, möchte ich wiederholen:

›Als erstes entspannen Sie sich physisch. Das kann man tun, indem man sich im Bett oder in einem bequemen Sessel ausstreckt. Sodann konzentrieren Sie sich methodisch und sorgfältig darauf, jeden Körperteil einzeln zu entspannen. Beginnen Sie mit der Kopfhaut, nehmen Sie dann das Gesicht, den Hals, die Schultern vor usw., bis Sie sich so leicht wie ein Häufchen Asche fühlen.

Der zweite Schritt: Entspannen Sie Ihren Geist. Erinnern Sie sich an etwas Erfreuliches in Ihrem Leben, an Ferien, an Ihre Hochzeitsreise, an ein Theaterstück, an ein Buch, an irgend etwas, das Ihre Gedanken auf etwas Schönes richtet.

Als letztes entspannen Sie ihre Seele. Das ist für die meisten von uns etwas schwerer. Es ist aber möglich, indem man den Glauben an Gott erneuert. Gehen Sie zusammen mit Ihm Ihre Ängste und Sorgen durch. Er kann das viel besser als Sie. Sie können es im Gebet tun.‹

Das erste, was Ihnen passieren wird, ist, daß Sie tief einschlafen werden. Ich weiß das, denn ich habe es in der gleichen Nacht ausprobiert, nachdem Dr. Peale es angeregt hatte. Es hat funktioniert, ich erwachte erfrischt und wie neu am nächsten Morgen, überzeugt davon, daß wir irgendwie aus dem Schlamassel herauskommen würden. Wir sind herausgekommen.«

Selten habe ich ein Publikum so bewegt gesehen wie die fünfhundert Geschäftsleute, die bei jenem Essen in New York zuhörten, wie Mr. Fox ehrlich Zeugnis für die Macht des Glaubens, Sorgen in praktischen Situationen zu bewältigen, ablegte.

Im übrigen möchte ich daran erinnern, daß der Sieg über die Sorgen keineswegs ein komplizierter Vorgang ist. Ein langgehegter Angstkomplex ist nicht rasch oder leicht abzubauen. Aber eine Wandlung ist nicht unmöglich. Ich möchte die Methode nicht zu sehr vereinfachen, aber es ist wirklich leicht, seine Sorgen Gott anzuvertrauen und sie Ihm zu überlassen, und sich sodann mit dem Glauben an Seine Hilfe an seine Geschäfte zu begeben.

George H. Straley erzählte von dem Küster einer großen Stadtkirche, der sich darüber wunderte, daß er jede Woche ein zerknülltes Blatt blauliniertes Papier in einer Ecke der gleichen Hinterbank fand. Er glättete einen dieser kleinen Knäuel und las die mit Bleistift geschriebenen Worte: »Klara — krank, Lester — Stellung, Miete.«

Danach suchte der Küster jede Woche nach diesen Papierbällen, und er fand sie nach jedem Sonntagsgottesdienst. Er öffnete sie alle und hielt nach der Person Ausschau, die an dieser bestimmten Ecke der Bank saß.

Es war eine Frau, wie er entdeckte, in mittleren Jahren, mit einem freundlichen, schlichten Gesicht. Sie war stets allein. Der Küster erzählte dem Pastor von dem, was er beobachtet hatte, und übergab ihm die Notizen. Der Pastor las die rätselhaften Worte mit gerunzelter Stirn.

Am nächsten Sonntag gelang es ihm, der Frau an der Kirchentür zu begegnen, als sie die Kirche verließ; er fragte sie freundlich, ob sie einen Augenblick auf ihn warten würde. Er zeigte ihr die Notizen und erkundigte sich mitfühlend nach ihrer Bedeutung.

Tränen stiegen in die Augen der Frau. Sie zögerte und sagte dann leise: »Sie finden es wahrscheinlich dumm, aber ich sah eine Inschrift unter den Reklameplakaten in einem Bus, die hieß: ›Nehmen Sie Ihre Sorgen mit in die Kirche und lassen Sie sie dort.‹ Meine Sorgen stehen auf diesen

Zetteln. Ich schreibe sie jeweils nieder, bringe sie sonntags in die Kirche und lasse sie hier. Ich habe dann das Gefühl, Gott kümmert sich um sie.«

»Gott wird sich um sie kümmern«, sagte der Pastor väterlich. »Bitte, bringen Sie Ihre Sorgen und Schwierigkeiten weiterhin in die Kirche und lassen Sie sie hier.« Um also unsere Sorgen abzuladen, bringen wir sie einfach unserem Schöpfer und lassen sie dort.

Einst bat ich meine Leser, mir von den Methoden zu berichten, mit denen sie ihre Sorgen bewältigt und die sie ausprobiert und nützlich gefunden hatten. Eine bekannte Professorin für englische Literatur an einer unserer ältesten Universitäten schrieb mir daraufhin von folgender einfacher, aber sehr vernünftiger Methode, die sie seit vielen Jahren mit großem Erfolg anwendete:

»Sehr geehrter Herr Dr. Peale, Sie bitten uns, Ihnen mitzuteilen, wie wir mit unseren Sorgen fertig werden. Hier meine Methode: Abends, bevor ich zu Bett gehe, sitze ich in einem gepolsterten Sessel mit gerader Rückenlehne, lasse meine Hände über die Armlehnen fallen und entspanne meinen ganzen Körper. Dann sage ich die folgenden Sätze dreimal hintereinander:

Ruhe, Gelassenheit, Stille,
Friede, Glaube, Liebe, Freude.
Ich bin immer glücklich.
Ich erwarte immer Gutes.
Ich bin gewohnt, niemals aufzugeben.

Ich bin gewohnt, Geduld zu üben.
Ich bin gewohnt, dem lebendigen Schöpfer zu vertrauen.
Ich bin gewohnt, anderen zu helfen.

Wenn ich merke, daß ich durch irgend etwas an einem Tag aufgeregt worden bin, dann sage ich mir:

Die Neigung, zu grübeln und bekümmert zu sein, hat noch nie eine Schwierigkeit gelöst.
Sorgen sind wie ein Schaukelstuhl,
der mich niemals irgendwohin bringt.«

Mit den in diesem Kapitel und in diesem Buch beschriebenen Methoden können Sie mit Ihren Sorgen fertig werden und länger — und besser — und glücklicher leben.

*

Wie man mit Sorgen fertig wird:
Sorgen kann man als eine Verkrampfung der Gefühle bezeichnen, in der sich der Geist an einen Gedanken oder an eine Zwangsvorstellung klammert, so krampfhaft, daß er diese nicht loszulassen vermag. Um diese Klammer zu sprengen, muß man sanft, aber mit Macht gesündere und stärkere Gedanken in die Verkrampfung des Gemüts einführen. Dieser stärkere Gedanke ist der Glaube an den Schöpfer. Wenn der Glaube und nicht die Angst zur Zwangsvorstellung wird, werden Sie Ihre Sorgen meistern.

Üben Sie sich in der Vorstellung, daß Sie Ihre Ängste kühn angreifen und bezwingen. Derartige Vorstellungen im Bewußten werden sich bei Wiederholungen tief in das Unbewußte einprägen.

V

Wir können über unseren Schwierigkeiten stehen

»Wenn man in ein Unwetter gerät, halte man sich an die Philosophie des Weitblicks. Dann ist man sicher, es wird nicht ewig andauern. Mit dem Glauben im Herzen kann man es überstehen.«

Der Präsident einer kleinen Stahlfirma sagte mir etwas Erstaunliches: »Ihr Beruf und meiner sind gar nicht so verschieden.« Da ich Pfarrer bin, schien die Bemerkung nicht ganz passend. Aber seine Erläuterung war vernünftig: »Ich mache Stahl für die Menschen, und Sie stählen die Menschen.« Es trifft in der Tat zu, daß der Glaube uns stählt, ausreichend jedenfalls, um uns Macht über unsere Schwierigkeiten zu geben.

Dieses Kapitel soll zeigen, wie man mit des Schöpfers Hilfe Schwierigkeiten bewältigen und ein erfülltes und erfolgreiches Leben führen kann. Wir sollten uns nie mit weniger zufriedengeben. Wir haben es nicht nötig. Wenn wir unser gesamtes Kraftpotential einsetzen, dann können wir mit jeglicher Schwierigkeit fertig werden.

In Griechenland hörte ich eine interessante Geschichte über Alexander den Großen, der einen ansehnlichen Teil der Welt eroberte. Leider gelang es ihm nicht, sich selbst zu erobern. Dieser Geschichte zufolge schlief Alexander jede Nacht mit der Odyssee unter dem Kopfkissen; seine Absicht war sicherlich, den unbesiegbaren Geist jenes unsterblichen Helden tief in sein Unterbewußtsein eindringen zu lassen.

Selbstverständlich muß man nicht gerade mit der Bibel

unter dem Kopfkissen schlafen. Füllt man indessen das Bewußtsein mit den großartigen Worten und dem gewaltigen Glauben der Bibel, so wird man alle Schwierigkeiten besiegen können. Die Bibel enthält die Wahrheit in vielen Sätzen: »Aber in dem allem überwinden wir weit um deswillen, der uns geliebt hat (Römer 8:37).« Dieses Anfüllen unseres Gemüts mit großen Glaubenssätzen befähigt uns, das Leben, uns selbst, unsere Probleme in einem größeren Zusammenhang zu sehen. Und sobald man diese Haltung einnimmt, kann man auf die Schwierigkeiten hinunter- und sie im richtigen Verhältnis sehen. Dann scheinen sie nicht mehr unüberwindlich, und man kann sie bewältigen.

Durch ein kürzliches Erlebnis bin ich mehr denn je auf die Wichtigkeit aufmerksam geworden, großherzig zu denken. Als ich dieses Buch abschließen wollte, mietete ich ein Chalet auf einem Berg in der Schweiz und lebe dort seit einigen Wochen. Um den Vierwaldstättersee herum, der sich vor meinem Haus ausbreitet, gibt es vier erhabene Berggipfel: die zackigen Höhen des Pilatus, den riesigen Kegel des Stanserhorns, den sanften Hang des Rigi und die Höhen des Bürgenstocks. Und oben auf dem Bürgenstock, einem der schönsten Flecken in Europa, schreibe ich jetzt. Von meinem hinteren Fenster aus sehe ich gewaltige schneebedeckte Berge, eine unglaubliche Staffelung von Gipfeln; das majestätische Finsteraarhorn, die erhabene Jungfrau, den stattlichen Eiger, dessen steile Vorderseite heute nacht mit Neuschnee bedeckt wurde, als Ergänzung zu den ewigen Schneewehen, die bereits oben auf dem Gipfel lagen. Von diesen weißen Bergen stürzen funkelnde Wasserfälle und kalte, blaugrüne Bäche mit unglaublicher Geschwindigkeit dem Tale zu. Die Aussicht von meinem Vorderbalkon ist etwas anmutiger, da sie vom Vierwaldstättersee beherrscht ist. Aber es gibt riesige Berge, ein halbes Dutzend Seen, die malerischen

Dörfer von Küssnacht, Vitznau, Weggis und eine größere Stadt, Luzern. In der Nacht leuchten die Lichter der berühmten Stadt wie Juwelen.

Tag für Tag ruft dieses weite Panorama dazu auf, groß zu denken. Vielleicht ist das der Grund dafür, daß der Schöpfer Panoramas schuf. Man kann ein Panorama nicht schräg oder schief betrachten. Die Augen müssen sich, um sich der Weite der Aussicht anzupassen, ganz öffnen, um alles aufzunehmen. Auf diese Weise kommen wir zu jener Größe, die potentiell in allen von uns ebenso wie in der Natur vorhanden ist.

Mit einer derartigen Aussicht zu leben hilft, jene weitherzige Philosophie zu entwickeln, die über Schwierigkeiten siegt. Einmal lehrt sie uns, daß die Lebensumstände in einem bestimmten Augenblick nicht notwendigerweise von Dauer sind, daß sie es nur zu sein scheinen. Auf unserem Berggipfel hat man, wenn das Wetter schön ist, keine Gewißheit, daß das so bleiben wird, denn häufig zeigen sich in der Ferne Wolken, die sich über den gewaltigen Gipfeln zusammenziehen. Und man weiß, daß aller Wahrscheinlichkeit nach das Unwetter bald über uns hereinbrechen wird. Da man das jedoch von einem günstigen Aussichtspunkt aus erkennt, hat man Zeit, die nötigen Vorbereitungen dagegen zu treffen.

Dann bricht der Sturm mit schweren Wolken hernieder, mit wallenden Nebeln, strömendem Regen und Donner, der aus den Schluchten der Alpen widerhallt. Häufig jedoch, auch mitten im Getöse des Gewitters, kann man in der Ferne durch eine Lücke zwischen den Wolken eine grüne, im Sonnenlicht gebadete Alp erkennen. Und dann faßt man wieder Mut, denn bald wird der Himmel wieder blau sein.

Manchmal sagen mir die Menschen: »Ich habe nichts als Sorgen, alles geht schief, ich bin umgeben von Schwierigkeiten.« Unsere Panorama-Philosophie indessen ruft uns ins Gedächtnis, daß jedes Unwetter vorübergeht und, was noch wichtiger ist, daß man stark genug ist, es auszuhalten, solange es andauert. Man braucht nicht gleich den Mut zu verlieren, denn Unwetter oder Schwierigkeiten sind in ihrer Dauer begrenzt und gehen vorüber. Schönes Wetter kommt wieder zurück. Dies ist eine notwendige Erkenntnis, um mit Zuversicht in dieser Welt zu leben. Alle Menschen, die mit Naturereignissen zu tun haben, wissen um den ständigen Wechsel von Unwetter und Sonnenschein.

Einmal kam ich mit einem Schiff von einem Mittelmeerhafen nach Hause zurück. Kurz hinter Gibraltar lud uns der Kapitän ein, zu ihm auf die Brücke zu kommen. Es war ein herrlicher Morgen, die Sonne flimmerte auf dem Wasser, und über uns war der blaue Himmel. Wir hatten gerade die Säulen des Herkules hinter uns, Afrika zur Linken und Spanien zur Rechten. Die hohen Wellen des Atlantik machten uns bewußt, daß wir das Mittelmeer verlassen hatten und uns auf dem Ozean befanden, aber die See war ruhig und der Tag strahlend.

»Wie ist das Wetter vor uns?« fragte ich den Kapitän. Er breitete eine Karte aus und zeigte mir die Lage: »Dort befindet sich ein Wirbelsturm mit dem Namen Flora. Wir fahren mit zweiundzwanzig Knoten nach Norden. Flora bewegt sich mit sieben Knoten in westlicher Richtung. Wenn sich die Geschwindigkeit des Wirbelsturmes nicht ändert, rechne ich damit, daß wir am frühen Freitagmorgen auf ihn treffen werden.« »Sie meinen, wir werden seinen äußeren Rand berühren?« fragte ich hoffnungsvoll.

»Oh nein, wir werden direkt durch ihn hindurchfahren«, entgegnete er entschlossen.

»Warum müssen wir ihn denn überhaupt treffen? Sie haben ein schnelles Schiff, warum fahren wir nicht um ihn herum?«

»Ich würde zwei Tage verlieren«, war die Antwort, »ich käme mit dem Fahrplan durcheinander. Aber machen Sie sich keine Sorgen, der Wirbelsturm betrifft nur ein Gebiet von ungefähr hundertfünfzig Meilen, und auf der anderen Seite ist wunderbares Wetter. Außerdem haben wir ein Schiff, das es überstehen kann.«

In der Frühe des Freitagmorgens wurde ich geradezu aus meinem Bett geschleudert. Ich stand auf und blickte auf die schwarze Unendlichkeit des Meeres hinaus. Glauben Sie mir, Flora war eine stürmische Dame! Die Heftigkeit des Sturmes dauerte bis ungefähr zwei Uhr nachmittags, als wir anfingen, aus dem Sturmgebiet hinauszufahren. Um Mitternacht schien der Mond, und die See war ruhig.

Am nächsten Tag sagte der Kapitän: »Ich habe immer nach dem Motto gelebt: Wenn die See glatt ist, wird sie wild werden, und wenn sie wild ist, wird sie glatt werden. Aber mit einem guten Schiff kann man alles überstehen.«

Ebenso ist es auch im Leben. Wenn man in ein Unwetter gerät, halte man sich an die Panorama-Philosophie, an den weiten Blick. Dann ist man sicher, daß es nicht ewig dauern wird. Mit Glauben im Herzen kann man es überstehen. Schönes Wetter liegt immer vor uns. Sehen wir das Leben groß, lassen wir unser Denken nicht in Kleinlichkeit sinken. Leben wir in großem Rahmen, denken wir groß vom Leben.

Diese Überlegungen erinnern mich an eine große Persönlichkeit, die ich vor vielen Jahren kennenlernte und die mir einen unauslöschlichen Eindruck hinterließ. Es war Harlowe B. Andrews aus Syrakus, einer der derbsten und dabei vornehmsten Menschen, die ich je erlebt habe. Er gehörte zu jenen sehr besonderen Menschen, die der Schöpfer hin und wieder in die Welt schickt.

Als junger Mann ging ich ihn oft um Rat an. Eines Tages sagte er etwas, das ich seitdem mit großem Nutzen angewendet habe. »Norman, der Weg, mit Schwierigkeiten fertigzuwerden, ist ganz einfach: denke und glaube großherzig, bete und handle großherzig.« Und er fügte hinzu: »Gott kann dich größer machen als deine Schwierigkeiten.«

Diese dynamische und äußerst vernünftige Darlegung

stellt eine sichere Methode dar, Macht über unsere Schwierigkeiten zu gewinnen. Denken Sie großherzig, und mächtige Kräfte werden frei. So wurde beispielsweise das Gebäude der Vereinten Nationen in New York an einer Stelle gebaut, wo ein heruntergekommenes Wohn- und Geschäftsviertel gewesen war. Es war einer der schöpferischen Träume von William Zeckendorf, dessen Projekte stets gewaltig sind. Er operiert in einer riesigen Skala des Denkens.

Der Grund für die großen Ergebnisse liegt in dem übermächtigen Potential, das große Vorstellungen birgt. Für einen großen Gedankenentwurf müssen wir notwendigerweise großen Glauben und große Bemühungen investieren. Derartiger Glaube und derartige Bemühungen bringen schöpferische Kräfte hervor. Darüber hinaus müssen wir, um eine große Idee durchzuführen, alles geben, was wir haben. Das allein übt eine außerordentliche Wirkung aus: großer Glaube gleich große Resultate. Große Träume plus großherziges Denken plus großer Glaube plus große Bemühung — das ist das Rezept, nach dem große Dinge getan werden; und ich möchte hinzufügen, es ist das Rezept, durch das große Schwierigkeiten überwunden werden. Wählen wir uns ein großes Ziel, irgendeinen großen Plan, einen großen Traum. Hegen wir diesen Traum in unserem Gemüt, widmen wir uns ihm, ganz gleich, wie viele Schwierigkeiten sich entgegenstellen. Durch großes, nicht kleinliches Denken, das wirklich eine Form von Gottdenken ist, kann man Klippen umschiffen.

In dem Büro eines sehr hübschen Warenhauses in einer Stadt im Westen Amerikas saß ich bei dem Eigentümer, einem alten Freund von mir. Er war vor vielen Jahren mit seiner Braut und nur fünfzig Dollar Kapital in jene Stadt gekommen. Sein erster Laden war so klein, daß er ihn als »Loch in der Wand« bezeichnete. Daraus entwickelte sich ein mittleres Warenhaus, das er dann weitgehend durch einen unredlichen Partner wieder verlor.

»Ich mache Bilanz«, sagte er und beschloß, den Mut nicht sinken zu lassen. »Als ich eine Bestandsaufnahme meiner Aktiva machte, sahen sie eigentlich ganz gut aus. Im Grunde war ich in einer besseren Position als zu Anfang. Ich hatte noch immer meine Frau und schließlich inzwischen tausend Dollar statt fünfzig. Darüber hinaus hatte ich eine Menge Erfahrungen und größeres Selbstvertrauen gesammelt. Also fing ich neu an und baute dieses neue Warenhaus. Ich habe nämlich ein ganz einfaches Rezept: Gott, Glaube, Denken im Großen, meine Frau und meine Arbeit.« Das ist schon eine sehr starke Kombination. Glauben Sie mir, auch in Ihren Schwierigkeiten liegen schöpferische Werte verborgen. Gewöhnlich neigt man undiszipliniert dazu, den Geist nur auf die negativen Faktoren zu richten. Das ist entschieden die verkehrte Blickrichtung. Klüger ist es, ruhig um eine düstere Situation herumzugehen und hoffnungsvoll nach einem Silberstreifen am Horizont auszuschauen — es muß schon eine sehr unglückliche Lage sein, in der es nicht irgendeinen Hoffnungsschimmer gibt. Betrachten wir unsere Probleme in schöpferischer und positiver Weise, dann werden wir erstaunliche Möglichkeiten entdecken, an die wir nie gedacht haben. Man soll niemals negativ denken. Seien Sie realistisch, stellen Sie sich den Tatsachen, aber blicken Sie immer nach der hoffnungsvollen Seite.

Eines Tages rief mich ein Mann an, um mir von seiner »schlimmen« Lage zu berichten. »Ich rufe Sie an, damit Sie mir Mut machen«, erklärte er. »Ich dachte, Sie könnten vielleicht mit mir am Telefon beten.«

»Was sind denn Ihre Schwierigkeiten?« fragte ich.

»Ich betreibe ein Möbelgeschäft«, sagte er, »und der Verkauf ist auf diesem Sektor sehr flau. Ich muß von den Leuten mehr Geld bekommen. Vielleicht könnte ich es schaffen, wenn ich ein größeres Lager anlegte.« Während er sprach, dachte ich nach und sagte zu ihm: »Ihre Einstellung sollte nicht davon ausgehen, ›von den Leuten mehr Geld zu bekommen‹, sie sollte im Gegenteil darauf gerichtet sein, den Leuten zu helfen. Der Sinn des Geschäfts ist nicht einfach Geld von den Leuten zu bekommen, sondern den Menschen auch Dienste zu leisten.

Denken Sie zuerst daran, Ihren Kunden zu helfen, und tun Sie das Notwendige. Interessieren Sie sich für ihre Bedürfnisse. Denken Sie nicht so sehr daran, das Geld in Ihre Tasche zu bekommen, als vielmehr daran, ihnen das zu vermitteln, was ihnen am besten dient. Tun Sie das mit all Ihren Kunden. Stellen Sie sich diese als Menschen vor, die Ihre Waren brauchen, und denken Sie nicht an sich selbst, weil Sie Geld brauchen. Finden Sie Mittel und Wege, die Wünsche der anderen zu erfassen, und dabei werden sich auch Ihre eigenen erfüllen. Und«, setzte ich hinzu, »wenn Sie in Ihrer Gemeinde Freude und Vertrauen verbreiten und den Leuten zu helfen versuchen, anstatt nur an sich selbst zu denken, dann werden Sie auch den Segen davon haben.«

»Woher haben Sie denn solche Gedanken?« fragte er neugierig.

»Von dem größten Fachmann, den es gibt.«

»Und wer ist das?«

»Glauben Sie es mir, ich habe sie von Ihm.«

»Ich verstehe«, sagte er, »Sie meinen einfach praktisches Christentum.«

Ein paar Wochen später rief er wieder an: »Ich möchte berichten, daß ich inzwischen genügend umgesetzt habe und wieder aus den roten Zahlen heraus bin. Vorher war ich nie unter Menschen gegangen, aber jetzt lerne ich sie kennen und finde ein paar furchtbar nette darunter. Außerdem möchte ich Ihnen von einem wunderbaren Erlebnis erzählen. Ich traf ein Ehepaar, das nicht mehr miteinander im reinen war. Erst haben wir von Möbeln gesprochen, dann kamen die Eheprobleme zur Sprache, ob sie nämlich überhaupt Möbel kaufen sollten, weil sie sich vielleicht trennen würden.

Und was glauben Sie? Ich habe mich einfach mit ihnen zusammengesetzt und gebetet. Das erstemal, daß ich sowas in meinem Leben getan habe. Das schien ihnen schon einmal gut zu tun. Und bevor ich fortging, hatte ich einen Auftrag von ihnen. Aber am besten finde ich, daß sie jetzt von einem neuen Geist beseelt sind.«

Dieser Mann hat tatsächlich gelernt, größer über sein Geschäft zu denken als vorher. Er hat ebenfalls entdeckt, daß sein Möbelgeschäft und menschliche Probleme eng miteinander verbunden sind. Indem er größer dachte, bekam er die schöpferische Einstellung, sich selbst zu vergessen und anderen zu helfen. Seine eigenen Schwierigkeiten wurden dabei ebenfalls gelöst.

Man kann seine Arbeit langweilig und unromantisch finden, aber in Wirklichkeit ist sie das nur, wenn der Mensch, der sie tut, selbst langweilig geworden ist. Versuchen Sie folgendes Experiment: Denken Sie einen Tag lang nichts Negatives über Ihre Arbeit. Denken Sie großherziger von ihr und an ihre aufregenderen Möglichkeiten. Ich glaube, schon dieser eine Tag wird Sie überraschen, und wenn Sie mit dem Experiment fortfahren, werden Sie erleben, daß die scheinbar gewöhnlichste Beschäftigung nicht ohne Glanzpunkte ist.

Charlie Franzen war ein großartiger Schreiner. Wenn er liebevoll mit der Hand über eine soeben fertiggestellte holzgetäfelte Wand strich, sagte er immer: »Ich möchte lieber mit Holz als mit irgend etwas anderem in der Welt arbeiten.« Er dachte groß von der Schreinerei und lernte, seine Schwierigkeiten zu meistern, und davon hatte er wahrlich genug.

Jede nützliche Arbeit kann so befriedigend sein, wie Sie es wollen. Und Sie können sie dazu machen, wenn Sie groß über sie denken. Zum Beispiel hatte Charlie Hogan, der in

Pawling, New York, einen Kolonialwarenladen führt, jahrelang für eine Lebensmittelkette in diesem kleinen Ort gearbeitet. Dann schloß die Firma das Geschäft, und Charlie mußte eine große Entscheidung treffen. Er kannte den Kolonialwarenhandel durch und durch, aber es geschah nicht ohne Zagen, daß er das Wagnis eines eigenen Geschäfts einging. Als er seinen Laden eröffnete, besuchte ich ihn, um ihm alles Gute zu wünschen. »Ich hoffe, ich kann es schaffen«, meinte er, »ich weiß, es gibt viele Probleme, aber ich werde mich mit ganzer Kraft hineinknien.«

Die Konkurrenz trat in Form eines funkelnagelneuen, glitzernden, modernen Supermarktes auf den Plan, aber Charlie Hogan dachte großzügig, wünschte dem Supermarkt Erfolg und fuhr fort, seinen eigenen kleinen Laden mit Vertrauen, Frohmut und guten Gedanken zu füllen. Und auf diese Weise entwickelte sich sein Geschäft trotz aller Schwierigkeiten dennoch gut. Schwierigkeiten sind wirklich unwichtig, wenn man sie in größerem Rahmen behandelt und bedenkt. Im Lebenskampf müssen wir unseren Geist dahin lenken, einen erhabenen Standpunkt einzunehmen, der uns befähigt, auf unsere Probleme hinunterzusehen. Dann erkennen wir ihre wirkliche Größe und wissen, daß wir größer sind als sie. Wir können sie bezwingen, weil wir in unserem Denken über ihnen stehen. Es ist so einfach, kleinmütig zu denken, man soll es indessen vermeiden, denn dadurch macht man sich selbst klein. Immer groß denken.

Ein Negerjunge sagte mürrisch zu mir: »Ich kann nie viel werden in diesem Land.«

»Und warum nicht?« fragte ich.

»Das sollten Sie doch wissen.«

»Du bist doch gesund, nicht wahr? und helle?« Er grinste und gab das zu.

»Du hast eine gute Mutter? Einen guten Vater?« Er nickte.

»Laß mal deine Muskeln fühlen.«

Er rollte die Ärmel auf und grinste wieder, als ich ihm ein Kompliment über seine gut entwickelten Muskeln machte.

»Und du hast ein wunderbares Lächeln.« Diesen Punkt fügte ich seinen Vorzügen auch noch hinzu.

»Ich bin aber Farbiger«, wandte er ein.

»Wie Ralph Bunche, der mal Pförtner war«, erinnerte ich ihn. »Oder wie Jackie Robinson und wie der Präsident des Wahlkreises Manhattan, Hulan Jack.« Ich nannte ihm noch andere Farbige. »Du liegst mit deinem Denken fünfundzwanzig Jahre hinter der Zeit, mein Sohn. Damals war es schwieriger für Neger, aber trotzdem sind einige von ihnen großartig vorangekommen.«

Ich erzählte ihm von einem kleinen Negerjungen auf einem ländlichen Jahrmarkt. Ein Mann blies Ballons auf und ließ sie zum Entzücken einer Kinderschar in den Himmel schweben. Es gab Ballons in allen Farben. »Glauben Sie, daß ein schwarzer ebenso hoch fliegen würde wie die anderen?« fragte der kleine Negerjunge. »Paß nur auf«, sagte der Mann, »ich werd's dir zeigen.« Er füllte den schwarzen Ballon auf, und er flog ebenso hoch wie die andern. »Siehst du«, sagte er zu dem Jungen, »es ist nicht die Farbe, auf die es ankommt bei der Höhe, sondern auf das Zeug drinnen.« Meinem jungen Freund gab ich noch den einen Rat: »Schlage dir die Zweifel an dir selbst aus dem Kopf und befreie dich von dem Minderwertigkeitskomplex, vertraue darauf, daß dein Schöpfer dir helfen wird. Wenn du dann das, was du tust, mit ganzer Kraft tust, dann wirst du schon vorankommen.«

Mir ist völlig klar, daß viele Menschen sehr schwierige Probleme haben. Wenn man aber aufhört, nur in negativer Weise an die Probleme und Hindernisse heranzugehen, und etwas Konstruktives gegen sie tut, dann kommt man durch. Die Hilfe Gottes, eine positive Haltung, der Wunsch, anderen zu helfen, und der Wille zur Arbeit sind alles, was man braucht. Wenn wir fest glauben, wir können etwas tun, dann können wir es auch. Immer großherzig denken!

Ich hörte von einem Jungen, der dringend eine Stellung brauchte. Eine gute Stellung war ausgeschrieben, und er machte sich früh am Morgen auf, um sich zu bewerben. Als er aber zu der angegebenen Adresse kam, fand er bereits zwanzig Jungen vor ihm Schlange stehen. Das hielt ihn jedoch nicht zurück.

Er kritzelte hastig einen Zettel und übergab ihn der Sekretärin des Mannes, der die Einstellungen unter sich hatte. Er sagte ihr, es wäre für ihren Chef wichtig, daß sie ihn sofort übergäbe. Seine Art und Weise überzeugte sie, und sie gab ihn ihrem Chef.

Auf dem Zettel stand lediglich: »Ich bin der einundzwanzigste Junge in der Schlange. Entscheiden Sie sich nicht, bevor Sie mich gesprochen haben.« Hier handelte es sich offensichtlich um einen Jungen, der schlagfertig, eifrig, phantasievoll und voller Selbstvertrauen war. Selbstverständlich bekam er die Stellung. Henry Kaiser berichtete mir, daß sich seine Organisation bei neuen Projekten stets an einen Mann wendet, der alle Schwierigkeiten kennt und sich trotzdem mit Begeisterung einsetzt. Ein Mann, der immer sagt: »Eine großartige Idee, aber ich bezweifle, daß sie auszuführen ist«, kann den Auftrag nicht bekommen. Der Auftrag geht an denjenigen, der erklärt: »Eine großartige Idee, es wird mir ein Vergnügen sein, sie durchzuführen.«

Manche Menschen sind voller Leben, Energie und Dynamik. Sie denken im Großen. Andere hingegen sind langweilig, trage und pessimistisch. Sie haben einfach nicht gelernt, wie man dynamisch denkt und lebt. Sollten Sie in diese zweite Kategorie gehören, dann beschließen Sie noch heute, daß Sie ein volles und reiches Leben haben können. Beginnen Sie damit, die Technik, im Großen über alles zu denken, in die Praxis umzusetzen.

Große Gebete zu beten ist von ungeheurer Wichtigkeit,

um Ihre Schwierigkeiten zu besiegen. Der Schöpfer wird große Dinge ermöglichen, wenn Sie um sie bitten und groß genug sind, sie zu empfangen.

Man muß Vertrauen haben, wenn das Gebet Großes erwirken soll. Und wenn man keine Antwort erhält, so vielleicht deshalb, weil die Gebete nicht groß genug sind. Keine kleinen Gebete — große Gebete sind wichtig. Es ist ein großer Gott, zu dem Sie beten. Vielleicht weiß Er, daß kleine Gebete auch nur einen kleinen Glauben hinter sich haben, und aus der Bibel ist uns bekannt, daß Er unsere Aufrichtigkeit nach unserem Glauben mißt. Vielleicht mißt Er auch unsere Fähigkeit, seine Gaben zu empfangen, nach unserem Glauben. Bitten Sie um die richtigen Dinge, und bitten Sie richtig. Bitten Sie mit Glauben und beten Sie im Großen.

Ihnen fehlt es an Gesundheit? Beten Sie darum. Sie wollen finanzielle Sicherheit? Beten Sie darum. Sie wollen Glück in der Familie? Beten Sie darum. Sie möchten ein Leben, reich an Freude? Beten Sie darum. Sie möchten etwas Wesentliches und Lohnendes tun in diesem Leben? Beten Sie darum. Beten Sie große Gebete, und Sie werden Antwort erhalten.

Mein alter Freund Andrews riet stets zu großherzigem Handeln. Großherzig über Schwierigkeiten zu denken ist immer von Wert. Channing Pollock, der berühmte Bühnenschriftsteller, sagte mir einmal etwas sehr Interessantes: »Menschen und Autos kommen durch eine Reihe von Explosionen vorwärts.« Ebenso wie ein Auto seine eigentliche Funktion nicht ohne eine Reihe innerer Explosionen erfüllen kann, ebenso kann ein Mensch nicht wirklich vorwärtskommen, ohne durch richtig gelenkte und kontrollierte Schwierigkeiten vorwärtsgetrieben zu werden. Die Explosionen von Schwierigkeiten können uns entweder in Stücke reißen und vernichten, oder aber sie können zu entscheidenden Triebkräften werden. Das Geheimnis eines erfolgreichen Lebens liegt in der Beherrschung und Nutzung der Kraft, die durch Schwierigkeiten in uns ausgelöst wird.

Zahllose Male hat sich erwiesen, daß Schwierigkeiten die Menschen zu den größten Dingen im Leben führen, das heißt nur, wenn sie die innere Kraft haben, sich den Schwierigkeiten zu stellen. Jack Fleck, ein Gewinner der offenen Golfmeisterschaften in den Vereinigten Staaten, erzählte: »Bevor ich gewinnen konnte, mußte ich lernen zu verlieren. Ich mußte lernen, die schlechten Schläge in mein Spiel einzubeziehen.« Dieser Mann, der das Verlieren lernen mußte, bevor er gewinnen konnte, war der gleiche Mann, der den großen Ben Hogan bei den Meisterschaftsspielen besiegte. Dramatischer noch ist vielleicht die Geschichte eines anderen Gewinners des gleichen Titels, Ed Furgol, dessen einer Arm durch einen Unfall, den er als Junge hatte, siebenundzwanzig Zentimeter kürzer war als der andere. Durch reine Zähigkeit, Mut und Vertrauen wurde er Golfchampion. Als man ihn fragte, wer wohl sein Nachfolger als Titelträger sein würde, und verschiedene Namen nannte, schüttelte er den Kopf. »Nein, keiner von denen wird je Meister werden, sie sind alle nicht hungrig genug.« Womit er sagen wollte, daß niemand von ihnen genügend Schwierigkeiten und Hindernisse erlebt und deshalb nicht die rauhe Willenskraft entwickelt hatte, die notwendig ist, um bei mörderischen Wettspielen den höchsten Lorbeer zu gewinnen. Schwierigkeiten sind gar nicht das Schlechteste, so unerfreulich sie auch sein mögen.

Vor über zwanzig Jahren war Hartly Laycock Bankier im Mittelwesten. Dann kam die große Depression, und im Alter von sechzig saß er da ohne Geld und ohne Stellung. Er lief die Straßen von Chicago ab. Seine einzige Ausbildung war im Bankfach, und eine Bank nach der anderen schloß. Außerdem wollte sowieso niemand einen Mann über vierzig haben.

Er betete um Gottes Führung. Dann »geschah« etwas. Eines Tages fiel sein Blick unter den Anzeigen für offene Stellen auf die eines alten Hotels in Florida, das unter Wert verkauft werden sollte.

»Etwas« gab ihm ein, an die Eigentümer zu schreiben und sich nach der Sache zu erkundigen. Aber er konnte sich nicht vorstellen, ins Hotelfach überzuwechseln, also sah er sich weiter nach einer Stellung um. Er merkte jedoch, daß er ständig an dieses Hotel dachte. Also rief er dort an und fragte nach dem Preis, der weit über seinen bescheidenen Möglichkeiten lag. Er hatte ja kaum hundert Dollar übrig.

Wieder betete er und sagte: »Ich verstehe nichts vom Hotelfach, aber ich bin gewillt, es zu versuchen, obwohl ich nicht das Geld dafür habe.« Er machte eine kleine Anzahlung und hatte das Hotel. Aber die Farbe blätterte ab, die Fußböden waren verschimmelt, das Ganze war voller Spinnweben, und nicht das kleinste Stück Mobiliar oder ein Teppich waren vorhanden. »Herr«, fragte er, »warum hast Du erlaubt, daß ich mich darauf einließ?«

Aber der Herr schien zu meinen, daß es schon gut gehen würde. Ungezählte Probleme und Jahre der Arbeit folgten, und in der letzten Saison war das Hotel voll belegt.

Mein heute achtzigjähriger dynamischer Freund fand heraus, daß man erstaunliche Lösungen für seine Probleme findet, wenn man betend gewillt ist, sich leiten zu lassen.

Eine der größten amerikanischen Sängerinnen ist Marian Anderson, die schrieb: »Versagen und Schwierigkeiten gibt es in den ungeschriebenen Seiten im Leben eines jeden. Ich habe mein Teil gehabt. Wir waren arme Leute, jedoch waren viele Menschen freundlich zu mir. Eine Gruppe wohlmeinender Freunde empfahl mich plötzlich für ein Konzert in der New Yorker Town Hall. Aber ich war nicht dafür gerüstet, weder in Erfahrung noch in Reife.

An dem aufregenden Abend meines erstes Konzertes sagte man mir, die Town Hall wäre vollkommen ausverkauft. Während ich in verwirrter Erregung auf den Beginn wartete, erklärte mein Gönner, es gäbe eine kleine Verspätung. Ich wartete fünf, zehn, fünfzehn Minuten. Dann spähte ich durch die Vorhänge. Der Saal war halb leer. Ich bin innerlich fast gestorben.

Ich sang mir das Herz aus der Brust, als aber das Konzert vorbei war, wußte ich, daß ich versagt hatte. Die Kritiken am nächsten Tag äußerten die gleiche Ansicht. Ich fühlte mich vernichtet. ›Ich sollte lieber das Singen aufgeben und irgend etwas anderes tun‹, sagte ich zu meiner Mutter.

›Warum denkst du nicht ein wenig nach darüber und betest erst einmal ernsthaft?‹ meinte sie.«

Aber Marian Anderson war so zerschlagen an Geist und Seele, daß sie ein ganzes Jahr lang still vor sich hinbrütete und jede Aufforderung, zu singen, ablehnte. Ihre Mutter drängte sanft weiter: »Hast du gebetet, Marian? Hast du gebetet?«

»Nein, ich hatte nicht gebetet. Ich gab mich meinem Kummer hin. Dann, aus meiner Qual heraus, betete ich doch, in der Gewißheit, daß es jemanden gab, dem ich die größten Nöte meines Herzens und meiner Seele ausschütten könnte. Langsam kam ich aus meiner Verzweiflung heraus. Mein Gemüt lichtete sich, das Selbstmitleid verschwand.

Eines Tages kam ich nach Hause und merkte gar nicht, daß ich vor mich hinsummte. Es war die erste Musik, die ich seit einem ganzen Jahr von mir gegeben hatte. Als meine Mutter das hörte, stürzte sie aus der Küche, legte ihre Arme um mich und küßte mich. Das war ihre Art, zu sagen: ›Meine Gebete sind erhört worden.‹ Einen kurzen Augenblick standen wir so da und schwiegen. Dann sagte meine Mutter: ›Wo die Kraft des Menschen endet, beginnt das Gebet.‹«

Marian Anderson stellte sich den Schwierigkeiten, betete und handelte großherzig, und das Ergebnis war eine der herrlichsten Stimmen, die das amerikanische Volk je erlebt hat. Und diese hatte sich aus Schwierigkeiten heraus entwickelt. Es ist ein seltsames, aber zuverlässiges Gesetz, daß Schwierigkeiten, die man erwartet und von denen man tief überzeugt ist, auch tatsächlich eintreffen. Vielleicht kommt das daher, daß Menschen mit defaitistischer Einstellung sich niemals voll und ganz hingeben.

Andere Menschen jedoch überwinden alle Probleme mit der Unwiderstehlichkeit ihrer Dynamik. Mit grenzenloser Begeisterung und Selbstvertrauen geben sie ihr Bestes, und die Schwierigkeiten scheinen sich in blauen Dunst aufzulösen. Was man mit dem Leben anfängt, hängt ab von der Hingabe und Vitalität, mit der man sich ihm gibt.

Seit Jahren habe ich positives Denken gelehrt, und aus diesem Grunde schreiben mir viele Leute, um mir zu berichten, wie sie und andere ihre Schwierigkeiten bewältigt haben, indem sie die Grundsätze des Glaubens, des Denkens, Betens und Handelns im Großen angewendet haben.

Eine besonders aufschlußreiche Geschichte kam von Ike Skelton.

Vor nicht allzu langer Zeit war Ike Skelton ein normaler gesunder Junge. Dann plötzlich bekam er im Alter von zwölf Jahren Kinderlähmung. Die Krankheit hinterließ hilflos herunterbaumelnde Arme. Seine Beine kräftigten sich befriedigend, alles andere war auch wieder in Ordnung, nur konnte er die Arme nicht bewegen.

Dennoch trat dieser Junge in die Wentworth Military Academy ein, mit dem brennenden Ehrgeiz: er wollte in die Läufermannschaft. Der Trainer sagte ihm freundlich: »Aber Junge, du kannst doch nicht ohne Arme laufen, die brauchst du ebenso wie deine Beine.« Aber Ike Skelton ließ nicht locker. Das ganze Semester lang trottete er um die Bahn, aber er schaffte es nicht, in die Mannschaft zu kommen. Er lief im folgenden Semester und in den weiteren Jahren, aber er erreichte die Bedingungen nicht.

Schließlich kam der große Wettkampf seiner Schulzeit, derjenige, an dem der Erzrivale von Wentworth, Kemper, teilnahm. Der Junge bat den Tainer, ihm eine Chance im Zweikilometerlauf zu geben, dem härtesten dieses Wettkampfes. Der Trainer gab nach. »Raus mit dir und lauf los«, sagte er, »versprich mir aber, daß du nicht enttäuscht sein wirst.« Dann befestigte er Ikes Arme an den Seiten, damit sie ihm nicht in die Quere kamen, und ließ ihn starten.

Die Zuschauer hatten nur Augen für diesen merkwürdigen Läufer. Als das Rennen vorbei war, wogten die Schüler von den Rängen herunter und hoben ihn auf die Schultern. In der Menge blieb kein Auge trocken. Hatte er das Rennen gewonnen? Überhaupt nicht — er war der Letzte. Aber er kam an, und das war das Wichtigste. Zwar hatte er dieses spezielle Rennen nicht gewonnen, dafür aber das wichtigste Rennen des Lebens durch seine Demonstration eines unbesiegbaren Geistes. An der Universität von Edinburg gehörte er als Austauschstudent zu den beliebtesten jungen Männern dort. Später machte er einen glänzenden Abschluß des Jurastudiums und ist heute ein erfolgreicher Anwalt.

Was setzte ihn in den Stand, mit seinen Schwierigkeiten fertig zu werden und vertrauensvoll und erfolgreich zu leben? Karl Menninger, der Psychiater, wies darauf hin, daß die Menschen nicht deshalb zusammenbrechen, weil sie Niederlagen erleiden, sondern nur deshalb, weil sie glauben, zu versagen. Glauben wir das also niemals. Denken wir groß, glauben, beten und handeln wir groß, arbeiten und kämpfen wir. Das ist das Rezept, um weit über unseren Schwierigkeiten zu stehen.

*

Sie haben keine Niederlage erlebt, obwohl Sie das vielleicht annehmen.

Mit der Hilfe des Schöpfers können wir unsere Schwierigkeiten überwinden und ein erfülltes und erfolgreiches Leben führen. Wir sollen uns nie mit weniger zufriedengeben. Wir haben es nicht nötig. Wenn wir unser gesamtes Kraftpotential einsetzen, verfügen wir über genügend Kraft, um mit jeglicher Schwierigkeit fertig zu werden.

Denken wir groß, und mächtige Kräfte werden freigesetzt.

Glauben wir groß, und Glaube und Bemühung bringen dynamische, schöpferische Kraft hervor. Beten wir groß, und der Schöpfer wird große Dinge gewähren, wenn wir ihn darum bitten und groß genug sind, sie zu empfangen.

Handeln wir groß, denn nur solche Vorhaben haben Aussicht, zu gelingen.

VI

Das Leben kann wunderbar sein, wenn man nur will

»Wenn unser Interesse und unsere Sympathie auf die ganze weite Welt gerichtet sind, wird das Leben noch viel fesselnder. Nach außen gerichtetes Interesse drängt sogar Mühsal, Leiden und Schmerz in den Hintergrund. Je lebendiger unser Interesse an anderen und an der Welt ist, desto sicherer werden wir über die eigenen Schwierigkeiten triumphieren.«

Was wollen Sie wirklich? Was will ich? Was wollen die Menschen überhaupt vom Leben? Die Antwort ist natürlich, daß wir das Leben wollen. Aber was ist Leben? Vitalität, Energie, Freiheit, Weiterkommen, Dynamik. Es ist ein tiefes Gefühl des Wohlbefindens. Das Ausschalten aller Gefühle von Schalheit und Flüchtigkeit. Es ist die Eigenschaft, lebendig und kraftvoll zu sein. Es heißt, sich nützlich an lohnenden Dingen zu beteiligen. Es ist die Befriedigung, schöpferisch zu sein, etwas zu geben, etwas zu tun.

Leider haben viele Menschen nicht die Eigenschaften, die auf diese Definition passen. Sie sind erfüllt von Trübsinn und Besorgnissen. Ihrem Geist ist die Frische entzogen, sie sind träge und apathisch. Es ist furchtbar tragisch, abzusterben, während man doch noch lebt. Es ist fast so schrecklich, als schliefe man, wenn man doch hellwach sein wollte. Und überdies ist es vollkommen unnötig.

Unser Leben soll erfüllt sein. Wir sind darauf angelegt, durch alle Jahre hindurch Kraft an Körper und Seele zu haben. Während ich das Leben erforschte, habe ich bei vielen

Menschen erstaunt die ansteckende und magnetische Eigenschaft festgestellt, die häufig vom Leben selbst ausgeht.

Ich hielt eine Podiumsdiskussion mit einem Mann, der als »der größte Redner der Vereinigten Staaten« angekündigt war. Eine solche Bezeichnung mag übertrieben scheinen, ganz gleich, auf wen sie sich bezieht. Aber dieser Mann erwies sich tatsächlich als ein ausgezeichneter Redner. Er übte eine verblüffende Anziehungskraft aus. Die Temperatur betrug an jenem Tag in Tennessee fast 38 Grad, und trotzdem hielt er, nachdem bereits drei andere Redner vor ihm waren, am späten Nachmittag sein Publikum in Bann.

Obwohl seine Rede ungewöhnlich gut gehalten war, war das Entscheidende doch seine überaus lebendige Ausstrahlung. Er übermittelte Menschen, die unter der Hitze litten und müde waren, Leben; er regte sie so an, daß sie die Hitze vergaßen. Während sie ihm zuhörten, waren sie auch nicht mehr müde. Er war voller Leben, und sie wurden es auch.

Später, während des Abendessens, betrachtete ich ihn prüfend. Er hatte so leuchtende Augen, wie ich sie selten bei einem Menschen gesehen habe. »Ich kenne Ihr Geheimnis«, sagte ich plötzlich. »Sie sind einer jener Menschen mit dem leuchtenden Blick.«

»Was meinen Sie damit?« fragte er überrascht.

Ein Personalchef hatte mir einmal erzählt, erklärte ich ihm, daß er seine Leute nach ihren Augen einstellt. »Ich überfliege ihre Bewerbungspapiere, ihren Lebenslauf, aber diese Fragebogen sind für mich eigentlich nebensächlich«, sagte er mir. »Wenn die Augen eines Menschen leblos sind, will ich ihn nicht haben. Von den Menschen, die ich brauche, haben viel zu wenige die Lebendigkeit der Augen, die meiner Meinung nach eine dynamische Persönlichkeit ausweist.«

Der Geist kann lange Jahre hindurch lebendig bleiben, wenn man sein Herz und seine Seele lebendig erhält; und wenn der Geist lebt, hilft dieses Tatsache allein, alles übrige in Spannkraft zu erhalten. Das ist es doch, was wir wirklich wollen, nicht wahr? Lebendig bleiben in jeder Faser unseres Wesens.

Man sollte eigentlich immer so eifrig um alles bemüht sein, daß man kaum den nächsten Morgen abwarten kann, um wieder anzufangen. Das Leben sollte ständig erregend sein. Wir sind dazu bestimmt, täglich von neuem Begeisterung zu empfinden. Der Geist des Menschen ist nie darauf angelegt gewesen, niedergedrückt zu sein. Wir sind es, die das zulassen. Und das ist sehr schade.

Wenn ich sage, daß man immer von Begeisterung erfüllt sein sollte, so meine ich damit ganz gewiß nicht, daß wir seichte oder oberflächliche Menschen werden sollten, die fälschlicherweise annehmen, daß alles in dieser Welt rosarot und einfach sei. Wir wissen, daß dies entschieden nicht der Fall ist. Die Welt ist voll von Traurigkeiten und Schwierigkeiten. Aber ein sprudelnder Geist der Freude und Begeisterung kann es ermöglichen, daß jedermann ein besseres Leben lebt. Um diese Qualität des Lebens zu erreichen, muß man aus sich herausgehen können. Menschen, die in sich gekehrt leben, verlieren jenes lebenswichtige Etwas, das Kraft und Erregung anregt. Im übrigen sind sogar viele Menschen nur aus dem einen Grunde krank, weil sie zu egozentrisch sind. Wenn man sich selbst hingibt, die eigene Persönlichkeit aus sich herausgehen läßt, gewinnt das Leben an schöpferischer Freude und sogar an Gesundheit. Halbtote, gleichgültige, oberflächliche Menschen könnten zu dem erfüllten Leben finden, nach dem sie sich sehnen, wenn sie den einfachen Weg einschlügen, sich selbst einmal zu vergessen.

Vor einigen Jahren traf ich in Florida einen Mann, der ständig den Arzt eines großen Ferienhotels aufsuchte. Er glaubte, krank zu sein, und betrug sich auch so. Sein Chauffeur hatte ihn in einem großen Wagen in den Süden gebracht, er beschäftigte drei Krankenschwestern den ganzen Tag lang. Als er hörte, daß ich im Hotel war, wollte er mich sprechen. Als erstes sagte er dann: »Ich fühle mich furchtbar schlecht«, und wiederholte das mehrere Male während dieses kurzen Besuches. Er zeigte viele Symptome von Mutlosigkeit, Niedergeschlagenheit und äußerster Teilnahmslosigkeit.

Der Hotelarzt ist ein enger Freund von mir, und als ich mit ihm über diesen Mann sprach, sagte er:

»Es geht ihm nicht gut, aber die ärztliche Kunst allein kann ihm nicht helfen. Wenn Sie ihm helfen könnten, seine Eigenliebe zu überwinden, und ihm eine Dosis von aktivem Christentum eingeben können, dann würde ihn das vielleicht gesund machen.«

Ich beschloß, diese Therapie zu versuchen. Als wir auf der Veranda des Hotels saßen, bemerkte ich eine ältere Dame, die dabei war, einen Sessel zurechtzurücken. Der Sessel war zu gewaltig für sie und hakte sich an einer Schiene fest. Ich schlug dem »kranken« Mann vor, der alten Dame behilflich zu sein, und meinte: »Ich glaube, danach werden Sie sich etwas besser fühlen.« Er stöhnte in Protest, ich bestand aber darauf, und so ging er widerwillig hinüber und half der Dame, den Sessel aus der Schiene herauszuziehen und ihn für sie zurechtzurücken. Sie dankte ihm mit einem netten Lächeln. Er kam zurück, sank in den Sessel neben mir und sagte: »Wissen Sie, es ist kaum zu glauben, aber das hat mir wohlgetan.«

»Wenn Sie etwas für andere tun, fühlen Sie sich immer wohler danach«, sagte ich und erinnerte ihn an das, was Christus gesagt hatte: »Wer sein Leben findet, der wird's verlieren; und wer sein Leben verliert um meinetwillen, der wird's finden (Matth. 10:39).«

»Das habe ich mein ganzes Leben lang gehört, aber nie gedacht, daß das eine Heilmethode darstellen könnte«, meinte er nachdenklich. Ich erklärte ihm, daß man einzig durch die Ichbezogenheit physisch krank werden könnte, die unsere Gedanken vergiftet und all unsere Lebenskräfte aufsaugt. »Sie sehen ja, wie wohl Ihnen diese kleine Hilfsaktion getan hat. Stellen Sie sich vor, wie gut es Ihnen bekäme, wenn Sie in größeren Dingen aus sich herausgingen.«

Ungefähr ein Jahr später kam ich in das gleiche Hotel zurück und sah einen Mann mit großen Schritten im Flur auf mich zukommen. Der Eindruck war der einer energischen Persönlichkeit. Ich war jedoch mit meinen Gedanken anderswo und wäre an ihm vorbeigegangen, wenn er nicht meinen Arm ergriffen hätte. Da erkannte ich ihn, aber er hatte sich vollkommen verändert. Gesundheit und Energie schienen von ihm auszustrahlen. »Es freut mich, Sie soviel wohler wiederzusehen«, sagte ich. »Wo sind Ihre Krankenschwestern?«

»Oh, die brauche ich nicht mehr«, sagte er. »Ich bin ein gesunder Mensch jetzt.«

Als ich ihn bat, diese Veränderung zu erklären, sagte er: »Sie wurde ausgelöst durch jene kleine Handlung, um die Sie mich damals baten.« Er erinnerte mich an die alte Dame, der er auf der Hotelveranda geholfen hatte. »Dieser kleine Dienst hatte mir so wohlgetan, daß ich anfing, nach anderen Gelegenheiten zu suchen, um etwas für die Menschen zu tun. Nur so kleine Dinge. Dann kam ich auf ein paar größere Möglichkeiten, zu helfen, und eins führte zum anderen, jedenfalls fühlte ich mich merkwürdigerweise immer wohler, bis schließlich der Tag kam, an dem ich mich im richtigen Licht sah. Ich erkannte ganz klar, wie sehr ich mein Leben durch Ichbezogenheit zerstört hatte, aber dieses Leben, das mich aus mir herausführt, hat mich jetzt zu einem gesunden Menschen gemacht«, erklärte er.

Dieser Fall mag als Anschauung dazu dienen, wie man durch Ichbezogenheit und zuviel Beschäftigung mit sich selbst ganz unbewußt vom dynamischen Leben zurückweicht.

Es kann geschehen, daß die Sorgen, Belastungen und Schwierigkeiten dieser Welt nicht nur das Gemüt umwölken und den Geist niederdrücken, sondern auch die Möglichkeiten des inneren Lebens eingrenzen. Durch eine Häufung von ängstlichen und sorgenvollen Gedanken erkrankt die Persönlichkeit innerlich und überträgt ihre matte Verfassung dem Körper, so daß man müde und seiner selbst nicht mehr würdig wird.

Selbstverständlich gibt es überall Menschen, die, auch wenn sie nicht wirklich physisch krank sind, doch unter echten Symptomen leiden, die in erster Linie ichbezogenem Denken zuzuschreiben sind. Solche Symptome sind ein getreues Abbild ihres Innenlebens. Wie der Mann in Florida brauchen sie nur eine Bilanz ihrer selbst zu ziehen, um sich so zu sehen, wie sie wirklich sind.

Als nächstes müssen sie erforschen, was aus ihnen werden kann. Sodann müssen sie sich bemühen, ihr Denken neu zu ordnen. Indem sie destruktive Gedanken ausschalten, können sie wirklich ein neues Leben in dynamischer Kraft und mit sehr vielen Freunden beginnen.

Es ist ein Allgemeinplatz, zu sagen, daß wir alle mit Problemen, Schwierigkeiten und Beschwernissen fertig werden müssen. So ist das Leben nun einmal. Ein leichtes Leben gibt es nicht. Das Leben kann schwer, sogar hart sein. Aber es braucht weder so schwierig noch so hart zu sein, daß man es nicht mit einem freudigen Gefühl von Kraft meistern könnte. Ich hoffe daher, Sie glauben mir, daß mit der Hilfe des Schöpfers das zu erlangen ist, was man wirklich will: ein Leben in Kraft und Freude.

Für ein dynamisches Leben ist es als weiterer Faktor einer Neubelebung der Arbeit wichtig. Indem man Freude empfindet an dem, was man tut, kann man seine Existenz unendlich erhöhen. Versuchen Sie es. Dadurch wird Langeweile ausgeschaltet, und der Unterschied zwischen Arbeit und Vergnügen entfällt. Wenn man im vollen Sinne des

Wortes lebt, dann erzielt man auch Freude aus seiner Beschäftigung, dann spornt sie die Begeisterung an.

Branch Rickey, ein unglaublich anregender Mensch, hat über fünfzig Jahre lang einige der größten Baseballmannschaften gefördert. Viele Jahre trainierte er die Mannschaft von St. Louis, dann die von Brooklyn und Pittsburgh und darf mit Recht als der große Mann des Baseball bezeichnet werden. Der Herausgeber der Zeitschrift »Guideposts«, Len LeSourd, besuchte im Frühling des Jahres, in dem Branch Rickey auf ein halbes Jahrhundert zurückblicken konnte, sein Trainingslager. »Mr. Rickey, erzählen Sie mir von Ihrem aufregendsten Erlebnis in diesem halben Jahrhundert.« Rickey hob die Brauen, und seine Augen blitzten. »Mein aufregendstes Erlebnis? Das muß erst noch kommen.«

Da ist ein Mann voll Vitalität. Allen großen Erfolgen und Aufregungen zum Trotz soll sein größtes Erlebnis erst noch kommen, vielleicht morgen, vielleicht nächste Woche, vielleicht erst in einem Jahr. Immer sind seine Gedanken nach vorn gerichtet und immer voller Erwartung.

Eines Abends war ich mit einem Freund von mir im Zirkus. Es war Beverly Kelley, der eine wichtige Position bei dieser Veranstaltung hatte. Er hatte so viel zu tun, daß er nur einen Teil des Abends bei mir in seiner Loge sitzen konnte. Ich beobachtete sein unverhohlenes Vergnügen an den Darbietungen in der Manege. »Beverly, wie lange bist du eigentlich schon im Zirkusgeschäft?«

»Siebenundzwanzig Jahre.«

»Macht dir das Spaß?« fragte ich.

Seine Antwort werde ich nie vergessen. »Norman, das ist hundert Prozent besser als Arbeit.«

Diese Antwort ist klassisch. Begeisterung und Einsatz können jede Arbeit aufregend gestalten. Lieben wir unsere Arbeit! Wenn wir sie jetzt vielleicht nicht mögen, lernen wir es, sie zu lieben. Erkunden und analysieren wir ihre Möglichkeiten und glauben wir an sie. Sagen Sie sich jeden Morgen beim Aufwachen: »Ich habe eine schöne Arbeit, und ich werde sie heute mit Freunden tun.« Bekräftigen Sie das Tag für Tag, bis es allmählich von Ihrem Gemüt akzeptiert und als Haltung dauerhaft wird. Das weckt Eifer und Dynamik. Die gesamte Einstellung zum Leben kann durch diese Technik eine Neubelebung erfahren. Und wenn Sie Ihre Einstellung der Arbeit gegenüber auffrischen, dann frischen Sie Ihr gesamtes Leben auf, denn im Grunde ist die Arbeit das Leben.

Eine weitere Möglichkeit, dem Leben Dynamik zu verleihen, besteht darin, sich für alles zu interessieren. Ein berühmter Philosoph äußerte einmal, daß unsere Lebensintensität nach der Anzahl von Augenblicken ermessen werden kann, in denen wir dem Geheimnis des Lebens nahe waren.

Jemand, der, sagen wir, hundert Interessen hat, ist doppelt erfüllt mit Leben im Vergleich zu jemandem, der nur fünfzig hat. Tiefgehende Interessen, die man häufig als »aufzehrend« bezeichnet, sind auch ein Maßstab für Lebendigkeit.

Und wir können Interessen finden, wenn wir es wirklich versuchen. Als Anfang denkt man einfach an irgend etwas Interessantes und übt sich außerdem darin, sich für Menschen und Ereignisse zu interessieren, auch wenn das einer gewissen Willensanstrengung bedarf.

Wenn man sich tatsächlich darum bemüht, wird das Interesse echt werden, und man entdeckt, daß man ein interessantes Leben bekommt. In dem Maße, in dem man eine interessierte Haltung einnimmt, schafft man sich ein erfülltes und schwungvolles Leben.

Ich habe ein ausgesprochen befriedigendes Hobby, nämlich Menschen zu sammeln. Manche Leute sammeln Porzellan, andere sammeln Briefmarken. Ich kannte sogar einen Mann, der Standuhren sammelte. Ich jedoch sammle Menschen. Dieses Hobby trägt viel zu der Freude bei, die ich im Leben habe, und sie ist, wie ich versichern darf, beträchtlich.

Da gibt es beispielsweise meinen Freund Nino. Ihn sammelte ich vor einigen Jahren.

Er hat einen langen italienischen Namen, sein Rufname aber ist Nino. Er fuhr uns drei Wochen lang von Neapel nach Venedig und von St. Moritz nach Genf. In einem anderen Sommer fuhren wir mit ihm von Stresa nach Venedig, weiter nach Rom und Sorrent mit einer Vielzahl wunderschöner Städte als Zwischenstationen.

Zunächst war ich etwas unsicher mit Nino. Er sprach nur gebrochen Englisch und ich praktisch kein Italienisch. Nachdem wir aber etwas Französisch und Deutsch wie auch Englisch zu Hilfe nahmen, verstanden wir uns sehr gut. Mir gefiel sein sonniges Lächeln und sein froher Charakter. Wir vertrugen uns gut. Einmal sagte ich in dem Glauben, ihm das höchstmögliche Kompliment zu machen: »Nino, warum kommen Sie nicht in die Vereinigten Staaten und leben dort?«

»Ach, Doktor«, sagte er, »ich weiß, es ist ein sehr schönes Land, aber warum sollte ich mein geliebtes Italien verlassen?«

»Ich weiß nicht«, sagte ich verblüfft, »es war nur ein Vorschlag.« Und dann fing er an, mir Italien zu beschreiben, die Schönheiten seiner hohen Berge und blauen Seen, die Wärme des goldenen Sonnenlichts. Er brachte mich fast so weit, daß ich von einer Villa in Florenz oder einem Haus in Capri oder einer Hütte unter dem ewigen Schnee von Cortina d'Ampezzo träumte.

Als wir uns am Ende der Reise trennten, schworen wir uns, wir würden wieder zusammenkommen und noch viele Hunderte von Kilometern gemeinsam fahren. Ich sammelte also Nino und fügte ihn in meine kostbare Kollektion der Freundschaften ein.

Dann sammelte ich ein kleines Mädchen in Damaskus, ein schmutziges kleines Mädchen von ungefähr sechs Jahren. Es betrachtete mich prüfend aus tiefen dunklen Augen, dann lächelte es flüchtig und wehmütig, das süße Lächeln der Kindheit. Es bat mich um nichts. Ich sagte auf Englisch »Hallo«, und ich bin sicher, es war eine Art »Hallo« auf Arabisch, mit dem es mir antwortete. Das Kind verstand mein Lächeln und ich seines. Von vielen Soziologen habe ich Beschreibungen von Flüchtlingen aller Rassen und Nationalitäten gehört und habe unzählige Statistiken darüber gelesen. Aber es waren eben nur Statistiken. Jetzt sehe ich, wann immer ich von Flüchtlingen höre, dieses kleine Mädchen vor den alten Mauern von Damaskus vor mir, mit seinen dunklen Augen und dem herrlichen Lächeln. Vielleicht werde ich es nie wiedersehen, aber ich habe es gesammelt, und seine Süße erfüllte mich mit großer Freude und war ein Geschenk des Lebens.

Weil menschliche Beziehungen das Leben in seiner tiefsten Bedeutung anrühren, lehrt man uns, die Menschen zu lieben. Wenn wir es wirklich lernen, sie zu lieben, kommen wir der Befriedigung der tiefsten Wünsche unseres Lebens sehr nahe. Dies zu erproben, braucht man nur auf das warme Gefühl im Herzen zu achten, wenn man aus sich herausgeht und sich für andere Menschen interessiert.

Wenn dann unser Interesse und unsere Sympathie auf die ganze weite Welt erstreckt sind, wird das Leben noch viel fesselnder. Nach außen gerichtetes Interesse drängt sogar Mühsal, Leiden und Schmerz in den Hintergrund. Je lebendiger unser Interesse an anderen und an der Welt ist, desto sicherer werden wir über unsere eigenen Schwierigkeiten triumphieren.

Vor nicht allzu langer Zeit starb mein Vater. Er war dem Kalender zufolge fünfundachtzig Jahre alt, jedoch an seinem Eifer und Interesse, an seiner Freundlichkeit gemessen, war er immer noch jung. Ich habe niemals jemanden gekannt, der das Leben mehr liebte als er, oder der mehr aus dem Leben herausholte. Kurz nach seinem Tode erhielt ich einen Brief von Dr. Clarence W. Lieb, einem alten Freund der Familie, der sich heute nach Kalifornien zurückgezogen hat, jedoch ein bekannter Arzt in New York City gewesen ist. Zwanzig Jahre zuvor hatte ich meinen Vater zu ihm gebracht, der damals in kritischer physischer Verfassung war.

»Die Nachricht vom Tode Ihres Vaters macht mich traurig«, schrieb Dr. Lieb. »Er hat viel länger gelebt, als es seiner physischen Kondition nach vor zwanzig Jahren aussah. Ich bin überzeugt, daß es sein hervorragender Geist war, der entscheidend zu dieser Langlebigkeit beitrug. Es war eine Ehre für mich, ihm als Arzt helfen zu können. Sein Andenken sei gesegnet.« Charles Clifford Peale war viele Jahre lang Pfarrer, vorher jedoch Arzt gewesen. Sein geistiger Wissensdurst und seine geistige Vitalität waren gewaltig. Er las unglaublich viel und war in der Lage, viele Bücher und Sachgebiete zu bewältigen und zu erläutern, bei denen andere Menschen, eingeschlossen sein Sohn, Schwierigkeiten des Begreifens hatten. Der verstorbene Fulton Oursler erzählte mir einmal, daß er Du Noüys Bestimmungen des Menschen dreimal las, bevor er für Reader's Digest eine Zusammenfassung schreiben konnte. Natürlich war das ein Meisterstück wie alles, was er schrieb, aber er betonte, daß ihm mein Vater sehr dabei geholfen hatte, da dieser das Werk, so schwierig es war, gründlich erfaßt hatte, und seine Erklärungen klar und einleuchtend waren.

Mein Vater war der Typ Mensch, der niemals aufgeben wollte und es auch seinen Söhnen nicht gestattete, aufzugeben. Immer sagte er: »Die Peales geben nicht auf.« Als ich mein Buch »*Das Ja* zum *Leben*« schrieb, das dann ein Bestseller wurde, ging mir der Mut bei der Arbeit aus, und ich warf das Manuskript buchstäblich fort. Meine Frau holte es wieder hervor, gab es meinem Vater, der einen Verleger dafür suchte und fand. Er dachte gern über die Welt nach und über alles, was in ihr ist, über die Sterne, Menschen und über den Schöpfer. Er schwelgte in Philosophie. Er liebte alles in der Natur und wurde seltsamerweise zu einem der kenntnisreichsten Amateure über Schlangen. Selbst nachdem ihn die Arthritis derart behinderte, daß er kaum noch die Hände rühren konnte, und er nach einer Reihe von Herzinfarkten in den Rollstuhl gezwungen wurde, war er immer noch imstande, nachzudenken, und tat es. Er interessierte sich für Astronomie und erforschte den Himmel vom Rollstuhl aus. Er war ein wunderbarer Gesprächspartner und diskutierte die tiefsten Probleme anregend und mit bezauberndem Witz. Man saß gern zu seinen Füßen und hörte ihm zu. Alles, was ihn geistig beschäftigte, umgab er mit einem gewissen Glanz. Dann kam schließlich der Tag, an dem ein neuer Herzinfarkt ihm die Sprache nahm und er keine Worte mehr bilden konnte. Das Letzte, was er zu mir in seinem Leben sagte, war: »Ich erforsche den Himmel. Die Wissenschaftler behaupten, er liegt in der Milchstraße . . . schau dir heute abend die Milchstraße an.«

Nach seinem Tod kam der Arzt aus dem Sterbezimmer und sagte: »Das Licht des Geistes lag in seinen Augen, bis ich sie ihm schloß.« Wie hätte mein Vater diesen Ausspruch geschätzt! Charles Clifford Peale erhob sich über alle physischen Behinderungen durch einen machtvollen Einsatz von Mut und Geist, von Wachsamkeit und Glauben. Und das war es, was ihn zwanzig Jahre länger am Leben erhielt, als der Arzt geglaubt hatte.

Die einschneidenden Begrenzungen durch den Schmerz brachten es nicht fertig, das Glück, das er in sich spürte, zu dämpfen. Er lebte wachsam im Geiste und in der Seele, und daher verlor das Leben niemals für ihn an Faszination. Obwohl er ein Krüppel war, war er bis zum allerletzten Augenblick seines physischen Lebens lebendig, und ich glaube, daß er noch immer lebt, daß er vom Leben zum Tode, aber wieder zurück ins Leben geglitten ist, denn innerhalb seiner prachtvollen Persönlichkeit war er stets voll von Leben. Er hat die Antwort auf die tiefsten Wünsche des menschlichen Geistes gefunden, indem in ihm das Leben über alle Schwierigkeiten triumphierte. Ein dynamisches Leben zu führen heißt auch notwendigerweise, für Anregungen zu sorgen. Anregung ist für das Wohlbefinden ebenso notwendig wie Essen und Trinken. Ohne sie kann man natürlich existieren, aber es fehlen die Gründe, die der Existenz einen Sinn verleihen. Ein lebensvolles Dasein kann durch den Grad bestimmt werden, in dem Anregungen in unserem Geist wirksam sind.

Die Beziehung zwischen Anregung und Wohlbefinden geht aus folgender Begebenheit hervor: Ein Arzt bat einen Pfarrer, einen seiner Patienten zu besuchen, da dieser Patient darüber klagte, kein Leben oder keinen Schwung in sich zu fühlen. Seine Begeisterungsfähigkeit war erloschen, er »fühlte sich einfach nicht wohl.« Der Arzt berichtete, daß er die normalen Tests durchgeführt und physisch keine Mängel gefunden habe; dennoch klagte der Patient weiterhin, er fühle sich schlecht.

»Ich habe tatsächlich keine Medizin für ihn, und um Operationen handelt es sich schon gar nicht. Aber Sie und ich wissen, daß Menschen geistig krank werden und sich bedrückende Gefühle oft in körperlichen Leiden niederschlagen. Mein Vorschlag wäre, diesem Mann eine gute Dosis von Inspiration einzuspritzen. Geben Sie sie ihm, stimmen Sie seine Seele höher. Inspiration heißt ja, ›in-geistigen‹, Geist in das Sein bringen. Und da Geist gleich Leben ist, kann dieser Mann nicht ohne ihn gesund und stark werden.«

Eine Zeitlang gelang es dem Pfarrer, diesen Mann zu inspirieren, indem er ihn lehrte, zu beten und einen schöpferischen Glauben zu pflegen. Ein paar Wochen später rief der Arzt an und sagte: »Dem Patienten geht es wesentlich besser. Ein guter Beweis dafür, was eine gute Dosis Inspiration ausrichten kann.«

Unser Vorrat an Anregungen kann anzeigen, wie gesund, dynamisch, wie vital wir sind. Echte Inspiration stellt ein weitverbreitetes Bedürfnis der heutigen Menschheit dar. So viele von uns verfügen nicht über Erhabenheit oder Schwung des Geistes. Sollte das auf Sie zutreffen, könnte vielleicht Ihr Mangel an Inspiration Ihren Mangel an Befriedigung im Leben erklären. Wie kommt man nun zu neuer schöpferischer Anregung? Natürlich tragen Reisen, Musik, Kunst, Freunde und gute Bücher zu einem anregenden Leben bei. Vielleicht ist die Natur als Quelle lebensanregender Inspiration dem Geistigen beigeordnet. Zumindest wirkt sie so auf mich, und in diesem Augenblick erhalte ich daher eine »gute« Dosis von Anregung.

Ich schreibe diese Zeilen um Mitternacht, weit über dem nördlichen Polarkreis. Unser Schiff fährt zwischen den unwahrscheinlich schönen norwegischen Fjorden hindurch. Obwohl es fast ein Uhr nachts ist, ist es so hell wie am Nachmittag. Niemals habe ich irgendwo anders ein so dramatisches Schauspiel von Licht und Schönheit erlebt. Die nahen und fernen Berggipfel sind mit Schnee bedeckt und in ätherisches und überirdisches Licht getaucht. Ziehende Wolken in weichem Blaugrau sind hier und dort durch hellere Pastelltöne umrandet, sanfte Farben, die durch die Spiegelung der Mitternachtssonne entstehen. Soweit das Auge blickt, erheben sich in großem Umkreis gewaltige Bergriesen, ewige Bastionen aus Fels, die vor Urzeiten emporgestoßen wurden aus diesen gewaltigen Meeren am Ende der Welt.

Zu solcher Zeit und an einem solchen Ort fragt man sich in Gegenwart so großer Schönheit, ob dies nicht in einem tiefen und unerklärlichen Sinne eine Grundbedeutung des Lebens selbst darstellen könnte. Vielleicht liegt die letzte Bestimmung der menschlichen Existenz in der Fähigkeit, auf die Schönheit, den ewigen Frieden, in das herrliche Wunder der geheimnisvollen Welt einzugehen.

Natur gibt uns Anregung, nicht nur in derart prachtvollen Beispielen, wie ich sie in dieser Juni-Mitternacht im Nordmeer erlebe, sondern auch in einer bescheidenen Weise irgendwo auf dem Lande. Aber in jedweder Form, in der sie zu finden ist, wirkt eine Absicht, uns zu größerem Leben anzuregen. Daher ist es der Sinn jeder Anregung, uns bei der Bewältigung von Schwäche, Krankheit und inneren Konflikten zu helfen.

Die Grundbedeutung des Lebens ist demnach, zu lernen, wie man leben soll. Und dies ist nur möglich, wenn wir unseren Schöpfer finden, denn Gott allein kann unseren tiefsten Wunsch erfüllen. Wie Augustin sagte: »Unsere Seelen sind ruhelos, bis sie endlich ruhen in Dir.« Und Tolstoi, der in seiner rastlosen Suche nach innerem Frieden alles versuchte, fand schließlich die Antwort, die er in den folgenden Worten ausdrückte: »Leben heißt, Gott zu kennen.«

Dr. Viktor Frankl, Professor für Psychiatrie an der Wiener Universität, erzählte mir, daß heute viele Menschen in Europa nur deshalb krank sind, weil das Leben keinen tieferen Sinn mehr für sie hat. Das trifft ebenso auf Amerika zu. Er ist der Auffassung, viele dieser unglücklichen und unzufriedenen Menschen könnten geheilt werden, wenn sie durch ein auf den Schöpfer bezogenes Denken wieder zum Leben finden. Gott ist die Quelle lebensvollen Lebens, erklärt dieser berühmte Psychiater.

Uns ist vielleicht nicht klar, daß Gott unsere tiefste Sehnsucht ist. Ich habe viele Menschen erlebt, die unglücklich, ruhelos und auch unbesonnen ihre große Sehnsucht in der verkehrten Richtung zu erfüllen suchten und daher scheiterten, bis sie sie schließlich in Gott erfüllt fanden. Ich sollte vor einer Versammlung von Geschäftsleuten sprechen. Der Gastgeber war ein ungewöhnlich aufgeschlossener und sympathischer Mensch. Bei jedermann beliebt, strahlte er Fröhlichkeit, Heiterkeit und etwas entschieden Dynamisches aus.

Irgend etwas aus meiner Rede brachte ihn zum Sprechen, und er sagte: »Ich bin ein ruheloser, unbefriedigter und sehr unglücklicher Mensch gewesen. Ich habe einen Arzt nach dem andern aufgesucht, weil es ständig so aussah, als sei irgend etwas nicht in Ordnung mit mir, oder zumindest hatte ich Angst davor. Wenn ein Mitarbeiter irgendeine Krankheit bekam, bekam ich sofort die gleiche, wenn auch nur in meiner Einbildung, und stürzte wieder zum nächsten Arzt.

Wahrscheinlich war ich psychisch und geistig krank, denn ich war tatsächlich sehr niedergeschlagen. Ich betrank mich häufig und führte ein ziemlich wildes Leben, das gebe ich zu. Jetzt erkenne ich, daß ich im Grunde versuchte, einen Ausweg aus meinem Elend zu finden, und einfach jeden Weg ausprobierte. Natürlich faßte ich es ganz falsch an und erlebte dabei keine Besserung noch Lösungen.

Dann erschien ein junger Pfarrer, ein netter Kerl, in unserer Gemeinde, der mir sehr gefiel. Wir spielten zusammen Golf, und er spielte ebenso gut wie ich, vielleicht sogar besser. Nach einer Runde gingen wir dann ins Klubhaus, und ich fing wieder an zu trinken. Der Pfarrer hielt trotzdem zu mir; ich glaube, er mochte mich wirklich. Bald waren wir so weit, daß ich mich ganz natürlich mit ihm unterhalten konnte, und ich breitete alle meine Konflikte vor ihm aus. Sie können mir glauben, es waren ziemlich viele.

Eines Nachmittags, als wir vom Klub nach Hause fuhren, wendete der Pfarrer den Wagen und fuhr hinaus ins Land. Ich fragte ihn, wohin er denn wollte.

›Ach, nur etwas aus der Stadt heraus.‹

Dann hielt er am Straßenrand und stellte den Motor ab. Er sah mich an und sagte: ›Bill, ich habe Ihnen lange zugehört und Sie beobachtet, und jetzt werde ich Ihnen die Wahrheit sagen. Ich kann Ihnen verraten, wie Sie das finden werden, was Sie suchen, wie Sie mit Ihren Konflikten fertig werden, wie Sie überhaupt zu Ihrem Besten kommen können.

Die Schwierigkeit ist bei Ihnen, daß Sie sich Gott entgegenstellen. Sie sind ein kluger Kopf, und Sie sollten wissen, daß das, was Sie wirklich tief in Ihrem Herzen suchen, Ihr Schöpfer ist. Wenn Sie es nicht wissen sollten, dann sage ich es Ihnen hiermit. Ich denke, Sie werden es begreifen, weil Sie ehrlich mit sich selbst sind. Und ich weiß, daß Sie das sind, denn ich habe Sie immer als aufrichtig erlebt. Wenn Sie aufhören, sich gegen Ihren Schöpfer zu wehren, und Ihn in Ihr Leben einlassen, dann wird Er Ihre Konflikte lösen. Er wird Ihre gespaltene Persönlichkeit wieder einen und Ihnen Frieden, Gesundheit und Glück schenken. Er wird Sie zu einem großartigen Menschen machen.‹

Ich lachte zuerst, aber ich dachte doch darüber nach. Ich dachte einige Tage nach und beschloß dann, daß er recht hätte. Dieser Pfarrer half mir, zu meinem Schöpfer zu finden.«

Ich war tief bewegt über die Art, wie der Mann mich ansah, als er sagte: »Alles, was dieser Pfarrer versprach, was Gott für mich tun würde, hat Er getan. Und jetzt versuche ich, etwas für Gott zu tun. Jetzt habe ich wirklich das, wonach ich mich immer gesehnt hatte.« Er hatte endlich entdeckt, wie man lebt.

*

Acht Regeln, um ein erfülltes Leben zu leben:
1. Geben wir zu, daß wir mit jeder Faser unseres Seins leben wollen. Jeder möchte das.
2. Seien wir uns klar darüber, daß das Leben weitgehend darin besteht, Trauer und Schwierigkeiten zu überwinden.
3. Gehen wir aus uns heraus.
4. Leben wir in der Gegenwart.
5. Legen wir Begeisterung in unsere tägliche Arbeit.

6. Suchen wir nach Anregungen: in Büchern, bei Freunden, Musik, Kunst und Reisen.
7. Interessen sind ein Maßstab für Lebendigkeit.
8. »Leben heißt, Gott zu kennen.«

Warum denn müde sein, wenn wir voller Energie sein könnten

»Eine ständige Zufuhr von Energie findet statt, sobald man Gedanken der Hoffnung, des Vertrauens und guten Willens pflegt. Ist der Geist von dieser Art Denken beherrscht, erreicht man ein hohes Niveau an Kraft.«

Auf einer Anzeige war ein Mann um die fünfzig abgebildet, er saß zusammengesunken in einem Sessel, den Kopf in die Hände gestützt, mit einem Ausdruck gänzlicher Mutlosigkeit. Der Text lautete: »Leiden Sie unter dieser grauen Krankheit — halb wach, halb schlafend — nur halb lebendig, halb tot?«

Ein ergreifender Aspekt des heutigen Lebens ist die erstaunliche Anzahl von müden und des Lebens überdrüssigen Menschen. Bei vielen hat man den Eindruck, sie kriechen auf Händen und Knien durchs Leben.

Man kann jedoch ohne Müdigkeit oder Erschöpfung leben. Man kann sich seine Energie und Vitalität erhalten. Unser Schöpfer hat sicher beabsichtigt, daß wir mit anhaltender Kraft leben, denn das gesamte Universum ist geladen mit sich ständig erneuernder Energie. Da Energien sich in der Natur stetig erhalten, müssen wir annehmen, daß sie das auch in unserem Leben tun sollten. In meinem Hause gibt es zwei Standuhren. Die eine läuft acht Tage lang, und ich ziehe sie jeden Samstagabend auf. Aber es gibt auch Samstage, an denen ich es vergesse oder fort bin, und am Montag oder am Dienstag steht sie dann. Die andere Uhr ist elektrisch, und da sie an die laufenden Energien im Universum angeschlossen ist, bleibt sie niemals stehen.

Man kann sich an den ständigen Fluß der gottgeladenen Energie durch den Glauben, richtiges Denken und vernünftiges Leben anschließen. Dadurch kann man sich eine ununterbrochene Zufuhr von Energien sichern und braucht nie an der »grauen Krankheit« zu leiden.

Ein berühmter Mann kehrte in das Haus seiner Kindheit zurück, um sich von schweren Belastungen zu entspannen, und nahm sich dort das Leben, ein trauriges Ende einer bemerkenswerten Karriere. Ein Journalist schrieb darüber: »Er war ein müder Mensch. Er ging nach Hause, um auszuruhen. Nur hatte er anscheinend vergessen, wie man sich ausruht.« Der Journalist fügte hinzu: »Leider scheinen viele von uns in der gleichen erschütternden Situation zu sein. Wir wissen nicht mehr, wie man sich ausruht.«

Es scheint in der Tat, als hätten viele Menschen keine Elastizität, keinen Schwung, keine Dynamik. Sorgen, Schwierigkeiten, Verdruß haben Gewalt über sie. Die Konflikte und Verwirrungen dieser Welt scheinen ihren Geist überwältigt zu haben. Solche Menschen sind müde und überdrüssig und alt vor der Zeit. Sie müssen angeschlossen werden an den unbegrenzten Energiestrom von Gottes Universum.

In einem Schuhputzraum im Mittelwesten stellte ich fest, daß die Sessel bequemer waren als sonst an solchen Orten üblich. Ein Mann kam herein und ließ sich mit einem Seufzer neben mir nieder.

»Ich brauche meine Schuhe eigentlich gar nicht putzen lassen«, sagte er. »Aber ich bin immer so müde, daß ich ab und zu hierher komme, nur um in diesen bequemen Sesseln auszuruhen.«

Es war ein nett aussehender Mann von mittleren Jahren, daher sagte ich: »Sie sollten aber in Ihrem Alter nicht müde sein, junger Mann.«

»Oh, ich bin nicht mehr so jung. Dreiundfünfzig.« Dann

meinte er: »Manchmal frage ich mich, ob ich überhaupt weiß, wie man sich richtig ausruht. Wissen Sie es?«

Wir verließen den Raum und setzten draußen unsere Unterhaltung fort. Ich sagte: »Darf ich Ihnen einen Rat zum Ausruhen geben? Denken Sie bitte nicht, ich will mich aufdrängen oder versuchen, Ihnen etwas vorzupredigen, aber ich glaube wirklich nicht, daß Sie physisch müde sind. Ihre Müdigkeit liegt wahrscheinlich in Ihrem Gemüt, deshalb bietet sich als Heilung an, daß Sie Ihre Gedanken erfrischen und anregen. Ein einfacher Weg ist, sich ein halbes Dutzend Mal täglich die alte Bibelstelle zu wiederholen, bis sie Ihnen wirklich ins Bewußtsein eingeht: ›Aber die auf den Herrn harren, kriegen neue Kraft, daß sie auffahren mit Flügeln wie Adler, daß sie laufen und nicht matt werden, daß sie wandeln und nicht müde werden (Jesaia 40:31).‹ Und es gibt noch eine andere: ›Mein Angesicht soll vorangehen, damit will ich dich leiten (2. Buch Mose 33:14).‹«

»Die erste Stelle kannte ich«, meinte er, »aber die zweite ist mir neu.«

Ich wiederholte sie ihm. Er dankte mir, und ich sah, als ich ihn beim Fortgehen beobachtete, wie er sich aufrichtete. Er wendete sich um, lächelte, winkte und verschwand in der Menge. Ich habe ihn nie wiedergesehen. Zweifellos fragt er sich, wer ihm wohl eine so seltsame Medizin verschrieben hat, aber ich handelte lediglich als Agent des Großen Schöpfers, der uns lehrt, daß wir nicht müde oder erschöpft zu sein brauchen, daß uns ständig Energien an Körper, Geist und Seele zur Verfügung stehen.

Endlich sind wir uns klargeworden darüber, daß Gesundheit und Religion, wenn sie vernünftig eingesetzt werden, eng miteinander verbunden sind. Wir sind dabei, die wichtige Wahrheit zu lernen, daß die physische Verfassung in beträchtlichem Maße gefühlsmäßig und geistig bestimmt ist. Das Gefühlsleben wird entscheidend mitbestimmt durch unsere gedankliche Einstellung. Bisher neigten die Men-

schen eher zu der lange geläufigen Ansicht, daß die Lebenskräfte im mittleren Alter abzunehmen beginnen und man
sich daher sorgfältig schonen muß, um ein hohes Alter
überhaupt zu erreichen. Mehr oder weniger widerstandslos
haben wir die Unvermeidlichkeit von Schmerzen und die
allgemeine Verschlechterung unserer Verfassung hingenom-
men, die uns im vorgeschrittenen Alter erwarten. Zuweilen
haben wir diesen physischen Zustand mit einer gewissen
frommen Ergebung dem Willen des Schöpfers zugeschrieben und den Zustand des Abstiegs mit Resignation hinge-
nommen.

Persönlich glaube ich nicht, daß diese Auffassung zutrifft.
Meine Überzeugung ist, daß wir immer mit voller Kraft leben können, und daß das Geheimnis dafür in einer dynamischen religiösen Philosophie liegt. Der alles überragende
Begriff in der Bibel ist »Leben«. Jesus sagte: »Ich bin gekommen, daß sie das Leben und volle Genüge haben sollen (Johannes 10:11).« Wenn man die schöpferischen und erneuernden Grundsätze des Christentums wirklich praktiziert,
kann man auch nach dem Zeitpunkt des Lebens länger
kraftvoll leben, an dem angeblich die Energien entschwun-
den sein sollen.

Haben Sie nie Menschen erlebt, die bis ins hohe Alter
hinein ausreichende Energien und eindrucksvolle Vitalität
besitzen? Wie ist es ihnen gelungen, den Abstieg zu überwinden? Diese Menschen erhielten sich einfach, weil sie eine Harmonie mit den grundlegenden Quellen von Vitalität
und Energie erreichten, nachdem sie ihr Denken auf dynamischen Glauben und Begeisterungswillen eingestellt hatten. Sie demonstrierten, daß man durch Ausschalten von
Haß, Unruhe und Spannung und durch Anwendung einfacher Regeln von Hygiene und geistiger Gesundheit die Müdigkeit überwinden und ständig Energien haben kann. Das
Geheimnis einer ständigen Kraftzufuhr liegt in der Einstellung auf Gottes Gangart und Tempo. Synchronisieren wir

unser Denken und Leben mit des Schöpfers gelassener Zeiteinteilung. Der Schöpfer ist in uns: wenn wir die eine und Gott eine andere Gangart einschlagen, dann reißen wir uns auseinander. Erhaltung von Energie und Abwesenheit von Müdigkeit hängen ab davon, ob man im natürlichen Rhythmus des Schöpfers lebt.

Eine solche Identifizierung mit jenem gleichmäßigen Tempo und Rhythmus, der dem Leben innewohnt, ist einer der sichersten Wege, destruktives Erlahmen auszuscheiden. Laufende Gefühlserregungen plus übertriebene Stimulierung durch Eile und Hektik zehren mehr an dem Zufluß von Energien, als unsere natürlichen Reserven nachliefern können. Wenn wir uns aber dem harmonischen Kraftzufluß in dem normalen Maßstab der Natur anpassen, dann werden wir auf der Gefühlsebene leben, die der Schöpfer uns zugedacht hat. Und wenn wir das tun, werden wir wahrscheinlich auch niemals zusammenbrechen, wir werden, ganz im Gegenteil, über das Vermögen verfügen, durchzuhalten.

Eine Geschäftsführerin hatte sich ohne Rücksicht auf ihre nachlassenden Kraftquellen übernommen. Ihre Reserven gingen aus, sie war nicht in der Lage, eine Krankheit abzuwehren. Durch das Fehlen von Regenerierungsmöglichkeiten mußte sie ihre Arbeit für eine längere Erholungspause unterbrechen.

Sie fuhr nach Daytona Beach in Florida und machte es sich zur Gewohnheit, jeden Tag an einen stillen Fleck am Strand zu gehen und auf dem warmen Sand in der Sonne zu liegen. Nach einigen Tagen derartiger Entspannung wurde sie auf ein merkwürdiges Phänomen aufmerksam. Von wo sie lag, beobachtete sie in aller Muße, wie das Strandried sich anmutig im sanften Wind wiegte. Eines Tages fiel ihr ein einzelner Halm auf, und sie war verblüfft über die Tatsache, daß er sich in einer bestimmten rhythmischen Bewegung zu bewegen schien. Sie ertappte sich dabei, diesen Rhythmus mitzuschlagen wie bei einem Musikstück. Dann, während sie dem Rauschen der Brandung zuhörte, merkte sie, daß auch diese einen Rhythmus hatte und, wenn auch auf anderer Ebene, im wesentlichen der gleiche war wie das Wiegen des Strandgrases. Diese merkwürdige Entdeckung beschäftigte sie. Daraufhin begann sie nach Rhythmus in der Natur um sie herum Ausschau zu halten. Wenn sie mit dem Ohr am Boden lag, um die dunklen harmonischen Töne aufzunehmen, wurde ihr ein ruhiger, aber kontinuierlicher Fluß rhythmischer Energie in allem Leben bewußt.

Der Höhepunkt dieser heilsamen Entdeckung kam indessen an dem Tag, an dem sie zufällig den eigenen Herzschlag hörte. Das Gefühl dieses Schlagens erregte sie, während sie mit dem Ohr in einer bestimmten Stellung im Sand lag. In einer Erleuchtung kam ihr die Erkenntnis, daß der Rhythmus ihres Herzens im Takt mit dem Rhythmus des wiegenden Strandgrases und der brausenden See und den Myriaden von Geräuschen um sie herum stand. Sie erlebte es, daß sie eins war mit dem rhythmischen und harmonischen Gang der Natur selbst. Sie spürte wie nie zuvor ihre persönliche Harmonie mit der Kraft des allmächtigen Schöpfers, der die Quelle alles Schöpferischen und aller Erneuerungen ist.

Auf diese Entdeckungen folgte die erregende und beruhigende Gewißheit, daß sie, wenn sie von nun an beharrlich in Harmonie mit dem Zeitmaß des Schöpfers blieb, ohne Einbuße an Kraft in der Lage wäre, zu arbeiten und schwere Verantwortung zu tragen. Durch diese Erfahrung entdeckte sie das unschätzbare Geheimnis, daß wir nicht zu erlahmen brauchen und alle erforderlichen Energien für unsere Verantwortlichkeiten haben können, wenn wir im Rhythmus des Schöpfers leben.

Baut man durch Disharmonie eine Überanstrengung auf, so verliert man an Kraft und Energie. Lebt man hingegen in harmonischem Rhythmus, dann vermindert man die Anstrengung und erneuert ganz automatisch Energien und Vitalität. »Die auf den Herrn harren«, sich also dem Grundrhythmus des Lebens anpassen, werden also gewiß »neue Kraft kriegen« und bei Kräften bleiben.

Vergessen wir niemals, daß beständige Energie äußerst wichtig für den Erfolg im Leben ist. Emerson sagt: »Die Welt gehört den Energischen.« Denken wir an diese Wahrheit, wenn wir Menschen erforschen oder Geschichte studieren. Leistung und Nützlichkeit sind in der Tat denen eigen, die wachsam und vital durch lange Jahre bleiben. Erinnern wir uns immer an die wichtige Tatsache, daß die wahrhaft kraftvollen Menschen jene sind, die ihren Geist dazu erzogen haben, Konflikte und Überanstrengungen zu vermeiden. Außerdem haben sie gelernt, sich Eifer und Begeisterungsfähigkeit zu erhalten.

Wir müssen uns bewußt sein, daß viel, vielleicht die größte Müdigkeit aus dem Geist kommt. Wir werden müde, wenn unser Denken ermüdet. Will man sich die Energien erhalten, ist es gefährlich, zu sagen: »Ich bin müde, ich habe zuviel zu tun, ich bin überfordert, ich bin ausgepumpt.« Solches negatives Erschöpfungsdenken hat die Tendenz, ins Unterbewußtsein einzugehen, um dann tatsächlich in Ermüdungsreaktionen wieder hervorzukommen.

Der Muskelbau des Körpers verfügt über viel mehr Abwehr- und Verjüngungskräfte, als wir annahmen. Mit einem Armmuskel, der von der Steuerung aus dem Hirn abgeschnitten war, machte man folgende Erfahrung: der Muskel wurde mehrere Stunden hintereinander angeregt und reagierte weiter ohne jedes Anzeichen von Müdigkeit, womit bewiesen ist, daß Muskeln fast unendlich lange weiterfunktionieren können. Als die Nervenblockierung beseitigt war, wurde dem Patienten gesagt, sein Arm sei müde. Diese Mitteilung wirkte sich sehr rasch aus: der Muskel selbst fühlte sich offenbar müde und hörte auf zu funktionieren.

Ein Herzspezialist erklärte: »Der zäheste Muskel, den wir

besitzen, ist der Herzmuskel. Während einer normalen Lebensdauer produziert er genügend Energie, ein Schiff viereinhalb Meter aus dem Wasser zu heben.« Aber selbst der Herzmuskel kann durch die zerstörerischen Kräfte falschen Denkens seine Widerstandskraft einbüßen und einem Verlust an Funktionsfähigkeit unterliegen. Angst, Groll, Ärger, seelische Schwierigkeiten, Anspannung — derart ungesunde Gedanken können erwiesenermaßen, wenn sie lange genug gehegt werden, die gewaltige Kraft des stärksten Muskels mit verheerendem Ergebnis unterminieren.

Wie bereits gesagt, hat viel Müdigkeit ihren Ursprung im Denken. Aber eine ständige Zufuhr von Energie findet statt, sobald man Gedanken der Hoffnung, des Vertrauens und des guten Willens pflegt. Ist das Gemüt von dieser Art Denken beherrscht, erreicht man ein hohes Niveau an Kraft.

Allgemein gesprochen, wird Erschöpfung nicht durch Arbeit, nicht einmal durch das, was wir als Überarbeitung bezeichnen, bewirkt. Wenn Menschen vor »Überarbeitung« zusammenbrechen, ist die wirkliche Ursache dafür vermutlich eine ungewöhnliche Belastung des geistig-gefühlsmäßigen Sektors; Belastungen wie Sorgen, Widerwillen oder Spannungen. Derartige Erschöpfung ist häufiger das Ergebnis eines Nachlassens oder Absinkens des Stimmungsbarometers. Hat man von sich selbst das Bild eines müden Menschen, dauert es nicht lange, und die Muskeln und Nerven werden diesen Gedanken übernehmen. Auch sie werden müde werden. Das Hirn hat dann also den Muskeln eine Vorstellung von Müdigkeit übermittelt.

Das kann man sich selbst beweisen, wenn man beobachtet, wie plötzlich ein Aufkommen neuer und überwältigender Interessen jede Müdigkeit zerstreut und einem neue Kraft und Lebensgefühle vermittelt. Ein Freund von mir wollte seinen sechzehnjährigen Sohn in der traditionellen amerikanischen Art erziehen, indem er ihn ins Leben hinaus zur Arbeit schickte. Da der Vater darauf bestand, suchte der Junge ohne jede Begeisterung eine Beschäftigung in einer Fabrik für die Sommerferien; seine Arbeitsstunden begannen um acht Uhr morgens und endeten um vier Uhr nachmittags.

Eines Abends, als der Junge schleppend nach Hause kam, erschöpft von einer Arbeit, die ihn nicht interessierte und gegen die er sich innerlich wehrte, sagte der Vater: »Bill, der Rasen muß gemäht werden, würdest du es bitte gleich tun?«

»Aber Vater«, protestierte der Junge, »ich habe den ganzen Tag so hart gearbeitet, ich bin zum Umfallen müde.«

»Tut mir leid, Junge, aber wenn du den Rasen nicht mähst, muß ich das tun, und du willst doch sicher nicht, daß sich dein armer alter Vater auf diesem Rasen abrackert, nicht wahr?« Also machte sich der Junge widerwillig und müde ans Mähen und dachte ständig daran, was für eine mühselige Arbeit das nun noch war. Als Ergebnis vergrößerte sich die Müdigkeit natürlich.

Dann erschien ein Mädchen, hübsch, ebenfalls sechzehn und bewaffnet mit einer Golftasche.

»Komm, Bill«, sagte sie, »spielen wir eine Runde.«

Urplötzlich war Bill wie elektrisiert vor Energie. »Warte, bis ich mit dem Mähen fertig bin«, sagte er und beendete sein Werk in kürzester Zeit. Er spielte Golf, bis es dunkel wurde, ließ das Abendessen aus und tanzte bis Mitternacht. Offenbar waren Bills Muskeln gar nicht wirklich müde gewesen, er war lediglich in seinem Gemüt erschöpft gewesen. Als ihn etwas interessierte, das stärker als die müden Gedanken war, ging sein Körper sogleich darauf ein, denn er war voller Energien, die nicht verbraucht waren.

Eine Mutter, die den ganzen Tag hart gearbeitet hatte, sank ins Bett und stöhnte: »Ich bin so müde, jeder Knochen tut mir weh.« Sie fiel in tiefen Schlaf. In jener Nacht weinte ihr jüngstes Kind kläglich, sie stürzte an die Wiege, fand es mit fieberheißem Gesicht und rief den Arzt. Dann saß sie die ganze Nacht hindurch bei ihrem Kind und zeigte keinerlei Anzeichen von Müdigkeit, bis die Krise vorüber war. Ihre Muskeln waren müde gewesen, ihr Geist aber noch müder. Als ein inbrünstiges Interesse im Spiel war, wurden Körper und Geist sofort wach und lebendig. Selbstverständlich gibt es eine gesunde physische Müdigkeit. Nach einem harten Arbeitstag ins Bett zu fallen und zu schlafen, gibt ein köstliches Gefühl der Erholung. Das ist die normale gesunde Müdigkeit durch physische Anstrengung. Eine Nachtruhe wird in solchen Fällen die Energie wiederherstellen. Es gibt auch eine Müdigkeit, die aus physischer Krankheit rührt. Diese zu heilen gebührt dem Arzt. Aber es gibt auch eine tiefe Müdigkeit, die geistigen oder gefühlsmäßigen Ursprungs ist, und für diese gibt es eine andere Art »Medizin«.

Offenbar ist damit weder ein Gebräu in einer Flasche noch eine Pille gemeint. Die Medizin besteht eher in Form richtigen Denkens und Lebens. Es handelt sich um die Befreiung des Gemütes von ungesunden Einstellungen. Natürlich ist ebenfalls eine gesunde Behandlung des physischen Körpers erforderlich, aber in erster Linie ist diese Medizin die ständige Einnahme von schöpferischer Energie durch Gebet, Glaube, guten Willen und Selbstlosigkeit. Es geht um die positive Bekräftigung des Wirkens des Schöpfers in dem Erneuerungsprozeß.

Üben wir uns täglich in dem energiespendenden Grundsatz, der in den Worten »Denn in ihm leben, weben und sind wir« (Apostelgeschichte 17:28) liegt. Kultivieren wir den Glauben, daß der Schöpfer, da er uns geschaffen hat, uns auch ständig neu erschafft. Die Identifizierung mit Gott, wie sie in der Bibel dargelegt ist, bedeutet, daß man wirklich in Seiner gewaltigen Kraft leben kann. Das erklärt auch, warum die echten und glücklichen Christen so voll von Leben sind.

Das ist ein praktisches und mächtiges Gesetz der Vitalität. Setzen Sie es ein, und Sie werden überrascht sein, wie sehr Ihre Kraft und Energie angespornt werden. Die Anwendung dieser Einsichten wird Ihnen helfen, Überarbeitung, zu große Sorgen und zu großen Druck abzuwehren. Denn selbstverständlich kann man wirkliche Energien nicht entwickeln, wenn diese Einflüsse nicht ausgeschaltet sind.

Bei dieser Methode ist es wichtig, lebensbejahende Gedanken zu pflegen. Indem man seinen Geist mit Gedanken von Lebensbejahung tränkt, kommt man schließlich wirklich dazu, lebensvoll zu sein. Je mehr man das tut, desto lebenserfüllter fühlt man sich.

Wenn der Geist zu lebensbejahendem Denken übergeht, beginnt er sofort, negative Gedanken wie Angst, Haß und andere Konflikthaltungen abzuschwächen. Während diese sich zurückziehen, dringen Gedanken von Eifer und Begeisterung an ihre Stelle. Auf diese Art wird Müdigkeit gebremst, und eine entschiedene Kräftigung findet statt.

Der eifrige Mensch wird nicht müde im Sinne von Erschlaffung. Man halte sein Interesse und die Begeisterungsfähigkeit für jeden Aspekt des Lebens auf hohem Niveau. Die heilsame Wirkung spürt man geistig wie körperlich an der entschieden erhöhten Vitalität.

Ich kann nicht genug die Wichtigkeit des täglichen Ausleerens aller müden Gedanken und des überlegten Anfüllens des Geistes mit frischen dynamischen Vorstellungen betonen. Für diese Entleerung des Geistes und seine Säuberung sollte eine bestimmte Zeit jeden Tag angesetzt werden. Persönlich benutze ich die fünfzehn Minuten dazu, in denen ich meine Taschen entleere, bevor ich meinen Anzug aufhänge. Eine andere Methode ist, den Geist im gleichen Zeitpunkt zu entkleiden, in dem man den Körper entkleidet. Schließlich springt man auch nicht angezogen, mit den Kleidern ins Bett. Aber viele Menschen gehen mit ihrem Gemüt voller unglücklicher Vorstellungen zu Bett und wundern sich, daß ihr Schlaf rastlos ist, und warum sie am nächsten Tage erschöpft sind.

Ein Schneider sagte mir einmal, daß die Kleidung besser

aussieht und sich besser hält, wenn man jeden Abend alles aus den Taschen nimmt. Deshalb leere ich meine Taschen und ordne Messer, Bleistifte, Geld und Notizen sorgfältig auf dem Toilettentisch, bevor ich mich abends zurückziehe. Ich werfe so viel wie möglich an Zetteln und verschiedenen anderen unnützen Dingen dabei in den Papierkorb. Das gibt mir das Gefühl, die Dinge beendet zu haben, und ihr Fortwerfen nimmt auch die Belastung mit ihnen aus meinem Kopf.

Eines Abends fiel mir ein, während ich meine Taschen leerte, daß es wohltäte, wenn ich gleichzeitig meinen »Kopf« leerte. Den ganzen Tag hindurch neigen wir dazu, uns mit allen möglichen Stimmungen von Bedauern, Groll und Ängsten zu umgeben. Läßt man zu, daß sich das ansammelt, dann verwirren sie einem den Kopf und werden zu einem Störfaktor im Bewußtsein. Ich entwickelte nun eine Methode, durch die ich diese geistigen Hindernisse in einen eingebildeten »Papierkorb« werfen kann. Das erleichtert ungemein und macht das Einschlafen sehr viel einfacher. Wenn der Geist auf diese Weise von den energieschwächenden Faktoren befreit ist, kann er entspannen und eine erholsame Erneuerung genießen.

Diese Methode verhilft mir zu einem erfrischten Erwachen mit frischen Kräften. Sie hat sich auch bei vielen anderen Menschen förderlich ausgewirkt, denen ich sie empfahl. Da sie Anspannung und Bedrückung entfernt, hat sie sich im allgemeinen als wirksam für eine Verminderung der Erschöpfung erwiesen. Es ist eine gute Methode, die Gifte der Erschöpfung abzuziehen und sich ein hohes Niveau an Vitalität zu bewahren.

Um den Geist mit dynamischen Vorstellungen aufzufüllen, dachte sich mein Freund, der verstorbene Lawrence Townsend, ein außerordentlich wirkungsvolles, praktisches Programm zur Erhaltung ständiger Energie aus. Lawrence Townsend war einer der gesündesten, glücklichsten, jüngsten alten Männer, die ich je gekannt habe. Mit einundneunzig stand er schlank und aufrecht da und war recht kräftig. Niemals brauchte er eine Brille. Er war voll Kraft, Witz und Leben, bis fast zu dem Tage seiner triumphierenden Abreise nach der anderen Seite, wo er sich ganz gewiß ebenso wohlfühlt, wie er es hier tat.

Er hatte eine hervorragende Laufbahn im Auswärtigen Dienst der Vereinigten Staaten hinter sich, war auch einmal Gesandter in Österreich. Er und seine Frau waren enge Freunde führender Persönlichkeiten in vielen Ländern.

Lawrence Townsend nimmt in meinen Erinnerungen einen hervorragenden Platz ein als eines der überzeugendsten Beispiele anhaltender Energie. Er aß herzhaft, machte es sich aber zur Regel, ohne das Gefühl des »Vollgestopftseins« vom Essen aufzustehen. Er hielt eine ausgeglichene Diät ein, wobei er etwas darauf achtete, nicht zuviel Süßigkeiten oder Stärke zu sich zu nehmen, und sich mehr auf Früchte und Gemüse verlegte. Er ging früh zu Bett, machte aber daraus ebensowenig eine Religion wie aus seiner Diät. Wenn er später aufbleiben wollte, so tat er das, war aber grundsätzlich für die alte Weisheit: »Früh ins Bett, früh heraus, hält den Menschen gesund.« Er stand früh auf, trieb etwas Gymnastik, nahm ein anregendes Bad, rieb sich anschließend mit einem groben Handtuch scharf ab. Dann verbrachte er fünfzehn Minuten mit dem Lesen der Bibel und anderen erleuchtenden Schriften. Nachdem er sich gewaschen hatte, fand er es ebenso wichtig, Geist und Seele zu »waschen«.

Einen Teil jeden Tages verbrachte er mit irgendeiner manuellen Arbeit. Er war geradezu ein Fachmann im Schreinern und Kunsttischlern. Er glaubte an die »Therapie der Handarbeit«, glaubte, daß diese Beschäftigungen Kopf wie Muskeln besser als Sitzarbeiten beanspruchten und Spannungen und Belastungen lösten. Außerdem entdeckte er, daß seine Beschäftigungstherapie dazu beitrug, allgemeine

Beklemmungen zu mindern, die er für höchst heimtückische und zehrende Faktoren hielt.

Irgendwann einmal täglich zog er sich, wenn es das Wetter zuließ, in ein Sonnen-Haus zurück, das er selbst entworfen hatte. In diesem Bau ohne Dach konnte er sich entkleiden und Gymnastik treiben, anschließend ein Sonnenbad nehmen und sich vollkommen entspannen. Dann gab er sich der »Entleerung« seines Gemütes von allen »vergiftenden« Gedanken hin und füllte es mit den gesundesten, beglückendsten und dynamischsten Gedanken, die er zusammenbringen konnte.

Wenn er hoch aufgerichtet in der Sonne stand, sagte er laut folgende lebensbejahende Worte, die ihn kräftigten, während er sie sprach: »Ich atme in den reinen, schönen, positiven Gedanken des Schöpfers, die mein Bewußtsein und mein Unterbewußtsein erfüllen bei völliger Ausschaltung aller negativen, unreinen, neidischen, hartherzigen Gedanken.«

Vielleicht erscheinen Lawrence Townsends Programm und Methoden etwas ungewöhnlich, aber sein Sieg über den Altersprozeß und seine erstaunliche Energie im Alter von einundneunzig Jahren beweisen überzeugend ihren Wert. In vielen Reden, auch im Rundfunk, habe ich diese Methoden weitergegeben, und es waren nicht wenige, die sie mit ausgezeichneten Erlebnissen ausprobiert haben. Ich selbst habe Townsends Methode verwendet und bin sicher, daß auch Sie, wenn Sie sie üben und beharrlich durchführen, wesentlich mehr Energien und Vitalität entwickeln können, als Sie je zuvor an sich erlebt haben. Wenn Sie gewillt sind, sich dazu zu erziehen, können Sie, davon bin ich überzeugt, Ihre Müdigkeit meistern.

Ein anderer Weg wäre, sich an geschäftigen Tagen kurz darauf zu konzentrieren, die Entwicklung von »Erschöpfungs-Nestern« zu verhindern. Eine gute Methode ist, energiefördernde Textstellen der Heiligen Schrift halblaut zu zitieren, während man Auto fährt, auf einen Bus wartet oder überhaupt in irgendeiner freien Minute. Während man das tut, bekommt man eine Vorstellung jener schöpferischen geistigen Wahrheiten als aktiven Faktor für eine ungehinderte Kraftzufuhr. Tut man das eine Weile lang, so verhindert man, daß sich ungesunde gedankliche Lager von alten, verbrauchten Einstellungen bilden. Einige Ärzte haben schon überlegt, ob derartige ungesunde Gedankenansammlungen nicht physiologische Veränderungen hervorbringen können, die den allgemeinen Gesundheitszustand nachteilig beeinflussen.

Um Müdigkeit auszuschalten und in stetiger Energie zu leben, ist natürlich die Kunst entscheidend, Verantwortung abzuwerfen und ungestörten Schlaf zu genießen. Dies ist eine Kunst, die durchaus lernbar ist.

Wenn wir bei Schlaflosigkeit von Ängsten um den nächsten Tag gestört werden, erinnern wir uns daran, daß uns der Schöpfer an jedem Tag, den wir bisher gelebt haben, zur Seite gestanden hat, und daß der morgige Tag keine Ausnahme sein wird. Wiederholen wir uns laut die alten Wahrheiten: »Solange Deine Macht mich gesegnet hat, so lange wird sie mich auch weiterleiten.« Das wird unser Unbewußtes von Gottes fortdauerndem Schluß überzeugen und ein beruhigendes, entspanntes Gefühl erwirken. Schlafen wir ein in dem Bewußtsein und der Sicherheit, daß der Schöpfer alles, was am folgenden Tag von uns erwartet wird, mit uns zusammen tun wird.

Das Geheimnis beständiger Energie besteht demnach darin, das Gemüt von allen Gedanken und Einstellungen zu »entleeren«, die Ermüdung auslösen. Das ist durch diejenigen Methoden möglich, die uns am besten entsprechen. Danach gehen wir über zu dem Erneuerungsprozeß, indem wir den Geist mit den Gedanken füllen, die uns der erneuernden Kraft von Gottes dynamischem Universum zuführen.

*

Einige Vorschläge für die Überwindung von Ermüdungser-
scheinungen und zur Erhaltung der Energien:

1. Bleiben Sie Ihrem Schöpfer, der Quelle aller Energie, im
   Denken und Glauben verbunden.
2. Vermeiden Sie die »graue Krankheit«: halb wach, halb
   schlafend, halb lebendig, halb tot.
3. Seien Sie sich klar darüber, daß Energien nachlassen,
   wenn die Kraft Ihrer Gedanken nachläßt; bleiben Sie also
   wach im Denken.
4. Stellen Sie sich als Kind Gottes vor, als ein ständiger
   Empfänger seiner Gaben grenzenloser Gesundheit, Kraft
   und Vitalität.
5. Vermeiden Sie jede Vorstellung, »alt und schwach« zu
   werden. Stellen Sie sich die Jugend Ihres Geistes als Wi-
   derpart zum Altersprozeß vor.
6. Entleeren Sie jeden Abend Ihr Gemüt ebenso wie Sie Ihre
   Taschen entleeren. Bevor Sie zu Bett gehen, vergeben sie
   jedem und nennen Sie jeden dabei beim Namen. Lassen
   Sie Vergangenheit Vergangenheit sein und glauben Sie
   daran, daß der Schöpfer über Ihnen wacht, wenn Sie
   schlafen.
7. Keine Hast! Halten Sie den gleichmäßigen Rhythmus des
   Schöpfers ein.
8. Trainieren Sie Ihren Geist dazu, Angst und seelische Tiefpunkte abzuwehren, die beiden Haltungen, die alle Energie absaugen.
9. Bestärken Sie sich darin, daß Gottes ständige Erneue-
   rungskraft durch Ihr Sein fließt und Ihnen genügend Vitalität schenkt, um ein wirkungsvolles Leben zu leben.

VIII

Man kann nicht nur aus Fehlern lernen, sondern auch erfahren, wie man weniger macht

»Es heißt, die große Geschichte dreht sich um kleine Ereignisse. Das gleiche gilt auch für das menschliche Leben. Eine bestimmte Zeitlang trifft man eine Reihe von Entscheidungen, die jede für sich scheinbar nicht sehr wichtig sind. Aber die Gesamtheit dieser Entscheidungen bestimmt am Ende das Ergebnis unseres Lebens. Ein erfolgreiches Leben hängt davon ab, daß man einen höheren Prozentsatz von Klugheit als von Irrtum erreicht.«

Der junge Mann ließ sich in meinen Sessel im Büro fallen. »Es ist alles ganz sinnlos«, sagte er niedergeschlagen, »ich bin ein Versager. Früher einmal hatte ich eine Menge Hoffnungen und Pläne, aber darüber kann ich heute nur noch lachen. Alles ist schiefgegangen. Ich habe alles vermurkst durch meine dummen Fehler. Niemand wird noch etwas von mir halten.« Er schwieg einen Augenblick und seufzte dann: »ich glaube, das Schlimmste dabei ist, daß ich den Glauben an mich selbst verloren habe.«

Mit neunundzwanzig Jahren war er von einer guten Firma entlassen worden, weil er einen schwerwiegenden Fehler in einer Angelegenheit begangen hatte, für die er verantwortlich war.

»Warum habe ich das nur getan?« fragte er in sinnloser Verzweiflung. »Ich hatte die Chance meines Lebens in dieser Firma. Ich habe mir die beste Möglichkeit verbaut, die ich je haben werde. Warum habe ich nur sowas Dummes gemacht? Was ist los mit mir?«

»Hin ist hin«, meinte ich, »blicken Sie lieber in die Zukunft.«

Warum begeht man Fehler? Der größte aller Fehler ist jedoch, wenn so ein Fehler den Glauben an sich selbst zerstört. Das einzig Vernünftige in solchen Fällen ist, den Grund für den Fehler herauszufinden und zu analysieren. Man soll daraus lernen, vergessen und nach vorn blicken und darauf setzen, daß man es das nächste Mal besser machen wird.

Im Leben ist es sehr wichtig, zu lernen, wie man weniger Fehler macht. So erzählte ich diesem so tief entmutigten jungen Mann, daß ich vor Jahren für den hervorragenden Herausgeber einer Zeitung, Grove Patterson, Artikel schrieb. Grove Pattersons Leitartikel waren menschlich, freundlich und klug. Ich hatte zufällig einen davon auf meinem Schreibtisch liegen und las ihn dem niedergeschlagenen jungen Mann vor. Der Artikel hatte den Titel »Wasser unter der Brücke«; hier ein paar Zeilen daraus: »Ein Junge beugte sich einmal über das Geländer einer Brücke und beobachtete den Strom des Flusses unter sich. Ein Stück Holz, ein Treibholz, ein kleiner Span schwammen vorbei. Dann war die Wasseroberfläche wieder glatt. Aber immer floß das Wasser vorüber, wie es das seit hundert, seit tausend und mehr Jahren getan hatte. Manchmal war die Strömung stärker und dann wieder langsamer. Aber weiter floß das Wasser unter der Brücke dahin. An diesem Tag machte der Junge eine Entdeckung. Ganz plötzlich wußte er, daß alles in seinem Leben eines Tages wie dieses Wasser unter der Brücke vorbeifließen und vorüber sein wurde. Sein ganzes Leben lang war ihm dieser Gedanke sehr nützlich, er wurde von ihm getragen, obwohl es Tage und Dinge gab, die dunkel und nicht einfach waren. Immer, wenn er einen Fehler gemacht hatte, der nicht wiedergutzumachen war, oder wenn er etwas verlor, das ebenso unwiederbringlich war, sagte sich der inzwischen zum Mann erwachsene Junge: ›Wasser unter der Brücke.‹« Er regte sich auch nicht übermäßig auf über die Fehler, und er ließ sich keinesfalls durch sie entmutigen — es war »Wasser unter der Brücke«.

Als ich diese vernünftige Betrachtung dem jungen Mann vorgelesen hatte, schwieg er in Gedanken versunken. Schließlich richtete er sich auf. »Okay«, sagte er mit einem neuen Ton in der Stimme, »ich habe es begriffen — ein Fehler oder ein Dutzend können mich nicht kratzen. Ich werde ihn zurückbekommen — den Glauben an mich selbst.« Ich bin glücklich, berichten zu können, daß er diesen Fehler mit Erfolg in seinem ferneren Leben verarbeitet hat.

Wenn man mit einer Neigung zu Fehlern fertig werden will, die einen sehr quälen und in große Schwierigkeiten bringen kann, ist es ratsam, umzudenken. Sehr viel Irrtümliches kann sich im Gemüt zusammenbrauen, aber es ist auch möglich, einen Vorrat von positiven Gedanken aufzubauen. Wahrheit und Irrtum befinden sich oft ständig im Kampf miteinander, sowohl in der Gesellschaft wie im einzelnen. Ist der Geist mit Irrtum angefüllt, besteht die Gefahr, daß dieser sich festsetzt. Läßt man zu, daß er vorherrschend wird, dann wird er einen natürlich dazu führen, Irrtümer zu begehen. Man denkt unkorrekt, bezieht eine verkehrte Einstellung, zieht falsche Schlüsse und trifft falsche Entscheidungen. Das Nettoergebnis wird eine allgemeine überwältigende Fehleinschätzung sein.

Wenn man sich aber zu klaren Erkenntnissen durchgerungen hat, läßt man sich auch von den richtigen Überlegungen leiten. Man wird die richtige Einstellung haben, die Durchschnittsquote an Fehlern mindern, und die Dinge werden sich zum Richtigen wenden. Eine Bibelstelle drückt das noch besser aus: »Und ihr werdet die Wahrheit erkennen, und die Wahrheit wird euch frei machen (Johannes 8:23).«

Die Tendenz zum Irrtum bricht gelegentlich in scheinbar abnormer Weise hervor. Zuweilen werden wir durch Impulse getrieben, die wir nicht verstehen und die in Wirklichkeit arglistige Versuche unseres eigenen Unterbewußten sind, uns zu schaden. Ein solcher Impuls kann der Wille zum Versagen sein, jener seltsame Wunsch, uns selbst für vielleicht irgendein Schuldbewußtsein oder einen inneren Konflikt zu strafen. Für den vernünftigen, bewußten Menschen ist es schwierig, solche »unheimlichen« Erscheinungen als plausible Erklärung für die Fehler, die wir machen, hinzunehmen, aber wir müssen erkennen, daß das Unbewußte häufig in scheinbar irrationaler Weise wirkt, obwohl es im Grunde nicht irrational ist.

Der Manager einer Fabrik kam in unsere Beratungsstelle wegen einer jungen Angestellten, die anfing, in der Handhabung einer ziemlich komplizierten Maschine Fehler zu machen. Keinem anderen Arbeiter an einer ähnlichen Maschine waren solche Fehler unterlaufen, und vorher war das Mädchen eine präzise und korrekte Arbeiterin gewesen. Als wir dem Problem auf den Grund gingen, interessierten wir uns auch für die häusliche Situation und fanden heraus, daß die junge Frau mit ihrem schon ältlichen Vater lebte, einem mürrischen, wehleidigen, anspruchsvollen Mann. Er erlaubte seiner Tochter keinen gesellschaftlichen Umgang und wollte sie offenbar gänzlich für seine Dienste reservieren. Er war voll sauren Selbstmitleids und erinnerte sie ständig an das, »was er alles für sie als Kind« getan hatte, wobei der Nachdruck auf »jetzt ist es an dir, etwas für mich zu tun«, lag.

Sie brachte ihm das Frühstück und bereitete sein Mittagessen vor, bevor sie zur Arbeit ging. Nach der Rückkehr von der Fabrik wusch sie das Geschirr ab und kochte das Abendessen. Der Vater saß den ganzen Tag träge herum und rührte keinen Finger. Am Abend beklagte er sich und kritisierte alles. Die Tochter empfand wachsenden Groll gegen ihr Schicksal und begann, Fluchtgedanken zu hegen. Dann verdichtete sich dieses Denken, das sie als unloyal empfand und das ihr ein Schuldgefühl eingab. Dieses Schuldgefühl entwickelte sich schließlich zu einem Konflikt.

Es kam so weit, daß ihr Unbewußtes dem Bewußtsein die Botschaft vermittelte: »Strafe muß sein.« Die Fehler, die ihre Hände begingen, während sie an der Maschine arbeitete, waren tatsächlich das Ergebnis der Bemühung ihres Unbewußten, ihr zu schaden und sie auf diese Weise aus einer unerträglichen Lage zu retten. Die Fehler der jungen Frau rührten aus dem inneren Konflikt, einer Mischung von Schuldgefühlen, Groll und Hilflosigkeit.

Unser Psychiater erklärte ihr diesen psychologischen Mechanismus. Man zeigte ihr, wie sie eine objektive und sachliche Haltung ihrem Vater gegenüber einnehmen könne. Sie war nun in der Lage, die eigenen und die Reaktionen des Vaters besser begreifen und verstehen zu können; sie entschloß sich, fest und freundlich zu bleiben, über ihr Leben jedoch selbst zu bestimmen.

Sie war auch in ihrer Erscheinung recht nachlässig geworden. Unser Berater gab ihr den Rat, sich hübscher zu kleiden und zu frisieren, ihrem Äußeren mehr Aufmerksamkeit zu widmen.

Schon nach einigen Wochen hörten die Fehler in der Fabrik auf. Sie kam auch besser mit ihren Kollegen aus. Ein Jahr später traf sie einen jungen Mann und heiratete. Jetzt haben sie einen kleinen Sohn, und der Großvater, der ganz närrisch mit dem Kind ist, hat viel von seinem früheren Selbstmitleid verloren. Für beide, für den alten Vater und die Tochter, ergab sich also ein konstruktiveres Leben, nachdem sie die psychologischen Störfaktoren beseitigt hatten.

Eine der wirksamsten Korrekturen von destruktiven Fehlertendenzen kann man durch die Erweiterung des geistigen Verständnisses erreichen. Lernen wir die Kunst der Meditation. Unterwerfen wir jede Frage einer geistigen Prüfung, und treffen wir keine Entscheidungen, die nicht mit der besten ethischen Einsicht in Einklang sind.

Eine besondere Art, Irrtümer auszuschalten und praktische Situationen von der Wahrheit bestimmen zu lassen, hat mich ein Hotelier gelehrt. Als ich mich in seinem Hotel anmeldete, sagte mir der Angestellte: »Unser Manager möchte Sie gern sprechen und hat mich gebeten, Sie in sein Büro zu führen, sobald Sie eintreffen.« Er schickte mein Gepäck aufs Zimmer, und ich ging in das Büro des Managers.

»Ich habe auf Sie gewartet«, sagte er. »Ich stehe vor einem schwierigen Problem, es wäre mir lieb, wenn Sie bei mir wären, wenn ich die Entscheidung treffe.«

Als er mir das Problem erläuterte, sagte ich: »Es tut mir außerordentlich leid, aber das ist ein mir völlig fremdes Gebiet, und ich halte es nicht für richtig, einen Rat über etwas zu geben, von dem ich nichts verstehe.«

»Ich möchte gar keinen Rat«, sagte er, »ich möchte nur, daß Sie mit mir zusammen versuchen, daß die Wahrheit bei meinem Problem zum Tragen kommt. Meine Technik, dies zu erreichen, besteht darin, daß ich meinen Geist vollkommen leere und rechte Einsicht ›hereinströmen‹ lasse. Ich habe festgestellt, daß das wirkungsvoller ist, wenn zwei Menschen, die aufeinander abgestimmt sind, die Lösung des Problems betend einer höheren Instanz vorlegen. Zwei entleerte Gemüter bieten nämlich einen besseren Empfangskanal für die Wahrheit.« Ich begriff die Anspielung auf das »leere Gemüt« und ging mit Interesse auf seine Bitte ein.

Wir saßen einige Minuten schweigend beisammen. Schließlich fragte er:

»Was haben Sie für eine Antwort erhalten?«

Mir war es etwas zweifelhaft, ob ich überhaupt etwas »erhalten« hätte, es war mir aber klar, daß ich eine entscheidende Frage stellen mußte: »Ist die Angelegenheit, um die es Ihnen geht, eine gerechte Sache? Sind Sie sicher, daß Ihr Vorschlag vor der ›Höheren Instanz‹ zu vertreten ist?«

Er sah mich merkwürdig an, eine Mischung aus Verlegenheit und Erleichterung. »Ich hatte schon Angst, daß Sie das fragen würden, und, ehrlich gesagt, bin ich froh darüber. Ich muß zugeben, daß ich vorhatte, etwas Ungerechtes zu tun. Ich habe versucht, mir einzureden, daß das schon in Ordnung wäre, aber ich sehe ein, daß mein Fehler darin liegt, immer zu versuchen, das zu tun, was ich will, anstatt herauszufinden, was ich tun sollte, und das dann auch zu tun. Das ist der Grund dafür, daß ich so oft vom Wege abkam. Jetzt sehe ich den richtigen Weg und werde ihn gehen.«

Den praktischen Wert dieser Methode, sich so leiten zu lassen, kann jedermann selber anwenden. Sie hilft; die Methode ist erprobt.

»Ich hatte immer mit einer Neigung zu Fehlern zu kämpfen«, berichtete der Hotelmanager später. »Ich habe so manche ausgezeichneten Möglichkeiten verpfuscht, bis ich endlich merkte, daß die Fehler aus meiner eigenen Einstellung entsprangen. Bei dem Bemühen, mich zur Ordnung zu rufen, kam ich darauf, daß der sicherste Weg, Irrtümer zu vermeiden, der war, sie durch Wahrhaftigkeit zu ersetzen. Dann fing ich an, nach der Wahrheit zu suchen, um meine Neigung zu Fehlern zu korrigieren, und während ich mein Verständnis für die geistige Wahrheit vertiefte, fand ich heraus, daß ich tatsächlich diese Tendenz zu Fehlern reduzieren konnte. Jetzt fallen meine Entscheidungen wesentlich besser aus, obwohl ich natürlich noch viel zu lernen habe. Jedenfalls hat sich meine hausgemachte Methode als wertvolles Rezept erwiesen«, schloß er.

Wenn man stets nach der Führung Gottes, der »höchsten Instanz« strebt, werden die Fehler an Zahl und Gewicht abnehmen, da die grundlegende falsche Einstellung im gleichen Verhältnis abnimmt.

Um als tüchtiger Mensch zu leben, muß man Klugheit und die Kunst des richtigen Denkens praktizieren. Die

Weisheit des Schöpfers ist vollkommen. Deshalb wird man als »Medium«, durch das Gottes Weisheit strömt, in erstaunlicher Weise von Gott geleitet werden. Ich glaube, daß wir wirklich imstande sind, die Weisheit des Schöpfers in unsere persönlichen Entscheidungen einzubringen; damit können wir unsere Fehler weitgehend einschränken.

Natürlich gibt es einen richtigen und einen falschen Weg für alles. Man kann richtig oder falsch singen, richtig oder falsch eine Pastete backen. Es gibt eine richtige oder verkehrte Art, zu leben. Leben ist eine Wissenschaft, die auf ganz bestimmten Gesetzen beruht. Wenn man nicht mit diesen Gesetzen im Einklang lebt, kann das Leben sehr schlecht werden. Lernt man hingegen diese Gesetze und lebt mit ihnen, dann kann das Leben wunderbar sein.

Um in Harmonie mit diesen Gesetzen zu leben, braucht man beispielsweise jeden Tag nur fünf Minuten dazu zu verwenden, ausgewählte Gedanken auf alles zu richten, was in unserem Leben nicht so gut geht. Mit ausgewählten Gedanken meine ich die Anwendung von all dem, was wir über Gebet, über Glauben und über den Schöpfer wissen. In einem Geist der Aufrichtigkeit richte man diese Gedanken auf die eigenen Fehler und Irrtümer. Wiederholen Sie das, bis Sie in geistigem Sinne über die Angelegenheit urteilen, die einer Besserung bedarf. Diese Übung wird Ihre Einstellung wandeln, Sie gerechter werden lassen, was sich dann in richtigen Ereignissen auswirkt.

Menschen, die gewöhnlich gemäß den Gesetzen des Schöpfers über ihre täglichen Probleme nachdenken, werden mit der Zeit auch etwas von Seiner Art, Probleme zu lösen, lernen.

Heutzutage wenden denkende Menschen als besten Weg, den höchsten Grad von Wirksamkeit auf allen Gebieten des Lebens zu erlangen, den an, den der Schöpfer von uns erwartet. Und das Motiv für diese Art der Lösung aller Probleme ist nicht bloß der Wunsch, voranzukommen oder

Geld zu verdienen. Eine solche Herabwürdigung geistiger Grundsätze würde gewiß ihren Zweck verfehlen, da sie in sich selbst ein Irrtum wäre. Es geht darum, unser Leben und unsere Möglichkeiten im höchsten Ausmaß schöpferisch zu gestalten. Der Schöpfer hat uns den Wunsch eingegeben, uns zu entfalten. Diejenigen, welche die Wichtigkeit, etwas aus sich selbst zu machen, unterbewerten, verletzen damit die schöpferischen Absichten des Schöpfers.

Ein Geschäftsmann, der seinen Fehlern auf die Spur gekommen ist, wendet stets einen einfachen Test an, wenn er eine Entscheidung getroffen hat. »Ich frage mich einfach, ob es richtig, ob es fair für alle Beteiligten ist, ob die Entscheidung nicht darauf gegründet ist, wer recht hat, sondern, was recht ist. Ob das Problem sich auf große oder kleine Summen bezieht, spielt keine Rolle; wenn man nicht ehrlich und gerecht handelt, wird es im Endeffekt nicht gut ausgehen. Und außerdem stellt sich meistens sogar schon sehr bald heraus, daß die Entscheidung verkehrt war.« Viele Menschen versagen einfach deshalb, weil sie zuviele verkehrte Entscheidungen treffen. Es heißt, die große Geschichte dreht sich um kleine Ereignisse. Das gleiche gilt auch für das menschliche Leben. Eine bestimmte Zeitlang trifft man eine Reihe von Entscheidungen, die scheinbar jede für sich nicht sehr wichtig sind. Aber die Gesamtheit dieser Entscheidungen bestimmt am Ende das Ergebnis unseres Lebens. Ein erfolgreiches Leben hängt davon ab, daß man einen höheren Prozentsatz von Klugheit als von Irrtum erreicht. Dann wird man weniger Dinge falsch und mehr Dinge richtig machen. Bei der Erhöhung des Prozentsatzes von richtigen Entscheidungen ist es sehr wichtig, zu wissen, wie man überhaupt Entscheidungen trifft. Und mehr und mehr Menschen sind dabei, zu lernen, daß der höchste Prozentsatz richtiger Entscheidungen erreicht wird, wenn man die richtige Methode anwendet.

Als ich in einem wunderschönen Berghotel in Whitefield,

New Hampshire, einem Lieblingsort von mir, einmal Ferien machte, bekam ich ein Ferngespräch von einem Mann, der ein privates Problem zu lösen hatte.

»Ich muß eine sehr wichtige Entscheidung treffen und kann es mir nicht leisten, einen Fehler zu machen«, sagte er. »Können Sie mir helfen?«

Als ich ihn fragte, warum er denn glaube, ich könne helfen, erzählte er, er habe in einer Zeitung einen Artikel von mir gelesen über einen Mann, der mich angerufen und um Hilfe bei einer Entscheidung gebeten hätte, und daß diese Entscheidung richtig gewesen sei. »Sie haben also offenbar diesem anderen Mann das Richtige gesagt«, erklärte mein jetziger Gesprächspartner. »Dann können Sie mir das doch auch sagen.«

»Ich kann Ihnen nicht sagen, was Sie tun müssen«, antwortete ich. »Über soviel Weisheit verfüge ich nicht. Jeder Mensch muß seine Entscheidungen allein treffen. Aber wo liegt denn das Problem?«

»Ich bin leitender Angestellter in einem Stahlwerk«, berichtete er. »Man hat mir die Direktion eines größeren Werkes angeboten. Dort, wo ich jetzt arbeite, unterstehen mir die Personalangelegenheiten, und das interessiert mich eigentlich am meisten. In dem Werk, das mir angeboten wird, hätte ich diese Personalfragen nicht, aber dafür andere Vorteile. Nur, ich mag den Vizepräsidenten nicht, der für mich in der neuen Organisation zuständig wäre. Ich bin also in einer Zwickmühle.«

»Mir scheint«, sagte ich, »daß da ein sehr wichtiges Negativum im Spiel ist, nämlich Ihre Abneigung gegen den Vizepräsidenten. Um eine richtige Entscheidung zu sichern, würde ich zuallererst vorschlagen, daß Sie sich von diesem destruktiven negativen Denken befreien. Sie werden niemals zu einer positiven Lösung kommen, wenn Sie vom Negativen ausgehen. Außerdem ist es nie gut, von Emotionen auszugehen. Der Kopf ist zum Denken da, und nur ein kühler, vernünftiger Weg des Denkens und des Gebetes kann eine richtige Entscheidung herbeiführen.«

»Das ist eine ganz neue Betrachtungsweise für mich, Doktor«, sagte er, »ich bin nicht sehr religiös.«

»Was ich Ihnen vorschlage, ist einfach ein besserer Weg, um die eigenen Probleme zu lösen«, erwiderte ich. »Wenden wir sie also im Interesse einer richtigen Lösung an. Als erstes beten Sie und bitten den Schöpfer, Ihnen Ihre besonderen Fähigkeiten zu offenbaren, und wie sie am besten genutzt werden können. Dann beten Sie darum, daß jeder Haß von Ihnen genommen werde. Sie müssen außerdem in einer gutwilligen Einstellung für diesen Vizepräsidenten beten. Drittens beten Sie, daß Gott Sie leiten möge, und glauben daran, daß er es tun wird.«

»Ja«, meinte er, »ich muß aber die Entscheidung bis neun Uhr früh am Montag getroffen haben.«

»Heute ist erst Donnerstag. Sie haben also noch vier Tage Zeit, um Ihren Geist für die Wahrheit empfänglich zu machen. Hüten Sie sich vor nervöser Hast.« »Aber der letzte Termin für die Entscheidung steht vor der Tür«, wiederholte er, »er drängt mich.«

»Denken Sie nicht an Termine und verhalten Sie sich ruhig und gelassen. Beten Sie um geistigen Frieden. Legen Sie ihre Probleme vertrauensvoll in die Hände des Schöpfers, und Sie werden am Montagmorgen um neun Uhr die richtige Entscheidung gefunden haben.« Ich konnte hören, wie er seufzte. »Mein Blutdruck wird steigen, wenn ich es so lange auf sich beruhen lasse«, klagte er.

»Keine Sorge, üben Sie sich in dieser Art, das Richtige zu denken, und Sie werden Ihre Lösung zur rechten Zeit haben.«

Einige Tage später erhielt ich einen Brief von diesem Mann. »Die Antwort kam, genau wie Sie gesagt hatten«, schrieb er. »Klipp und klar bekam ich sie. Ich habe den anderen Job genommen. Ich habe mit dem Vizepräsidenten ganz unvoreingenommen gesprochen, und ich denke, wir werden schon gut zusammenarbeiten können.«

Diese Geschichte hatte noch ein Nachspiel, das auf einen subtilen Aspekt hinweist. In jeder Entscheidung kann das wirkliche Ziel verborgen liegen, auf das unser ganzes Leben durch höhere Weisheit ausgerichtet ist. Die Alternativen in jeder Entscheidung mögen aussehen, als seien sie das Wichtigste an dem Problem, häufig aber ist da noch etwas ganz anderes, das unsichtbar bleibt. Wenn wir zu großer Höhe aufsteigen und einen Überblick über die gesamte künftige Landschaft des eigenen Lebens gewinnen könnten, würden wir erkennen, was das Beste für uns ist. Da wir aber nicht sehr weit in die Zukunft blicken können, brauchen wir für jeden Schritt alle Klugheit, die wir aufbringen können, und müssen darauf bauen, daß wir im Augenblick das tun, was für uns richtig ist.

So ist beispielsweise der Mann, der mich telefonisch um Rat bat und eine Weisung erhielt, viel genauer geleitet worden, als ihm klar war. Ein späterer Brief von ihm erzählt von einer unvorhergesehenen Entwicklung.

Hier sein Brief:
»Lieber Dr. Peale, vielleicht erinnern Sie sich an meinen verzweifelten Anruf in der zweiten Junihälfte, als Sie in Whitefield, New Hampshire, waren. Meine Gesellschaft hatte mir einen Stellungswechsel angeboten, der mich einem Mann unterstellt hätte, in den ich kein Vertrauen hatte. Die neuen Möglichkeiten dieses Wechsels waren durch entscheidende Nachteile überschattet, und die Entscheidung war deshalb so schwierig.

Ihr Rat hat meine Befürchtungen beträchtlich gedämpft, aber es war Ihr Anruf am Sonntagnachmittag, der mir die Hilfe gab, die ich brauchte. Zu jenem Zeitpunkt war ich noch nicht zu einem Entschluß gekommen, war aber gefaßter als bei unserem ersten Gespräch. Sie sagten, daß ich nicht in Panik geraten sollte, sondern vollkommen darauf vertrauen, daß Gott für die rechte Antwort sorgen werde.

Also, Dr. Peale, es ist genauso gekommen. Ich rief am Montagmorgen meinen Chef an und sprach mit ihm ganz offen. Ich nahm die neue Stellung an, sagte ihm aber, daß mir die Personalangelegenheiten, die mir unterstanden, der Ort, an dem ich arbeite, der Mann, dem ich unterstand, so sehr lägen. Ich glaubte aber doch, daß der neue Job größere Möglichkeiten böte, und deshalb nähme ich ihn an. Seine Antwort war: ›Sehr interessant.‹

Das war am Montag. Am Freitag rief er mich an und sagte, meine Bemerkung, daß ich Personalangelegenheiten so gern bearbeite, wäre ihm wieder eingefallen, als das Problem diskutiert wurde, jemanden als Leiter einer Entwicklungsgruppe im Westen zu finden. Und weil diese Stellung meiner früheren Arbeit sehr nahe käme, hätten sie gemeint, das wäre etwas für mich.

Ich flog also sofort an die Westküste, hatte dort die entscheidende Besprechung, wurde angenommen und bin vergangenen Monat hierher umgezogen. Es ist ein großer Verantwortungsposten, aber ich weiß, daß ich ihn mit Gottes Hilfe erfolgreich meistern werde.«

Begreifen Sie? Dieser Mann dachte, er müsse sich lediglich zwischen zwei Stellungen entscheiden, aber in der Situation lag noch eine dritte Chance, die nicht erkennbar war. Dadurch, daß er richtig gedacht hatte, rückte diese dritte Chance in den Bereich der Möglichkeiten und bot die wirkliche Lösung seines Problems. Der Schöpfer hat größere Dinge mit uns im Sinn, als wir uns vorstellen. Denken wir also in Übereinstimmung mit Ihm und überlassen wir uns Seinen größeren Gaben.

Unsere Welt ist dynamisch und geheimnisvoll, und das menschliche Leben ist ohne Zweifel von Unwägbarkeiten bestimmt, die wir nur dunkel ahnen. Manchmal sprechen die Leute von den »seltsamsten Zufällen«. Zufälle mögen seltsam sein, aber sie sind nie Resultat einer Laune des Schicksals. Sie stellen reguläre Gesetze im geistigen Leben des Menschen dar. Sie berühren und beeinflussen unser Leben tief. Diese sogenannten Imponderabilien sind derart wichtig, daß wir unsere Empfänglichkeit für sie bereithalten müssen. Je geistiger man lebt, um so unmittelbarer wird der Kontakt zu diesen Kräften im Hintergrund. Wenn man aufgeschlossen ist für sie durch Erkenntnis, Bildung und Erleuchtung, kann man Fehler und Irrtümer umgehen, über die man sonst stolpern würde.

Es ist wahrhaftig so, daß geistige Aufgeschlossenheit den göttlichen Absichten gegenüber hilft, Fehler zu vermindern. Ebenfalls hilfreich ist, täglich eine bestimmte Zeit still in Meditation und geistiger Konzentration zu verbringen. Während dieser Zeitspanne sollte man sein Problem so durchdenken oder vielleicht durchsprechen, als befände man sich tatsächlich in einer Unterhaltung mit dem Schöpfer. Begreifen wir unseren Geist als offen für alle Eindrücke und Einsichten. Glauben wir daran, daß wir von Ihm geleitet werden. Anfangs spüren wir vielleicht das Geleitetsein nicht so klar. Wir müssen eine geistige Haltung gewinnen, die uns für eine Leitung durch den Schöpfer empfänglich macht.

Vor einigen Jahren kämpfte ich tagelang mit einem Problem. Ich fragte um Rat und ging die Angelegenheit immer wieder durch, aber die Lösung wich mir aus. Ich wollte schon vorzeitig einen Entschluß erzwingen, was immer verkehrt ist, als ich zu einer Quäker-Versammlung eingeladen wurde.

Diese Versammlung fand statt im Wohnzimmer eines Privathauses, und es waren nicht mehr als zehn Personen anwesend. Außer ein paar einfachen Anweisungen zur Technik der Meditation saßen wir eine Dreiviertelstunde in völligem Schweigen zusammen.

Ich hob ganz bewußt mein Problem zu Gott empor und

ließ es in die schöpferische und dynamischgeistige Verbundenheit »fallen«, von der jenes Zimmer erfüllt war. Sofort trat ein friedvoller Zustand ein. Ich war ruhig, aber vollkommen wach und lebensvoll. Ein starkes Gefühl von Frieden, wie ich es seit Tagen nicht gehabt hatte, durchdrang mein Bewußtsein. Und dann kam wie eine Erleuchtung eine klare, ganz durchgebildete Antwort auf mein Problem. Sie war nicht so, wie ich sie eigentlich erwartet hatte, aber ich wußte instinktiv, daß es die richtige Lösung war. Und als solche erwies sie sich auch.

Eine andere und in gewisser Weise ähnliche Erfahrung bewies mir erneut die Wirksamkeit der Meditation. Einige Wochen lang hatte ich mit einem anderen Problem gerungen, dem ich nicht wenig Gedanken, Diskussionen und Gebete gewidmet habe. Ich hatte eine Lösung erhalten und war eigentlich der Ansicht, daß sie richtig war, kurz darauf aber wurde sie in einer kleinen Kapelle auf dem Bürgenstock, einem der Berge am Ufer des Vierwaldstättersees in der Schweiz, in unerwarteter Weise bekräftigt.

Meine Frau, unser Sohn John und ich gingen in diese malerische kleine Kapelle, um dort zu beten und zu meditieren. Wir fanden drinnen eine recht robuste Mutter mit zwei Jungen vor. Rucksäcke auf den Rücken, sichtlich auf einer Wanderung, hatten sie lediglich für ein kurzes Gebet angehalten. Einer der Jungen betrug sich lärmend und machte Fotos, völlig gleichgültig unserem Wunsch nach Stille gegenüber. Bald kam ein Ehepaar herein, unterhielt sich laut und schlug die Tür hinter sich zu. Dann ging es wieder, auch die Mutter mit dem Jungen.

Wir saßen in wohltuender Stille. Sonnenlicht durchflutete die Kirche und erleuchtete den mit Geranien geschmückten Altar. Es fiel weich über die hölzernen Kirchenbänke und den abgenutzten Steinboden. Von ferne hörte man die Kuhglocken aus dem bezaubernden kleinen Obburgental, das zwischen Bürgenstock und Stanserhorn liegt.

Dann trat ein alter Mann ein. Ich wußte, daß er ein reicher Mann war, aber auch, daß er arm war, da er krank, einsam und unglücklich war. Er neigte sich im Gebet und atmete schwer, weil er ein krankes Herz und offenbar Schmerzen hatte. Er humpelte in mitleiderregender Weise hinaus.

Plötzlich kam mir der Gedanke, nicht mehr für mich zu beten, sondern für den armen, alten, reichen Mann, der leidend und unglücklich war. Und während ich das tat, geschah etwas Erstaunliches. Kaum hatte ich diese Gebete beendet, als eine Woge von Friede und Freude über mich kam. Mit ihr trat ein tiefes Gefühl der Sicherheit über die Lösung meines Problems ein. Ich wußte, daß der Entschluß, den ich gefaßt hatte, kein Fehler gewesen war. Die Gewichtsverlagerung von mir auf die anderen Menschen hatte ganz entschieden eine lösende Wirkung auf meinen Denkprozeß gehabt.

Viele Menschen, die ich nennen könnte, einige davon sehr bekannt, alle von ihnen tüchtig im Leben, verwenden eine kurze tägliche Meditationspause, um ihren Geist zu klären, ihre Gedanken anzuregen und sich in Kontakt mit den grundlegenden Wahrheiten zu halten.

Eine andere Möglichkeit, ein richtiges Verhalten in der Praxis zu erreichen, besteht darin, daß man sich von vergangenen Fehlern wirklich freimacht. Behält man die Vorstellungen früherer Fehlleistungen ständig im Kopf oder grübelt weiterhin über sie, kann das bewirken, daß sich das Muster irrenden Verhaltens wiederholt. Macht man etwas ein paarmal verkehrt, so neigt man dazu, das als normale Methode zu akzeptieren. Wenn daher ein Irrtum geschehen ist, ist das erste Gebot, so rasch wie möglich alles aus ihm zu lernen, insbesondere, wie man ihn in Zukunft vermeidet. Ein Fehler kann durchaus Lehrwert haben, damit er nicht wiederholt wird. Als zweites erkenne man vor allem, welches der richtige Weg in diesem Fall gewesen wäre. Und drittens übe man sich darin, sich den richtigen Weg so lange vorzustellen, bis im Bewußtsein die Vorstellung von dem entsteht, wie man sich richtig verhält.

Es ist ein Gebot der Klugheit, sichere Wege zu markieren, die an alten Fehlern vorbeiführen. Eine gute Regel ist: machen Sie Ihre Fehler nicht zweimal, und ziehen Sie aus jedem Fehler Nutzen. Abschließend möchte ich betonen, daß man, um richtig zu denken und die Dinge richtig zu tun, ein rechter Mensch werden muß. Irren im Denken und Handeln steht immer in direkter Beziehung zu einem Fehler in sich selbst. Und es nützt nur wenig, einzelne Fehler zu korrigieren, ohne zuvor den inneren Kern des Irrtums zu korrigieren. Bringen Sie sich selbst in Ordnung. Dann werden auch die Dinge in Ordnung kommen.

*

Im folgenden eine Aufzählung der Prinzipien, die wichtig sind, wenn man lernen will, wie man weniger Fehler macht. Sie sind aus echter Lebenserfahrung entstanden:

1. Nehmen Sie nicht pessimistisch an, daß ein Fehler Hoffnungslosigkeit, daß er Ruin bedeutet.

2. Untersuchen Sie ihren Fehler ruhig und sachlich. Lernen Sie aus ihm alles, was Sie können, und dann lassen Sie ihn, klüger geworden, hinter sich.

3. Verschaffen Sie sich die psychologische Einsicht in die Ursachen, die ihrer Neigung zu Fehlern unterliegen.

4. Vergrößern Sie Ihr geistiges Verständnis. Durch ein Aufnehmen von Wahrheit im Gebet und im Glauben werden Irrtümer vertrieben.

5. Vermeiden Sie die Zwangsvorstellungen von vergangenen Fehlern, das kann zur Wiederholung von Fehlern führen.

6. Bringen Sie eine innere Ordnung in ihre Persönlichkeit

und straffen Sie Ihre Gedanken. Kraftvolles Denken und Handeln wird sich daraus ergeben.

7. Halten Sie Ihre Leistungsfähigkeit hoch, indem Sie die undichten Stellen der Kraft verbarrikadieren, die durch Angst, Minderwertigkeitsgefühle usw. entstanden sind.

8. Frischen Sie ihre geistige Kraft auf durch ein tägliches Leseprogramm, das ihren Geist mit konstruktiven Gedanken von Menschen erfüllt, die Wahrheit und nicht Irrtum lehren.

9. Lernen Sie ständig weiter, fahren Sie fort im Suchen. Glauben Sie immer daran, daß Sie noch mehr lernen können. Streben Sie stets danach, sich zu vervollkommnen. Nehmen Sie nie an, daß Sie am Ziel angekommen wären.

10. Stellen Sie sich jederzeit die Kardinalfrage: »Bin ich auf dem rechten Weg?« Dann werden auch Ihre Angelegenheiten »richtig« laufen.

*

Ratgeber

Als Band mit der Bestellnummer 66 180 erschien:

Durch Optimismus und Begeisterung lassen sich erstaunliche Ergebnisse im Leben erzielen. Setzen Sie Ihre positiven Gedanken in die Tat um — Norman Vincent Peale
sagt Ihnen, wie.

Ratgeber

Als Band mit der Bestellnummer 66224 erschien:

Ein bahnbrechendes Buch für alle Frauen,
die unter Depressionen leiden: ein völlig neues
Drei-Stufen-Programm für ein neues, realistisches
Selbstbild und ein bejahendes Lebensgefühl.

Ratgeber

Als Band mit der Bestellnummer 66 213 erschien:

Durch zu innerer Harmonie und neuer Lebenskraft.